Die EG-Kartellverfahrensverordnung 1/2003 und ihre Auswirkungen auf die Gruppenfreistellungsverordnungen und die Entzugsverfahren der Vertikal-GVO

Deutsches und Europäisches Wirtschaftsrecht

Herausgegeben von Jürgen F. Baur

Band 14

PETER LANG
Frankfurt am Main · Berlin · Bern · Bruxelles · New York · Oxford · Wien

Thomas Brunn

Die EG-Kartellverfahrensverordnung 1/2003 und ihre Auswirkungen auf die Gruppenfreistellungsverordnungen und die Entzugsverfahren der Vertikal-GVO

PETER LANG
Europäischer Verlag der Wissenschaften

Bibliografische Information Der Deutschen Bibliothek
Die Deutsche Bibliothek verzeichnet diese Publikation in der Deutschen Nationalbibliografie; detaillierte bibliografische Daten sind im Internet über <http://dnb.ddb.de> abrufbar.

Zugl.: Köln, Univ., Diss., 2004

D 38
ISSN 1617-352X
ISBN 3-631-52860-4

www.peterlang.de

Meinen Eltern
und
Victoria

Vorwort

Die vorliegende Arbeit wurde von mir in der mündlichen Doktorprüfung der Rechtswissenschaftlichen Fakultät der Universität zu Köln vom 24. März 2004 verteidigt.

Herzlich danke ich meinem Doktorvater Herrn Professor Dr. Jürgen F. Baur für die freundliche Betreuung dieser Arbeit und für deren Aufnahme in seine Schriftenreihe.

Herrn Professor Dr. Ulrich Ehricke danke ich für die ausführliche Erstellung des Zweitgutachtens.

Mein besonderer Dank gilt Herrn Dr. Hartmut Weyer für seine äußerst engagierte Betreuung. Seine Ratschläge und die zahlreichen kartellrechtlichen Diskussionen mit ihm waren für mich äußerst hilfreich und haben mich entscheidend weitergebracht und bereichert.

Frau Dr. Saskia Horsch danke ich für die außerordentlich sorgfältige Durchsicht des Manuskriptes.

Köln, im April 2004 Thomas Brunn

INHALTSVERZEICHNIS

ABKÜRZUNGSVERZEICHNIS

aA	anderer Auffassung
aE	am Ende
aF	alte Fassung
Art.	Artikel
dh	das heißt
DVO	Verordnung (EG) Nr. 1/2003
DVO-Entwurf	Vorschlag der Kommission vom 27. 9. 2000 für eine neue Durchführungsverordnung - KOM (2000) 582 endgültig
EG	EG-Vertrag in der aktuellen Fassung
EGV	EG-Vertrag in der Numerierung vor Inkrafttreten des Vertrags von Amsterdam
EuG	Gericht erster Instanz der Europäischen Gemeinschaften
EuGH	Gerichtshof der Europäischen Gemeinschaften
Gerichtshof	regelmäßig EuG und EuGH
GVO	Gruppenfreistellungsverordnung
GWB	Gesetz gegen Wettbewerbsbeschränkungen
idR	in der Regel
iHv	in Höhe von
iSd	im Sinne des
KfZ	Kraftfahrzeug
lit.	Buchstabe
nF	neue Fassung
Nr.	Nummer
Rz.	Randzeichen
Spstr.	Spiegelstrich
Tz.	Textziffer
u.a.	und andere
VGVO	VO 2790/1999 (Vertikal-Gruppenfreistellungsverordnung)
VO	Verordnung
zB	zum Beispiel

TEIL 1: EINLEITUNG

A. UNTERSUCHUNGSGEGENSTAND

Das europäische Kartellrecht hat kürzlich grundlegende Veränderungen erfahren. Zunächst fand eine Neubewertung vertikaler Vereinbarungen statt, die sich in der Vertikalgruppenfreistellungsverordnung (EG) Nr. 2790/1999 der Kommission[1] (im folgenden VGVO genannt) niedergeschlagen hat. Anschließend wurde das Kartellverfahrensrecht grundlegend neugestaltet, indem die jahrzehntelang geltende Verordnung Nr. 17/62 (VO 17)[2] durch die Verordnung Nr. 1/2003 des Rates[3] zur Durchführung der Art. 81 und 82 EG[4] (nunmehr als DVO bezeichnet) mit Geltung ab dem 1. Mai 2004 abgelöst worden ist.
Gegenstand dieser Untersuchung ist nach der Darstellung von Grundlagen und der Reformprozesse in Teil 1 die Anwendung von Gruppenfreistellungsverordnungen innerhalb des neuen Kartellverfahrensrechts gemäß der DVO (Teil 2). Im Anschluß daran werden die Entzugsverfahren nach Art. 6-8 VGVO in Verbindung mit Art. 29 DVO bzw. Art. 1a VO 19/65[5] näher betrachtet (Teil 3).
In Teil 2 stellt sich die Frage der Rechtsnatur und der Verbindlichkeit von GVOen im neuen Verfahrensrecht. Dabei wird näher auf den im Wege der Reform herbeigeführten Systemwechsel im Rahmen des Art. 81 Abs. 3 EG einzugehen sein. Während die VO 17 ein Anmelde- und Genehmigungssystem mit einem Freistellungsmonopol für die Kommission vorsah, kommt Art. 81 Abs. 3 EG nunmehr durch ein System der Legalausnahme zur Anwendung. Art. 81 Abs. 3 EG soll also insbesondere durch nationale Gerichte unmittelbar angewendet werden können. Da auch Gruppenfreistellungsverordnungen zumindest nach bisherigem Verständnis unmittelbar anwendbares Recht sind, ist zu untersuchen, wie ein Aufeinandertreffen zweier unmittelbar anwendbarer Normen unterschiedlichen Ranges zu handhaben ist. Insbesondere ist fraglich, ob GVOen wie vor der Reform selbst dann für nationale Gerichte und Behörden

---

[1] ABl.EG 1999 Nr. L 336/21 v. 29. 12. 1999-Verordnung (EG) 2790/1999 der Kommission vom 22. Dezember 1999 über die Anwendung von Art. 81 Absatz 3 des Vertrages auf Gruppen von vertikalen Vereinbarungen und aufeinander abgestimmten Verhaltensweisen.

[2] ABl.EG 1962, 204; Verordnung Nr. 17 des Rates: Erste Durchführungsverordnung zu den Artikeln 81 und 82 des Vertrages vom 6. 2. 1962, geändert zuletzt durch VO 1216/1999 v. 10. 7. 1999, ABl.EG Nr. L 148/5 und bis auf Art. 8 Abs. 3 VO 17 aufgehoben durch Art. 43 Abs. 1 DVO.

[3] ABl.EG 2003 Nr. L 1/1 v. 4. 1. 2003-Verordnung (EG) Nr. 1/2003 des Rates vom 16. 12. 2002 zur Durchführung der in den Artikeln 81 und 82 des Vertrages niedergelegten Wettbewerbsregel.

[4] „EG" bezeichnet Artikel des EG-Vertrages in der aktuellen Fassung. Die Bezeichnung „EGV" bezieht sich auf die Numerierung vor Inkrafttreten des Amsterdamer Vertrages.

[5] ABl.EG 1965, S. 553, geändert durch Art. 40 DVO und davor zuletzt geändert durch VO (EG) Nr. 1215/1999 des Rates vom 10. Juni 1999 zu Änderung der VO Nr. 19/65/EWG über die Anwendung des Art. 81 Absatz 3 des Vertrages auf Gruppen von Vereinbarungen und aufeinander abgestimmten Verhaltensweisen, ABl.EG 1999 Nr. L 148/1 v. 15. 6. 1999.

verbindlich sind, wenn sie im Einzelfall Vereinbarungen erfassen, die mit Art. 81 Abs. 3 EG nicht vereinbar sind.
In Teil 3 werden die Entzugsverfahren zur VGVO ebenfalls unter Berücksichtigung des neuen Kartellverfahrensrechts nach der DVO untersucht. Nach Art. 6 VGVO iVm Art. 29 Abs. 1 DVO kann die Kommission im Einzelfall den Rechtsvorteil der Anwendung der VGVO entziehen, wenn eine unter die VGVO fallende vertikale Vereinbarung gleichwohl Wirkungen hat, die mit den Voraussetzungen des Art. 81 Abs. 3 EG nicht vereinbar sind. Zum Entzug im Einzelfall war die Kommission schon vorher nach Art. 7 VO 19/65 (bzw. nach Änderung durch die VO 1215/1999: Art. 7 Abs. 1) ermächtigt, welcher nunmehr durch Art. 40 DVO aufgehoben ist. Nach Art. 6 VGVO soll dieses Verfahren insbesondere dann Anwendung finden, wenn der Zugang zu dem betroffenen Markt oder der Wettbewerb auf diesem Markt durch die kumulativen Wirkungen nebeneinander bestehender Netze gleichartiger vertikaler Beschränkungen, die von miteinander im Wettbewerb stehenden Lieferanten oder Käufern angewandt werden, in erheblichem Maße beschränkt wird. Vergleichsweise neu ist dagegen das Entzugsverfahren nach Art. 7 VGVO iVm Art. 29 Abs. 2 DVO. Danach sind auch zuständige Behörden eines Mitgliedsstaates zum Entzug im Einzelfall ermächtigt. Dieses ist dann der Fall, wenn eine unter Art. 2 VGVO fallende Vereinbarung im Gebiet eines Mitgliedsstaates oder in einem Teil desselben, der alle Merkmale eines gesonderten räumlichen Marktes aufweist, im Einzelfall Wirkungen hat, die Art. 81 Abs. 3 EG zuwiderlaufen. Die Wirkungen des Entzugs sind jedoch nach Art. 7 VGVO auf das betroffene Gebiet in dem jeweiligen Mitgliedstaates beschränkt. Ansonsten verweist Art. 7 VGVO auf Art. 6 VGVO. Die Kommission ist nunmehr jedoch nicht darauf beschränkt, im Einzelfall durch Entscheidung zu entziehen. Nach Art. 8 VGVO in Verbindung mit Art. 1a VO 19/65 kann die Kommission durch Verordnung erklären, daß die VGVO unter den in Art. 8 VGVO genannten Voraussetzungen keine Anwendung findet auf vertikale Vereinbarungen, die bestimmte Beschränkungen des Wettbewerbs enthalten (sog. Nichtanwendbarkeitsverordnung). Der Entzug erfolgt demnach durch eine Rechtsnorm. Dabei handelt es sich um ein neues Verfahren, das vorher in keiner Ermächtigungsverordnung oder Gruppenfreistellungsverordnung bestand. Anders als bei Art. 6 und 7 VGVO wird nach Art. 8 VGVO nicht darauf abgestellt, ob die Vereinbarungen Wirkungen haben, die mit Art. 81 Abs. 3 EG unvereinbar sind. Voraussetzung für den Erlaß einer solchen Verordnung ist nach Art. 8 VGVO jedoch, daß mehr als 50% des betroffenen Marktes von nebeneinander bestehenden Netzen gleichartiger vertikaler Beschränkungen erfaßt werden.

B. SYSTEM DER ERMÄCHTIGUNGS- UND GRUPPENFREISTELLUNGSVERORDNUNGEN

I. Normative Grundlagen

Normative Grundlage des Systems der Ermächtigungs- und Gruppenfreistellungsverordnungen sind Art. 81 und 83 EG.[6] Nach **Art. 81 Abs. 1 EG** sind alle Vereinbarungen zwischen Unternehmen, Beschlüsse von Unternehmensvereinigungen und aufeinander abgestimmte Verhaltensweisen verboten, die den Handel zwischen den Mitgliedstaaten zu beeinträchtigen geeignet sind und eine Verhinderung, Einschränkung oder Verfälschung des Wettbewerbs innerhalb des Gemeinsamen Marktes bezwecken oder bewirken. Art. 81 Abs. 1 EG beinhaltet damit das Verbotsprinzip im Gegensatz zur Mißbrauchsaufsicht. Dieses Kartellverbot des Art. 81 Abs. 1 EG umfaßt zum einen horizontale Wettbewerbsbeschränkungen, die aus Absprachen hervorgehen, an denen Unternehmen der gleichen Wirtschaftsstufe beteiligt sind.[7] Zum anderen erstreckt es sich auch auf vertikale Wettbewerbsbeschränkungen. Solche entstehen durch Abreden von Unternehmen unterschiedlicher Wirtschaftsstufe.[8] Zwischen diesen Unternehmen unterschiedlicher Wirtschaftsstufe besteht also grundsätzlich kein Wettbewerb, der durch die Abrede beeinträchtigt werden könnte. Das Kartellverbot erstreckt sich dennoch auf Vertikalverhältnisse, weil diese Abreden Einschränkungen der Handlungsmöglichkeiten der Vertragspartner vorsehen, durch die Dritte vom Wettbewerb ausgeschlossen werden könnten.[9] Art. 81 Abs. 1 EG schützt nicht nur den aktuellen, sondern auch den potentiellen Wettbewerb. Potentieller Wettbewerb besteht, wenn Unternehmen nicht mehr oder noch nicht auf dem relevanten Markt tätig sind, ein Markteintritt aber nach einer wertenden Prognose innerhalb angemessener Zeit zu erwarten ist.[10]

Das Kartellverbot des Art. 81 Abs. 1 EG ist grundsätzlich unmittelbar wirksam;[11] Art. 81 Abs. 1 EG läßt unmittelbar Rechte zwischen Personen entstehen, die die Gerichte der Mitgliedstaaten zu wahren haben.[12] Art. 81 Abs. 1 EG kommt nicht nur unmittelbare Wirkung im Verhältnis des einzelnen zum Staat,

---

[6] Wiedemann, GVO AT, Rz. 1.

[7] Stockenhuber, Europäisches KartR, S. 22.

[8] EuGH Slg. 1966, 321, Rz. 12-Consten-Grundig; Stockenhuber, Europäisches KartR, S. 22f.

[9] Stockenhuber, Europäisches KartellR, S. 60; kritisch dazu: Emmerich, KartR, § 37, 5a).

[10] Roth/Ackermann in Frankfurter Kommentar (FK), Art. 81 Abs. 1 EG Grundfragen, Rz. 168ff.

[11] EuGH Slg. 1991 I-977, Tz. 45-Delimitis v. Henninger Bräu; Baur/Weyer in Frankfurter Kommentar, Zivilrechtsfolgen Art. 81 EG, Rz. 3; die Terminologie ist uneinheitlich, vgl. Bleckmann, EuropaR, Rz. 1152ff., Gleiss/Hirsch, EG-KartR, Rz. 23, der auch bei Primärrecht zwischen „unmittelbarer Anwendbarkeit“ und „unmittelbaren Rechtswirkungen“ trennt; oft ist auch von „direkter Wirkung“ die Rede, Wiedemann/Wiedemann, Hdb. KartellR, § 2, Rz. 30, § 1, Rz. 7; vgl auch Gastinel, Recueil Dalloz Sirey 1996, 53ff. „effet direct“.

[12] EuGH Slg. 1991 I-977, Tz. 45-Delimitis; EuGH Slg. 1963, 3, S. 24ff.-van Gend & Loos; EuGH Slg. 1974, 51, Rz. 15-17-BRT/SABAM (BRT I)

sondern auch unmittelbar zwischen einzelnen Wirtschaftsteilnehmern zu.[13] Der einzelne kann sich wegen dieser unmittelbaren horizontalen Wirkung im Zivilverfahren vor nationalen Gerichten und bei Behörden auf Art. 81 Abs. 1 EG berufen.[14] Eine Verbotsentscheidung eines Gemeinschaftsorgans oder einer nationalen Kartellbehörde ist wegen der unmittelbaren Wirksamkeit lediglich deklaratorisch.[15]

Folge eines Verstoßes gegen das Kartellverbot ist die Nichtigkeit der Vereinbarungen oder Beschlüsse nach **Art. 81 Abs. 2 EG**. Auch Art. 81 Abs. 2 EG wirkt unmittelbar; die Gerichte haben die Nichtigkeit daher von Amts wegen zu berücksichtigen.[16]

Im Gegensatz zum amerikanischen Kartellrecht (Section 1 Sherman Act[17]), enthält das europäische eine ausdrückliche Freistellungs- bzw. Ausnahmeklausel: Nach **Art. 81 Abs. 3 EG** kann das Kartellverbot des Art. 81 Abs. 1 EG für nicht anwendbar erklärt werden. Voraussetzung dafür ist, daß kumulativ vier materiellrechtliche Voraussetzungen erfüllt sind.[18] Die Verbraucher müssen angemessen an dem entstehenden Gewinn beteiligt werden, weiterhin muß die Absprache zur Verbesserung der Warenerzeugung oder -verteilung oder zur Förderung des technischen oder wirtschaftlichen Fortschritts beitragen. Den beteiligten Unternehmen dürfen keine Beschränkungen auferlegt werden, die nicht unerläßlich zur Verwirklichung dieser Ziele sind, Art. 81 Abs. 3 lit. a) EG. Letztlich darf den beteiligten Unternehmen auch nicht die Möglichkeit eröffnet werden, für einen wesentlichen Teil der betreffenden Waren den Wettbewerb auszuschalten, Art. 81 Abs. 3 lit. b) EG.

Nach **Art. 83 EG** erläßt der Rat die zweckdienlichen Verordnungen zur Verwirklichung der in Art. 81, 82 EG festgelegten Grundsätze. Die erste Durchführungsverordnung war die 1962 erlassene VO 17. Die VO 17 regelte das allgemeine Kartellverwaltungsverfahren und war über 40 Jahre lang die bedeutendste Durchführungsverordnung zu den Art. 81 und 82 EG.

Nach Art. 9 Abs. 1 VO 17 war die Kommission ausschließlich zuständig, Art. 81 Abs. 1 EG nach Art. 81 Abs. 3 EG für nicht anwendbar zu erklären.[19] Vereinbarungen, Beschlüsse und aufeinander abgestimmte Verhaltensweisen konnten einzeln oder gruppenweise freigestellt werden.[20] Gemäß Art. 9 Abs. 1 VO 17 besaß die Kommission das Monopol für Einzelfreistellungen durch Entschei-

---

[13] Baur/Weyer in Frankfurter Kommentar (FK), Art. 81 Zivilrechtsfolgen, Rz. 4.
[14] Wiedemann-Dohms, Hdb. KartellR, § 35, Rz. 179.
[15] Baur/Weyer in Frankfurter Kommentar, Art. 81 Zivilrechtsfolgen, Rz. 4.
[16] K. Schmidt in Immenga/Mestmäcker, EG-WettbewerbsR, Art. 85 II, Rz. 39.
[17] Act of July 2, 1890 ch. 647, 26 Stat. 209.
[18] Sauter in Immenga/Mestmäcker, EG-WettbewerbsR, Art. 85 III C. Rz. 1; Wiedemann/Stockmann, Hdb. KartellR, § 7 Rz. 36.
[19] Dem Wortlaut nach: 85 Abs. 1 bzw. Art. 85 Abs. 3 EGV.
[20] Wiedemann/Stockmann, Hdb. KartellR, § 7, Rz. 36.

dung. Einzel- und Gruppenfreistellung waren rechtsgestaltend und damit konstitutiv.
Anders als Art. 81 Abs. 1 EG war **Art. 81 Abs. 3 EG** nach der Rechtsprechung des EuGH auf der Basis der VO 17[21] und nach der überwiegenden Meinung in der Literatur nicht unmittelbar wirksam.[22] Die fehlende unmittelbare Anwendbarkeit wurde teilweise mit der ausschließlichen Zuständigkeit der Kommission zur Anwendung des Art. 81 Abs. 3 EG,[23] teilweise mit der rechtsgestaltenden (=konstitutiven) Wirkung der Freistellungserklärung begründet.[24] Die nationalen Zivilgerichte waren lediglich befugt, eine Prognose über die Anwendbarkeit des Art. 81 Abs. 3 EG vorzunehmen.[25] Nur in eindeutigen Fällen, in denen die Voraussetzungen des Art. 81 Abs. 3 EG nicht erfüllt waren und damit keine Freistellungsentscheidung in Betracht kam, konnte das Zivilgericht nach Art. 81 Abs. 2 EG die Nichtigkeit des Vertrages feststellen.[26] Demgegenüber durfte bei eindeutigem Vorliegen der Freistellungsvoraussetzungen das nationale Gericht nicht die mögliche Freistellungsentscheidung der Kommission vorwegnehmen.[27] Nationale Zivilgerichte durften demnach nicht vor Erlaß einer Einzel- oder Gruppenfreistellung von einer Nichtanwendbarkeit des Art. 81 Abs. 1 EG nach Art. 81 Abs. 3 EG ausgehen.[28]
Problematisch war jedoch die Schwerfälligkeit des Einzelfreistellungsverfahrens nach der VO 17 selbst für Vertikalvereinbarungen. Gemäß Art. 4 der Ursprungsfassung der VO 17 mußte auch die Masse der vertikalen Vereinbarungen angemeldet werden, denn nach Art. 6 Abs. 1 VO 17 konnte bis zuletzt für anmeldepflichtige Vereinbarungen eine Freistellung nicht vor dem Zeitpunkt der Anmeldung wirksam werden. Erst mit der Verordnung VO 1216/1999 wurden vertikale Vereinbarungen nach Art. 4 Abs. 2 Nr. 2a) VO 17 von der Anmeldepflicht befreit.[29] Von da an war für vertikale Vereinbarungen eine Rückwirkung der Freistellung auf den Tag ihres Abschlusses möglich.
Angesichts der begrenzten Kapazitäten der Kommission und mehr als 30.000 angemeldeter überwiegend vertikaler Vereinbarungen Anfang der 60er Jahre,

---

[21] EuGH Slg. 1991 I-977, Rz. 44, 55-Delimitis
[22] Baur/Weyer in FK, Art. 81 Zivilrechtsfolgen, Rz. 9ff.; Sauter in Immenga/Mestmäcker, EG-WbR, Art. 85 Abs. 3 A, Rz. 2; GTE-Schröter, Art. 85 EGV, Rz. 247; aA Gastinel, Recueil Dalloz Sirey 1996, 53ff.
[23] EuGH Slg. 1991 I-977, Rz. 44-Delimitis.
[24] Baur/Weyer in FK, Art. 81 Zivilrechtsfolgen, Rz. 11.
[25] Bechtold, BB 2000, 2426-dieses gilt jedenfalls für unter die VO 17 fallenden Neukartelle.
[26] EuGH Slg. 1991 I- 977, Rz. 55, 50-Delimitis.
[27] Weyer, WuW 2000, 846; Baur/Weyer in FK, Art. 81 Zivilrechtsfolgen, Rz. 9; EuGH Slg. 1991 I-977, Rz. 55- anderer Auffassung war Generalanwalt van Gerven, EuGH Slg. 1991 I-952, Tz. 9.
[28] Baur/Weyer in FK, Art. 81 Zivilrechtsfolgen, Rz. 9.
[29] Emmerich in Dauses, Hdb. EU-WirtschaftsR, H I, Rz. 19.

kam dem Einzelfreistellungsverfahren ohnehin nur eine geringe Bedeutung zu.[30] Zuletzt wurden nur ungefähr 20 Einzelfreistellungsentscheidungen pro Jahr erlassen.[31] Darüber hinaus wurden jährlich rund 150 Fälle durch sogenannte qualifizierte Verwaltungsschreiben (*comfort letters*) abgeschlossen,[32] die nach Art. 19 Abs. 3 VO 17 veröffentlicht wurden. In solchen Verwaltungsschreiben bestätigte die Kommission, daß einerseits die Vereinbarung unter Art. 81 Abs. 1 EG fällt, andererseits aber hinreichende Gründe für eine Freistellung nach Art. 81 Abs. 3 EG vorliegen.[33] Somit beinhalteten sie keine vorläufige oder endgültige Freistellung der Verträge[34].
Gelöst wurde das bestehende Massenproblem durch Gruppenfreistellungsverordnungen,[35] die für nationale Gerichte unmittelbar anwendbar waren. Zur Zeit der VO 17 führten sie eine automatische Freistellung herbei, ohne daß es einer Anmeldung der Vereinbarungen bedurfte.[36] Daher konnte mit den GVOen die Zahl der Freistellungsanträge erheblich reduziert werden.[37]
Gruppenfreistellungsverordnungen haben ihre Rechtsgrundlage in **Art. 83 Abs. 1, Abs. 2 lit. b) EG.** Danach ist der Rat ermächtigt, Einzelheiten der Anwendung des Art. 81 Abs. 3 EG festzulegen. Der Rat kann daher selbst Gruppen von Vereinbarungen, Beschlüssen oder aufeinander abgestimmten Verhaltensweisen durch Verordnung freistellen. So hat der Rat zB eine Gruppenfreistellungsverordnung im Bereich des Seeverkehrs (VO 4056/86)[38] erlassen. Möglich ist jedoch auch, daß der Rat in einer Ermächtigungsverordnung nur die wettbewerbspolitischen Grundsatzentscheidungen trifft und im übrigen die Kommission nach Art. 211 4. Spiegelstrich (Spstr.) EG bzw. Art. 202 3. Spstr. EG zur Regelung der Einzelheiten in einer Gruppenfreistellungsverordnung ermächtigt.[39] Rat und Kommission sind bei der Ausgestaltung dieser Ermächtigungsverordnungen bzw. GVOen an die Vorgaben des Art. 81 Abs. 3 EG gebunden.[40] Insgesamt gibt es fünf Ermächtigungs-VOen des Rates, davon eine für vertikale Vereinbarungen und aufeinander abgestimmte Verhaltensweisen (VO 19/65), eine für horizontale Beschränkungen (VO 2821/71[41]) und drei für Spezialbereiche: Luftver-

---

[30] Wiedemann, GVO AT, Rz. 28; Grünbuch der Kommission, KOM (96), 721 endg., Tz. 15.
[31] Grünbuch der Kommission, KOM (96), 721 endg., Tz. 15.
[32] Grünbuch der Kommission, KOM (96), 721 endg., Tz. 15.
[33] Sauter in Immenga/Mestmäcker, EG-WbR, Art. 85 Abs. 3 B, Rz. 6.
[34] Wiedemann, GVO AT, Rz. 29.
[35] Grünbuch der Kommission, KOM (96), 721 endg., Tz. 15, Wiedemann, GVO AT, Rz. 30.
[36] Wiedemann, GVO AT, RZ. 54.
[37] Weißbuch der Kommission, ABl.EG 1999 Nr. C 132/12, Rz. 32.
[38] Vgl. insb. Art. 3 und 6 der VO, ABl.EG 1986 Nr. L 378, S. 4.
[39] Wiedemann, GVO AT, Rz. 37.
[40] Veelken in Immenga/Mestmäcker, GFVO A, Rz. 4.
[41] ABl.EG 1971 Nr. L 285/46 –Verordnung (EWG) Nr. 2821/71 des Rates über die Anwendung von Art. 85 Abs. 3 des Vertrages auf Gruppen von Vereinbarungen, Beschlüssen und

kehr (VO 3976/87[42]), Versicherungen (VO 1534/91[43]) und Konsortien (VO 479/92[44]). Anders als noch in Art. 41 des DVO-Entwurfs[45] vorgesehen, wurden diese Ermächtigungsverordnungen nicht aufgehoben, sondern nur leicht geändert. Die vom Rat erteilten Ermächtigungen nutzte die Kommission zum Erlaß zahlreicher GVOen.[46] Hervorzuheben sind außerhalb des Vertikalbereichs die auf Grundlage der VO 2821/71 erlassenen horizontalen GVO 2658/2000[47] (Spezialisierungsvereinbarungen) und GVO 2659/2000[48] (Forschungs- und Entwicklungsvereinbarungen), welche die GVO 417/85[49] und GVO 418/85[50] ablösen.
Erst mit der DVO wird das Anmelde- und Freistellungssystem der VO 17 gänzlich abgeschafft, womit die unmittelbare Anwendbarkeit des Art. 81 Abs. 3 EG ermöglicht werden soll.[51] Gruppenfreistellungsverordnungen sollen dagegen auch im neuen System ihren Platz haben.

II. Entwicklung des Systems der GVOen auf Grundlage der VO 19/65

Die VO 19/65 ist Rechtsgrundlage für die VGVO, welche die GVOen 1983/83[52], 1984/83[53] und 4087/88[54] ablöst. Die übrigen auf Grundlage der VO 19/65 ergangenen GVOen bleiben von der VGVO unberührt, vgl. Art. 2 Abs. 5 VGVO. Dazu zählen die GVO 240/96[55] für Technologietransfer-Vereinbarungen und die KfZ-GVO 1400/2002.[56] Da GVOen immer nur für eine bestimmte

---

aufeinander abgestimmten Verhaltensweisen vom 20. 12. 1971; zuletzt geändert durch Art. 40 DVO.

42 ABl.EG 1987 Nr. L 374, S. 9; ausgedehnt zuletzt durch VO 2411/92, ABl.EG 1992 Nr. L 240/19; zuletzt geändert durch Art. 41 DVO; zu Reformvorschlägen: http://europa.eu.int/comm/competition/antitrust/others/air_transport/350_de.pdf.

43 ABl.EG 1991 Nr. L 143, S. 1; zuletzt geändert durch Art. 40 DVO.

44 ABl.EG 1992 Nr. L 55/3, zuletzt geändert durch Art. 42 DVO.

45 KOM (2000), 582 endgültig, Entwurf vom 27. 9. 2000.

46 Vgl. nur Basedow/Dolfen in Dauses, Hdb. des EU-WirtschaftsR, L 301 zum Luftverkehr.

47 ABl.EG 2000 Nr. L 304/3 vom 5. 12. 2000.

48 ABl.EG 2000 Nr. L 304/7 vom 5. 12. 2000.

49 ABl.EG 1985 Nr. L 53/1 vom 22. 2. 1985.

50 ABl.EG 1985 Nr. L 53/5 vom 22. 2. 1985.

51 Vgl. dazu Teil 2.

52 ABl.EG 1983 Nr. L 173/1 vom 30. 6. 1983=VO vom 22. Juni 1983 über die Anwendung von Art. 85 Abs. 3 des Vertrages auf Gruppen von Alleinvertriebsvereinbarungen.

53 ABl.EG 1983 Nr. L 173/5 vom 30. 6. 1983=VO vom 22. Juni 1983 über die Anwendung von Art. 85 Abs. 3 des Vertrages auf Gruppen von Alleinbezugsvereinbarungen.

54 ABl.EG 1988, Nr. L 359/46 vom 28. 12. 1988, Verordnung der Kommission vom 30. 11. 1988 über die Anwendung von Artikel 85 Abs. 3 des Vertrages auf Gruppen von Franchisevereinbarungen.

55 ABl.EG 1996 Nr. L 31, S. 2; die Reform dieser Verordnung ist im Gange.

56 ABl.EG 2002 Nr. L 203/30 v. 1. 8. 2002.

Zeit gelten, sind bereits zahlreiche auf Basis der VO 19/65 ergangenen GVOen außer Kraft getreten.[57]

C. Reformprozess bezüglich der Vertikalvereinbarungen

I. Kritik am System der Gruppenfreistellungsverordnungen vor der Reform von 1999

Das System der Ermächtigungs- und Gruppenfreistellungsverordnungen war, wie obige Ausführungen zeigen, fein verästelt und äußerst kompliziert. Daher wurde es allgemein, insbesondere aber im Bereich vertikaler Vereinbarungen nach der VO 19/65 aF und den vertikalen GVOen in vielerlei Hinsicht kritisiert:[58] Die große Anzahl der GVOen machte das System unübersichtlich und führte zu zahlreichen regelungstechnischen Problemen[59] und Abgrenzungsschwierigkeiten, vor allem was das Verhältnis der GVOen untereinander angeht.[60] Zu eng formuliert waren Art. 1 Abs. 1 bzw. Abs. 3 aF VO 19/65, nach denen eine Freistellung nur möglich war, wenn an Vereinbarungen nur zwei Unternehmen beteiligt waren. Darüber hinaus durften sich die Vereinbarungen auch nur auf Weiterverkauf und nur in sehr engem Umfang auf Dienstleistungen beziehen. Hauptkritikpunkt am alten System war das System der schwarzen und weißen Klauseln, das in Art. 1 Abs. 2 VO 19/65 aF angelegt war. Eine Freistellung durch eine GVO kam danach nur für Vereinbarungen in Betracht, die mit den in der GVO detailliert aufgelisteten weißen Klauseln übereinstimmten. Diese enge Begrenzung des Freistellungstatbestandes durch weiße Klauseln wurde oft als Zwangsjackeneffekt der GVOen bezeichnet.[61] Kritisiert wurde das sog. Alles-oder-Nichts-Prinzip der GVOen, das von der Kommission im Falle einer sogenannten überschießenden, das heißt nicht von einer weißen Liste erfaßten, Klausel[62] angewandt wurde.[63] Im Falle einer einzelnen überschießenden Klausel in einem ansonsten gruppenfreigestellten Vertrag, war nach dem Alles-oder-

---

[57] Dazu zählen die GVO 67/67 (ABl.EG 1967 Nr. 57, S. 849/67) für Alleinvertriebsvereinbarungen, die GVO 2349/84 (ABl.EG 1984 Nr. L 219, S. 15) für Patentlizenzvereinbarungen, die GVO 556/89 (ABl.EG 1989 Nr. L 61, S. 1) für Know-how-Vereinbarungen, die GVOen 123/85 (ABl.EG 1985 Nr. L 15, S. 16) und 1475/95 (ABl.EG 1995 Nr. L 145, S. 25) für den Vertrieb und Kundendienstvereinbarungen über Kraftfahrzeuge).

[58] Einige Bezeichnungen waren „Chaos“ (Martinek/Habermeier, ZHR 158 (1994), 107); „Tohuwabohu“ (Möschel in FS-Mestmäcker 1996, 675); „Flickenteppich“ (Charbonnier, DZWir 1996, 272).

[59] Martinek/Habermeier, ZHR 158 (1994), 135.

[60] Wiedemann, GVO AT, Rz. 271 ff.

[61] Veelken, ZVglRWiss 97 (1998), 273; Charbonnier, DZWir 1996, 265; vgl. auch Bunte/Sauter, EG-GVOen, S. 175.

[62] Die Definitionen und die Anwendung des Alles-oder-Nichts-Prinzips waren im einzelnen streitig, vgl.: Martinek/Habermeier, ZHR 158 (1994), 129; Wiedemann, GVO AT, Rz. 309; Axster, WuW 1994, 616.

[63] Vgl. Tz. 17 der Bekanntmachung zu den GVOen 1983/83 und 1984/83, ABl.EG 1984 Nr. C 101/2.

Nichts-Prinzip die GVO auf die gesamte Vereinbarung nicht anwendbar. Vereinzelt wurde den in Art. 7 VO 19/65 und den GVOen geregelten Entzugsverfahren ihre Abschreckungswirkung abgesprochen, da sie zu schwerfällig seien.[64]

II. Das Grünbuch der Kommission

Wegen dieser Schwächen im System der GVOen veröffentlichte die Kommission am 22. 1. 1997 das Grünbuch zur EG-Wettbewerbspolitik gegenüber vertikalen Wettbewerbsbeschränkungen.[65] Das Grünbuch enthält eine umfassende wirtschaftliche Analyse der Vertriebsstrukturen und trifft auf Grundlage der gewonnenen Ergebnisse vier Optionen zur Neubehandlung vertikaler Beschränkungen,[66] die Grundlage weiterer Diskussion,[67] Stellungnahmen[68] und Mitteilungen der Kommission[69] sind.

III. Änderung der Ratsverordnungen VO 19/65 und VO 17 (durch die VOen 1215/1999 und 1216/1999)

Im Juni 1999 wurden die Ratsverordnungen VO 19/65 und VO 17 durch die VOen 1215/1999[70] bzw. 1216/1999[71] geändert. Die Neufassung der VO 19/65 durch die VO 1215/1999 ermöglichte eine inhaltlich grundlegende Neugestaltung einer GVO im Vertikalbereich. So wird in Art. 1 Abs. 2 lit. b) nF VO 19/65 nicht mehr vorausgesetzt, daß die GVOen Bestimmungen enthalten, die in den Vereinbarungen enthalten sein müssen. Weiße Klauseln werden von der Ermächtigungsverordnung daher nicht mehr verlangt. Damit erfolgt schon in der Ermächtigungsverordnung eine Abkehr vom formalistischen Ansatz, der allein auf die vereinbarten Klauseln und nicht auf die wirtschaftlichen Auswirkungen der Vereinbarungen abstellt. Der Zwangsjackeneffekt der vorherigen GVOen soll damit beseitigt werden. Weiterhin ermächtigt die VO 19/65 nF nun zum Erlaß einer weitergefaßten GVO, da nach ihrem Art. 1 Abs. 1 lit. a) nF grundsätzlich alle Vertikalverhältnisse freigestellt werden können. Damit wird der Erlaß einer „Schirm-GVO" möglich, wodurch die Problematik, daß gleichgelagerte Sachverhalte in mehreren GVOen unterschiedlich behandelt werden, beseitigt

---

[64] Duijm, Vertikale Vertriebsvereinbarungen, S. 179, 189.

[65] KOM(96) 721 endg.; künftig bezeichnet als „Grünbuch".

[66] Die Optionen werden in Kapitel VIII des Grünbuchs vorgestellt: Tz. 270ff.

[67] ZB Ackermann, EuZW 1997, 271; Bräutigam, RIW 1997, 470; Rohardt, WuW 1997, 473; Schnabel in Mitarbeiter-FS Baur 1997, S. 181; Kellaway,7 ECLR 1997, 387; Schroeder, ECLR 1997, 430; Veelken, ZVglRWiss 97 (1998), 241.

[68] Nach Angaben der Kommission handelt es sich um 227 schriftlichen Stellungnahmen, ABl.EG Nr. C 365/3, S. 5.

[69] ABl.EG 1998 Nr. C 365/3=KOM(98) 544 endg. (Konkrete Vorschläge im Anschluß an das Grünbuch vom 30. 9. 1998); vgl. dazu Brinker in Jürgen Schwarze, Neuere Entwicklungen, S. 59 ff.; Nolte, BB 1998, 2429; Pukall, DB 1998, 2353; Nazerali/Cowan, ECLR 1999, 159; Rohardt, WuW 1998, 1050.

[70] ABl.EG 1999 Nr. L 148/1.

[71] ABl.EG 1999 Nr. L 148/5.

werden kann. Mit der Weiterfassung des Art. 1 Abs. 1 lit. a) nF VO 19/65 wurde auch die Beschränkung auf den Zweck des Weiterverkaufs beseitigt. Statt dessen müssen nun die Vereinbarungen Bedingungen betreffen, zu denen die Parteien bestimmte Waren oder Dienstleistungen beziehen, verkaufen oder weiterverkaufen können. Es wird also ausdrücklich zur Freistellung grundsätzlich aller Vertikal-Dienstleistungsverhältnisse ermächtigt. Auch können die Vereinbarungen nach Art. 1 Abs. 1 lit. a) nF VO 19/65 zwischen mehr als zwei Unternehmen geschlossen werden. Neu eingeführt wird Art. 1a VO 19/65 als Ermächtigung zu einem Entzug durch eine Nichtanwendungsverordnung. Art. 7 VO 19/65 erhielt in der Fassung der VO 1215/1999 einen zweiten Absatz, der die zuständigen Behörden der Mitgliedstaaten zum Entzug ermächtigt, welcher durch Art. 29 Abs. 2 DVO ersetzt wurde.

Wie bereits angesprochen, wurde mit der VO 1216/1999 die Befreiung der Anmeldepflicht nach Art. 4 Abs. 2 Nr. 2 lit. a) VO 17 auf alle vertikale Vereinbarungen erstreckt,[72] so daß gemäß Art. 6 Abs. 2 VO 17 eine rückwirkende Freistellung möglich wurde.

IV. Die Vertikalgruppenfreistellungsverordnung 2790/1999 (VGVO)

Nach Veröffentlichung eines Entwurfs[73] erläßt die Kommission am 22. 12. 1999 die VGVO[74] und etwas später die Leitlinien.[75]

1. Weitgefaßte Schirm-GVO

Anders als die Vorgängerverordnungen stellt Art. 2 Abs. 1 VGVO im Zuge der Erweiterung des Art. 1 Abs. lit. a) VO 19/65 grundsätzlich alle Arten von vertikalen Vereinbarungen oder abgestimmten Verhaltensweisen frei, ohne zwischen einzelnen Vertriebsabreden zu differenzieren.[76] Vertikale Vereinbarungen sind nach Art. 2 Abs. 1 VGVO solche, die zwischen zwei oder mehr Unternehmen abgeschlossen werden, wobei jedes der Unternehmen zwecks Durchführung der Vereinbarung auf einer unterschiedlichen Produktions- oder Vertriebsstufen tätig sein muß. Weiterhin muß die Vereinbarung nach Art. 2 Abs. 1 VGVO lediglich Bedingungen betreffen, zu denen die Parteien bestimmte Waren oder Dienstleistungen beziehen, verkaufen oder weiterverkaufen können. Damit erfaßt die VGVO Dienstleistungen.[77] Angesichts dieses erheblich erweiterten Freistellungstatbestandes kann die VGVO als Schirm-GVO bezeichnet werden.[78]

[72] Paulweber/Kögel, AG 1999, S. 500.

[73] ABl.EG 1999 Nr. C 270/7 v. 24. 9. 1999; vgl. dazu Ackermann, EuZW 1999, 741.

[74] ABl.EG 1999 Nr. L 336/21 v. 29. 12. 1999; vgl. dazu Rütters, Die Schirm-GVO; Bauer/de Bronett, Die EU-VGVO; Whish, CMLR 37: 887-924, 2000.

[75] Die deutsche Fassung wird erst im ABl.EG 2000 Nr. C 291/1 v. 13. 10. 2000 veröffentlicht.

[76] Semler/Bauer, DB 2000, 194; Roniger, VGVO, Einf., Rz. E 25.

[77] Bayreuther, EWS 2000, 107.

[78] Wiedemann-Kirchhoff, Hdb KartellR, § 9, Rz. 21; so auch Rütters, Die Schirm-GVO.

Vorrangig zur VGVO sind nach Art. 2 Abs. 5 VGVO lediglich die spezielleren GVOen wie die GVO 1400/2002 (KfZ) und die Technologietransfer-GVO.

2. Marktanteilsschwelle, wirtschaftliche Betrachtungsweise

Voraussetzung für die Anwendbarkeit der VGVO ist jedoch nach Art. 3 Abs. 1 VGVO, daß der Marktanteil des Lieferanten bzw. bei Alleinbelieferungspflichten der Anteil des Käufers[79] nach Art. 3 Abs. 2 VGVO auf dem relevanten Markt 30% nicht überschreitet. Die Kommission betrachtet den Marktanteil als Indiz für die Marktmacht des beteiligten Unternehmens.[80] Es wird nach Art. 2 und 3 VGVO nicht mehr formalistisch auf den Wortlaut der einzelnen Klauseln abgestellt, sondern auf die vermuteten wirtschaftlichen Auswirkungen der Vereinbarung.[81] Die erweiterte Ratsermächtigung nutzend enthält die VGVO keine Liste weißer Klauseln mehr. Die Problematik des Zwangsjackeneffekts der GVOen entfällt. Dadurch wird eine flexiblere Gestaltung der Vertriebsvereinbarungen ermöglicht. Die Festlegung auf eine einheitliche Marktanteilsschwelle von 30% stellt sich als Kompromiß zur ursprünglich vorgeschlagenen doppelten Marktanteilsschwelle von 20% und 40% dar.[82] Relevanter Markt für Art. 3 VGVO ist allein der Markt, auf dem Lieferant und Käufer aufeinandertreffen; weitere möglicherweise von der Vereinbarung betroffene Märkte bleiben insoweit unberücksichtigt, können aber beim Entzug eine Rolle spielen.[83]

3. Art. 4: Schwarze Liste, Alles-oder-Nichtsprinzip, Art. 5 Kernbeschränkungen

Art. 4 VGVO enthält eine Liste schwarzer Klauseln. Hiernach ist insbesondere das Bezwecken[84] von Preisabsprachen, Absprachen bzgl. der Beschränkung des Gebiets oder Kundenkreises teils grundsätzlich, teils ausnahmslos verboten. Gleiches gilt für Querlieferungsverbote innerhalb eines selektiven Vertriebssystems. Dabei entfällt bei Vorliegen einer einzelnen in Art. 4 VGVO aufgelisteten Klausel die Anwendung der GVO insgesamt. Es gilt also das Alles-oder-Nichts-Prinzip,[85] dessen Anwendung bei schwarzgelisteten Klauseln allerdings auch schon bei den Vorgängerverordnungen anerkannt war.[86]

---

[79] Definiert in Art. 1 lit. g) VGVO.

[80] Vgl. dazu Begründungserwägungen (BE) 7 u. 8 GVO 2790/99.

[81] Pukall, NJW 2000, 1376.

[82] Vgl. schon Option III und IV des Grünbuchs und Mitteilung vom November 1999, ABl.EG 1998, Nr. C 365/3 , insb. S. 15, 17, 23.

[83] Leitlinien zur VGVO, Tz. 22; 96ff.

[84] Die Rechtsfolge des Art. 4 VGVO tritt nicht ein, wenn die Tatbestände nur bewirkt und nicht auch bezweckt werden, vgl. Pukall, NJW 2000, 1378.

[85] Metzlaff, BB 2000, 1206; Roniger, VGVO, Einf., Rz. E 29.

[86] Vgl. zB Axster, WuW 1994, 621; aA Wiedemann, GVO-AT, Rz. 332 ff.

Art. 5 VGVO enthält eine Liste weiterer, durch die VGVO nicht freigestellter Klauseln, bei deren Vorliegen das Alles-oder-Nichts-Prinzip aber nicht gilt.[87] Nur für die betreffende Klausel (Kernbeschränkung) ist der Vorteil der VGVO nicht anwendbar.

4. Entzugsverfahren

Das Unterschreiten der Marktanteilsschwelle von Art. 3 VGVO ist nur ein Indiz für fehlende Marktmacht und für die Vereinbarkeit der vertikalen Vereinbarungen mit Art. 81 Abs. 3 EG. Im Einzelfall kann dennoch eine Unvereinbarkeit mit Art. 81 Abs. 3 EG bestehen, da neben dem Marktanteil auch weitere Faktoren wie die Marktstruktur, Marktzutrittsschranken oder die Dauer von Verträgen erheblich sind.[88] Für solche Fälle sind die Entzugsverfahren nach Art. 6-8 VGVO vorgesehen, die im dritten Teil dieser Untersuchung ausführlich dargestellt werden.

5. Die Bedeutung der Leitlinien

Die Leitlinien gehören zur Gruppe der Mitteilungen der Kommission und sind daher für nationale Behörden und Gerichte und den Gerichtshof (also EuGH und EuG)[89] unverbindlich. Die Leitlinien können allenfalls eine Selbstbindung der Kommission bewirken.[90] Ein Verhalten, das in den Leitlinien als wettbewerbsunschädlich dargestellt wird, sollte daher nicht mit Bußgeldern belegt werden können. Faktisch kommt den Leitlinien jedoch eine größere Bedeutung zu, da sie eine Auslegungshilfe für nationale Gerichte darstellen.

V. Bewertung der Reform bezüglich Vertikalvereinbarungen (ohne Entzugsverfahren)

Die VGVO mit ihrem neuen wirtschaftlichen Ansatz bringt den Unternehmen solange erhebliche Vorteile, als diese auf dem relevanten Markt eindeutig unterhalb der Marktanteilsschwelle des Art. 3 VGVO liegen. Denn dann greifen die umfangreichen Erweiterungen durch die VGVO, die eine flexiblere Gestaltung der Vertriebsverträge erlaubt und damit auch den Wettbewerb fördert. Hauptproblem bei der Anwendung der VGVO wird jedoch die Bestimmung eben dieser Marktanteilsschwellen sein, da es in der Praxis schon äußerst schwierig ist, den sachlich und räumlich relevanten Markt festzulegen.[91] Ebenso problematisch ist es, den Anteil an diesem Markt zu bestimmen. Den Unternehmen kommt andererseits zu gute, daß die Marktanteilsschwelle von 30% vergleichs-

---

[87] Bauer in Bauer/de Bronett, Die EU-VGVO, Rz. 138.

[88] Veelken in Immenga/Mestmäcker, Ergänzungsband zum EG-WettbewerbsR, GFVO, Rz. 307.

[89] Bezüglich des Gerichtshof ausdrücklich auch: Leitlinien zur VGVO, Tz. 4.

[90] Bauer in Bauer/de Bronett, Die EU-VGVO, Rz. 245.

[91] Traugott, WuW 1998, 929.

weise hoch ausgefallen ist.[92] Im deutschen Recht besteht nach § 19 Abs. 3 S. 1 GWB ab einem Marktanteil von einem Drittel bereits die sog. Monopolvermutung.[93] Andererseits kann das Überschreiten der Marktanteilsschwelle vor allem auf spezialisierten Märkten schnell geschehen.[94] Insgesamt ist es jedoch zu begrüßen, daß die VGVO Rechtssicherheit und Flexibilität für Unternehmen schafft, die die Marktanteilsschwelle nicht überschreiten.

D. Reformprozess bezüglich der Durchführungsverordnung

Die weitreichenden Änderungen für die Behandlung von Vertikalvereinbarungen erschienen der Kommission aber nicht ausreichend zur effektiven Durchsetzung der Art. 81 und 82 EG. Vielmehr nahm sie eine grundlegende Reform der Ratsverordnung VO 17 in Angriff. Ziel der Reform ist die Abschaffung des Anmelde- und Genehmigungssystems der VO 17, um damit die unmittelbare Anwendbarkeit des Art. 81 Abs. 3 EG herzustellen. Letzteres ermöglicht eine Geltendmachung dieser Ausnahmevorschrift auch vor den nationalen Gerichten. Dieser Reformprozeß wird gelegentlich als Reformprozeß bezüglich horizontaler Vereinbarungen bezeichnet.[95] Da jedoch hinsichtlich der Frage der Anwendung der Gruppenfreistellungsverordnungen nicht nur Horizontalvereinbarungen, sondern überwiegend Vertikalvereinbarungen betroffen sind, ist es sinnvoller, allgemein von der Reform der Durchführungsverordnung zu sprechen.

I. Ausgangslage nach der VO 17

Selbst die im Wege der VO 1216/1999 vorgenommene Abschaffung der Anmeldepflicht für vertikale Vereinbarungen stellte nach Ansicht der Kommission noch keine ausreichende Entlastung dar, da für horizontale Absprachen das Anmelde- und Genehmigungssystem immer noch galt. Auch waren Unternehmen nicht daran gehindert, für vertikale Vereinbarungen eine Einzelfreistellung zu beantragen, vgl. Art. 4 Abs. 2 S. 2 VO 17. Das Anmeldesystem ist nach Auffassung der Kommission kein wirksames Mittel mehr zum Schutz des Wettbewerbs.

II. Weißbuch der Kommission

Eine Reform der VO 17 wurde zwar bereits seit längerer Zeit in der Literatur angeregt;[96] wobei auch die unmittelbare Anwendbarkeit des Art. 81 Abs. 3 EG

---

[92] Schröter, Aktuelle Probleme, S. 4.
[93] Emmerich, KartR, § 18, 10 a).
[94] Pukall, NJW 2000, 1376.
[95] Paulweber/Kögel, AG 1999, 509 mit der Begründung, daß das Anmeldeverfahren bzgl. der Vertikalvereinbarungen schon durch Art. 4 II VO 17 in der Fassung der VO 1216/1999 abgeschafft wurde; vgl. auch Mestmäcker, EuZW 1999, 524; Emmerich, WRP 2000, 860.
[96] Vgl. Ehlermann, WuW 1993, 997; ders. in Liber Amicorum für Pierre Pescatore, 1987, S. 205ff.; Dieter Wolf, WuW 1994, 289; vgl. auch Lässig, Dezentrale Anwendung des Europäischen Kartellrechts, 1997; Gillessen, Lockerung des Freistellungsmonopols.

durch nationale Gerichte vorgeschlagen wurde.[97] Die Vorlage des Weißbuchs der Kommission über die Modernisierung der Vorschriften zur Anwendung der Art. 85 und 86 EG-Vertrag[98] am 28. April 1999 erfolgte dennoch überraschend. Der im Weißbuch vorgeschlagene Wechsel vom Anmeldesystem der VO 17 zum System der Legalausnahme[99] wurde als revolutionär[100] oder als Paradigmenwechsel[101] bezeichnet. Schon im Weißbuch kündigte die Kommission an, Art. 85 EGV (jetzt Art. 81 EG) solle in seiner Gesamtheit unmittelbar anwendbar werden, so daß sich jeder Einzelne vor Gericht oder der zuständigen Behörde auf ihn berufen könne.[102] Das Anmelde- und Genehmigungssystem der VO 17 sei abzuschaffen, die nachherige Kontrolle dafür zu verstärken,[103] wozu eine Erweiterung der Untersuchungsbefugnisse erforderlich sei.[104] Möglich sei dieser Wechsel vom Genehmigungssystem zur unmittelbaren Anwendbarkeit, da Art. 81 Abs. 3 EG Kompromißcharakter habe, so daß der Gemeinschaftsgesetzgeber wählen kann zwischen Genehmigungs- und Legalausnahmesystem.[105] Die Kommission wollte somit ihre ausschließliche Zuständigkeit zur Anwendung des Art. 81 Abs. 3 EG, also ihr Freistellungsmonopol, aufgeben.[106] Diese Vorschläge sollen der Erreichung des Ziels der Kommission dienen, sich auf schwere Rechtsverletzungen zu konzentrieren um diese effektiv zu bekämpfen.[107] Dazu sei die Kommission nur in der Lage, wenn sie von der Bearbeitung weniger bedeutender Fälle entbunden werde. Das Weißbuch hat noch schärfere Kritik erfahren als zuvor das Grünbuch für vertikale Vereinbarungen.[108]

---

97 Gastinel, Recueil Dalloz Sirey 1996, 53ff.; Kon, CMLR 19 (1982), 540 ff; dagegen: Steindorff, CMLR 20 (1983), 125ff.
98 ABl.EG 1999 Nr. C 132/1 vom 12. 5. 1999; im folgenden: Weißbuch.
99 Weißbuch, Tz. 69ff.
100 Ehlermann, CMLR 37 (2000), 536.
101 Wolf, Handelsblatt v. 11. 10. 1999, S. 6, zitiert nach Schwenn, RIW 2000, 179.
102 Weißbuch, Tz. 69.
103 Weißbuch, Tz. 72, 75, 108ff.
104 Weißbuch, Tz. 109.
105 Weißbuch, Tz. 12; vgl. auch Ullrich, Wettbewerbsbeschränkungen, S. 149; Marenco, Legal Exception System, Tz. 82; kritisch: Deringer, EuR 2001, 306; Weyer, ZHR 164 (2000), 615.
106 Weißbuch, Tz. 72.
107 Weißbuch, Tz. 42, 74.
108 zB; Deringer, EuZW 2000, 5; Deselaers/Obst, EWS 2000, 41; Ehlermann, CMLR 37 (2000), 537-590 = Ehlermann, Rev. du Droit de l'U.E. 1/2000, 13ff.; Emmerich, WRP 2000, 858; Geiger, EuZW 2000, 165; Gröning, WRP 2000, 882; Mestmäcker, EuZW 1999, 523; Möschel, JZ 2000, 61; Paulweber, Journal of World Competition 23 (3) 2000, S. 3ff. (Vergleich mit dem US-Recht); Paulweber/Kögel, AG, 1999, 500; Rittner, DB 1999, 1485; Rittner, EuZW 2000, 129; Salord, ECLR 2 (2000), 128; Schaub/Dohms, WuW 1999, 1055; Schütz, WuW 2000, 686; Schwenn, RIW 2000, 179; Topel, GRUR 2000, 985; Wessling, ECLR 8 (1999), 420; Wils, E.L.Rev. 24 (1999), 139. Vgl. auch das 28. Sondergutachten der Monopolkommission „Kartellpolitische Wende in der Europäische Union?“. Vgl. auch zahlreiche Beiträge zur der im Oktober 1999 abgehaltenen 26. Fordham-Konferenz: Fordham

III. Entwurf zur Durchführungsverordnung (DVO-Entwurf)

Am 27. September 2000 veröffentlichte die Kommission ihren ersten Entwurf einer neuen Durchführungsverordnung des Rates.[109] Nach diesem ebenfalls diskutierten[110] DVO-Entwurf wird insbesondere die im Weißbuch vorgeschlagene Abschaffung des Genehmigungssystems und die zumindest annäherungsweise bestehende unmittelbare Anwendbarkeit des Art. 81 Abs. 3 EG in Art. 1 und Art. 6 DVO-Entwurf umgesetzt.

IV. Durchführungsverordnung Nr. 1/2003 (DVO)

Am 16. Dezember 2002 erließ der Rat schließlich die Kartelldurchführungsverordnung Nr. 1/2003 (DVO).[111] Die DVO trat nach Art. 45 DVO noch im Januar 2003 in Kraft und gilt ab dem 1. Mai 2004. Die Ratsermächtigungsverordnung für den Gruppenfreistellungserlaß, darunter auch die VO 19/65, behalten nach Art. 40 DVO ihre Gültigkeit; lediglich deren Entzugsartikel werden durch Art. 29 DVO ersetzt. Dagegen wird nach Art. 43 DVO die VO 17 aufgehoben. Ausgenommen davon ist nur Art. 8 Abs. 3 VO 17, so daß nach der VO 17 ausgesprochene Einzelfreistellungen weiterhin ihre Gültigkeit behalten, aber nach Art. 8 Abs. 3 VO 17 widerrufen werden können.

V. Das neue Kartellverfahrensrecht nach der DVO

Das neue Kartellverfahrensrecht der DVO soll überblicksartig dargestellt werden.

In Art. 1 DVO iVm Art. 6 DVO wird die unmittelbare Anwendbarkeit des Art. 81 Abs. 3 EG angeordnet. Auf die damit verbundenen Fragen wird im Teil 2 dieser Arbeit näher eingegangen. Nach der DVO gibt es keine Möglichkeit der Einzelfreistellung mehr, vielmehr soll Art. 81 Abs. 3 EG als Legalausnahme

---

Corporate Law Institute, 1999, von Schaub (S. 143), Braakman (S. 161); Forrester (S. 181), Kon (S. 233), Mersing (S. 259), Siragusa (S. 273), Wolf (S. 307).

[109] KOM (2000) 582 endgültig, Vorschlag für eine Verordnung des Rates zur Durchführung der in den Artikeln 81 und 82 EG-Vertrag niedergelegten Wettbewerbsregeln und zur Änderung der Verordnungen (EWG) Nr. 1017/68, Nr. 2988/74, Nr. 4056/86, Nr. 3975/87 („Durchführungsverordnung zu den Artikeln 81 und 82 EG-Vertrag“); im folgenden als „DVO-Entwurf“ bezeichnet.

[110] Vgl. nur Bartosch, EuZW 2001, 101; Baudenbacher, European Law Reporter 2000, 326; Bechtold, BB 2000, 2425; Bechtold, EWS 2001, 49; Bien, DB 2000, 2309; Deringer, EuR 2001, 306; Ehlermann/Atanasiu, ECLR 2002, 72; Forrester, European Issues of Legal Integration 2002, 173; Gerber, ECLR 2001, 122; Eilmansberger, JZ 2001, 365; Kingston, ECLR 2001, 340; Mestmäcker EBOR 1 (2000), 401; Stillfried/Stockenhuber, wbl 2001, 145; Weyer, ZHR 164 (2000), 611; Wils; Fordham Corporate Law Institute 2000, 313 und Pappalardo, Fordham Corporate Law Institute 2000, 365(jeweils 27. Konferenz vom 19. und 20. Oktober 2000).

[111] Vgl. dazu Weitbrecht, EuZW 2003, 69; Hossenfelder/Lutz, WuW 2003, 118; Karsten Schmidt, BB 2003, 1237; Kamann/Bergmann, BB 2003, 1743; Montag/Rosenfeld, ZWeR 2003, 107; Hirsch ZWeR 2003, 233; Wagner, WRP 2003, 1369.

wirken. Die *Delimitis*-Entscheidung des EuGH zur fehlenden unmittelbaren Anwendbarkeit ist insoweit überholt, da der EuGH in dieser Entscheidung gerade auf die ausschließliche Zuständigkeit der Kommission abstellt, welche im nunmehr aufgehobenen Art. 9 Abs. 1 VO 17 angeordnet war.[112]
In Art. 2 DVO wird die Beweislast hinsichtlich der einzelnen Bestimmungen der Art. 81 und 82 EG geregelt. Dem Wortlaut nach soll Art. 2 DVO „in allen einzelstaatlichen und gemeinschaftlichen Verfahren" gelten. Obwohl die DVO in erster Linie das Verwaltungsverfahren regelt, spricht der Wortlaut des Art. 2 DVO dafür, daß auch nationale Zivilverfahren erfaßt sind.[113] Letztlich setzt Art. 2 DVO nur den ohnehin in den meisten Mitgliedstaaten geltenden Grundsatz um, daß jede Partei für sie günstige Umstände beweisen muß.[114]
In Art. 3 DVO wird auf der Basis von Art. 83 Abs. 2 lit. e) EG umfassend das Verhältnis zum nationalen (Kartell-)Recht geregelt.
In Kapitel II der DVO sind die Zuständigkeiten normiert, wobei sich nach Art. 4 DVO die Zuständigkeit der Kommission aus den jeweiligen Befugnisnormen der DVO ergibt. Nationale Behörden dürfen nach Art. 5 DVO Art. 81 Abs. 3 EG unmittelbar anwenden. Allerdings dürfen sie keine Entscheidungen über eine Vereinbarkeit einer Vereinbarung mit Art. 81 Abs. 3 EG erlassen. In einem solchen Fall kommt nach Art. 5 S. 2 DVO nur eine Entscheidung über eine Verfahrenseinstellung in Betracht. Demgegenüber sind nationale Gerichte nach Art. 6 DVO auch dazu befugt, die Vereinbarkeit mit Art. 81 Abs. 3 EG festzustellen.
Kapitel III listet einige Entscheidungsarten der Kommission auf. Nach Art. 7 DVO kann die Kommission Abstellungsverfügungen, dh Verbotsentscheidungen, erlassen. Art. 7 DVO gibt der Kommission unter strengen Voraussetzungen auch die Befugnis, den Unternehmen Maßnahmen struktureller Art vorzuschreiben. Einer solchen Verbotsentscheidung können Unternehmen versuchen, durch die Abgabe von Verpflichtungen zu entgehen, welche die Kommission nach Art. 9 DVO durch Entscheidung für bindend erklären kann. Anders als nationale Behörden ist die Kommission nach Art. 10 DVO zur Feststellung befugt, daß Art. 81 EG auf eine Verhaltenskoordination keine Anwendung findet, zB weil die Voraussetzungen des Art. 81 Abs. 3 EG erfüllt sind. Eine solche Entscheidung ist jedoch nicht mit einer Freistellungsentscheidung nach der VO 17 vergleichbar, da sie nur aus Gründen des öffentlichen Interesses erfolgt. Darüber hinaus ist aufgrund der nur deklaratorischen Wirkung[115] im System der Legalausnahme eine Bindungswirkung für nationale Gerichte mehr als fraglich.

---

[112] Vgl. EuGH Slg. 1991 I-977, Rz. 44 iVm Rz. 55-Delimitis.
[113] Für eine Wirkung im Zivilverfahren wohl auch: Mestmäcker, EBOR 1 (2000), 422, noch zu Art. 2 DVO-Entwurf.
[114] Begründung zu Art. 2 DVO-Entwurf; kritisch dagegen: Mestmäcker, EBOR 1 (2000), 422f. im Hinblick auf die Rechtsprechung des BGH (insb. BGHZ 53, 304, 308).
[115] So ausdrücklich: 14. Begründungserwägung zur DVO.

In Kapitel IV ist die Zusammenarbeit zwischen Kommission und Wettbewerbsbehörden und Gerichten der Mitgliedstaaten, sowie deren Verhältnis untereinander geregelt. Kommission und nationale Behörden sollen nach Art. 11 DVO ein Netz von Behörden bilden.[116] Daher ist auch ein Informationsaustausch in den Grenzen des Art. 12 DVO zwischen den Behörden zulässig. Ziel des Art. 13 DVO ist es, daß ein Fall nur von einer Behörde innerhalb des Netzes behandelt wird. Eine Behörde darf das Verfahren aussetzen, solange eine andere Behörde den Fall bearbeitet. Allerdings entfällt die Zuständigkeit der nationalen Behörden nach Art. 11 Abs. 6 DVO, wenn die Kommission ein Verfahren „zum Erlaß einer Entscheidung nach Kapitel III" einleitet. Bevor eine Entscheidung einer Behörde ergeht, muß gegebenenfalls der Beratende Ausschuß nach Art. 14 DVO angehört werden. Die in Art. 15 DVO aufgestellten Regeln für die Zusammenarbeit von Kommission und nationalen Wettbewerbsbehörden mit nationalen Gerichten gelten sowohl für Zivilverfahren als auch für Verwaltungsverfahren, in denen das Gericht als Rechtsmittelinstanz auftritt.[117] Art. 16 DVO versucht die bei unmittelbarer Anwendbarkeit des Art. 81 Abs. 3 EG aufkommende Gefahr der uneinheitlichen Anwendung des europäischen Kartellrechts einzudämmen. Nach Art. 16 Abs. 1 DVO dürfen nationale Gerichte keine Entscheidungen erlassen, die bisherigen oder beabsichtigten Entscheidungen der Kommission zuwiderlaufen.

Die im Kapitel V aufgelisteten Ermittlungsbefugnisse der Kommission sind im Vergleich zur VO 17 nicht unerheblich erweitert worden. Insbesondere können Nachprüfungen gemäß Art. 21 DVO nunmehr auch in Privatwohnungen stattfinden. Neu ist auch, daß Wettbewerbsbehörden der Mitgliedstaaten auch untereinander im Namen und für Rechnung einer anderen Behörde ermitteln können, Art. 22 Abs. 1 DVO.

Für die im Kapitel VI normierten Sanktionen (Geldbußen und Zwangsgelder) wurden neue Berechnungsmethoden für die Höchstbeträge eingeführt, die sich am Umsatz des jeweiligen Unternehmens orientieren, Art. 23 Abs. 1 DVO, Art. 24 Abs. 1 DVO. Darüber hinaus hat eine Anpassung an die neuen Ermittlungsbefugnisse stattgefunden. Nach Art. 31 DVO iVm Art. 229 EG kann der Gerichtshof Entscheidungen, in denen die Kommission eine Geldbuße oder ein Zwangsgeld festsetzt, uneingeschränkt überprüfen.

Die DVO enthält anders als noch die VO 17 nunmehr einen eigenen Abschnitt der Verjährung (Kapitel VII), welcher aus der VO 2988/74[118] übernommen wurde.

In Kapitel VIII („Anhörung und Berufsgeheimnis") werden den Unternehmen gewisse Verteidigungsrechte wie zB das Recht auf Akteneinsicht nach Art. 27

---

[116] 15. Begründungserwägung zur DVO.

[117] 21. Begründungserwägung zur DVO.

[118] ABl.EG 1974 Nr. L 319/1-Verordnung über die Verfolgungs- und Vollstreckungsverjährung; zuletzt geändert durch Art. 37 DVO.

Abs. 2 S. 2 DVO eingeräumt. Vertrauliche Informationen werden davon ausgenommen, Art. 27 Abs. 2 S. 3 DVO. Nach Art. 28 Abs. 1 DVO dürfen die nach den Befugnissen des Kapitels V erlangten Informationen nur zu dem Zweck verwertet werden, zu dem sie eingeholt sind, wobei der Informationsaustausch nach den Art. 12 und 15 DVO dadurch nicht geschmälert werden soll.
Im Kaptitel IX sind die zuvor in Art. 7 VO 19/65 und anderen Ratsermächtigungsverordnungen enthaltenen Entzugskompetenzen für Einzelfälle geregelt (vgl. Teil 3 dieser Arbeit).
Das Kapitel X enthält allgemeine Bestimmungen. Nach Art. 30 DVO sind die darin aufgeführten Entscheidungen zu veröffentlichen. Art. 32 DVO legt die Ausnahmen vom Anwendungsbereich der DVO für gewisse Bereiche des Verkehrs fest. Art. 33 DVO ermächtigt die Kommission zum Erlaß weiterer Durchführungsverordnungen, insbesondere für das Beschwerdeverfahren, den Informationsaustausch innerhalb des Netzes von Behörden und das Anhörungsverfahren.
Das XI. Kapitel beinhaltet Übergangs- und Schlußbestimmungen. Insbesondere werden Freistellungsanträge nach der VO 17 gemäß Art. 34 Abs. 1 DVO unwirksam; dagegen bleiben gemäß Art. 34 Abs. 2 DVO bereits erlassene Entscheidungen und Verfahrensschritte nach der VO 17 für ihren Geltungszeitraum wirksam. Dieses ergibt sich auch aus Art. 43 Abs. 1 DVO. Nach Art. 35 DVO haben die Mitgliedstaaten die Pflicht, vor dem 1. Mai 2004 ihren Wettbewerbsbehörden die Befugnis zur Anwendung der Art. 81 und 82 EG zu übertragen. In Art. 36 DVO bis Art. 39 DVO werden einzelne Ratsverordnungen geändert bzw. teilweise beinahe aufgehoben. Demgegenüber erfahren nach Art. 40-42 die Ermächtigungsverordnungen zum GVO-Erlaß meist nur leichte Änderungen. Nach Art. 43 Abs. 3 DVO gelten Bezugnahmen auf die aufgehobenen Verordnungen als Bezugnahme auf die DVO. Dieses dürfte wohl auch auf einzelne abgeänderte Artikel einer ansonsten nicht aufgehobenen Verordnung analog gelten. So nimmt Art. 6 VGVO Bezug auf den aufgehobenen Art. 7 Abs. 1 der VO 19/65; dieses ist nunmehr als Bezugnahme auf Art. 29 Abs. 1 DVO zu werten.

TEIL 2: DIE ANWENDUNG DER GRUPPENFREISTELLUNGS-VERORDNUNGEN UNTER GELTUNG DER DVO

Die Reform der Durchführungsverordnung erfordert ein grundlegendes Umdenken. Bevor im einzelnen auf die Auswirkungen der Reform auf die Anwendung von GVOen eingegangen wird, sind einige allgemeine Überlegungen zum Systemwechsel im Rahmen des Art. 81 Abs. 3 EG anzustellen.

A. Systemwechsel im Rahmen des Art. 81 Abs. 3 EG

Zum Verständnis des Systemwechsels ist zunächst eine Beschäftigung mit den Begriffen der unmittelbaren Anwendbarkeit und der Legalausnahme erforderlich. Im Anschluß daran ist die Vertragsmäßigkeit des Systemwechsels zu prüfen.

I. Unmittelbare Anwendbarkeit und verwandte Begriffe

Der Begriff der unmittelbaren Anwendbarkeit ist -wie *H. P. Ipsen* schon 1972 ausführte- „vieldeutig und vielgedeutet".[119] Daher soll zunächst eine Abgrenzung zu verwandten Begriffen und anschließend eine Darstellung verschiedener Arten der unmittelbaren Anwendbarkeit erfolgen. Die unmittelbare Anwendbarkeit (engl.: *direct applicability*, franz.: *applicabilité directe* bzw. *applicabilité immédiate*) einer Gemeinschaftsnorm betrifft regelmäßig die Frage, inwieweit eine Norm unmittelbar gegenüber dem Bürger und nicht allein gegenüber den Mitgliedstaaten als Vertragsparteien gilt.[120] Ob und in welcher Form einer Gemeinschaftsnorm unmittelbare Anwendbarkeit zukommt, ist eine Frage der Auslegung.[121] Der EuGH hat die Kriterien für die unmittelbare Anwendbarkeit bereits in der *van-Gend-&-Loos*-Entscheidung dargelegt,[122] auf welche bei der Prüfung der Vertragsmäßigkeit des Systemwechsels zurückgekommen wird.

Rechtsfolge der unmittelbaren Anwendbarkeit ist nach der *van-Gend-&-Loos*-Entscheidung des EuGH die Begründung individueller Rechte, welche die staatlichen Gerichte zu beachten haben.[123] Unmittelbar anwendbare Normen können auch Rechte gegenüber einem einzelnen und nicht nur gegenüber dem Staat begründen. Daraus folgt, daß die Rechtsfolge der unmittelbaren Anwendbarkeit auch die Verpflichtung einzelner sein kann. Die Verpflichtung einzelner ist auch Rechtsfolge des Art. 81 EG, da dieser sich gerade an die Unternehmen richtet.[124] Somit läßt sich als Folge der unmittelbaren Anwendbarkeit das Entstehen eines Rechts des einzelnen bezeichnen, das dieser vor mitgliedstaatlichen Gerichten

---

[119] Ipsen, Europäisches Gemeinschaftsrecht, 5/50 (S. 120).

[120] GTE-G. Schmidt, Art. 189 EGV, Rz. 8.

[121] EuGH Slg. 1963, 3, S. 24- van Gend & Loos; Geiger, Art. 10 EG, Rz. 22.

[122] EuGH Slg. 1963, 3, S. 24-27-van Gend & Loos.

[123] EuGH Slg. 1963, 3, S. 24f.-van Gend & Loos.

[124] EuGH Slg. 1962, 97 ff.-Bosch; EuGH Slg. 1974, 51, Rz. 15-17-BRT/SABAM; G. Schmidt in GTE, Art. 189 EGV, Rz. 12.

geltend machen kann.[125] Trotz der vom EuGH oft verwendeten Formulierung, daß sich der einzelne auf die unmittelbar anwendbare Norm vor Gericht berufen könne,[126] ist die unmittelbare Wirkung von Amts wegen zu beachten.[127] Regelmäßig ist die Funktion der unmittelbaren Anwendbarkeit die Sanktion von Verstößen gegen das Gemeinschaftsrecht durch Mitgliedstaaten und damit der Individualschutz bei Vertragsverstößen. Soweit staatliche Normen der unmittelbar anwendbaren Vertragsnorm entgegenstehen, betrifft dieses eine Frage der Rechtsnormenkonkurrenz.[128] Dagegen geht es bei der im Wege der Reform hergestellten unmittelbaren Anwendbarkeit von Art. 81 Abs. 3 EG um die Frage, welche Instanzen diese Vorschrift anwenden können. Es handelt sich um ein Problem der Rechtsanwendungskonkurrenz.[129]
Neben dem Begriff der unmittelbaren Anwendbarkeit gibt es eine Reihe verwandter Begriffe.[130] So wird gleichbedeutend auch von unmittelbarer Geltung (engl.: *immediate effect*, franz.: *effet immédiat*)[131] gesprochen.[132] Die vereinzelt vorgenommene Unterscheidung der unmittelbaren Geltung von der unmittelbaren Anwendbarkeit[133] hat sich im Sprachgebrauch des EuGH und der Literatur nicht durchgesetzt. Auch die Begriffe unmittelbare Wirkung und direkte Wirkung (engl.: *direct effect*, franz.: *effet direct*) werden beim Primärrecht in aller Regel synonym für den der unmittelbaren Anwendbarkeit verwendet.[134] Ledig-

[125] Ruffert in Calliess/Ruffert, Art. 249 EG, Rz. 24.
[126] EuGH Slg. 1970, 825, Rz. 10-Grad/Finanzamt; EuGH 1982, 53, 77-Ursula Becker.
[127] EuGH Slg. 1991 I-3783, Rz. 16-Verholen; Geiger, Art. 10 EG, Rz. 21; aA noch OVG Münster ZfW 1987, 49 (52).
[128] Haguenau, L'application effective, S. 181ff.
[129] Zu dieser Unterscheidung: Bunte, DB 1994, 922.
[130] Ein Überblick über die begriffliche Vielfalt findet sich bei Schaefer, Unmittelbare Wirkung, S. 6, 10 f., 25f.
[131] Bei den englischen und französischen Begriffen muß beachtet werden, daß auch sie nicht einheitlich verwendet werden. Winter, CMLR 1972, 425, unterscheidet „direct applicability" und „direct effect", was inhaltlich aber der Unterscheidung zwischen unmittelbarer Geltung und unmittelbarer Anwendbarkeit gleichkommt. Vgl. außerdem Art. 189 Abs. 2 „gilt unmittelbar", engl.: „directly applicable"; franz.: „directement applicable", Winter,CMLR 1972, 435, hält den englischen und französischen Wortlaut des EGV für verwirrend. Vgl. auch Kovar in GS-Sasse, S. 151, 153.
[132] Vgl. Pescatore, E.L.R. 1983, 155; Nicolaysen, EuR 1984, 390; Streinz, Europarecht, § 5.
[133] Klein, Unmittelbare Geltung, S. 8f.; Schaefer, Unmittelbare Wirkung, S. 7; Hummer in Schweitzer, Europäisches Verwaltungsrecht, S. 323, der zumindest bei Verordnungen (Sekundärrecht) diese Unterscheidung trifft; Winter, CMLR 1972, 425, 438.
[134] Vgl. Baur/Weyer in FK, Art. 81 Zivilrechtsfolgen, Rz. 3; Weyer, ZHR 164 (2000), 613; Lenz, DVBl. 1990, 905; Ehlermann, CMLR 37 (2000), 537 (Fn. 2); ders. Rev. du Droit de l'U.E. 2000, 16 (Fn. 2); aA Winter CMLR 1972, 425ff, nach dem der Begriff der „direct applicability" die Frage der Inkorporation von Gemeinschaftsrecht in nationales Recht betrifft, während „direct effect" das Problem der Durchsetzung dieses inkorporierten Gemeinschaftsrechts durch einzelne vor dem nationalen Richter behandeln soll (inhaltlich entspricht dieses eher einer Unterscheidung zwischen unmittelbarer Geltung und unmittelbarer Anwendbarkeit

lich beim Sekundärrecht ist zu beachten, daß auch nicht unmittelbar anwendbares Recht direkte (=unmittelbare) Wirkungen haben kann.[135] So ist eine Richtlinie, deren Umsetzung trotz Ablaufs der dafür vorgesehenen Frist nicht erfolgt ist, nicht unmittelbar anwendbares Recht.[136] Sie besitzt, da sie noch der Umsetzung bedarf, keine unmittelbare Geltung (=Anwendbarkeit).[137] Dennoch kann diese Richtlinie schon vor der Umsetzung direkte Wirkungen für den einzelnen im Verhältnis zum nichtumsetzenden Staat haben.[138]
Die unmittelbare Anwendbarkeit einer Norm hat in der Regel, insbesondere wenn den Mitgliedstaaten Handlungs- oder Unterlassungspflichten auferlegt werden, Auswirkungen auf das Verhältnis des einzelnen zum Staat; dann kann von der unmittelbaren vertikalen Wirkung (und Anwendbarkeit) gesprochen werden.[139] Die unmittelbare horizontale Wirkung betrifft dagegen rein private Rechtsbeziehungen,[140] insbesondere das Verhältnis zwischen einzelnen Wirtschaftsteilnehmern.[141] Der Ausdruck „unmittelbare Drittwirkung" umschreibt ebenfalls das Horizontalverhältnis und wird in der Regel synonym für die unmittelbare horizontale Wirkung verwendet.[142] Die unmittelbare horizontale Wirkung des Primärrechts ist insbesondere bezüglich der Grundfreiheiten sehr problematisch und umstritten.[143] Zwar soll im Hinblick auf den *effet utile* des Gemeinschaftsrechts das den Mitgliedstaaten im Wege der Grundfreiheiten auferlegte Beschränkungsverbot nicht durch Handlungen Privater unterlaufen werden.[144] Problematisch ist aber, daß vom Wortlaut und der Systematik her unmit-

---

als der zwischen unmittelbarer Anwendbarkeit und Wirkung, vgl. Schaefer, Unmittelbare Wirkung, S. 7).

[135] Geiger, Art. 10 EG, Rz. 26.

[136] Geiger, Art. 10 EG, Rz. 26; aA Bach, *JZ 1990, 1110*, der aber auf S. *1111* darauf hinweist, daß bei der Anwendung beachtet werden muß, daß sich die in den Richtlinien normierte Pflicht zur Umsetzung ausschließlich an die Mitgliedstaaten richtet.

[137] Streinz, Europarecht, Rz. 398; aA: E. Klein, Unmittelbare Geltung, S. 12, der keinen Grund dafür sieht, daß eine „gültige Richtlinie nicht unmittelbar gelten soll".

[138] Zu den Voraussetzungen dafür: EuGH, Slg. 1982, 53, Rz. 17ff.-Ursula Becker; Vgl. auch Streinz, Europarecht, Rz. 398; Nicolaysen, EuR 1984, 390, der daher zu dem Ergebnis kommt, daß ein Unterschied zwischen unmittelbare Geltung (=Anwendbarkeit s.o.) und unmittelbarer Wirkung der Sache nach nicht besteht.

[139] Schaefer, Unmittelbare Wirkung, S. 22.

[140] Streinz/Leible, EuZW 2000, 459.

[141] Schaefer, Unmittelbare Wirkung, S. 25, Baur/Weyer in FK, Art. 81 ZivilRfolgen, Rz. 4.

[142] Schaefer, Unmittelbare Wirkung, S. 25.

[143] Vgl. dazu jüngst: EuGH, EuZW 2000, 468-Angonese, und die Anmerkung dazu von Streinz/Leible, EuZW 2000, 459; die befürchten, daß der uneingeschränkten unmittelbaren Drittwirkung der Grundfreiheiten nun Tür und Tor geöffnet sein wird; vgl. außerdem: Ganten, Die Drittwirkung der Grundfreiheiten; Jaensch, Unmittelbare Drittwirkung; Schaefer, Unmittelbare Wirkung.

[144] Streinz/Leible, EuZW 2000, 459.

telbar nur die Staaten die Grundfreiheiten zu beachten haben.[145] Im Kartellrecht dagegen sind ausdrücklich die Unternehmen und damit private Wirtschaftsteilnehmer[146] Adressaten der Verbote der Art. 81 Abs. 1 und 82 EG. Im Verhältnis von Unternehmen untereinander kommt ihnen und -nach Vorstellung von Rat und Kommission- neuerdings auch dem Art. 81 Abs. 3 EG unmittelbare horizontale Wirkung zu.[147] Nichtumgesetzte Richtlinien haben nach traditioneller Rechtsprechung des EuGH keine unmittelbare horizontale Wirkungen.[148] Allerdings besteht für nationale Gerichte grundsätzlich die Pflicht einer möglichst weitgehenden richtlinienkonformen Auslegung des nationalen Rechts.[149] Die gelegentlich verwendete Bezeichnung „Durchgriffswirkung" ist eine bildhafte Darstellung der unmittelbaren Anwendbarkeit, welche der sprachlichen Vereinfachung dient.[150] Gemeint ist auch hier die unmittelbare Erreichung des einzelnen Staatsangehörigen ohne Vermittlung durch die nationale Staatshoheit.[151]

Bei sämtlichen dieser Begriffe ist zu beachten, daß sie nicht immer einheitlich verwendet werden. Als Beispiel läßt sich die unmittelbare Geltung von Verordnungen nach Art. 249 Abs. 2 EG anführen. Aus dem Umstand, daß der Begriff der unmittelbaren Geltung regelmäßig synonym mit dem der unmittelbaren Anwendbarkeit verwendet wird, darf nicht gefolgert werden, daß jede Vorschrift

---

[145] Streinz/Leible, EuZW 2000, 459, 464, ziehen gerade den Vergleich zu Art. 86 Abs. 2 und 81 ff. und lehnen eine unmittelbare Drittwirkung ab, aber befürworten statt dessen eine mittelbare Drittwirkung der Grundfreiheiten.

[146] Zur Frage des Staats als Unternehmen und als Adressat des europäischen Kartellrechts: Schwarze, EuZW 2000, 613.

[147] Der EuGH Slg. 1974, 51, Rz. 15-17-BRT /SABAM bezeichnet dies zwar nicht ausdrücklich als unmittelbare horizontale Wirkung, stellt aber fest, daß „die in Art. 85 Abs. 1 EGV und 86 EGV enthaltenen Verbote ihrer Natur nach geeignet sind, in den Beziehungen *zwischen einzelnen* unmittelbare Wirkung zu erzeugen"; vgl. auch Schaefer, Unmittelbare Wirkung, S. 29.

[148] EuGH Slg. 1986, 723, Rz. 48-Marshall/Health Authority; EuGH Slg. 1994 I-3325, Rz. 22-Faccini Dori/Recreb; EuGH Slg. 1996 I-1218-El Corte Inglés; kritisch dazu: Hofstötter, European Law Reporter 2000, 423; Bach, JZ 1990, 1115; Nicolaysen, EuR 1986, 370 (optimale Effizienz).

[149] EuGH, The European Legal Forum, 2000/01, S. 88, Urt. v. 27. 6. 2000-C-240/98 u. 244/98-Océano Grupo Editorial SA./.Rocio Quintero u.a.; EuGH, The European Legal Forum, 2000/01, S. 90, Urt. v. 13. 7. 2000, Rs. C-456/98-„Centrosteel Srl./. Adipol GmbH; EuGH Slg. 1990 I-4135, Rz. 8-Marleasing, kritisch dazu: Biervert in Schwarze, EU-Kommentar, Art. 249 EG, Rz. 30; nach Hofstötter, European Law Reporter 2000, 423, besteht in der Rechtsprechung des EuGH eine Tendenz zur Anerkennung der horizontalen Wirkung, deren baldige ausdrückliche Anerkennung durch den EuGH er für möglich hält; ähnlich Augi/Baratella, The European Legal Forum 2000/01, S. 85.

[150] Ipsen, Europäisches Gemeinschaftsrecht, 5/52 (S. 121).

[151] Ipsen, Europäisches Gemeinschaftsrecht, 5/52 (S. 121); bei Richtlinien sollte wegen deren fehlender unmittelbarer Anwendbarkeit daher nicht von „Durchgriffswirkung" gesprochen werden.

einer Verordnung in dem Sinne unmittelbar anwendbar ist, daß einzelne Unternehmen sich unmittelbar vor nationalen Gerichten auf sie berufen könnten. So setzen die Entzugstatbestände der GVOen (zB Art. 6 und 7 VGVO) ausdrücklich eine Entscheidung einer Kartellbehörde voraus. Wegen dieses Erfordernisses des vorherigen Erlasses einer Entscheidung sind diese Entzugstatbestände nicht unmittelbar anwendbar.[152]

II. Arten der unmittelbaren Anwendbarkeit

Da der Begriff „unmittelbare Anwendbarkeit" vieldeutig ist, sind diesbezüglich verschiedene Arten und Interpretationsmöglichkeiten vorstellbar. Es kann unterschieden werden zwischen unmittelbarer Anwendbarkeit im strengen, im engeren und im weiteren Sinne.[153]

1. unmittelbare Anwendbarkeit im strengen Sinne

Von unmittelbarer Anwendbarkeit im strengen Sinne kann gesprochen werden, wenn es zur Anwendung der Gemeinschaftsnorm nicht mehr des Erlasses weiterer gemeinschaftsrechtlicher (oder mitgliedstaatlicher)[154] Ausführungsregelungen bedarf.[155] Die unmittelbare Anwendbarkeit ergibt sich demnach aus der Norm selbst, ohne daß es einer Durchführungsvorschrift oder einer Anwendung durch eine Behörde oder ein Gericht bedarf. Dann wird auch von unmittelbarer Anwendbarkeit *per se* gesprochen.[156] Wenn von unmittelbarer Anwendbarkeit die Rede ist, wird von einigen Autoren ausschließlich die unmittelbare Anwendbarkeit im strengen Sinne gemeint.[157]

2. unmittelbare Anwendbarkeit im engeren Sinne

Als unmittelbare Anwendbarkeit im engeren Sinne kann der Fall bezeichnet werden, daß die Norm einer Ausführungsregelung bedarf und ihre unmittelbare Anwendbarkeit erst mit Erlaß der Ausführungsregelung eintritt.[158] In der Literatur findet sich mitunter die Formulierung, daß eine (zB sekundärrechtliche) Norm die unmittelbare Anwendbarkeit einer (Vertrags-)Norm herstellt.[159]

---

[152] Baur/Weyer in FK, Art. 81 Zivilrechtsfolgen, Tz. 22.

[153] Vgl. schon Jarass, NJW 1990, 2421, der verschiedene Arten der unmittelbaren Anwendbarkeit für möglich hält.

[154] Geiger, Art. 10 EG, Rz. 21.

[155] Ipsen, Europäisches Gemeinschaftsrecht, 5/50 (S. 120); Geiger, Art. 10 EG, Rz. 21.

[156] Pescatore, European Law Review 1983, 161 „direct effect *per se*".

[157] So zB Constantinesco, Unmittelbare Anwendbarkeit, S. 18 ff.

[158] Ipsen, Europäisches Gemeinschaftsrecht, 5/50 (S. 120).

[159] Bartosch, NJW 2001, 923, „die neuen Verordnungen (...) vermitteln nunmehr auch der Vorschrift des Art. 87 (...) eine beschränkte unmittelbare Anwendbarkeit"; Wißmann, Journal of World Competition, 23 (2), 139, 2000 the „..the like by which means the direct applicability is achieved" im Ergebnis aber verneinend; Schaub, Fordham International Law Journal, Vol. 23, 2000, 769.

3. unmittelbare Anwendbarkeit im weiteren Sinne

Von unmittelbarer Anwendbarkeit im weiteren (oder im angenäherten[160]) Sinne kann gesprochen werden, wenn die unmittelbare Anwendbarkeit erst durch die Erklärung einer zuständigen Instanz im Einzelfall, also zB durch Erklärung der Kommission, der nationalen Wettbewerbsbehörden oder nationalen Gerichte, hergestellt wird.[161] In diesem Fall ist fraglich, ob die Begründung der Rechte (bzw. Verpflichtungen) einzelner und damit gegebenenfalls auch die horizontale Drittwirkung sich erst aus der Anwendung der Norm im konkreten Einzelfall ergibt oder schon vorher.[162] Konsequent wäre es, die Drittwirkung erst mit der Anwendung im Einzelfall entstehen zu lassen, da die Norm erst mit dieser Erklärung unmittelbar anwendbar wird und daher auch erst dann zwischen Dritten wirkt.[163]

4. Anwendung dieser Arten auf Art. 81 Abs. 3 EG

Die unmittelbare Anwendbarkeit im strengen Sinne läßt sich bei Art. 81 Abs. 3 EG kaum begründen, da jegliche Art der unmittelbaren Anwendbarkeit für Art. 81 Abs. 3 EG unter dem ungefähr vierzig Jahre lang geltenden System der ausschließlichen Zuständigkeit der Kommission zum Erlaß konstitutiver Freistellungsentscheidungen zu verneinen war.[164] Selbst wenn man den Umstand betont, daß sich das Anmelde- und Genehmigungssystem nur aus der VO 17 und nicht aus Art. 81 Abs. 3 EG selbst ergibt,[165] kann seine unmittelbare Anwendbarkeit im strengen Sinne nicht angenommen werden. Zwar würde bereits mit Abschaffung der Vorschriften über das Genehmigungssystem ein Hindernis für die unmittelbare Anwendbarkeit des Art. 81 Abs. 3 EG entfallen; dennoch würde sich seine unmittelbare Anwendbarkeit von der unmittelbaren Anwendbarkeit im strengen Sinne von sonstigen Normen des EG-Vertrages -wie zB den Grundfreiheiten- unterscheiden. Der Unterschied besteht gerade darin, daß den anderen Normen kein Kompromißcharakter anhaftet, der es erlauben würde, die Norm eine Zeit lang als nicht unmittelbar anwendbar und zeitweilig doch als unmittelbar anwendbar anzusehen. Eine Norm, deren unmittelbare Anwendbarkeit sich

---

160 Weyer, ZHR 164 (2000), S. 615.

161 Vgl. Weyer, ZHR 164 (2000), S. 615, 619, der die unmittelbare Anwendbarkeit des Art. 81 Abs. 3 EG vor Stellungnahme der Kommission ablehnt, soweit ausnahmsweise ein Beurteilungsspielraum der Kommission besteht; nach Stellungnahme aber befürwortet er die unmittelbare Anwendbarkeit. In diesem Fall würde also die Stellungnahme der Kommission die unmittelbare Anwendbarkeit des Art. 81 Abs. 3 EG herstellen.

162 Weyer, ZHR 164 (2000), 615.

163 Das Problem der Reichweite einer Annäherung an die unmittelbare Wirkung wird aufgeworfen, aber ausdrücklich offen gelassen bei Weyer, ZHR 164 (2000), 615 (bezogen auf den DVO-Entwurf).

164 Vgl. nur EuGH Slg. 1991 I-977, Rz. 55-Delimitis.

165 Deselaers/Obst, EWS 2000, 41 f.; Schaub, Fordham International Law Journal, Vol. 23, 2000, S. 769.

nur mit ihrem Kompromißcharakter begründen läßt, ist nicht im strengen Sinne unmittelbar anwendbar, da es immer noch einer Ausführungsregelung bedarf, welche festlegt, welche Auslegungsvariante gelten soll. Ob auch der Wortlaut des Art. 81 Abs. 3 EG, der eine Nichtanwendbarkeitserklärung[166] verlangt, der unmittelbaren Anwendbarkeit im strengen Sinne entgegensteht, muß daher nicht geklärt werden. Die unmittelbare Anwendbarkeit könnte dagegen durch die DVO, insbesondere gemäß Art. 1 Abs. 2 DVO iVm Art. 6 DVO, hergestellt werden. Dieses entspräche dem Konzept der unmittelbaren Anwendbarkeit im engeren Sinne. Noch nach Art. 1 DVO-Entwurf wurde lediglich die unmittelbare Wirkung des Verbots des Art. 81 Abs. 1 EG für den Fall beschränkt, daß Art. 81 Abs. 3 EG erfüllt ist. Erstmals von *Weyer* wurde darauf hingewiesen, daß im DVO-Entwurf eine Regelung über die Zulässigkeit von mit Art. 81 Abs. 3 EG vereinbaren Verhaltenskoordinationen fehlt.[167] Folge dieser fehlenden Regelung wäre möglicherweise gewesen, daß Art. 81 Abs. 3 EG nur im angenäherten (=weiteren) Sinne unmittelbar anwendbar gewesen wäre.[168] Dann bestünde auch das Problem der Bewertung der Rechtmäßigkeit einer Vereinbarung vor der Nichtanwendbarkeitserklärung durch eine nach der DVO zuständigen Instanz, also zB den nationalen Gerichte nach Art. 6 DVO.[169] Der von *Weyer* geäußerte Gedanke wurde jedoch in Art. 1 Abs. 2 DVO umgesetzt, nach dem Verhaltensabstimmungen, welche die Voraussetzungen des Art. 81 Abs. 3 EG erfüllen, nicht verboten sind, ohne daß dies einer vorherigen Entscheidung bedarf. Angesichts des nunmehr klaren Wortlauts des Art. 1 Abs. 2 DVO ist davon auszugehen, daß die unmittelbare Anwendbarkeit des Art. 81 Abs. 3 EG nicht erst durch seine Anwendung im Einzelfall, sondern schon durch die DVO hergestellt wird. Art. 81 Abs. 3 EG ist daher unter Zugrundelegung der oben angegebenen Definitionen unmittelbar anwendbar im engeren Sinne.

Zwischenergebnis: Der Gemeinschaftsgesetzgeber verfolgt mit der DVO im Hinblick auf Art. 81 Abs. 3 EG den Ansatz der unmittelbaren Anwendbarkeit im engeren Sinne. Die unmittelbare Anwendbarkeit des Art. 81 Abs. 3 EG wird durch die DVO hergestellt. Ob die Voraussetzungen der unmittelbaren Anwendbarkeit gegeben sind, wird sogleich bei der Frage der Vertragsmäßigkeit der Reform geprüft.

---

[166] Einer solchen „Erklärung“ bedurfte es dagegen nicht im französischen Kartellrecht, welches eine eindeutige Legalausnahme (exception légale) enthielt: Ordonnance 86-1243 du 1er décembre 1986: „Art. 10.-Ne sont pas soumis aux dispositions des aricles 7 et 8 les pratiques: 1)...2)...“; mittlerweile in den Code de Commerce, Livre II, Art. L 420-4 C.Com integriert, wurde auch eine ausdrückliche Freistellungsklausel für soziale Gründe bekommen; vgl. dazu Idot/van de Walle de Ghelcke, Cahiers de Droit Européen 2001 (No. 1-2), S. 192 (Fn. 190).

[167] Weyer, ZHR 164 (2000), S. 615.

[168] Weyer, ZHR 164 (2000), S. 615.

[169] Weyer, ZHR 164 (2000), S. 615.

III. Verschiedene Arten der Legalausnahme?

Art. 81 Abs. 3 EG soll nunmehr als Legalausnahme zwischen den Parteien wirken.[170] Fraglich ist, ob es ähnlich wie bei der unmittelbaren Anwendbarkeit verschiedene Arten der Legalausnahme gibt und ob zwischen totaler und begrenzter Legalausnahme zu unterscheiden ist.

1. Legalausnahme im strengen, engeren und weiteren Sinn?

Für die Frage, ob es ähnlich wie bei der unmittelbaren Anwendbarkeit auch Legalausnahmen im strengen, im engeren und im weiteren Sinne gibt, ist zu prüfen, ob man annehmen könnte, daß die Legalausnahmewirkung nicht schon aus der Vertragsnorm selbst folgt, sondern erst mit der DVO (oder der Anwendung im Einzelfall) hergestellt wird.
Eine Legalausnahme im weiteren Sinne, die erst durch die Anwendung im Einzelfall hergestellt wird, kann es jedoch nicht geben, da es sich schon begrifflich nicht um eine „Legal"ausnahme, sondern um eine durch eine Behörde oder ein Gericht ausgesprochene konstitutive Freistellung handelte, wenn die Legalausnahmewirkung erst mit der Anwendung im Einzelfall hergestellt würde.[171]
Dagegen könnte die Legalausnahmewirkung durch die DVO hergestellt werden. Im alten Kartellverfahrensrecht wurde teilweise angenommen, GVOen führten dazu, daß Art. 81 Abs. 3 EG, soweit die GVO reicht, zur Legalausnahme würde.[172] Dabei ist zutreffend, daß GVOen nach altem Recht eine automatische Freistellung von Vereinbarungen herbeiführten, ohne daß es einer Anmeldung bedurfte.[173] Somit konnten sich die Unternehmen vor nationalen Gerichten auf das Eingreifen der GVO berufen. In ihrer Wirkung kamen GVOen daher einer Legalausnahme des Art. 81 Abs. 3 EG nahe. Gegen die Annahme, Art. 81 Abs. 3 EG würde durch GVOen zur Legalausnahme, spricht aber, daß GVOen zwar selbst faktisch wie Legalausnahmen wirkten, [174] aber innerhalb des Art. 81 Abs. 3 EG als konstitutive Freistellungen anzusehen waren.[175] Angesichts dieses konstitutiven Freistellungscharakters macht es keinen Sinn, in den GVOen die Herstellung der Legalausnahme des Art. 81 Abs. 3 EG zu sehen.[176]
Für eine Herstellung der Legalausnahmewirkung durch die DVO könnte dagegen sprechen, daß die Lesart des Art. 81 Abs. 3 EG als Legalausnahme zumin-

---

[170] 4. Begründungserwägung zur DVO.
[171] Vgl. auch Möschel, JZ 2000, 62, der allerdings noch weiter geht, indem er im System der Legalausnahmen keinen Platz für Erklärungen jeglicher Art sieht.
[172] Brinker, Mißbrauchsaufsicht, S. 33, 37f.
[173] Wiedemann, GVO AT, Rz. 54.
[174] Bunter/Sauter, EG-GVOen, Einführung, Rz. 40.
[175] Schröter in GTE, Hdb. d. Europäischen Rechts, I A 50 Kommentar, Art. 85 EGV, Rz. 284 iVm Rz. 244; Bunte/Sauter, EG-GVOen, Einführung, Rz. 40.
[176] Ähnlich auch Jaensch, Unmittelbare Drittwirkung, S. 166.

dest die Abschaffung des Genehmigungssystems der VO 17 erfordert.[177] Teilweise wird vertreten, die DVO stelle die Legalausnahme des Art. 81 Abs. 3 EG her.[178] Wäre aber über die Abschaffung des Genehmigungssystems hinaus eine weitere Regelung für die Herstellung der Legalausnahmewirkung erforderlich, so würde die DVO tatsächlich eine konstitutive (Gruppen-)Freistellung für alle mit Art. 81 Abs. 3 EG übereinstimmenden Vereinbarungen darstellen.[179] Selbst wenn dieses der Fall wäre,[180] könnte dann entsprechend der Rechtslage der GVOen im alten Kartellverfahrensrecht wegen des konstitutiven Freistellungscharakter nicht von einer Herstellung der Legalausnahmewirkung für Art. 81 Abs. 3 EG gesprochen werden. Es macht somit begrifflich keinen Sinn, zwischen Legalausnahme im strengen, engeren und weiteren Sinne zu unterscheiden. Statt dessen ist davon auszugehen, daß schon durch die Abschaffung des Genehmigungssystems das Hindernis für die Lesart des Art. 81 Abs. 3 EG als Legalausnahme beseitigt.[181] Insoweit bedarf es keiner zusätzlichen Ausführungsregelung, welche die Legalausnahme erst einrichtet.[182]

2. Unterscheidung zwischen „totaler" und begrenzter Legalausnahme?

Vereinzelt wird noch unterschieden zwischen einer sogenannten „totalen Legalausnahme"[183] und einer begrenzten Legalausnahme,[184] wobei umstritten ist, welchen Ansatz der Gemeinschaftsgesetzgeber bei der Reform des Kartellverfahrensrechts verfolgt.[185] Die „totale Legalausnahme" solle dazu führen, daß „sämtliche Vereinbarungen" automatisch erlaubt seien.[186] Nach anderer Auffassung handelt es sich nur um eine begrenzte Legalausnahme, die nur solche Vereinbarungen freistelle, die nicht in „einer schwarzen Liste" der Gruppenfreistellungs-

---

[177] Zum Kompromißcharakter des Art. 81 Abs. 3 EG: Weißbuch, Tz. 12; Ullrich, Wettbewerbsbeschränkungen, S. 149.

[178] Schaub, Fordham International Law Journal, Vol. 23, 2000, 769 : „to establish the alternative system of a directly applicable exception via a new implementing regulation".

[179] Für eine solche Ausgestaltung: Piontek, Coherent Application, S. 10; Paulweber/Kögel, AG 1999, S. 507; dagegen: Wißmann, Journal of World Competition, S. 139.

[180] Vgl. dazu auch die anschließende Prüfung der Vertragsmäßigkeit des Systemwechsels.

[181] Deselaers/Obst, EWS 2000, 43, insb. Fn. 19; allerdings unter zweifelhafter Berufung auf EuGH Slg. 1969, 309, Rz. 11-14-Portelange/Smith Corona Marchant International. Dort nimmt der EuGH zwar an, *die VO 17* sehe die Anmeldepflicht vor. Das aber wurde niemals bestritten. Meines Erachtens kann allein aus dieser Formulierung nicht geschlossen werden, daß es *nur* die VO 17 ist, die das Genehmigungs- und Anmeldesystem auferlegt.

[182] Zwar ist der obligatorische Rechtsetzungsauftrag des Rates im Kartellrecht zu beachten, dieser besagt aber nur, daß überhaupt Durchführungsregelungen erlassen werden müssen.

[183] Geiger, EuZW 2000, 166; vgl. Monopolkommission, Sondergutachten 28, S. 18.

[184] Vgl. Geiger, EuZW 2000, 166.

[185] Für die Einordnung als „generelle" bzw. totale Legalausnahme: Monopolkommission, Sondergutachten 28, S. 18; für die Einordnung als begrenzte Legalausnahme: Geiger, EuZW 2000, 166.

[186] Monopolkommission, Sondergutachten 28, S. 18; Mestmäcker, EuZW 1999, 525.

verordnungen aufgeführt seien.[187] Zum Ansatz der totalen Legalausnahme ist anzumerken, daß nicht sämtliche Vereinbarungen freigestellt bzw. automatisch erlaubt sein sollen, sondern nur diejenigen, die mit Art. 81 Abs. 3 EG vereinbar sind.[188] Der Ansatz der begrenzten Legalausnahme überzeugt deswegen nicht, weil schwarze Listen in GVOen weder nach altem noch nach neuem Recht eine abschließende Aussage darüber treffen, ob eine Vereinbarung von Art. 81 Abs. 3 EG erfaßt ist oder nicht.[189] Sie haben lediglich die Funktion, den Anwendungsbereich der GVO, nicht aber den des Art. 81 Abs. 3 EG zu begrenzen. Schon nach altem Recht bestand keine Vermutung der Rechtswidrigkeit einer Vereinbarung, die trotz Gruppenzugehörigkeit nicht unter eine GVO fiel; damals kam für solche Vereinbarungen noch die Einzelfreistellung in Betracht.[190] Auch im neuen Recht gibt es keinen Hinweis dafür, daß GVOen eine abschließende Regelung bilden sollen.[191] Vielmehr geht die Kommission davon aus, daß die GVOen nur einen „sicheren Hafen" schaffen sollen.[192] Eine Unterscheidung zwischen totaler und begrenzter Legalausnahme macht daher keinen Sinn.
Ergebnis: Rein begrifflich ist eine Unterscheidung verschiedener Arten der Legalausnahme nicht sinnvoll.

IV. Vertragsmäßigkeit der Verfahrensreform

Nachdem nun die Grundbegriffe der unmittelbaren Anwendbarkeit und der Legalausnahme behandelt wurden und geklärt ist, welchen Ansatz der Gemeinschaftsgesetzgeber bei der Kartellverfahrensreform verfolgt, kann eine Prüfung der Vertragsmäßigkeit des Systemwechsels vorgenommen werden.[193] Denn noch wurde nicht geklärt, ob Art. 81 Abs. 3 EG tatsächlich die Voraussetzungen für die unmittelbare Anwendbarkeit erfüllt und als Legalausnahme gelesen werden darf. Vor allem in Deutschland ist diese Frage schon seit Veröffentlichung des Weißbuchs sehr umstritten.[194] Gegen den von der Kommission angenommenen Kompromißcharakter des Art. 81 Abs. 3 EG[195] wird angeführt, daß dieser

---

[187] Geiger, EuZW 2000, 166.
[188] Vgl. auch Art. 1 Abs. 2 DVO; Baron in Langen/Bunte, Kartellrecht, Einführung zum EG-KartR, Rz. 201 „für die Zulässigkeit von wettbewerbsbeschränkenden Vereinbarungen wird dann nur noch erforderlich sein, daß die Voraussetzungen des Art. 81 Abs. 3 EG im konkreten Fall erfüllt sind."
[189] Bechtold, EWS 2001, 55.
[190] Wiedemann, GVO AT, Rz. 57.
[191] Bechtold, EWS 2001, 54 f.
[192] Entwurf zur DVO, S. 10.
[193] Sehr ausführlich dazu: Ehlermann, CMLR 37 (2000), 537ff; Deringer, EuZW 2000, 5; Deringer, EuR 2001, 306ff.; Marenco, Legal Exception System, Mestmäcker, EBOR 1 (2000), 413ff.
[194] Vgl. nur Deringer, EuZW 2000, 5; Mestmäcker, 1999, 523; Weyer, ZHR 164 (2000), 611 mwN; Ehlermann, CMLR 37 (2000), 537-590.
[195] Weißbuch, Tz. 12.

nicht nachgewiesen, sondern nur behauptet wird.[196] Ein Wechsel zur Legalausnahme und unmittelbaren Anwendbarkeit des Art. 81 Abs. 3 EG setze daher eine Vertragsänderung voraus.[197] Die Beurteilung der Vertragsmäßigkeit des Systemwechsels läßt sich aus zwei Perspektiven vornehmen. Zum einen ist zu fragen, ob Art. 81 Abs. 3 EG als Legalausnahme gelesen werden kann. Zum anderen ist problematisch, ob die Auslegung eine unmittelbare Anwendbarkeit des Art. 81 Abs. 3 EG ergibt.

1. Art. 81 Abs. 3 EG als Legalausnahme

a) Wortlaut

Bedenken gegen die Auslegung des Art. 81 Abs. 3 EG als Legalausnahme ergeben sich, da er seinem Wortlaut nach verlangt, daß eine *Erklärung* der Nichtanwendbarkeit des Art. 81 Abs. 1 EG erforderlich ist. Zwar wird in Art. 81 Abs. 3 EG nicht festgeschrieben, wer diese Erklärung abzugeben hat. Insofern käme auch eine Erklärung nationaler Gerichte oder Behörden in Betracht.[198] Ergibt sich aber schon aus dem Wortlaut des Art. 81 Abs. 3 EG, daß Art. 81 Abs. 1 EG nicht anwendbar ist, so hätte eine spätere Gerichts- oder Behördenentscheidung diesen Inhalts nur feststellende Wirkung. Man könnte sich auf den Standpunkt stellen, es handele sich bei einer nur feststellenden Erklärung nicht um eine solche im Sinne des Art. 81 Abs. 3 EG.[199] Demgegenüber kann eingewendet werden, daß Art. 81 Abs. 3 EG nicht ausdrücklich eine rechtsgestaltende Erklärung verlangt.[200] Eine feststellende Erklärung könnte ebenfalls unter den Begriff der Erklärung iSd Art. 81 Abs. 3 EG fallen. Außerdem spricht für die Zulässigkeit der Legalausnahme, daß Art. 81 Abs. 3 EG nicht regelt, in welchem Verfahren, dh ob mit oder ohne Anmeldung bzw. Genehmigung die Erklärung zu erfolgen hat.[201] Festzuhalten ist aber, daß die Formulierung „erklären" zumindest den Eindruck erweckt, daß es sich nicht um eine Legalausnahme innerhalb des EG-Vertrags, sondern um eine behördliche Freistellung handelt.[202] Dieser Eindruck wird noch durch das Wort „können" verstärkt, welches Behörden in der Regel ein Ermessen einräumt. Bei einer Legalausnahme ist fraglich, ob es ein solches Ermessen geben kann, da sich die Rechtsfolge schon aus dem Gesetz und nicht erst durch ein Behördenhandeln ergibt.[203] Der Wortlaut des Art. 81 Abs. 3 EG ist im Hinblick auf die Legalausnahme zwar sehr problematisch. Dennoch

---

196 Deringer, EuZW 2000, 5; ders. EuR 2001, 306f.

197 Mestmäcker, EuZW 1999, 525.

198 Deselaers/Obst, EWS 2000, 42; aA Jaeger, WuW 2000, 1065, der wegen Art. 211 EG „in erster Linie die EG-Kommission" für zuständig hält für Erklärungsentscheidungen.

199 Paulweber/Kögel, AG 1999, 507.

200 Schaub/Dohms, WuW 1999, 1065; ähnlich: Weyer, ZHR 164 (2000), 614.

201 Deselaers/Obst, EWS 2000, 42.

202 Wißmann, Journal of World Competition, 23 (2), 2000, S. 139.

203 Vgl. dazu unten Beurteilungsermessen im Kartellprivatrecht.

schließt er nicht gänzlich eine Lesart des Art. 81 Abs. 3 EG als Legalausnahme aus.[204]

b) Systematische Stellung des Art. 81 Abs. 3 EG

Auch ein systematisches Argument könnte gegen die Lesart des Art. 81 Abs. 3 EG als Legalausnahme sprechen. Problematisch ist die Stellung des Abs. 3 als Ausnahmevorschrift hinter der Rechtsfolgenanordnung des Abs. 2. Bei Annahme einer Legalausnahme läge es möglicherweise näher, die Rechtsfolgenanordnung hinter die Ausnahmevorschrift zu stellen.[205] Allerdings ist ein solcher Schluß nicht zwingend, da es zumindest vertretbar ist, die Legalausnahme als Einschränkung der Rechtsfolgenanordnung nach dieser zu plazieren.[206]

c) Übergang zum Mißbrauchssystem?

Teilweise wird die Vertragswidrigkeit des Reformvorhabens mit der Begründung angenommen, daß das Verbotsprinzip des Art. 81 Abs. 1 EG unzulässigerweise in eine Mißbrauchskontrolle umgewandelt würde.[207] Dagegen ist jedoch anzuführen, daß auch nach der Reform Wettbewerbsbeschränkungen, die nicht unter Art. 81 Abs. 3 EG fallen, verboten und von Anfang an nach Art. 81 Abs. 2 EG nichtig sind. Aus demselben Grund kann auch nicht von einem faktischen Übergang zum System der Mißbrauchsaufsicht gesprochen werden.[208] Zu einer (vertragswidrigen) Einführung einer bloßen Mißbrauchskontrolle käme es erst dann, wenn durch Sekundärrecht Wettbewerbsbeschränkungen iSd Art. 81 Abs. 1 EG, die nicht die Voraussetzungen des Art. 81 Abs. 3 EG erfüllen, für gültig erklärt werden, solange keine Verbotsentscheidung ergangen ist.[209] Richtig ist allerdings, daß im System der Legalausnahme die nachherige Kontrolle im Mittelpunkt steht.[210]

d) DVO als weite Gruppenfreistellungsverordnung, Art. 1 Abs. 2 DVO?

Gegen die Vertragsmäßigkeit wird auch vorgebracht, ein generelles System der Legalausnahme, welches „sämtliche Vereinbarungen automatisch erlaubt“, gehe über die von Art. 81 Abs. 3 EG eingeräumte Ermächtigung hinaus,[211] nach der allenfalls Gruppen von Vereinbarungen vom Kartellverbot ausgenommen werden könnten. Der Begriff „Gruppe“ enthalte aber immer etwas Beschränken-

---

[204] Trotz Bedenken die Vereinbarkeit des Systemwechsels mit dem Wortlaut des Art. 81 Abs. 3 EG bejahend: Weyer, ZHR 164 (2000), 614.

[205] Weyer, ZHR 164 (2000), S. 614; Ehlermann, CMLR 2000, 555.

[206] Vgl. Ehlermann, CMLR 2000, 555.

[207] Rittner, DB 1999, 1485; ähnlich Mestmäcker, EuZW 1999, 525f.; wie hier dagegen: Weyer, ZHR 164 (2000), 614.

[208] So aber Emmerich, WRP 2000, 861.

[209] Deselaers/Obst, EWS 2000, 43.

[210] Weißbuch, Tz. 108 ff.; Wils, E.L.Rev 1999, 139ff.

[211] Monpolkommission, 28. Sondergutachen, S. 18.

des.[212] An der geforderten Begrenzung fehle es aber, wenn sämtliche[213] Vereinbarungen ohne weiteres erlaubt seien.[214] Teilweise wird auch angenommen, der Wechsel zur Legalausnahme erfolge durch eine generelle Freistellung auf Verordnungswege, die mit der in Art. 81 Abs. 3 EG vorgenommenen Differenzierung zwischen Einzel- und Gruppenfreistellung nicht vereinbar sei.[215] Beide Ansichten scheinen davon auszugehen, es handele sich bei der DVO um eine Gruppenfreistellungsverordnung für alle Vereinbarungen, die mit Art. 81 Abs. 3 EG vereinbar sind.[216] Dafür könnte der Wortlaut des gegenüber dem DVO-Entwurf neu eingefügten Art. 1 Abs. 2 DVO sprechen, nach dem Wettbewerbsbeschränkungen iSd Art. 81 Abs. 1 EG, welche die Voraussetzungen des Art. 81 Abs. 3 EG erfüllen, nicht verboten sind, ohne daß dies einer vorherigen Entscheidung bedarf. Eine konstitutive Gruppenfreistellung kann in Art. 1 Abs. 2 DVO jedoch nicht gesehen werden. Mit der DVO ist nicht bezweckt, bestimmte Gruppen freizustellen. Die DVO nimmt erkennbar keinerlei Beschreibung von Gruppen vor, die mit Art. 81 Abs. 3 EG vereinbar sind. Vielmehr ergibt sich schon aus der Begründungserwägung zur DVO, daß deren Zweck in der Neufestlegung der Grundzüge des Kartellverfahrensrechts besteht.[217] Ein ähnliches Problem der Rechtsnatur einer Bestimmung stellte sich bei Art. 2 Abs. 1 der Ratsverordnung 4056/86. In ihrer Entscheidung *FETTCSA* vom 16. 5. 2000[218] führt die Kommission aus, daß es sich bei diesem Artikel nicht um eine Gruppenfreistellungsbestimmung handelt, da dort weder von Freistellung die Rede sei, noch in bezug auf die Freistellungsvoraussetzungen des Art. 81 Abs. 3 EG Schlüsse gezogen werden. Art. 1 Abs. 2 DVO könnte zwar als Nichtanwendbarkeitserklärung iSd Art. 81 Abs. 3 EG gelesen werden, jedoch geht aus dem Gesamtkonzept der DVO hervor, daß Gruppenfreistellungen nicht durch die DVO, sondern durch andere Verordnungen ausgesprochen werden sollen, vgl. Art. 40 DVO und 29 DVO. Gegen die Einordnung der DVO als konstitutive GVO spricht auch, daß Rat und Kommission nunmehr vom Legalausnahmecharakter

---

[212] Eine sehr ausführliche rechtshistorische Darstellung des Rechtsbegriffs „Gruppe" findet sich bei Sölter, WuW 1961, 677 f.

[213] Klarzustellen ist hierbei, daß auch im neuen Kartellverfahrensrecht nicht sämtliche Vereinbarungen erlaubt sind, sondern nur solche, die die Voraussetzungen des Art. 81 Abs. 3 EG erfüllen, vgl. Müller-Tautphaeus, SZW/RDSA 2000, 149.

[214] Möschel, JZ 2000, 62; Monopolkommission, Sondergutachten 28, S. 18.

[215] Paulweber/Kögel, AG 1999, 507.

[216] Ebenso: Piontek, Coherent Application, S. 10f.

[217] Begründungserwägungen 1-4 der DVO. Auch im Weißbuch ist von keiner Freistellung durch die DVO die Rede. In Tz. 69 steht lediglich, daß der Übergang zu einem Legalausnahmesystem mit nachheriger Kontrolle durch eine auf Art. 87 EGV (Art. 83 EG) gestützte Verordnung erfolgen kann.

[218] ABl.EG 2000 Nr. L 268/1, Rz. 146; abgesehen von der Festsetzung der Geldbußen bestätigt durch Urteil des EuG vom 19. 3. 2003, Rs. T 213/00-CMA CGM (FETTCSA).

des Art. 81 Abs. 3 EG ausgehen,[219] so daß es einer konstitutiven Freistellung nicht bedarf.[220] Die DVO ist daher nicht als konstitutive Gruppenfreistellungsverordnung anzusehen.[221] Daher ist auch nicht zu prüfen, ob alle mit Art. 81 Abs. 3 EG übereinstimmenden Vereinbarungen unter den Begriff „Gruppe" subsumiert werden könnten.
Da die DVO nur das Verwaltungsverfahren regelt und erkennbar keine Beschreibung von Gruppen vornimmt, handelt es sich bei Art. 1 Abs. 2 DVO auch nicht um eine deklaratorische Gruppenfreistellungsvorschrift. Selbst wenn Art. 1 Abs. 2 DVO als eine deklaratorische Gruppenfreistellungsvorschrift angesehen werden könnte, wäre bereits fraglich, ob daraus die Vertragswidrigkeit dieser Norm folgen würde. Art. 1 Abs. 2 DVO, der anders als bisherige GVOen unstreitig auch keine von Art. 81 Abs. 3 EG abweichende Freistellungen ermöglicht, würde in diesem Fall nur feststellen, was nach Art. 81 Abs. 3 EG ohnehin schon gilt. Damit wäre schon das Vorliegen eines Normkonflikts fraglich.

e) Unvereinbarkeit mit Art. 83 Abs. 1, Abs. 2 lit. b) EG

Weiterer Einwand gegen die Rechtmäßigkeit des Vorhabens ist, daß bei Einführung der Legalausnahme die Vorschrift des Art. 83 Abs. 1, Abs. 2 lit. b) EG praktisch wirkungslos wäre, da ein gesondertes Verwaltungsverfahren im Rahmen des Art. 81 Abs. 3 EG entfalle und für eine Verwaltungskontrolle iSd Art. 83 Abs. 2 lit. b) EG kein Raum sei.[222] Dem ist jedoch entgegenzuhalten, daß die DVO gerade der Ermächtigung des Art. 83 Abs. 1, Abs. 2 lit. b) EG nachkommt, indem sie das Anmelde- und Genehmigungssystem abschafft und damit die Verwaltungskontrolle vereinfacht.[223] Die DVO führt nicht zu einer gänzlichen Abschaffung der Verwaltungskontrolle, da Kommission und nationale Behörden nach wie vor Abstellungsverfügungen erlassen können, vgl. Art. 7 DVO und Art. 5 DVO. Die Ermittlungsbefugnisse der Kommission wurden in den Art. 17 ff. DVO gegenüber der VO 17 sogar erweitert. Ein Verstoß gegen Art. 83 Abs. 1, Abs. 2 lit. b) EG ist daher nicht gegeben.

f) Zwischenergebnis

Trotz des problematischen Wortlauts kann Art. 81 Abs. 3 EG als Legalausnahme gelesen werden. Die Abschaffung des Anmelde- und Genehmigungssystems und damit der Übergang zur Legalausnahme ist insofern nicht als vertragswidrig zu erachten.

---

[219] 4. Begründungserwägung zur DVO; Begründung zum DVO-Entwurf, S. 3f.
[220] Wißmann, Journal of World Competition, 23 (2): 139, 2000.: „The Commission clearly does not envisage a system which is in need for any prior decision before Art. 81 (3) EC can take effect. (...) This, for instance, rules out the possibility that it is in fact a widely applicable block exemption or the like by which means the direct appliability is achieved".
[221] Läge tatsächlich eine konstitutive Freistellung vor, so wäre Art. 81 Abs. 3 EG auch nicht als Legalausnahme anzusehen.
[222] Mestmäcker, EuZW 1999, 525f.
[223] Geiger, EuZW 2000, 167.

2. Voraussetzungen der unmittelbaren Anwendbarkeit bezüglich Art. 81 Abs. 3 EG

Zu untersuchen ist weiterhin, ob Art. 81 Abs. 3 EG auch die Voraussetzungen für die unmittelbare Anwendbarkeit erfüllt.[224] Diese Voraussetzungen hat der EuGH in seiner Entscheidung *van-Gend-&-Loos* dargelegt.[225] Primärrecht ist demnach dann unmittelbar anwendbar, wenn die Norm ausreichend klar und präzise, unbedingt und somit rechtlich perfekt ist.[226] Voraussetzung ist, daß es keinen Ermessensspielraum für Mitgliedstaaten oder Gemeinschaftsorgane gibt.[227] Fraglich ist, ob Art. 81 Abs. 3 EG ausreichend klar und präzise ist. „Klar und präzise" setzt im Unterschied zur *acte-clair*-Doktrin[228] nicht voraus, daß die Norm keiner Interpretation bedarf.[229] Gegen die Klarheit könnte sprechen, daß Art. 81 Abs. 3 EG eine Vielzahl unbestimmter Rechtsbegriffe wie zB „angemessene" Beteiligung oder „unerläßliche" Beschränkungen enthält. Teilweise wird daher angenommen, Art. 81 Abs. 3 EG sei wegen seiner Unbestimmtheit nicht justitiabel und daher auch nicht unmittelbar anwendbar.[230] Demgegenüber läßt sich einwenden, daß auch die unmittelbar anwendbaren Art. 82 und 86 Abs. 2 EG nicht bestimmter sind als Art. 81 Abs. 3 EG.[231] Außerdem sind die nationalen Gerichte bereits nach bisher geltendem Recht dazu in der Lage, die Anwendung des Art. 81 Abs. 3 EG in nationalen Kartellverwaltungsverfahren (insb. im Fall des Art. 84 EG und als Rechtsmittelinstanz beim Entzug nach Art. 7 VGVO) zu überprüfen.[232]

Fraglich ist weiterhin, inwieweit Art. 81 Abs. 3 EG den Anwendungsorganen einen Ermessensspielraum einräumt. Zu beachten ist dabei, daß der EuGH keine

---

[224] Angesichts des fortgeschrittenen Integrationsprozesses wird vereinzelt das Konzept der unmittelbaren Anwendbarkeit in Frage gestellt, Prechal, CMLR 37 (2000), 1047 ff. Demnach sei Gemeinschaftsrecht bereits „law of the land", ohne daß eine Prüfung der unmittelbaren Anwendbarkeit erforderlich sei. Eine solche Auffassung hat sich jedoch bislang nicht durchsetzen können.

[225] EuGH Slg. 1963, 3, S. 24-27- van Gend & Loos.

[226] Generalanwalt Mayras hat die Voraussetzungen zusammengefaßt in der Entscheidung EuGH Slg. 1974, 1337, S. 1355-van Duyn/Großbritannien.

[227] EuGH Slg. 1968, 216, S. 230f.-Molkereizentrale Westfalen-Lippe/Hauptzollamt Paderborn; Streinz, EuR, Rz. 349; G. Schmidt in GTE, Art. 189 EGV, Rz. 10; Bleckmann, EuropaR, Rz. 1180.

[228] *In claris non fit interpretari.*

[229] Bleckmann, EuropaR, Rz. 1178.

[230] Mestmäcker, EuZW 1999, 526.

[231] Ehlermann, CMLR 2000, 559.

[232] Baur/Weyer in FK, Art. 81 Zivilrechtsfolgen, Tz. 13, 22; Deselaers/Obst EWS 2000, 43; Weyer, WuW 2000, 843; Nach EuGH, Slg. 1974, 51, Tz. 18ff.-BRT-SABAM, sind Behörden iSd Art. 84 EG (früher Art. 88 EGV) auch Gerichte, die besonders damit betraut sind, das nationale Wettbewerbsrecht anzuwenden oder die Gesetzmäßigkeit seiner Anwendung durch die Verwaltungsbehörde zu überwachen, vgl. dazu auch EuGH Slg. 1986, 1457, Rz. 55-Ministère Public/Asjes.

Unterscheidung zwischen Beurteilungsspielraum auf der Tatbestandsseite und Ermessensspielraum auf der Rechtsfolgenseite vornimmt.[233] Der Wortlaut *„können* für nicht anwendbar erklärt werden" spricht für Ermessen, jedoch ist nach der alten Rechtslage auch die Auslegung möglich, daß bei Vorliegen der Freistellungsvoraussetzungen ein Anspruch auf Freistellung gegeben ist.[234] Andererseits hat der EuGH der Kommission nach der bisherigen Rechtslage bei der Auslegung des Art. 81 Abs. 3 EG einen weiten Beurteilungs- bzw. Ermessensspielraum eingeräumt.[235] Dieses Beurteilungsermessen sei insbesondere wegen der wirtschaftlich komplexen Sachverhalte erforderlich. Fraglich ist, ob dieses Ermessen nicht im Widerspruch zu den vom EuGH gestellten Voraussetzungen für die unmittelbare Anwendbarkeit steht. Dabei ist jedoch zu berücksichtigen, daß jedes Ermessen seine Grenze hat.[236] Ein teilweiser Ermessensspielraum hindert daher noch nicht zwingend die unmittelbare Anwendbarkeit.[237] Umgekehrt hindert nach der Rechtsprechung des EuGH zu Art. 81 Abs. 1 EG die unmittelbare Anwendbarkeit einer Norm noch nicht zwingend einen begrenzten Beurteilungsspielraum.[238] Letztlich ist die Frage, ob ein Beurteilungsspielraum der Kommission die unmittelbare Anwendbarkeit berührt, auch deshalb schwer zu beantworten, weil umgekehrt im Falle der unmittelbaren Anwendbarkeit und bei Wegfall des Genehmigungssystems gerade dieser Beurteilungsspielraum mangels Monopol- und Vorrangstellung der Kommission voraussichtlich erheblich schrumpfen würde,[239] so daß das Hindernis der unmittelbaren Anwendbarkeit damit beseitigt wäre. Da unter der VO 17 Art. 81 Abs. 3 EG jahrzehntelang als nicht unmittelbar anwendbar angesehen wurde,[240] unterscheidet sich Art. 81 Abs. 3 EG von vornherein von sonstigen unmittelbar anwendbaren Normen des EG-Vertrags. Seine unmittelbare Anwendbarkeit kann daher allenfalls mit seinem Kompromißcharakter begründet werden.[241] Voraussetzung für seine unmittelbare Anwendbarkeit ist darüber hinaus die erhebliche Verringerung des Beurteilungsermessens der Kommission, auf die später noch eingegangen wird.

---

[233] Nolte, Beurteilungsspielräume, S. 87, der EuGH hat in seiner Metro I-Entscheidung diese vom GA Reischl in EuGH, Slg. 1977, 1875 (1923, 1924)-„Metro I" verwendete Unterscheidung nicht übernommen. Nach Herdegen, JZ 1991, 751 handelt es sich ohnehin um Subkategorien eines einheitlichen Begriffs.

[234] Schröter in GTE, Hdb. des Europäischen Rechts, I A 50 Kommentar, Art. 85 EGV, Rz. 243.

[235] Vgl. zB EuGH Slg. 1966, 321, 396-Grundig u. Consten/Kommission; EuGH Slg. 1977, 1875, 1916-Metro I.

[236] Bleckmann, EuropaR, Rz. 1180.

[237] Bleckmann, EuropaR, Rz. 1180.

[238] EuGH Slg. 1985, 2545, Rz. 34-Remia/Kommission; EuGH Slg. 1987, 4566, Rz. 62-BAT u. Reynolds; Weyer, WuW 2000, 849.

[239] Weyer, ZHR 164 (2000), 615ff.

[240] EuGH Slg. 1991 I-977, Rz. 55-Delimitis.

[241] Den Kompromißcharakter behauptend: Weißbuch, Tz. 12; kritisch, Weyer, ZHR 164 (2000), 615.

Ergebnis: Die unmittelbare Anwendbarkeit des Art. 81 Abs. 3 EG unterscheidet sich von der sonstiger Normen des EG-Vertrages. Sie kann erst bei Verringerung des Beurteilungsermessens der Kommission angenommen werden.

3. Ergebnis zur Vertragsmäßigkeit des Systemwechsels

Trotz des problematischen Wortlauts des Art. 81 Abs. 3 EG und dessen jahrzehntelanger Handhabung als nicht unmittelbare Vorschrift innerhalb des Anmelde- und Genehmigungssystems kann der Systemwechsel durch die DVO als vertragsgemäß angesehen werden.

B. Auswirkungen der Reform auf die Anwendung von Gruppenfreistellungsverordnungen

Die Lesart des Art. 81 Abs. 3 EG als unmittelbar anwendbare Legalausnahme könnte erhebliche Folgen für die Anwendung von GVOen haben. Denn nach altem Recht, als Art. 81 Abs. 3 EG nicht unmittelbar anwendbar war, hatten GVOen konstitutive Wirkung und dienten -als allein unmittelbar anwendbares Recht- der Verwaltungsvereinfachung und der Herstellung von Rechtssicherheit bei Befreiung von der Anmeldepflicht.[242] Angesichts der unmittelbaren Anwendbarkeit des Art. 81 Abs. 3 EG und dessen Auslegung als Legalausnahme nach der Reform der Durchführungsverordnung, stellt sich die Frage, welche Rechtswirkungen GVOen nunmehr haben. Dabei ist insbesondere darauf einzugehen, ob es noch ein rechtspolitisches Bedürfnis für GVOen gibt. Es ist zu untersuchen, ob GVOen auch nach der Reform verbindlich sind für die sie anwendenden Instanzen, insbesondere für die nationalen Gerichte und Behörden. In diesem Zusammenhang ist zu klären, ob sich die Kriterien für die Rechtmäßigkeit von GVOen geändert haben. Darüber hinaus sind sonstige Probleme der Anwendbarkeit der GVOen unter der DVO zu erörtern. Hervorzuheben ist dabei die Frage des Vorrangs der GVOen vor mitgliedstaatlichem Wettbewerbsrecht.

I. Rechtspolitisches Bedürfnis für GVOen

Zunächst muß geklärt werden, ob es angesichts der unmittelbaren Anwendbarkeit des Art. 81 Abs. 3 EG überhaupt noch ein rechtspolitisches Bedürfnis für GVOen gibt. Wenn die Parteien sich direkt auf die Legalausnahme des Art. 81 Abs. 3 EG berufen können, ist offen, ob GVOen überhaupt noch einen „Sinn machen“[243]. Teilweise wird die unmittelbare Anwendbarkeit des Art. 81 Abs. 3 EG geradezu als Alternative zu den GVOen dargestellt.[244] Zwar können die Unternehmen bei unmittelbarer Anwendbarkeit des Art. 81 Abs. 3 EG sich unmittelbar auf dessen Freistellungsvoraussetzungen berufen und bedürfen insoweit

[242] Schröter in: GTE, Hdb. des Europäischen Rechts, I A 50 Kommentar, Art. 85 EGV, Rz. 283, 284, 244.
[243] Vgl. Bechtold, BB 2000, 2426f.
[244] Vgl. schon Gastinel, Recueil Dalloz Sirey 1996, 53 ff., insb. S. 57.

keiner Gruppenfreistellung mehr.[245] Problematisch ist aber, daß das Urteil eines nationalen Gerichts, in dem über die Voraussetzungen des Art. 81 Abs. 3 EG entschieden wird, nur Wirkung *inter partes* hat.[246] Gegenüber Dritten und Wettbewerbsbehörden der Mitgliedstaaten erwächst eine solche Gerichtsentscheidung nicht in Rechtskraft.[247] Gruppenfreistellungsverordnungen dagegen wirken nach bisherigem Verständnis gegenüber jedermann.[248] Somit können sich die Unternehmen auch Dritten und Wettbewerbsbehörden gegenüber auf die Rechtmäßigkeit und zivilrechtliche Wirksamkeit der freigestellten Vereinbarung berufen. Dieses Verständnis von GVOen kommt auch schon in der Begründung zum DVO-Entwurf zum Ausdruck, wonach GVOen das Hauptmittel für eine einheitliche Anwendung des Wettbewerbsrechts im Binnenmarkt sein sollen.[249] Auch nach der Reform gibt es ein Bedürfnis für GVOen, da die Anwendung von Art. 81 Abs. 3 EG vor nationalen Gerichten trotz Vorlagemöglichkeit nach Art. 234 EG vor allem in der Anfangszeit durchaus noch uneinheitlich sein kann.[250] GVOen schaffen einen „sicheren Hafen“ für bestimmte Gruppen von Vereinbarungen[251] und stellen ihrem Zweck nach ein Angebot für Unternehmen dar, Rechtssicherheit für diese Vereinbarungen zu erlangen. Dabei ist es für Unternehmen regelmäßig sehr viel leichter, die Vereinbarkeit der Vereinbarungen mit einer GVO darzulegen, als eine Subsumtion unter Art. 81 Abs. 3 EG vorzunehmen.[252] Somit besteht nach wie vor ein rechtspolitisches Bedürfnis für GVOen.

II. Verbindlichkeit der GVO als Verordnung nach neuem Recht

Diesem rechtspolitischen Bedürfnis werden GVOen allerdings nur dann gerecht, wenn sie für Gerichte und Wettbewerbsbehörden verbindlich sind. Die Verbindlichkeit der GVOen nach neuem Recht ist fraglich: Einerseits führt Art. 81 Abs. 3 EG als unmittelbar anwendbare Legalausnahme bereits zur Nichtanwendbarkeit des Art. 81 Abs. 1 EG. Problematisch ist insbesondere die Verbindlichkeit der GVOen, wenn diese Vereinbarungen erfassen, deren Wirkungen mit den Voraussetzungen von Art. 81 Abs. 3 EG nicht vereinbar sind. Andererseits handelt es sich bei GVOen nach dem Konzept der DVO nach wie vor um Verord-

---

[245] Auch die Kommission geht davon aus, daß GVOen kein neues Recht schaffen, Entwurf zur DVO, S. 18.

[246] Baron, Rechtssicherheit in einem System der Parallelkompetenzen, S. 2.; Deringer, Eur 2001, 316; Gastinel, Recueil Dalloz Sirey 1996, 56.; (ganz abgesehen davon, daß grundsätzlich nur der Tenor Rechtskraftwirkung auch *inter partes* entfaltet).

[247] Baron, Rechtssicherheit in einem System der Parallelkompetenzen (Freiburg), S. 2.

[248] Schröter in GTE, Hdb. des Europäischen Rechts, I A 50 Kommentar, Art. 85 EGV, Rz. 284.

[249] Entwurf zur DVO, S. 18.

[250] Topel, Kohärenz der dezentralen Anwendung, S. 6, 8f.,die eine uneinheitliche Rechtsanwendung nicht zwingend als nachteilig erachtet.

[251] Entwurf zur DVO, S. 10.

[252] Stillfried/Stockenhuber, wbl 2001, 151.

nungen iSd Art. 249 Abs. 2 EG,[253] die nach bisherigem Verständnis verbindlich waren. Fraglich ist damit das Kriterium für die Verbindlichkeit einer Verordnung. Weiterhin ist zu prüfen, ob es sich bei den GVOen um Verordnungen iSd Art. 249 Abs. 2 EG handelt.

1. Kriterium der deklaratorischen oder konstitutiven Wirkung

Die Verbindlichkeit von GVOen könnte davon abhängen, ob GVOen im neuen Kartellverfahrensrecht deklaratorisch oder konstitutiv sind. Teilweise wird vertreten, GVOen käme nur dann Verbindlichkeit für Behörden und Gerichte zu, wenn sie als konstitutiver Rechtsakt ergingen.[254] Sieht man dieser Auffassung folgend das Kriterium für die Verbindlichkeit einer GVO in deren konstitutiver Wirkung, so wären GVOen unverbindlich, wenn man mit der Kommission[255] und der herrschenden Meinung[256] GVOen im neuen Recht nur deklaratorische Wirkung beimißt. Zwar hängt bei Entscheidungen iSd Art. 249 Abs. 4 EG ihre über das Verwaltungsverfahren hinausgehende Verbindlichkeit für nationale Gerichte tatsächlich davon ab, ob die Entscheidungen deklaratorisch oder konstitutiv sind.[257] Eine nur deklaratorische Entscheidung ist für nationale Gerichte unverbindlich, da nicht erklärt werden könnte, warum ein Gericht anstelle einer unmittelbar anwendbaren Norm eine auf Grundlage dieser Norm ergangene deklaratorische Entscheidung einer anderen Instanz anwenden sollte.[258] Eine konstitutive Entscheidung ist für das Gericht dagegen verbindlich, da sie eine Rechtsänderung herbeiführt, welche das Gericht zu beachten hat. Grund für diese Unterscheidung bei der Verbindlichkeit von Entscheidungen ist somit der Grundsatz der Gewaltenteilung.[259] Dieses Problem der Gewaltenteilung stellt sich dagegen nicht, wenn die Verbindlichkeit einer Verordnung in Frage steht. Denn diese richtet sich als unmittelbar anwendbares Recht gerade auch an nationale Gerichte.

Auch aus der Systematik des EG-Vertrags ergibt sich kein Hinweis darauf, daß das Kriterium für die Verbindlichkeit einer Norm ihre konstitutive bzw. deklaratorische Wirkung sein könnte. Der EG-Vertrag selbst enthält Normen, die lediglich allgemeine Rechtsgrundsätze umschreiben und somit rein deklaratorisch

---

[253] Nach der Begründungserwägung Nr. 10 zur DVO kann die Kommission ausdrücklich auch weiterhin „Gruppenfreistellungsverordnungen" erlassen.

[254] So Bartosch, WuW 2000, 467; Möschel, Wirtschaftsdienst, S. 507, zitiert nach Ehlermann, 37 C.M.L.R. 2000, S. 567 (Fn. 115).

[255] Entwurf zur DVO, S. 18: „GVOen schaffen trotz der allgemeinen Bestimmungen, die sie enthalten, kein neues Recht für Unternehmen, sondern kodifizieren und erläutern die Auslegung von Art. 81 Abs. 3 EG".

[256] zB Deringer, EuZW 2000, 7; Bechtold, BB 2000, 2426; GRUR-Vereinigung, GRUR 2000, 217 f.

[257] Vgl. Weyer, WuW 2000, S. 843 zu Art. 81 Abs. 3 EG und S. 849 zu Art. 81 Abs. 1 EG.

[258] Vgl. auch Baur/Weyer in FK, Art. 81 Zivilrechtsfolgen, Rz. 168, 166.

[259] Weyer, WuW 2000, 849.

sind. So kann nach Art. 241 EG jede Partei in einem Rechtsstreit, bei dem es auf die Geltung einer Verordnung ankommt, vor dem EuGH die Unanwendbarkeit dieser Verordnung aus den in Art. 230 Abs. 2 EG genannten Klagegründen geltend machen. Art. 241 EG ist Ausdruck des allgemeinen Rechtsgrundsatzes, nach dem die Rechtswidrigkeit einer Ermächtigungsgrundlage zur Rechtswidrigkeit auch des auf dieser Grundlage ergangenen Ausführungsakts führt.[260] Da Art. 241 EG nur diesen allgemeinen Rechtsgrundsatz kodifiziert, ist er rein deklaratorisch; ohne Art. 241 EG würde dasselbe gelten.[261] Die deklaratorische Natur dieser EG-Vertragsnorm führt aber nicht zu ihrer Unverbindlichkeit; vielmehr kann lediglich angenommen werden, daß der allgemeine Rechtsgrundsatz weiter reicht als der unmittelbar nur Verfahren vor dem EuGH betreffende Art. 241 EG, so daß sich eine Partei auch vor nationalen Gerichten auf die Rechtswidrigkeit eines allgemeinen Gemeinschaftsakts berufen kann.[262] Der Umstand, daß der allgemeine Rechtsgrundsatz mehr umfaßt als Art. 241 EG, stellt jedoch nicht die Verbindlichkeit von Art. 241 EG in Frage.[263] Die deklaratorische oder konstitutive Wirkung ist daher kein Kriterium für die Verbindlichkeit von Normen des EG-Vertrags.
Somit ist die Ansicht abzulehnen, nach der die konstitutive Wirkung einer Verordnung eine Voraussetzung für ihre Verbindlichkeit darstellt.[264] Es gibt keinen Grund, die bindende Wirkung einer Verordnung zu verneinen, die im ordnungsgemäßen Verfahren zustande gekommen und auch materiell rechtmäßig ist.[265] Auch spricht die Formulierung des Art. 249 Abs. 2 EG, Verordnungen seien „in allen ihren Teilen" verbindlich, für eine Verbindlichkeit auch in ihren deklaratorischen und nicht nur in ihren konstitutiven Teilen.
Zwischenergebnis: Die konstitutive oder deklaratorische Wirkung einer Verordnung ist kein Kriterium für ihre Verbindlichkeit. Ob GVOen nur noch deklaratorische Wirkung haben, muß daher an dieser Stelle nicht geklärt werden.

2. Kriterium der Rechtmäßigkeit der GVO

Kriterium für die Verbindlichkeit einer GVO könnte dagegen nach altem wie nach neuem Verfahrensrecht ihre Rechtmäßigkeit sein. Nationale Behörden und Gerichte müßten dann von der Verbindlichkeit der Verordnung ausgehen, es sei denn, es ist aufgrund ihrer Rechtswidrigkeit eine Ungültigkeitserklärung der GVO durch den Gerichtshof erfolgt. Zunächst wird unterstellt, daß GVOen tatsächlich Verordnungscharakter iSd Art. 249 Abs. 2 EG haben.

---

[260] Krück in GTE, Art. 184 EGV, Rz. 1.
[261] Cremer in Calliess/Ruffert, Art. 241 EG, Rz. 1; Krück in GTE, Art. 184 EGV, Rz. 1.
[262] EuGH Slg. 1983, 2771, Rz. 10-Universität Hamburg/Hauptzollamt Hamburg-Kehrwieder.
[263] In der Rechtsprechung des EuGH (s.o.) und in der Kommentarliteratur wird diese Frage noch nicht einmal aufgeworfen, sondern wie selbstverständlich von der Verbindlichkeit des Art. 241 EG ausgegangen.
[264] Ehlermann, CMLR 37 (2000), 567.
[265] Ehlermann, CMLR 37 (2000), 567.

a) Rechtmäßige GVO

Rechtmäßige GVOen sind als Verordnungen für den einzelnen und den Rechtsanwender verbindlich. Angeordnet ist diese Verbindlichkeit in Art. 249 Abs. 2 EG, nach dem Verordnungen unmittelbar in jedem Mitgliedstaat gelten und „in allen Teilen verbindlich" sind.[266] Wer also die grundsätzliche Zulässigkeit von GVOen als Verordnung im neuen Recht bejaht, ihre Verbindlichkeit aber abstreitet, stellt sich in Widerspruch zu Art. 249 Abs. 2 EG. Dieses erkennen auch einige Gegner der Verbindlichkeit von GVOen nach neuem Recht an: Nach *Deringer* kann es nach der Reform keine „Freistellung" und daher auch keine Gruppenfreistellung mehr geben, sondern allenfalls Gruppennegativatteste, in denen die Kommission definiert, unter welchen Umständen sie bereit ist, ein Negativattest zu erteilen.[267] Diese Gruppennegativatteste sind nach seiner Auffassung unverbindlich.[268] Jedoch stellt dieses keinen Widerspruch zu Art. 249 Abs. 2 EG dar, weil *Deringer* auch nicht vom Verordnungscharakter der Gruppennegativatteste ausgeht. Vielmehr ist er der Auffassung, daß Art. 83 EG nicht zum Erlaß von Verordnungen ermächtigt, die den Umfang der Legalausnahme näher bestimmen. Deren Zulässigkeit aber unterstellt, geht *Deringer* von der Verbindlichkeit dieser Verordnungen aus.[269]

b) Rechtswidrige GVO

Fraglich ist die Verbindlichkeit einer rechtswidrigen GVO. Eine rechtswidrige VO ist (begrenzt) vor dem Gerichtshof im Wege der Nichtigkeitsklage nach Art. 230 EG angreifbar. Weiterhin besteht die Möglichkeit der Überprüfung der Gültigkeit einer Verordnung durch den EuGH im Rahmen des Vorabentscheidungsverfahrens nach Art. 234 Abs. 1 lit. b) EG.[270] Über die Anwendbarkeit einer Verordnung kann schließlich inzident im Rahmen eines Rechtsstreit entschieden werden (Inzidentkontrolle). Zu prüfen ist die Wirkung einer rechtswidrigen GVO vor einer solchen Entscheidung sowie die Wirkungen der Entscheidungen in den einzelnen Verfahrensarten.

aa) Wirkung der GVO vor der Entscheidung über die Nichtigkeit/ Gültigkeit/ Unanwendbarkeit

Nach der Rechtsprechung des EuGH muß grundsätzlich jede, also auch eine rechtswidrige Verordnung, als rechtswirksam gelten, solange sie nicht durch ein zuständiges Gericht für ungültig erklärt wurde; es besteht die Vermutung der

---

[266] Weyer, ZHR 164 (2000), S. 628f.; vgl. auch Biervert, in Schwarze, EU-Kommentar, Art. 249, Rz. 20.

[267] Deringer, EuZW 2000, 7.

[268] Deringer, EuZW 2000, 10.

[269] Deringer, EuZW 2000, 10.

[270] Schwarze in Schwarze, EU-Kommentar, Art. 234 EG, Rz. 18.

Rechtmäßigkeit.[271] Nur in Ausnahmefällen kann nach dem EuGH von diesem Grundsatz abgewichen werden, wenn der Rechtsakt offenkundig mit einem derart schweren Fehler behaftet ist, daß die Gemeinschaftsordnung ihn nicht einmal vorläufig tolerieren kann. Dann ist von der von der rechtlichen Inexistenz des Aktes auszugehen.[272] Aus Gründen der Rechtssicherheit beschränkt der EuGH diese Ausnahme aber auf seltenste, „ganz außergewöhnliche Fälle".[273] In Aufhebung eines Urteils des EuG,[274] hat der EuGH einen solchen inexistenziellen Akt selbst dann nicht angenommen, als eine Kommissionsentscheidung gleich unter einer Reihe schwerer und zum Teil offensichtlicher Fehler litt.[275] Beim GVO-Erlaß wurden bislang keine derartig schweren Fehler gemacht, daß ein inexistenzieller Akt vorliegen würde; daher bleibt es der Vermutung der Rechtmäßigkeit.[276]

Diese Vermutung der Rechtmäßigkeit ergibt sich nach zutreffender Auffassung des EuGH aus der Systematik des EG-Vertrages, insbesondere aus Art. 230, 231, 234 und 241 EG, wonach es dem EuGH zusteht, über die Rechtmäßigkeit einer Verordnung zu befinden, die Nichtigkeit (bzw. Ungültigkeit) auszusprechen und die Tragweite einer Nichtigkeitserklärung zu bestimmen.[277] Welches das „zuständige Gericht" im Sinne dieser Rechtsprechung ist und welche Arten von Nichtigkeitserklärungen es gibt, folgt aus den einzelnen Verfahrensarten des EG-Vertrags und systematischen Erwägungen.

bb) Neufassung der Art. 220 ff. EG durch den Vertrag von Nizza

Hinsichtlich der folgenden Ausführungen zu den einzelnen Verfahrensarten ist zu berücksichtigen, daß der Abschnitt „Der Gerichtshof", Art. 220 ff. EG, durch den Vertrag von Nizza[278] ebenso wie die Satzung des Gerichtshofs[279] neugefaßt

---

[271] EuGH Slg. 2000 I-11412, Rz. 53-Masterfoods, Urteil vom 14. 12. 2000; EuGH Slg. 1979, 623, Rz. 4-Granaria; EuGH Slg. 1957, 85, 126.-Algera; EuGH Slg. 1994 I-2629, Rz. 48-Kommission/BASF u.a; aA Schilling, Rang und Geltung von Normen, S. 574 f., der primärrechtswidriges Sekundärrecht für ipso iure nichtig hält.

[272] EuGH Slg. 1994 I-2629, Rz. 49-Kommission/BASF u.a.; EuGH Slg. 1987, 1032, Rz. 10-Conzorzio cooperative d'Abruzzo/Kommission; EuGH Slg. 1988, 3624, Rz. 16-Kommission/Griechische Republik; EuGH Slg. 1992 I-5466, Rz. 11-Kommission/ Deutsch-land.

[273] EuGH Slg. 1994 I-2629, Rz. 50-Kommission/BASF u.a.

[274] EuG Slg. 1992 II-318 ff., insb. Rz. 100, BASF u.a./Kommission; aufgehoben durch EuGH Slg. 1994 I-2629ff. insb. Rz. 54-Kommission/BASF u.a.; vgl. dazu auch Naômé, Rivista di Diritto europeo 1993, 241.

[275] Darunter Fehler wie Mißachtung des Kollegialitätsprinzips, Änderung des verfügenden Teils des Akts nach dessen Annahme, nur maschinelle Unterschrift eines zeitlich unzuständigen Kommissionsmitglieds...die Kommission konnte im Gerichtsverfahren noch nicht einmal eine Abschrift der Urschriften der Rechtsakte vorlegen.

[276] Vgl. Köppen, Gruppenfreistellungsverordnungen, S. 211ff.

[277] EuGH Slg. 1979, 623, Rz. 4-Granaria; Krück in GTE, Art. 184 EGV, Rz. 8.

[278] Vgl. ABl.EG 2001 Nr. C 80/1.

[279] ABl.EG 2002, 325/167.

wurde.[280] Allerdings ist die neue Zuständigkeitsverteilung noch nicht umgesetzt worden -die neue Satzung bringt noch keine Änderungen in der Sache mit sich.[281] Im Bereich des Kartellrechts sind ohnehin keine erheblichen Änderungen zu erwarten.

cc) Nichtigkeitsklage, Art. 230, 231 EG

Für die Nichtigkeitsklage der Mitgliedstaaten und Gemeinschaftsorgane ist nach Art. 230 EG allein der EuGH zuständig,[282] während für Nichtigkeitsklagen natürlicher und juristischer Personen nach Art. 225 Abs. 2 EG iVm Art. 3 Abs. 1 lit. c) EuG-Errichtungsbeschluß das EuG erstinstanzlich zuständig ist.[283] Gegen Entscheidungen des EuG kann nach Art. 225 Abs. 1 UAbs. 1 EG unter den Voraussetzungen des Art. 56 ff. nF der Gerichtshofsatzung ein auf Rechtsfragen beschränktes Rechtsmittel eingelegt werden, so daß in diesen Fällen letztlich der EuGH über die Rechtmäßigkeit der Verordnung entscheidet.
Eine rechtswidrige Verordnung wird der Gerichtshof nach Art. 231 Abs. 1 EG für nichtig erklären. Das Nichtigkeitsurteil ist rechtsgestaltend und nicht nur feststellend, da bis zur Nichtigerklärung die grundsätzliche Vermutung besteht, daß die Verordnung gültig und rechtmäßig ist.[284] Erst mit seiner Rechtskraft ändert sich bei einer rechtswidrigen Verordnung mit Wirkung *erga omnes* die Rechtslage.[285] Die Nichtigerklärung hat jedoch Wirkung *ex tunc*.[286] Mit der Nichtigkeitserklärung wird somit die Ungültigkeit und damit die Unverbindlichkeit einer Verordnung von Anfang an hergestellt. Eine GVO wäre demnach unverbindlich, wenn der Gerichtshof sie nach Art. 230, 231 EG für nichtig erklärt. Allerdings hat der Gerichtshof nach Art. 231 Abs. 2 EG die Möglichkeit, Wirkungen der rechtswidrigen Verordnung als fortbestehend zu bezeichnen.[287]
Dem einzelnen Unternehmen wird für die Nichtigkeitsklage gegen eine GVO jedoch in der Regel die Klagebefugnis fehlen, da es bei normativen Rechtsakten wie Verordnungen regelmäßig nur generell, aber nicht individuell betroffen ist

---

[280] Vgl. zur Reform auch: Wegener in Calliess-Ruffert, Art. 225 EG, Rz. 2.

[281] Wegener in Calliess-Ruffert, Art. 225 EG, Rz. 2. ; Vgl. zur Reform des Gerichtshofs auch schon das Reflexionspapier des EuGH über „die Zukunft des Gerichtssystems der Europäischen Union", EuZW 1999, 750; ergänzt bzgl. geistigem Eigentum durch EuGH, EuZW 1999, 756; Streinz/Leible, EWS 2001, 1; EuGH Slg. 1987, 4225, Rz. 17-Foto Frost.

[282] EuGH Slg. 1987, 4225, Rz. 17-Foto Frost; Cremer in Calliess/Ruffert, Art. 230 EG, Rz.3.

[283] Ob Einzelpersonen Nichtigkeitsklage gegen Verordnungen einlegen können, wird hier noch nicht erörtert.

[284] Krück in GTE, Art. 174 EGV, Rz. 2; Schwarze in Schwarze, EU-Kommentar, Art. 231, Rz. 3, Cremer in Calliess/Ruffert, Art. 231 EG, Rz. 1.

[285] Schwarze in Schwarze, EU-Kommentar, Art. 231 EG, Rz. 3.

[286] EuGH Slg. 1988, 2181, Rz. 30-Asteris/Kommission; Cremer in Calliess/Ruffert, Art. 231 EG, Rz. 3; Schwarze in Schwarze, EU-Kommentar, Art. 231 EG, Rz. 5.

[287] Ein Beispiel dafür liefern Gleiss/Kleinmann, NJW 1966, 1592; vgl. auch EuGH Slg. 1973, 575, 586-Kommission/Rat; EuGH Slg. 1985, 849, 870f-Timex/Rat u. Kommission.

iSd Art. 230 Abs. 4 EG.[288] Zwar hat der EuGH seine ursprünglich sehr einengende Auslegung[289] zu dieser Zulässigkeitsvoraussetzung etwas gelockert. So ließ der EuGH vereinzelt die Beteiligung an einem Verwaltungsverfahren für die individuelle Betroffenheit genügen.[290] Insbesondere in *Antidumping*-Fällen ist der EuGH großzügiger mit der Annahme der individuellen Betroffenheit bei Verordnungen, wobei dieses darin seinen Grund hat, daß die Verordnung nach Art. 14 Abs. 1 VO 384/96[291] die einzig mögliche Maßnahme ist.[292] Auch in weiteren Fällen wurde die Anfechtung einer echten Verordnung durch einzelne Unternehmen für zulässig gehalten.[293] Da eine solche Ausnahmelage bei Gruppenfreistellungsverordnungen nicht besteht, wird die individuelle Betroffenheit -wie auch bei übrigen Verordnungen- regelmäßig zu verneinen sein.[294] Daher kommt die Nichtigkeitsklage vor allem für Mitgliedstaaten nach Art. 230 Abs. 2 EG in Betracht, nicht aber für einzelne.

dd) Vorabentscheidungsverfahren, Art. 234 EG

Unternehmen können im Rahmen eines nationalen Gerichtsverfahrens in den Anwendungsbereich eines Vorabentscheidungsverfahrens nach Art. 234 EG gelangen, wenn das vorlageberechtigte nationale Gericht dem EuGH vorlegt. Für das Vorabentscheidungsverfahren ist bislang ausschließlich der EuGH zuständig. Zwar ist mit Inkrafttreten des Vertrags von Nizza mit Art. 225 Abs. 3 EG erstmals eine Rechtsgrundlage für die Begründung der Zuständigkeit des EuG für Vorabentscheidungsverfahren geschaffen worden. Jedoch hat eine Übertragung der Zuständigkeit durch die Satzung des Gerichtshofs bislang nicht stattgefunden. So weit ersichtlich ist für Kartellfragen auch in naher Zukunft keine Kompetenzverlagerung geplant.[295] Der EuGH kann im Vorabentscheidungsverfahren nach Art. 234 Abs. 1 lit. b) EG über die Gültigkeit der Handlungen der Gemeinschaftsorgane und damit auch über die Gültigkeit von Verordnungen entscheiden.[296] Kommt der EuGH zu dem Ergebnis, daß die Ver-

---

288 Ausdrücklich für Gruppenfreistellungsverordnungen: Köppen, Gruppenfreistellungsverordnungen, S. 217; vgl. auch Schwarze in Schwarze, EU-Kommentar, Art. 230 EG, Rz. 32.

289 EuGH Slg. 1963, 211, 238-Plaumann-Kommission.

290 EuGH Slg. 1977, 1875, Rz. 13-Metro/Kommission; EuGH Slg. 1983, 3045, Rz. 13-Demo-Studio; im Anti-Dumping-Recht nimmt der EuGH eher eine Klagebefugnis gegen Verordnungen an.

291 ABl.EG 1996 Nr. L 56/1; geändert durch die VO 1972/2002, ABl. EG 2002 Nr. L 305/1.

292 Schwarze, RIW 1996, 896; vgl. auch schon EuGH Slg. 1984, 1005, Rz. 11-Allied Corporation/Kommission; EuGH Slg. 1985, 849, Rz. 12-Timex/Rat u. Kommission.

293 Vgl. Nachweise bei Cremer in Calliess/Ruffert, Art. 230 EG, Rz. 32ff.; in der zweiten Auflage (Rz. 36) vertritt Cremer anders als noch in der ersten, daß echte Verordnungen unter engen Voraussetzungen ein zulässiger Klagegegenstand im Rahmen des Art. 230 Abs. 4 EG sein können.

294 Köppen, Gruppenfreistellungsverordnungen, S. 217.

295 Vgl. Wegener in Calliess/Ruffert, Art. 225 EG, Rz. 28f.

296 Krück in GTE, Art. 177 EGV, Rz. 39.

ordnung rechtswidrig ist, wird er sie mit bindender Wirkung[297] für das vorlegende Gericht und die zuständigen weiteren Instanzen für ungültig erklären.[298] Es stellt sich jedoch die Frage, ob die EuGH-Entscheidung auch Bindungswirkung *erga omnes* hat, da es an einer Norm fehlt, die diese Wirkung anordnet. Aus Gründen der einheitlichen Anwendung des Gemeinschaftsrechts und der Rechtssicherheit ist zumindest zwingend von der Verbindlichkeit im Falle der Ungültigkeitserklärung der Verordnung auszugehen,[299] da der EuGH in einem anderen Vorabentscheidungsverfahren nicht anders entscheiden wird. Diese Bindungswirkung hat der EuGH bereits andeutungsweise bestätigt.[300] Erklärt der EuGH dagegen die Verordnung nicht für ungültig, so hat diese Vorabentscheidung rechtlich keine Bindungswirkung *erga omnes*, weil in anderen Verfahren bislang nicht berücksichtigte Ungültigkeitsgründe noch vorgetragen werden können.[301] Bezogen auf das Vorabentscheidungsverfahren ist somit solange von der Verbindlichkeit der GVO auszugehen, wie die GVO nicht vom EuGH für ungültig erklärt worden ist. Wie bei der Nichtigkeitsklage hat die Ungültigkeitserklärung im Vorabentscheidungsverfahren grundsätzlich *ex-tunc*-Wirkung,[302] wobei im Einzelfall Art. 231 Abs. 2 EG analog angewendet werden kann.[303]

ee) Inzidentkontrolle, Art. 241 EG, allgemeiner Rechtsgrundsatz

Grundsätzlich kann die Verbindlichkeit einer Verordnung vor dem EuGH nach Art. 241 EG im Wege der Inzidentkontrolle in Frage gestellt werden. Dabei handelt es sich nicht um eine eigenständige Verfahrensart; die Inzidentkontrolle nach Art. 241 EG kann nur in einem bereits vor dem EuGH anhängigen Verfahren geltend gemacht werden.[304] Art. 241 EG eröffnet den Parteien die Möglichkeit, nicht nur den auf der Verordnung beruhenden Einzelakt auf seine Übereinstimmung mit der Verordnung zu überprüfen, sondern auch die Rechtmäßigkeit der Verordnung selbst in Frage zu stellen.[305] Die Inzidentkontrolle führt bei einer rechtswidrigen Verordnung somit zumindest zur ihrer Unverbindlichkeit

---

[297] EuGH Slg. 1969, 165, Rz. 3-Milch-, Fett- und Eierkontor/Hauptzollamt Saarbrücken.

[298] Schilling, Rang und Geltung von Normen, S. 574, hält die Ungültigkeitserklärung entgegen der vom EuGH vertretenen Vermutung der Gültigkeit für feststellend.

[299] Schwarze in Schwarze, EU-Kommentar, Art. 234 EG, Rz. 64.

[300] EuGH Slg. 1981, 1191, Rz. 13-International Chemical Corporation/Amministrazione delle Finanze dello Stato; nach Krück in GTE, Art. 177 EGV, Rz. 89, kommt dieses der erga omnes Wirkung sehr nahe.

[301] Schwarze in Schwarze, EU-Kommentar, Art. 234 EG, Rz. 65.

[302] EuGH Slg. 1988, 355, Rz. 13-Barra/Belgien; Krück in GTE, Art. 177 EGV, Rz. 93.

[303] EuGH Slg. 1980, 2917, Rz. 52-Roquettes/Französischer Staat; EuGH Slg. 1993 I-4879-TenOever.

[304] EuGH Slg. 1962, 1033, 1042f.-Milchwerke Heinz Wöhrmann und Alfons Lütticke GmbH (verb. Rechtssachen); EuGH Slg. 1987, 3021, Rz. 22-Etoile Commerciale und CNTA/Kommission.

[305] Schwarze in Schwarze, EU-Kommentar, Art. 241 EG, Rz. 1.; Busse, EuZW 2002, 716.

bzw. Unanwendbarkeit im Einzelfall.[306] Da nach Art. 241 EG nur „die Unanwendbarkeit dieser Verordnung“ geltend gemacht werden kann, während bei Art. 234 Abs. 1 lit. b) EG ausdrücklich über „die Gültigkeit“ von Gemeinschaftsakten entschieden wird, nimmt der EuGH nur eine Wirkung *inter partes* der Unanwendbarkeitserklärung an[307] und läßt den Bestand der rechtswidrigen Verordnung unberührt.[308] Da Art. 241 EG wie oben dargestellt nicht abschließend ist, kann sich das einzelne Unternehmen auch vor nationalen Gerichten[309] und vor dem EuG[310] auf den auch dem Art. 241 EG zugrundeliegenden allgemeinen Rechtsgrundsatz berufen. Sollte ein nationales Gericht Zweifel an der Rechtmäßigkeit der Verordnung haben, so kann ein Vorabentscheidungsverfahren nach Art. 234 EG erforderlich sein,[311] da nationale Gerichte keine Befugnis haben, Gemeinschaftsrecht für ungültig zu erklären. In jedem Fall ist aber die Verordnung vor Erlaß einer Unabwendbarkeitserklärung der Vermutung der Rechtmäßigkeit entsprechend als verbindlich anzusehen.

ff) Zwischenergebnis

Kriterium für die Verbindlichkeit einer Verordnung ist ihre Rechtmäßigkeit, wobei die Rechtmäßigkeit bis zur Nichtig-, Ungültig- oder Unanwendbarkeitserklärung durch das zuständige Gemeinschaftsgericht vermutet wird.

3. Verordnungscharakter der GVOen

Die oben herausgearbeiteten Kriterien für die Verbindlichkeit der GVOen sind jedoch nur anwendbar, wenn es sich bei den GVOen um Verordnungen iSd Art. 249 Abs. 2 EG handelt. Der Verordnungscharakter der GVOen im neuen System wird mitunter bestritten: Es finden sich Meinungen, nach denen GVOen nur Gruppennegativatteste,[312] amtliche Leitlinien,[313] Verwaltungsvorschriften[314] oder gutachterliche Stellungnahmen und damit keine Verordnungen iSd Art. 249

---

[306] EuGH Slg. 1962, 1027, S. 1042-Wöhrmann u. Lütticke/Kommission; EuGH Slg. 1974, 177, Rz. 38-Kortner-Schots u.a./Rat, Kommission und EP; Cremer in Calliess/Ruffert, Art. 241 EG, Rz. 7.

[307] EuGH Slg. 1962, 1027, 1042-Wöhrmann u. Lütticke/Kommission; EuGH Slg. 1974, 177, Rz. 38-Kortner-Schots u.a./Rat, Kommission und EP; nach Busse, EuZW 2002, 716 nimmt auch der EuGH *erga omnes* Wirkung an.

[308] Schwarze in Schwarze, EU-Kommentar, Art. 241 EGV, Rz. 6.

[309] EuGH Slg. 1983, 2771, Rz. 10-Universität Hamburg/Hauptzollamt; das bedeutet allerdings nicht, daß die Parteien eines vor einem innerstaatlichen Gericht anhängigen Prozesses sich unmittelbar an den EuGH wenden können-EuGH Slg. 1962, 1033, 1042-Milchwerke Heinz Wöhrmann und Alfons Lütticke GmbH/Kommission.

[310] Cremer in Calliess/Ruffert, Art. 241 EG, Rz. 2.

[311] EuGH Slg. 1987, 4199, Rz. 15ff. Foto Frost/Hauptzollamt Lübeck-Ost.

[312] Deringer, EuZW 2000, 7, wobei Deringer davon ausgeht, daß keine Rechtsgrundlage für den Erlaß von Verordnungen besteht (S. 10).

[313] Vgl. dazu Jaeger WuW 2000, 1066.

[314] Geiger, EuZW 2000, 167.

Abs. 2 EG sein können. Im folgenden wird untersucht, ob es sich bei den GVOen um Verordnungen iSd Art. 249 Abs. 2 EG handelt. Voraussetzung dazu ist, daß auch im System der Legalausnahme in vertragsmäßiger Weise zum Erlaß von solchen Verordnungen ermächtigt werden kann.

a) Bloße Bezeichnung als Verordnung

Der Verordnungscharakter könnte sich schon aus der bloßen Bezeichnung als Gruppenfreistellungs*verordnung* ergeben. Dem ist jedoch entgegenzuhalten, daß die Rechtsnatur eines Gemeinschaftsakts nicht zwingend von dessen Bezeichnung abhängt.[315] Der EuGH erachtet vielmehr die im Rechtsakt umschriebene objektive Rechts- oder Sachlage sowie die Zielsetzung des Aktes für erheblich.[316] Die bloße Bezeichnung als GVO ist daher nicht entscheidend.

b) Ausgangspunkt Art. 83 EG

Nach Art. 83 Abs. 1 EG erläßt der Rat die zweckdienlichen Verordnungen zur Verwirklichung der in Art. 81 und 82 EG niedergelegten Grundsätze im Wege des Anhörungsverfahrens. Nach Art. 83 Abs. 2 lit. b) EG können solche Verordnungen insbesondere die Festlegung der Einzelheiten der Beachtung der Anwendung des Art. 81 Abs. 3 EG bezwecken. Dieses ist gerade der Zweck der GVOen.[317] Schon dem Wortlaut nach ist der Rat nach wie vor zum Erlaß von Verordnungen ermächtigt, die die Anwendung von Art. 81 Abs. 3 EG regeln.[318] Da Art. 81 Abs. 3 EG auch die Möglichkeit einer Nichtanwendbarkeitserklärung für „Gruppen" von Verhaltenskoordinationen vorsieht, hat der Rat demnach auch im neuen Kartellverfahrensrecht die Ermächtigung, Verordnungen zu erlassen, welche die Behandlung von Gruppen von Verhaltenskoordinationen betreffen.[319] Daher kann nicht den Auffassungen gefolgt werden, die den Verordnungscharakter der GVOen ablehnen.

c) Ermächtigung der Kommission durch Ratsverordnungen

Diese Ermächtigung muß der Rat nicht selbst ausüben, sondern kann sie - auch im neuen Kartellverfahrensrecht - im Rahmen des zweistufigen Ermächtigungsverfahrens nach Art. 202 3. Spstr. EG iVm Art. 211 4. Spstr. EG an die Kom-

---

[315] EuGH Slg. 1962, 961 (971)-Confédération Nationale; EuGH Slg, 1981, 2639, Rz. 9-IBM/Kommission; EuGH Slg. 1977, 797, Rz. 5/7-Koninklijeke Scholten Honig/Rat und Kommission; EuGH Slg. 1985, 257, Rz. 13f.-Binderer/Kommission; Ruffert in Calliess/Ruffert, Art. 249 EG, Rz. 39.

[316] EuGH Slg. 1982, 3213, Rz. 7-Roquettes Frères; EuGH Slg. 1968, 611, 621-Zuckerfabrik Watenstedt.

[317] Jungbluth in Langen/Bunte, Kartellrecht, Art. 83 EG, Rz. 24.

[318] Nach Deringer, EuZW 2000, 7, bietet Art. 83 EG keine Rechtsgrundlage für den Erlaß von GVOen nach neuem Recht, weil er hierin eine unzulässige materielle Vertragsänderung durch Verordnung sieht.

[319] Zum Problem des zweifachen unmittelbar anwendbaren Rechts: s.u. innerhalb dieses Teils.

mission delegieren.[320] Noch in Art. 28 DVO-Entwurf war geplant, der Kommission eine äußerst weite Generalermächtigung zum Erlaß von GVOen zu erteilen. Art. 41 DVO-Entwurf sah die Aufhebung aller bestehenden Ratsermächtigungsverordnungen einschließlich der VO 19/65 vor. Eine solche Generalermächtigung wäre nicht unproblematisch gewesen,[321] da nach der Rechtsprechung des EuGH der Rat die wesentlichen Grundzüge des Verfahrens selbst treffen muß.[322] Zwar hatte nach dem DVO-Entwurf der Rat verfahrenstechnisch in Art. 28 Abs. 5 für den GVO-Erlaß sogar die Verfahrensart, nämlich das Beratungsverfahren nach Art. 3 iVm Art. 2 c) des zweiten Komitologiebeschlusses des Rates vom 28. 6. 1999,[323] festgelegt. In Art. 29 DVO-Entwurf waren auch die Entzugsverfahren geregelt. Ansonsten enthielt der DVO-Entwurf nur sehr dürftige Vorgaben für den GVO-Erlaß.
Von dieser ursprünglich geplanten Generalermächtigung ist in der DVO jedoch Abstand genommen worden. Nach Art. 40 DVO werden lediglich die Entzugsartikel der bisherigen Ratsermächtigungsverordnungen 19/65, 2821/71 und 1434/91 aufgehoben und durch Art. 29 DVO ersetzt. Gemäß Art. 41 DVO und 42 DVO erfahren auch die Ermächtigungsverordnungen 3976/87 und 479/92 nur minimale Änderungen. Der Umfang der Ermächtigungen wurde daher nicht in vertragswidriger Weise erhöht. Als Ergebnis ist daher festzuhalten, daß der Rat der Kommission weiterhin in zulässiger Weise Rechtsetzungsbefugnisse überträgt. Die Kommission ist damit nach wie vor zum Erlaß von GVOen ermächtigt.[324]

d) Gebrauchmachen von der Verordnungsermächtigung

Die Annahme, GVOen hätten die Rechtsnatur von Leitlinien (=*guidelines*) oder Verwaltungsvorschriften und nicht die einer Verordnung, könnte darauf gestützt werden, daß die Kommission nicht von ihrer eindeutig bestehenden Ermächtigung zum Erlaß von verbindlichen Verordnungen Gebrauch macht, sondern statt dessen eine andere, möglicherweise unverbindliche Rechtsform wählt. Es könnte sich um Stellungnahmen iSd Art. 249 Abs. 5 EG handeln, deren Unverbindlichkeit ausdrücklich angeordnet ist. Allerdings ist fraglich, ob GVOen, wenn sie nicht als Verordnung einzustufen wären, überhaupt zu den in Art. 249 EG aufgelisteten Rechtsakten zählen würden. GVOen dienten, gerade wenn sie kei-

---

[320] Vgl. zur Vertragsmäßigkeit der Delegation: EuGH 1966, 457, 481-Italienische Klage, als noch keine ausdrückliche Regelung iSd Art. 202 3. Spstr. existierte.
[321] Gegen eine solche „Blankovollmacht“: Deringer, EuR 2001, 312.
[322] EuGH Slg. 1970, 1161, Rz. 6-Köster; EuGH Slg. 1979, 2748, Rz. 7-Eridiana; EuGH Slg. 1992 I-5142, Rz. 14-Spanien u. Portugal/Rat; EuGH Slg. 1992 I-5423, Rz. 36-Deutschland/Kommission; Wichard in Calliess/Ruffert, Art. 202 EG, Rz. 6.
[323] ABl.EG 1999 Nr L 184/23 -(1999/468/EG), welcher die Rechte des Rates und des Europäischen Parlaments sichert; vgl. dazu Hix in Schwarze, EU-Kommentar, Art. 202 EGV, Rz. 16; Mensching, EuZW 2000, 268; Haibach, VerwArchiv 1999, 98.
[324] Vgl. auch Begründungserwägung Nr. 10 zur DVO.

ne Verordnungen wären, allein der Auslegung des Art. 81 Abs. 3 EG. Derartige gesetzesauslegende Akte hat die Kommission in anderen Bereichen zur „präventiven Steuerung" der Durchführung des Gemeinschaftsrechts erlassen.[325] Solche Akte sind wegen ihres gesetzesauslegenden Charakters aber keine Empfehlungen und Stellungnahmen iSd Art. 249 EG, sondern Akte eigener Art, die sich keiner der in Art. 249 EG geregelten Handlungsformen zuordnen lassen.[326] Als Oberbegriff solcher Steuerungsakte kann die „Mitteilung" angesehen werden,[327] welche in der Regel unverbindlich ist.[328]
Zu beachten ist aber bei der Frage, ob die Kommission trotz Verordnungsermächtigung eine unverbindliche Rechtsform gewählt hat, daß insoweit allenfalls von einem Wahlrecht der Kommission hinsichtlich der Rechtsnatur des von ihr zu erlassenden Akts auszugehen ist.[329] Wegen der vertragsmäßigen Verordnungsermächtigung kann nicht angenommen werden, daß es der Kommission verwehrt ist, GVOen als verbindliche Verordnungen zu erlassen.
Voraussetzung für die Annahme, bei GVOen handele es sich nicht mehr um Verordnungen, sondern um möglicherweise unverbindliche Mitteilungen ist weiterhin, daß die Kommission ihren Willen deutlich macht, daß es sich nicht um eine Verordnung handeln soll.[330] Zwar ist die Bezeichnung des Aktes allein nicht ausreichend zur Bestimmung der Rechtsnatur; wenn aber eine eindeutige Ermächtigung für eine bestimmte Handlungsform besteht und der Rechtsakt seinem Inhalt und seiner Systematik nach sich dieser Handlungsform auch zuordnen ließe, dann muß ein Abweichen von dieser Handlungsform durch subjektive Umstände deutlich werden.[331] Zu prüfen ist, ob ein dahingehender Wille feststellbar ist. Dabei ist zwischen GVOen, die vor der Reform erlassen wurden, und solchen, die es nach der Reform wurden oder werden, zu unterscheiden.

---

[325] Adam, Die Mitteilungen der Kommission, S. 10.
[326] Adam, Die Mitteilungen der Kommission, S. 10, S. 84 f.
[327] Unterformen sind Leitlinien, Bekanntmachungen, innerdienstliche Richtlinien bzw. guidelines, codes, policy frameworks, soft law, vgl. zu Oberbegriff und Unterformen: Adam, Die Mitteilungen der Kommission, S. 2f., welche auf S. 155 vorschlägt künftig nur noch drei Bezeichnungen zu wählen: informatorische Mitteilung /Bekanntmachung (für Mitteilungen mit überwiegend informierenden Charakter), interne Verwaltungsvorschriften (für Mitteilungen im Innenverhältnis, welche die Kommission verbindlich für nachfolgende Stellen erläßt) und Leitlinien (für Mitteilungen im Außenverhältnis, die in erster Linie die Durchführung des Gemeinschaftsrechts steuern sollen). Hier wäre allenfalls die letztgenannte Handlungsform einschlägig.
[328] Nach Adam, Die Mitteilungen der Kommission, S. 86 ff. können Mitteilungen auch verbindliche Wirkungen haben, wenn es eine Ermächtigungsgrundlage dafür gibt.
[329] Adam, Die Mitteilungen der Kommission, S. 115f., nach der sich die Kommission zur „Erfüllung der ihr übertragenen Durchführungsbefugnisse des Instruments der Verordnung, aber auch anderer Instrumente unterhalb der Verordnungsebene bedienen kann".
[330] Vgl. Bleckmann, Europarecht, Rz. 489 zur Austauschbarkeit der Akte.
[331] Vgl. Adam, Die Mitteilungen der Kommission, S. 84; Bleckmann, Europarecht, Rz. 489.

aa) Vor der Reform erlassene GVOen

Bei GVOen, die schon vor der Kartellverfahrensreform bestanden, ist eindeutig davon auszugehen, daß sie ursprünglich Verordnungscharakter hatten.[332] Dieses ergibt sich schon daraus, daß sie ansonsten nicht in der Lage gewesen wären, verbindlich und konstitutiv eine Freistellung vom Kartellverbot herbeizuführen. Dafür spricht außerdem, daß sie als Verordnung bezeichnet wurden und im Amtsblatt „L" der EG veröffentlicht wurden und nicht wie sonst üblich[333] bei Mitteilungen im Amtsblatt „C". Auch sind keinerlei Hinweise -weder in den Begründungserwägungen oder in eventuellen Leitlinien- erkennbar, daß es sich nur um Mitteilungen handelt. Daher ist der Verordnungscharakter hier eindeutig zu bejahen.

Fraglich ist allein, ob sich durch die Reform an dieser Rechtsnatur etwas ändert. Eine solche - soweit ersichtlich auch nicht ausdrücklich vertretenen - Vorstellung, durch den Systemwechsel könnten Verordnungen ohne weiteren Akt der Kommission ihren Verordnungscharakter verlieren, ist rechtlich nicht haltbar. Zwar kann nicht von vornherein ausgeschlossen werden, daß die Verordnungen, die vorher konstitutiv waren, nunmehr nur noch deklaratorisch sind.[334] Jedoch ist kein Rechtsprinzip ersichtlich, nach dem ein stillschweigender Wechsel der Handlungsform von der Verordnung zur Mitteilung möglich sein könnte. Ein solcher Wechsel ist vielmehr aus Gründen der Rechtssicherheit abzulehnen, da ein stillschweigender Übergang von einer Rechtsnorm zu einem unverbindlichen Leitsatz gegen den Grundsatz der Rechtsklarheit verstößt. Darüber hinaus hängt von der Handlungsform - Verordnung oder Mitteilung - auch die Rechtsschutzform ab. Wäre generell ein stillschweigender Wechsel der Handlungsform möglich, könnte eine zunächst zulässige Klage unzulässig werden, ohne daß dieses nach außen erkennbar wäre. Mit dem Grundsatz der Rechtssicherheit wäre das nicht vereinbar. Bisher erlassene GVOen behalten daher ihren Verordnungscharakter.

bb) Nach der Reform erlassene bzw. zu erlassende GVOen

Für nach der Reform erlassene bzw. zu erlassende GVOen gilt, daß die Kommission von ihrer Ermächtigung zum Erlaß von verbindlichen Verordnungen iSd Art. 249 Abs. 2 EG Gebrauch machen kann. Ob sie trotz ausdrücklicher Ermächtigung zum Verordnungserlaß auch GVOen als unverbindliche Mitteilungen („Leitlinien") erlassen könnte, ob ihr also tatsächlich ein Wahlrecht zwischen den Handlungsformen zusteht, erscheint zweifelhaft.[335] Gegen ein Wahl-

---

[332] Insbesondere handelte es sich (zuletzt unstreitig) nicht um Allgemeinverfügungen.

[333] Adam, Die Mitteilungen der Kommission, S. 85.

[334] Davon geht auch die Kommission selbst aus: Entwurf zum DVO-Entwurf, S. 18.

[335] Zumindest zur Rechtslage nach dem alten Kartellverfahrensrecht wird ein solches Wahlrecht abgelehnt von Wiedemann, GVO AT, Rz. 37, nach dem Gruppenfreistellungen durch

recht könnte sprechen, daß die GVOen auch Voraussetzungen zum Erlaß von Sanktionen, nämlich den Entzugsentscheidungen, festlegen, die möglicherweise den Erlaß einer Verordnung erfordern. Auch rechtspolitisch liefert der Erlaß einer verbindlichen Verordnung mehr Rechtssicherheit als eine bloße Mitteilung. Andererseits kann für ein Wahlrecht angeführt werden, daß auch bislang Mitteilungen (Bekanntmachungen bzw. Leitlinien) zu den unmittelbar anwendbaren GVOen[336] und zum unmittelbar anwendbaren Art. 81 Abs. 1 EG[337] ergangen sind, so daß wohl auch Mitteilungen zum nunmehr unmittelbar anwendbaren Art. 81 Abs. 3 EG ergehen könnten. Außerdem bedarf es möglicherweise keiner Ermächtigungsgrundlage für eine Mitteilung, wenn diese nur unverbindlich ist.[338] Die Frage, ob die Kommission Gruppenfreistellungen auch als unverbindliche Mitteilungen erlassen könnte, soll hier aber nicht vertieft werden, weil die Kommission bereits angekündigt hat, daß sie GVOen als verbindliche Verordnungen und nicht nur als Mitteilungen erlassen möchte.[339] Auch nach Geltungsbeginn der DVO erlassene GVOen werden demnach als verbindliche Verordnungen iSd Art. 249 Abs. 2 EG ergehen.

e) Zwischenergebnis

Die Kommission ist nach Art. 83 EG iVm den Ratsermächtigungsverordnungen wie zB der VO 19/65 zum Erlaß von verbindlichen Verordnungen iSd Art. 249 Abs. 2 EG ermächtigt. Sowohl vor der Reform erlassene GVOen wie nach der Reform noch zu erlassenene GVOen sind als Verordnungen gemäß Art. 249 Abs. 2 EG einzuordnen.

4. Ist eine ausdrückliche Anordnung der Verbindlichkeit erforderlich?

Teilweise wird gefordert, die DVO solle eine ausdrückliche Anordnung der Verbindlichkeit der GVOen beinhalten.[340] Da es sich aber um Verordnungen iSd Art. 249 Abs. 2 EG handelt, ist eine solche ausdrückliche Anordnung der Verbindlichkeit überflüssig, da sich diese schon aus Art. 249 Abs. 2 EG ergibt. Liegt eine rechtswidrige GVO vor, wird diese grundsätzlich durch den EuGH

Verordnung ausgesprochen werden müssen; allerdings war damals Art. 81 Abs. 3 EG nicht unmittelbar anwendbar.

[336] zB ABl.EG 1984 Nr. C 101/2 vom 13. 4. 1984-Bekanntmachung zu den Verordnungen 1983/83 und 1984/83 der Kommission vom 22. Juni 1983; geändert in ABl.EG 1992 Nr. C 121/2 vom 13. 5, 1992; die Leitlinien für vertikale Beschränkungen, ABl.EG 2000, C 291, 1 v. 13. 10. 2000.

[337] zB ABl.EG Nr. C 372/13 vom 9. 12. 1997-De-Minimis-Bekanntmachung.

[338] Für das Erfordernis einer zumindest generellen Ermächtigungsgrundlage auch bei unverbindlichen Mitteilungen, die im Außenverhältnis ergehen: Adam, Mitteilungen der Kommission, S. 93.

[339] Weißbuch, einerseits: Tz. 85 „Den ersten Platz unter diesen Rechtstexten nehmen die GVOen ein", andererseits Tz. 86 „Die Kommission hat *außerdem* die Absicht, weitere *Bekanntmachungen und Leitlinien* zu veröffentlichen ; Entwurf zur DVO, S. 9f, 12, 18.

[340] GRUR-Vereinigung, GRUR 2000, 218.

für nichtig, ungültig oder unanwendbar erklärt werden, so daß die ausdrückliche Verbindlichkeitsanordnung gegenstandslos würde. Daher ist von einer derartigen Anordnung Abstand zu nehmen.

5. Ergebnis

GVOen sind Verordnungen iSd Art. 249 Abs. 2 EG. Voraussetzung und maßgebendes Kriterium für die Verbindlichkeit einer Verordnung ist damit ihre Rechtmäßigkeit. Bis zum Erlaß einer infolge der Rechtswidrigkeit ergehende Erklärung der Nichtigkeit, Ungültigkeit oder Unanwendbarkeit der GVO durch den Gerichtshof wird die Rechtmäßigkeit der GVO vermutet.

III. Wann ist eine GVO im neuen System rechtmäßig und damit verbindlich?

Die Rechtmäßigkeit der GVO ist das entscheidende Kriterium für ihre Verbindlichkeit. Die von der Literatur in Aussicht gestellte Unverbindlichkeit von GVOen nach dem neuen Kartellverfahrensrecht könnte allein dann angenommen werden, wenn GVOen nach der Verfahrensreform mit einem unmittelbar anwendbaren Art. 81 Abs. 3 EG nicht mehr rechtmäßig sind.[341] Dieses könnte nach der Reform insbesondere dann der Fall sein, wenn GVOen Freistellungen von Vereinbarungen aussprechen, die im Einzelfall nicht mit dem nunmehr unmittelbar anwendbaren Art. 81 Abs. 3 EG vereinbar sind.[342] Zweifel an der Rechtmäßigkeit von GVOen könnten sich angesichts des Grundsatzes der Hierarchie der Normen[343] ergeben. Ziel dieses Grundsatzes ist die Lösung von Konflikten zwischen mehreren Normen, die auf den selben Sachverhalt anwendbar sind, deren Anwendung aber zu unterschiedlichen Rechtsfolgen führen würde.[344] Zunächst werden verschiedene Normkonfliktkonstellationen vorgestellt, im Anschluß daran wird näher auf das durch die Reform entstandene Problem des zweifachen unmittelbar anwendbaren Rechts eingegangen. Ausführlich behandelt wird anschließend die Frage des Beurteilungsermessens bzw. Regelungsspielraums der Kommission im Rahmen des Art. 81 Abs. 3 EG als Rechtsgrundlage für in GVOen vorgenommene abweichende Freistellungen.

1. Normkonfliktkonstellationen

Im Verhältnis von GVOen und Art. 81 Abs. 3 EG kann es zu Normkonflikten kommen. GVOen sind als Verordnung nach Art. 249 Abs. 2 EG auch nach der

---

[341] So auch Deringer, EuZW 2000, 10.

[342] Daher wirft Bechtold, BB 2000, 2427 auch nur das Problem der Verbindlichkeit von GVOen in solchen Fällen auf, in denen die Voraussetzungen des Art. 81 Abs. 3 EG objektiv nicht vorliegen.

[343] Zu diesem Grundsatz: Magiera, Integration 1995, 197; Heintzen, EuR 1994, 35; Bieber/Salomé, CMLR 33 (1996), 907; Gaudin, RTD eur. 35 (1) 1999.

[344] Bieber/Salomé, CMLR 33 (1996), 909.

Reform unmittelbar anwendbares Recht.[345] Mit Geltung der DVO ist Art. 81 Abs. 3 EG ebenfalls unmittelbar anwendbar, die Legalausnahme wirkt unmittelbar zwischen den Parteien. Dieses zweifach unmittelbare Recht unterschiedlichen Rangs kann den Rechtsanwender vor die Frage stellen, welche der unmittelbar anwendbaren Normen auf den Einzelfall anzuwenden ist. Der Erlaß von unmittelbar anwendbarem Recht innerhalb unmittelbar anwendbaren Rechts könnte daher von vornherein aus Gründen der Rechtssicherheit[346] ausgeschlossen sein und zur Rechtswidrigkeit der GVOen führen. Nach der Rechtsprechung des EuGH verlangt der Grundsatz der Rechtssicherheit, daß eine Regelung klar und deutlich ist, damit der einzelne unzweideutig seine Rechte und Pflichten erkennen kann.[347] Dabei sind verschiedene Konstellationen zu unterscheiden.

a) GVO stimmt vollständig mit Art. 81 Abs. 3 EG überein

Bei vollständiger Übereinstimmung der GVOen mit den Voraussetzungen des Art. 81 Abs. 3 EG ist fraglich, ob der Grundsatz der Rechtssicherheit überhaupt betroffen ist, denn beide unmittelbar anwendbaren Normen sähen dann dieselbe Rechtsfolge vor. Ein Normenkonflikt besteht aber nur dann, wenn entweder widersprüchliche Rechtsfolgen für ein bestimmtes Verhalten des Einzelnen angeordnet werden oder wenn dem Einzelnen mehrere Verhaltensweisen aufgegeben werden, denen er nicht gleichzeitig nachkommen kann.[348] Da hier die betroffenen Unternehmen durch ihre Verhalten beiden Rechtsnormen gerecht werden können, liegt kein Rechtsnormkonflikt vor. Damit steht der Grundsatz der Rechtssicherheit auch nicht von vornherein dem Erlaß von unmittelbar anwendbarem Sekundärrecht innerhalb von unmittelbar anwendbarem Primärrecht entgegen.[349]

Bislang gibt es auch einige Beispiele für zweifaches unmittelbar anwendbares Recht.[350] So hat der Rat mittels der Freizügigkeitsverordnung 1612/68[351] zu Art. 48, 49 EGV (heute Art. 39, 40 EG) den unmittelbar anwendbaren Art. 48 EGV konkretisiert. Die VO 1612/68 darf als Sekundärrecht allerdings nicht den Anwendungsbereich des primärrechtlichen Art. 48 EGV erweitern, sondern diesen

---

[345] EuGH, Slg. 1991 I-977, Rz. 46-Delimitis; EuGH, Slg. 1976, 111, Rz. 11-Fonderies Roubaix; vgl. auch EuGH Slg 1970, 825ff, Tz. 5.-Leber-Pfennig.

[346] Umfassend zum Grundsatz der Rechtssicherheit: Naômé, Rivista di Diritto europeo, 1993, 223.

[347] EuGH Slg. 1981, 1931, Rz. 17-Administration des douanes/Gondrand/Frères; EuGH Slg. 1989, 437, Rz. 22-Kommission/Frankreich u. Vereinigtes Königreich; EuGH Slg 1998, I-5627, Rz. 78-Langnese/Iglo.

[348] Schilling, Rang und Geltung von Normen, S. 391.

[349] Ähnlich auch Weyer, ZHR 164 (2000), 627f., der GVOen im neuen Kartellverfahrensrecht dann für unbedenklich hält, wenn sie die unmittelbare Wirkung des Art. 81 Abs. 3 EG fördern; ebenso Bechtold BB 2000, 2427.

[350] Weyer, ZHR 164 (2000), 627, der die Verwendung von Verordnungen innerhalb des unmittelbaren Rechts im wesentlichen für ein Novum hält.

[351] ABl.EG 1968 Nr. L 257/2, zuletzt geändert durch VO 2434/92, ABl.EG 1992 Nr. L 245/1.

nur näher definieren.[352] Die VO 1612/68 stimmt aber mit den Vorgaben des EG-Vertrags überein und ist damit rechtmäßig und als Verordnung verbindlich. Ein weiteres Beispiel ist die Ratsverordnung für den Landverkehr VO 1017/68. In Art. 3 werden gesetzliche Ausnahmen vom unmittelbar anwendbaren Art. 81 Abs. 1 EG geregelt.[353] Vergleichbare Legalausnahmen finden sich in Art. 2 VO 4056/86[354] und Art. 2 VO 3975/87.[355] Neuerdings gibt es weitere Beispiele aus dem Beihilfen-Recht, deren Vertragsmäßigkeit in der Literatur allerdings angezweifelt wird.[356] Die auf der Ermächtigungs-Verordnung 994/98[357] beruhenden Verordnungen 68/2001[358] und 70/2001[359] und die neue VO 2204/2002[360] erklären Gruppen von Beihilfen für mit dem Gemeinsamen Markt vereinbar,[361] die VO 69/2001[362] kodifiziert die bislang nur als Mitteilung formulierte *De-minimis*-Regel.[363] Allerdings ist zu beachten, daß anders als nunmehr Art. 81 Abs. 3 EG das Verbot des Art. 87 Abs. 1 EG für sich allein nicht unmittelbar anwendbar ist; dieses ist erst nach einer Konkretisierung durch eine Entscheidung nach Art. 88 Abs. 2 EG der Fall.[364] Jedoch ist Art. 88 Abs. 3 Satz 3 EG unmittelbar anwendbar,[365] so daß Dritte vor nationalen Gerichten die vorläufige Aussetzung bzw. Rückzahlung einer vor einer Genehmigung gewährten Beihilfe durchsetzen können.[366] Bei der Auslegung des unmittelbar anwendbaren Art. 88 Abs. 3 Satz 3 EG müssen die nationalen Gerichte den Begriff der „Beihilfe" bestimmen,[367]

---

[352] GA Warner in EuGH Slg. 1974, 1405, 1425-Walrave/Association Union Cycliste Internation; Jaensch, Unmittelbare Drittwirkung, S. 36, 95.

[353] Mit der Änderung des Art. 3 VO 1017/68 durch Art. 36 Nr. 2 DVO erfolgt dieses auch ausdrücklich; zur vorherigen Rechtslage: Schröter in GTE, Art. 87 EGV-Zweiter Teil-Verkehr, Rz. 18.

[354] Vgl. Rakovsky, Fordham Corporate Law Institute 1993, S. 866f., der zwar nicht die Rechtmäßigkeit dieses Artikels anzweifelt, aber dessen Notwendigkeit in Frage stellt.; vgl. auch Art. 38 DVO.

[355] Vgl. auch die Nachweise bei Weyer ZHR 164 (2000), 627, Fn. 85; vgl. auch Art. 39 DVO.

[356] Sinnaeve, EuZW 2001, 75; aA Soltész, ZIP 2001, 284.

[357] ABl.EG 1998 Nr. L 142/1.

[358] ABl.EG 2001 Nr. L 10/20 (Ausbildungsbeihilfen).

[359] ABl.EG 2001 Nr. L 10/33 (kleine und mittlere Unternehmen).

[360] ABl.EG 2002 Nr. L 337/3 (Beschäftigungsbeihilfen); vgl. dazu Zuleger, EuZW 2003, 270; gegen diese Verordnung ist ein Verfahren vor dem EuGH, Rs. C-113/03 anhängig (vgl. Zuleger, EuZW 2003, 275, Fn. 46).

[361] Bartosch, NJW 2001, 921.

[362] ABl.EG 2001 Nr. L 10/30.

[363] Vgl. dazu Sinnaeve, EuZW 2001, 69.

[364] EuGH Slg 1977, 595, Rz. 8 ff-Steinike und Weinlig/Deutschland; EuGH Slg. 1992, I-3918, Rz. 25 ff-Sanders; Bär-Bouyssière in Schwarze, EU-Kommentar, Art. 87 EG, Rz. 2.

[365] EuGH Slg. 1994 I-3863, Rz. 16-Namur-Les Assurances du crédit; Cremer in Calliess/Ruffert, Art. 87 EG, Rz. 6.

[366] Bär-Bouyssière in Schwarze, EU-Kommentar, Art. 88 EG, Rz. 63.

[367] EuGH Slg, 1994 I-3863, Rz. 16-Namur-Les Assurances du crédit; EuGH Slg. 1996 I-3547-SFEI/La Poste ; Bär-Bouyssière in Schwarze, EU-Kommentar, Art. 88, Rz. 63.

womit sich im Hinblick auf die *De-minimis*-Verordnung 69/2001 das Problem des zweifachen unmittelbar anwendbaren Rechts stellt.[368] Auch hier gilt, daß der Erlaß von unmittelbar anwendbaren Verordnungen zur Konkretisierung unmittelbar anwendbaren Vertragsrechts vertragsgemäß ist, solange die Verordnung vollständig mit dem Primärrecht vereinbar ist; erst bei Abweichungen tauchen Probleme auf.[369] Daß bei der *De-minimis*-Verordnung solche Abweichungen festgestellt werden, ist zumindest nicht von vornherein ausgeschlossen, wenngleich die VO 69/2001 dieses Problem nicht behandelt: Die Verordnung enthält kein Korrekturverfahren für abweichende Einzelfälle.[370]
Es ist damit festzuhalten, daß GVOen bei vollständiger Übereinstimmung mit Art. 81 Abs. 3 EG rechtmäßig und damit auch verbindlich sind. Die praktische Durchführbarkeit des Erlasses von GVOen, die vollständig und in jedem Einzelfall mit Art. 81 Abs. 3 EG übereinstimmen, ist jedoch zumindest im Falle weitgefaßter GVOen fraglich. Denn bei einem weiten Freistellungstatbestand kann zumeist nicht von vornherein ausgeschlossen werden, daß nicht auch Vereinbarungen freigestellt werden, die zumindest im Einzelfall Wirkungen zeitigen, die nicht mit Art. 81 Abs. 3 EG vereinbar sind.

b) GVO weicht völlig von Art. 81 Abs. 3 EG ab

Vergleichsweise unproblematisch ist auch der Fall, daß die GVO von vornherein vollständig oder teilweise von Art. 81 Abs. 3 EG abweicht. Ein eindeutiger Verstoß könnte etwa dann angenommen werden, wenn eine GVO ohne Anbindung an Art. 81 Abs. 3 EG zur Verwirklichung anderer Vertragsziele Gruppen von Vereinbarungen vom Verbot des Art. 81 Abs. 1 EG ausnimmt.[371] Hier liegt ein Normkonflikt vor, da zwei unmittelbar zwischen den Bürgern wirkende Normen, Art. 81 Abs. 3 EG und die GVO, unterschiedliche Rechtsfolgen anordnen: einerseits Ausschluß der Nichtanwendbarkeit des Art. 81 Abs. 1 EG, andererseits die gruppenweise Erklärung dessen Nichtanwendbarkeit. Diese Konstellation, in der sich der Normwiderspruch schon allein aus der sprachlichen Gestaltung der Normen ohne Heranziehung empirischen Wissens ergibt, kann als echter Normwiderspruch bezeichnet werden.[372] Hier ist für das einzelne Unternehmen nicht erkennbar, ob die Vereinbarung dem Verbot des Art. 81 Abs. 1 EG entzogen ist oder nicht. Eine solche mangelnde Vorhersehbarkeit der Rechtsfolge verstößt gegen den Bestimmtheitsgrundsatz und damit gegen das Rechtsstaatsprinzip,[373] bzw. auf das Gemeinschaftsrecht bezogen gegen den Grundsatz

[368] Vgl. Weyer, ZHR 164 (2000), 627, Fn. 85.
[369] Sinnaeve, EuZW 2001, 75.
[370] Vgl. Bartosch, NJW 2001, 925ff.
[371] Köppen, Gruppenfreistellungsverordnungen, S. 110.
[372] Schilling, Rang und Geltung von Normen, S. 380f.;
[373] Schilling, Rang und Geltung von Normen, S. 377, 391.

der Rechtssicherheit.[374] Da wegen des Grundsatzes der Hierarchie der Normen niederrangiges Recht mit dem höherrangigen vereinbar sein muß,[375] wäre eine den Anforderungen des Art. 81 Abs. 3 EG nicht gerecht werdende Gruppenfreistellungsverordnung eindeutig rechtswidrig.[376] Sie kann vom EuGH für nichtig erklärt werden.

c) GVO stimmt grundsätzlich, aber nicht in jedem Einzelfall mit Art. 81 Abs. 3 EG überein (=abweichende Freistellungen)

Problematisch ist allein die Konstellation, daß die GVO grundsätzlich mit Art. 81 Abs. 3 EG übereinstimmt, aber nicht in jedem konkreten Einzelfall. In dieser Situation erfaßt die GVO nur vereinzelt, aber nicht überwiegend von Art. 81 Abs. 3 EG abweichende Verhaltenskoordinationen.[377] Im Einzelfall besteht jedoch nur dann ein Verstoß gegen Art. 81 Abs. 3 EG, wenn insoweit eine primärrechtskonforme Auslegung der GVO nicht mehr möglich ist. Ansonsten wäre dieser mit Art. 81 Abs. 3 EG konformen Auslegungsvariante vor denkbaren anderen der Vorrang einzuräumen (Vorzug der primärrechtskonformen Auslegung).[378] Eine solche im Einzelfall bestehende Abweichung ist sowohl nach Art. 7 aF VO 19/65 als auch seit der Reform nach Art. 29 DVO iVm Art. 40 DVO der mögliche Anwendungsfall für Entzugsentscheidungen.[379]

Anders als in der vorgenannten Konstellation ergeben sich hier die unterschiedlichen Rechtsfolgenanordnungen von Art. 81 Abs. 3 EG und dem Freistellungstatbestand der GVO noch nicht allein aus der sprachlichen Fassung der Normen, denn grundsätzlich erfüllt der Freistellungstatbestand GVO die Voraussetzungen des Art. 81 Abs. 3 EG. Somit handelt es sich zumindest nicht um einen echten Normenkonflikt im oben beschriebenen Sinne. Daran ändert auch nichts, daß die DVO in Art. 29 und die GVOen (zB Art. 6 und 7 VGVO) mit ihren Entzugsverfahren die von Art. 81 Abs. 3 EG abweichenden Fälle ausdrücklich ansprechen. Denn hierin anerkennen die DVO und die GVOen nur die grundsätzliche Möglichkeit unterschiedlicher Rechtsfolgenanordnungen. Ob es zu solchen tatsächlich kommt, wird daraus aber nicht ersichtlich. Erst unter Heranziehung der Umstände des Einzelfalls und damit auch empirischen Wissens wird deutlich, daß die eine Norm ausdrücklich erlaubt, was die andere Norm ausdrücklich nicht

---

[374] Naômé, Rivista di Diritto europeo, 1993, 252, zu den Begriffen Rechtsstaatsprinzip und Grundsatz der Rechtssicherheit.

[375] Magiera, Integration 1995, S. 200.

[376] Köppen, Gruppenfreistellungsverordnungen, S. 110.

[377] Vgl. Köppen, Gruppenfreistellungsverordnungen, S. 87.

[378] Zu dieser Vorzugsregel bei *mehreren* Auslegungsmöglichkeiten: EuGH Slg. 1983, 4063, Rz. 15-Kommission/Rat; EuGH Slg. 1986, 3503, Rz. 21-Klensch; EuGH Slg. 1991 I- 3633, Rz. 12-Neu u.a.

[379] Und gegebenenfalls auch von Nichtanwendbarkeitsverordnungen, Art. 1a VO 19/65.

erlaubt und damit letztlich verbietet. Diese Konstellation kann als unechter Normwiderspruch bezeichnet werden.[380]

Auch ein solcher unechter Normwiderspruch ist hinsichtlich des Grundsatzes der Rechtssicherheit problematisch, da der Einzelne nicht klar erkennen kann, ob das von der einen Norm erlaubte Verhalten tatsächlich erlaubt ist,[381] ob die Vereinbarung als nach Art. 81 Abs. 2 EG nichtig ist oder nicht.

2. Problem des zweifachen unmittelbar anwendbaren Rechts bei abweichenden Freistellungen

a) Ausgangslage vor der Reform

Schon vor der Kartellverfahrensreform kam es vor, daß GVOen nur grundsätzlich mit Art. 81 Abs. 3 EG übereinstimmten, im Einzelfall aber von Art. 81 Abs. 3 EG abweichende Verhaltensweisen freistellten.[382] Traf die in der GVO vorgenommene Voreinschätzung der Übereinstimmung der Vereinbarung mit Art. 81 Abs. 3 EG von vornherein nicht auf den konkreten Einzelfall zu[383] oder wenn sie nur ursprünglich, nicht aber später zutraf,[384] führte die GVO zu abweichenden Freistellungen. Die Vertragsmäßigkeit dieser GVOen wurde diesbezüglich nie ernsthaft in Frage gestellt,[385] sondern im Gegenteil ausdrücklich bejaht.[386] Frühere GVOen erfaßten wegen ihrer engen Fassung nur in sehr seltenen Fällen Vereinbarungen, die den Freistellungsvoraussetzungen des Art. 81 Abs. 3 EG widersprachen.[387] Außerdem enthielten alle GVOen als Ausgleichsmechanismus die Entzugsverfahren.[388] So konnte immerhin mit Wirkung *ex nunc*[389] der durch die freigestellte Vereinbarung herbeigeführte Verstoß gegen Art. 81 Abs. 3 EG

---

[380] Schilling, Rang und Geltung von Normen, S. 381, der allerdings zusätzlich noch darauf abstellt, ob man durch Nichtausübung der gewährten Erlaubnis beiden Befehlen gerecht werden kann. Dieses Kriterium macht hier allerdings keinen Sinn, da die Ausübung der Erlaubnis Voraussetzung für die Einzelfallbetrachtung ist.

[381] Schilling, Rang und Geltung von Normen, S. 381,

[382] Vgl. den Langnese/Iglo Fall: EuG Slg. 1995 II-1533ff., EuGH Slg. 1998 I-5627ff. zur GVO 1984/83; Kommissionsentscheidung, ABl.EG 1993, Nr. L 183, 19ff. v. 26. 7. 1993.

[383] Kommission, ABl.EG 1988, Nr. L 272/27, Rz. 53-Tetra Pak I-trotz der Formulierung "nach dem Erwerb".

[384] Veelken in: Immenga/Mestmäcker, Europäisches Wettbewerbsrecht, GFVO A., Rz. 51.

[385] Das EuG, Slg. 1990 II, 347, Rz. 29-Tetra Pak beschäftigt sich noch nicht einmal mit dieser Frage.

[386] Schröter in GTE, Art. 85 Abs. 3 EGV, Rz. 284.

[387] Vgl. zB Bekanntmachung der Kommission zu den VO 1983/83 und 1984/83, ABl.EG 1994 Nr. C 101/2, Tz. 24; Kommission, ABl.EG. 1988 Nr. L 272, 27, Rz. 53-Tetra Pak I; Kommission, ABl.EG 1992 Nr. L 66/1, Rz. 25, 33f-EcoSystem/Peugeot; außerdem Langnese/Iglo; ABl.EG 1993 Nr. L 183/19, Tz. 115 ff.

[388] Wiedemann, GVO AT, Rz. 260f.

[389] Davon geht auch die Kommission aus, vgl. ABl.EG 1988, Nr. L 272/27 (42), Rz. 53 v. 4. 10. 88-Tetra Pak I; Bekanntmachung zu den Verordnungen 1983/83 und 1984/83, ABl.EG 1984 Nr. C 101, S. 2 ff, Rz. 24.

beseitigt werden. Das EuG hat zum alten Verfahrensrecht lediglich ausgeführt, daß bereits wegen des Begriffs „Gruppe" die Prüfung entfällt, ob die Freistellungsvoraussetzungen des Art. 81 Abs. 3 EG in jedem einzelnen Fall tatsächlich erfüllt sind.[390] Damit billigt das EuG die Freistellung von im Einzelfall nicht unter Art. 81 Abs. 3 EG fallenden Vereinbarungen. Die Formulierung des EuG „vom Begriff her" läßt darauf schließen, daß es die Freistellung vereinzelter nicht mit Art. 81 Abs. 3 EG übereinstimmenden Vereinbarungen als zwingende Folge der abstrakten, typisierenden Formulierung von Gruppen von Vereinbarungen ansieht.[391] Auch in der Literatur wird vertreten, daß bereits aus dem EG-Vertrag selbst, nämlich aus dem Begriff „Gruppe", hervorgeht, daß einzelne nicht unter Art. 81 Abs. 3 EG fallende Vereinbarungen freigestellt werden.[392] Theoretisch hätte zwar auch eine unmittelbar anwendbare Ausnahmeregelung zur Freistellung durch die GVO anstelle einer Entzugsermächtigung durch Entscheidung in die Ermächtigungs-VO und GVOen aufgenommen werden können.[393] Man hätte die Gruppenfreistellung also durch eine Rechtsnorm davon abhängig machen können, daß auch im Einzelfall keine Art. 81 Abs. 3 EG entgegenstehenden Wirkungen auftreten. Dann wären unterschiedliche Rechtsfolgenanordnungen von GVO und Art. 81 Abs. 3 EG auch im Einzelfall ausgeschlossen. Selbst ein unechter Normkonflikt wäre nicht denkbar. Jedoch wurde nie vertreten, daß dieses der einzige zulässige Weg des Verordnungsgebers sei; es lag im Ermessen des Gemeinschaftsgesetzgebers, sich für einen nachträglichen Entzug im Einzelfall zu entscheiden.[394] Vor der Kartellverfahrensreform war die Regelungstechnik der GVO in bezug auf die Entzugsverfahren daher unstreitig vertragsmäßig.

b) Änderung durch die DVO

Durch die Kartellverfahrensreform hat sich auf den ersten Blick hinsichtlich dieses Problems nichts geändert. Auch die DVO ermächtigt zum Entzug in ihrem Art. 29. Der Entzug ist damit auch nach der Reform als Korrekturinstrument vorgesehen. Bei näherer Betrachtung ergeben sich dennoch Unterschiede wegen der mit der DVO hergestellten unmittelbaren Anwendbarkeit des Art. 81 Abs. 3 EG. Anders als vor der Reform, könnten sich die Parteien dann möglicherweise vor demselben nationalen Gericht einerseits auf Rechte aus Art. 81 Abs. 3 EG berufen, der in diesem Fall keine Freistellung bzw. Ausnahme vom Kartellverbot des Art. 81 Abs. 1 EG vorsieht. Andererseits könnte sich eine Partei auf die

---

[390] EuG, Slg. 1990 II-347, Rz. 29-Tetra Pak/Kommission; EuG, Slg. 1995 II-1533, Rz. 174-Langnese-Iglo.

[391] Köppen, Gruppenfreistellungsverordnungen, S. 31.

[392] Köppen, Gruppenfreistellungsverordnungen, S. 86.

[393] Vgl. dazu Schröter in GTE, Hdb. d. Europäischen Rechts, I A 50 Kommentar, Art. 85 EGV, Rz. 284.

[394] Köppen, Gruppenfreistellungsverordnungen, S. 86f.

Rechte aus der jeweiligen unmittelbar anwendbaren[395] GVO berufen, welche die in Frage stehende Vereinbarung umfaßt und damit vom Kartellverbot freistellt. Fraglich ist dann, ob bei diesen widersprüchlichen Ergebnissen sich die Rechtsfolgenanordnung der nur grundsätzlich vertragsmäßigen GVO auch im abweichenden Einzelfall gegen die des höherrangigen Art. 81 Abs. 3 EG durchsetzt. Anders ausgedrückt lautet die Frage, ob eine GVO auch insoweit rechtmäßig und verbindlich ist, als sie im Einzelfall abweichend vom unmittelbar anwendbaren und unmittelbar zwischen den Parteien wirkenden Art. 81 Abs. 3 EG Vereinbarungen freistellt. Auch hier könnte man sich auf den Standpunkt stellen, daß Art. 81 Abs. 3 EG zwar nunmehr unmittelbar anwendbar ist, daß sich aber am Wortlaut der primärrechtlichen Rechtsgrundlage für die GVOen und Ermächtigungsverordnungen, Art. 83 Abs. 2 lit. b) EG iVm Art. 81 Abs. 3 EG, nichts geändert hat. Daher könnte man folgern, daß allein die unmittelbare Anwendbarkeit des Art. 81 Abs. 3 EG nicht zu neuen Rechtmäßigkeitskriterien für die GVOen führen kann. Da Art. 81 Abs. 3 EG nach wie vor den Begriff „Gruppe" enthält, könnte man vertreten, daß es weiterhin zwingende Folge des erhöhten Abstraktionsgrades bei der Formulierung von Gruppen von Vereinbarungen ist, daß vereinzelt auch Art. 81 Abs. 3 EG widersprechende Vereinbarungen miterfaßt werden können. Diese Ansicht vertreten im Ergebnis die Kommission in ihrem Weißbuch und in ihrem DVO-Entwurf[396] und der Rat in der DVO.[397] Rat und Kommission gehen davon aus, daß sich trotz der unmittelbaren Anwendbarkeit des Art. 81 Abs. 3 EG die Anwendung der GVOen nicht grundlegend ändert. GVOen können nach diesem Ansatz auch weiterhin in vertragsmäßiger Weise Vereinbarungen freistellen, die im Einzelfall Art. 81 Abs. 3 EG zuwiderlaufen. Als Korrektur kommt weiterhin ein Entzug des Rechtsvorteils der GVO in Betracht. Demnach wäre auch eine im Einzelfall nicht mit Art. 81 Abs. 3 EG übereinstimmende GVO rechtmäßig und verbindlich. Die GVO setzt sich nach dieser Auffassung gegen die Rechtsfolgenanordnung des höherrangigen unmittelbar anwendbaren Art. 81 Abs. 3 EG durch.

Diesem Ergebnis und einer solchen Argumentation wird jedoch teilweise entgegengetreten. Zwar wird nicht in Frage gestellt, daß Art. 81 Abs. 3 EG iVm Art. 83 EG die Rechtsgrundlage für GVOen und Ermächtigungsverordnungen waren und sind. Jedoch beruhe die Rechtfertigung der (gestaltenden) Freistellung von im Einzelfall von Art. 81 Abs. 3 EG abweichenden Vereinbarungen im früheren System auf dem weiten Beurteilungsermessen im Rahmen des Art. 81 Abs. 3 EG, das der EuGH der Kommission zugesprochen hat.[398] Damit wird letztlich dieses Beurteilungsermessen bezüglich der Freistellungsvoraussetzungen des Art. 81 Abs. 3 EG als Rechtsgrundlage für die im Einzelfall abweichenden Frei-

---

[395] EuGH Slg. 1991 I-977, Rz. 46, 45-Delimitis; EuGH Slg. 1976, 111-Fonderies Roubaix.
[396] Vgl. Art. 29 DVO-Entwurf und Begründung zum DVO-Entwurf, S. 18.
[397] Vgl. Art. 29 DVO und die 10. Begründungserwägung zur DVO.
[398] Bechtold, BB 2000, 2427; ders., EWS 2001, 54.

stellungen angesehen. Dieses weite Beurteilungsermessen der Kommission innerhalb des Art. 81 Abs. 3 EG könnte aber -wie schon bei der Vertragsmäßigkeit des Systemwechsels ausgeführt- durch die Kartellverfahrensreform möglicherweise wegfallen oder zumindest erheblich eingeschränkt sein.[399] Dann würde möglicherweise die Rechtsgrundlage für im Einzelfall abweichende Freistellungen wegfallen. Folge davon könnte die Rechtswidrigkeit der GVO sein. Unter diesem Gesichtspunkt wird teilweise bereits die Aufnahme der Entzugsverfahren durch die DVO als grundsätzlich unvereinbar mit dem System der Legalausnahme angesehen.[400] GVOen, welche auch im Einzelfall nicht unter Art. 81 Abs. 3 EG fallende Vereinbarungen freistellen, seien im Prinzip rechtswidrig und die Entzugsverfahren dienten in unzulässiger Weise der vereinfachten Korrektur dieser rechtswidrigen GVOen.[401] Die Verbindlichkeit der GVOen wird insoweit in Frage gestellt, als die GVOen Vereinbarungen miterfassen, die auch nur in seltenen Einzelfällen nicht die Voraussetzungen des Art. 81 Abs. 3 EG erfüllen.[402]

Das Problem des zweifachen unmittelbar anwendbaren Rechts erfordert daher die anschließende Untersuchung des Beurteilungsermessens und der Rechtsgrundlage für abweichende Freistellungen.

3. Verringerung des Beurteilungsermessens im Wege der Verfahrensreform?

Unterstellt das weite Beurteilungsermessen der Kommission sei tatsächlich die Rechtsgrundlage für abweichende Freistellungen der GVOen, könnte sich die Vertragswidrigkeit dieser Freistellungen möglicherweise daraus ergeben, daß sich das Beurteilungsermessen im Wege der Kartellverfahrensreform verringert hat.[403] Bei der Betrachtung des Beurteilungsermessens der Kommission ist dessen Verhältnis zur unmittelbaren Anwendbarkeit zu klären.[404] Das Problem des Beurteilungsermessens der Kommission und der davon abhängenden Kontrolldichte in der Rechtsprechung des Gerichtshofs ist so vielschichtig, daß es sinnvoll ist, hier nur auf Art. 81 Abs. 3 EG einzugehen.[405] Das Beurteilungsermessen war früher beinahe ausschließlich im Kartellverwaltungsrecht erheblich, also in Fällen, in denen die Kommission im öffentlichen Interesse zur Durchsetzung des Gemeinschaftskartellrechts handelte.[406] Neuerdings ist jedoch auch das Kartell-

---

[399] Vgl. dazu Weyer, ZHR 164 (2000), 628, 620 ff.
[400] Weyer, ZHR 164 (2000), 628.
[401] Weyer, ZHR 164 (2000), 628.
[402] Weyer, ZHR 164 (2000), 629.
[403] Vgl. schon oben zur Vertragsmäßigkeit des Systemwechsels.
[404] Vgl. dazu Weyer, ZHR 164 (2000), 615ff.
[405] Vgl. zur mangelnden Verallgemeinerungsfähigkeit: Wegener in Calliess/Ruffert, Art. 220 EG, Rz. 19.
[406] Braakman, Fordham Corporate Law Institute 1999, 161 (26. Konferenz).

privatrecht betroffen,[407] bei dem nationale Zivilgerichte den Schutz von Ansprüchen und Individualrechten von Privatpersonen zu gewährleisten haben.[408]

a) Beurteilungsspielraum im Kartellverwaltungsrecht vor der Reform

Zur Frage des Beurteilungsspielraums der Kommission im Rahmen des Art. 81 Abs. 3 EG vor der Reform im Kartellverwaltungsrecht gibt es zahlreiche Entscheidungen des EuGH[409] und des EuG[410] sowie eine ganze Reihe umfassender, auch rechtsvergleichender Untersuchungen.[411] Der Gerichtshof verwendet verschiedene Formeln zur Ankündigung des Beurteilungsermessens, wobei dessen tatsächliche Gewährung nicht immer in gleichem Umfang erfolgt.

aa) Ankündigung des Beurteilungsermessens

Angekündigt wurde das Beurteilungsermessen der Kommission im Rahmen des Art. 81 Abs. 3 EG erstmals in der *Consten u. Grundig*-Entscheidung des EuGH.[412] Die Kommission sei danach im Rahmen des Art. 81 Abs. 3 EG zu schwierigen Wertungen wirtschaftlicher Sachverhalte gezwungen. Die gerichtliche Nachprüfung dieser Sachverhalte müsse dem Rechnung tragen und sich deshalb auf die Richtigkeit der ihnen zugrunde liegenden Tatsachen und deren Subsumtion unter die Begriffe des geltenden Rechts beschränken. Sie habe sich in erster Linie auf die Begründung zu erstrecken, aus der hervorgehen müsse, auf welche Tatsachen und Erwägungen sich jene Wertungen stützten.[413] Der

---

407 Weyer, ZHR 164 (2000), 618.

408 Braakman, Fordham Corporate Law Institute 1999, 161 (26. Konferenz).

409 zB EuGH Slg. 1966, 321 ff-Consten u. Grundig/Kommission; EuGH Slg. 1974, 1063-Transocean Marine Paint; EuGH Slg. 1975, 563 ff-FRUBO; EuGH Slg. 1977, 1875 ff-Metro I; EuGH Slg. 1980, 3125ff.-van Landewyck/Kommission (FEDETAB); EuGH Slg. 1981, 851ff.-Stremsel-en Kleurselfabriek; EuGH Slg. 1984, 19-VBVB u. VBBB; EuGH Slg. 1985, 2545-Remia; EuGH 1985, 2736-Ford; EuGH Slg. 1986, 3021-Metro II; EuGH Slg. 1987, 447ff.-Verband der Sachversicherer; EuGH Slg. 1996 I-1611ff.-SPO (Verenigung van Samenwerkende Prijsregelnde Organisaties).

410 EuG 1992 II-415-Vichy; EuG 1994 II-49-Europay(Groupement des cartes bancaires u.Europay/Kommission); EuG Slg. 1994 II-595-Matra Hachette; EuG Slg. 1995 II-289ff.-Vereniging van Samenwerkende Prijsreregelnde Organisaties (=SPO, bestätigt durch EuGH Slg. 1996 I 1611ff.); EuG Slg. 1995 II-1533 ff.-Langnese-Iglo/Kommission (im wesentlichen bestätigt durch EuGH Slg. 1998 I-5627); EuG Slg. 1995 II-1611ff.-Schöller; EuG Slg. 1996 II-1-Koelman (bestätigt durch EuGH Slg. 1997 I-4809); EuG 1996 II, 685-Métropole télévision; EuG 1997 II-1739-SCK und FNK (Kraanverhuur).

411 zB Nolte, Beurteilungsspielräume, insb. S. 76 ff.; Varadinek, Ermessen, insb. S. 202 ff, 324 ff; Adam, Kontrolldichte; insb. S. 165 ff.; Herdegen/Richter in Frowein, Kontrolldichte, S. 229; Everling, WuW 1989, 879ff.; Kirschner, Kontrolldichte, insb. S. 35ff.; kritisch gegenüber der Rücknahme der Kontrolldichte: Van Bael, Fordham Corporate Law Instittute 1992, 733, 741ff.

412 EuGH Slg. 1966, 321, 396-Consten und Grundig/Kommission.

413 EuGH Slg. 1966, 321, 396-Consten und Grundig; in vielen anderen Urteilen zitiert: zB EuG Slg. 1995 II-1611, Rz. 140-Schöller.

EuGH kündigt also aufgrund des Beurteilungsermessens der Kommission eine Verringerung der Kontrolldichte an. Allerdings ist diese Formel nicht unproblematisch, da unklar bleibt, worin der Beurteilungsspielraum bestehen soll, wenn Tatsachenrichtigkeit und Subsumtion nachgeprüft werden.[414]

In anderen Entscheidungen wird das Beurteilungsermessen wie folgt kundgemacht: Da die Kommission im Rahmen des Art. 81 Abs. 3 EG im Hinblick auf dessen Voraussetzungen komplexe wirtschaftliche Bewertungen[415] vornimmt, sei die gerichtliche Überprüfung darauf beschränkt, ob Verfahrens- und Begründungsregeln beachtet wurden, ob der Tatbestand richtig festgestellt wurde, ob kein offenkundiger Beurteilungsfehler und kein Ermessensfehlgebrauch[416] bzw. genauer kein Ermessensmißbrauch[417] vorliegt. Diese Formel stammt aus dem *Remia*-Urteil und ist ursprünglich zu Art. 81 Abs. 1 EG ergangen,[418] jedoch wurde sie in zahlreichen Entscheidungen auch auf Art. 81 Abs. 3 EG angewandt.[419] Im Gegensatz zur *Consten u. Grundig*-Formel beschränkt sie die Überprüfung der Subsumtion auf offensichtliche Fehler und auf die subjektive Zweckverfehlung (Ermessensmißbrauch), so daß nach dem Wortlaut der Formel tatsächlich ein kontrollfreier Raum verbleibt, unter anderem für nicht offensichtliche Beurteilungsfehler.

bb) Konstellationen

Bei der Untersuchung der Frage, ob das angekündigte Beurteilungsermessen vor der Reform tatsächlich gewährt wurde, sind vorwiegend zwei Konstellationen zu unterscheiden:[420] Die Versagung einer Einzelfreistellung und die Erteilung einer Einzelfreistellung nach der VO 17.[421]

In der ersten Konstellation stellt die Kommission fest, daß die Vereinbarung gegen das Verbot des Art. 81 Abs. 1 EG verstößt und verweigert die (Einzel-)Freistellung; das anmeldende Unternehmen erhebt Nichtigkeitsklage gegen diese die Freistellung ablehnende Entscheidung.[422]

---

[414] Varadinek, Ermessen, S. 331; Nolte, Beurteilungsspielräume, S. 89.

[415] Weitere Kriterien für den Beurteilungsspielraum nennt Nolte, Beurteilungsspielräume S. 123 ff. (Prognosecharakter, Zielpluralität, politischer Entscheidungscharakter).

[416] So: EuG Slg. 1994 II-49, Rz. 109-CB und Europay.

[417] So: EuGH Slg. 1985, 2566, Rz. 34-Remia.

[418] EuGH Slg. 1985, 2566, Rz. 34-Remia; vgl. auch EuGH Slg. 1987, 4566, Rz. 62-BAT und Reynolds/Kommission, ebenfalls zu Art. 81 Abs. 1 EG.

[419] EuG Slg. 1994 II-49, Rz. 109-CB und Europay; EuG Slg. 1994 II-595, Rz. 104-Matra Hachette; EuG Slg 1995 II-289, Rz. 288-SPO; EuG Slg. 1997 II-1739-190-SCK und FNK.

[420] Vgl. Kirschner, Kontrolldichte, S. 35; Varadinek, Ermessen, S. 332.

[421] Eine weitere Konstellation ist das Beurteilungsermessen für die Frage, ob ein Entzug durch Kommissionsentscheidung erfolgen soll, worauf unten gesondert eingegangen wird.

[422] So zB EuGH Slg. 1966, 321ff-Consten u. Grundig; EuGH Slg. 1975, 563-FRUBO; EuGH Slg. 1980, 3125-v. Landewyck; EuGH Slg. 1981, 851-Stremsel-en Kleurselfabriek; EuGH Slg. 1984, 19-VBVB u. VBBB; EuGH Slg. 1985, 2736-Ford; EuGH Slg. 1987, 447-Sachversicherer; EuG Slg. 1992 II-415-Vichy; EuG Slg. 1994 II-49-Europay; EuG Slg. 1995

In der zweiten Konstellation stellt die Kommission die Vereinbarung (möglicherweise auch nach Erlaß eines *comfort letters*) frei. Ein drittes Unternehmen erhebt Beschwerde nach Art. 3 VO 17, erhält jedoch - mitunter nach Erhebung einer Untätigkeitsklage[423] - eine die Beschwerde zurückweisende Entscheidung.[424] Das dritte Unternehmen legt dann Nichtigkeitsklage gegen die Freistellungsentscheidung und gegebenenfalls auch gegen die Entscheidung der Zurückweisung der Beschwerde ein.[425]
Beide Konstellationen unterscheiden sich vor allem dadurch, daß der Gerichtshof nur in der zweiten Konstellation der Anfechtung einer Freistellung grundsätzlich alle Freistellungsvoraussetzungen des Art. 81 Abs. 3 EG prüfen muß, wenn er die Entscheidung aufrechterhalten will. In der ersten Konstellation dagegen kann sich dafür die Prüfung auf eine einzige Freistellungsvoraussetzung beschränken, wenn der Gerichtshof mit der Kommission der Auffassung ist, daß diese nicht vorliegt.[426] Denn schon bei Fehlen einer einzigen Voraussetzung ist die Klage unbegründet, da alle vier Freistellungsvoraussetzungen kumulativ erfüllt sein müssen.[427] Unterschiede ergeben sich weiterhin hinsichtlich der Frage, wer darlegen muß, ob die Freistellungsvoraussetzungen vorliegen.[428] In der ersten Konstellation ist es die Aufgabe der die Vereinbarung abschließenden Unternehmen, der Kommission Anhaltspunkte zu liefern, aus denen sich ergibt, daß die Freistellungsvoraussetzungen erfüllt sind.[429] Dieses ist zwar grundsätzlich auch in der zweiten Konstellation der Fall. Jedoch liegt hier bereits eine Freistellungsentscheidung der Kommission vor. An sich müßte die Kommission darlegen, daß die zugrundegelegten Tatsachen ihre Entscheidung tragen.[430] Daher wird in dieser Konstellation teilweise angenommen, daß es überwiegend der

---

II-289-SPO; EuG Slg. 1995 II-1533-Langnese-Iglo (iVm Entzugsverfahren); EuG Slg 1995 II, 1611-Schöller; EuG Slg. 1997 II-1739-SCK und FNK.

[423] Vgl. EuG 1996 II-1-Koelman.

[424] So zB EuGH Slg. 1977, 1875-Metro I; EuGH Slg. 1986, 3021-Metro II; EuG, Slg. 1994 II-595-Matra Hachette; EuG Slg. 1996 II-1-Koelman; EuG Slg. 1996 II-649-Métropole télévision.

[425] Die Kommission ist zwar bei einer Beschwerde grdl. nicht verpflichtet, das Verfahren bis zu einer endgültigen Entscheidung fortzusetzen (EuGH Slg. 1979, 3173, Rz. 18-GEMA, EuG Slg. 1992 II-2275, Rz. 75-Automec II), etwas anderes galt aber für Art. 81 Abs. 3 EG, da die Kommission insoweit ausschließlich zuständig war (EuG Slg. 1992 II-2275, Rz. 75-Automec II); vgl. Wiedemann/Dieckmann, Hdb. KartellR, § 47, Rz. 8; unklar (wohl wegen Redaktionsversehens) Sauter in Langen/Bunte, KartellR, Art. 3 VO 17, Rz. 1b.

[426] EuG Slg. 1995 II-1611, Rz. 148-Schöller; EuGH Slg. 1984, 19, Rz. 61-VBVB u. VBBB; EuG Slg. 1994 II-595, Rz. 104-Matra Hachette.

[427] EuGH Slg. 1984, 19, Rz. 61-VBVB u. VBBB; EuG Slg. 1994 II-595, Rz. 104-Matra Hachette.

[428] Varadinek, Ermessen, S. 332.

[429] EuGH Slg. 1984, 19, Rz. 52-VBVB u. VBBB; EuG Slg 1994 II-595, Rz. 104-Matra Hachette; EuG Slg. 1995 II- 1611, Rz. 140-Schöller.

[430] Everling, WuW 1989, 884.

Kommission obliege, darzutun, daß Art. 81 Abs. 3 EG erfüllt sei.[431] Daraus wird sogar geschlossen, in der zweiten Konstellation sei die Kontrolldichte größer und damit das Beurteilungsermessen kleiner als in der ersten.[432] Jedoch ist zu beachten, daß hier das Drittunternehmen die Rechtswidrigkeit der Entscheidung behauptet. Dabei ermittelt der Gerichtshof aufgrund seiner Bindung an die Klagegründe[433] die entscheidungserheblichen Tatsachen grundsätzlich nicht von Amts wegen.[434] Daher muß hier das dritte Unternehmen Anhaltspunkte vortragen, aus denen sich ergibt, daß die Beurteilung der Kommission in der Freistellungsentscheidung fehlerhaft ist.[435] Insoweit trifft faktisch das dritte Unternehmen, welches die Rechtswidrigkeit der Entscheidung behauptet, die Darlegungslast.[436] In der Literatur wird zwar nicht von einer Beweislastumkehr gesprochen,[437] dennoch fällt ein lückenhafter Sachvortrag regelmäßig dem dritten Unternehmen zur Last.[438]
Wie groß das angekündigte Beurteilungsermessen der Kommission tatsächlich ist, soll im folgenden bei beiden Konstellationen geprüft werden.

cc) Gewährung des Beurteilungsermessens bei der Versagung der Freistellung

Im *Consten u. Grundig*-Fall wehren sich die Unternehmen gegen die Versagung der Freistellung.[439] Von der in dieser Entscheidung angekündigten Beschränkung der Kontrolldichte bezüglich der Freistellungsvoraussetzungen ist bei der folgenden Nachprüfung durch den EuGH nur wenig festzustellen. Zwar hält sich der EuGH bei der Überprüfung der Kommissionsentscheidung an die von den Parteien vorgetragenen Argumente, im Ergebnis findet jedoch eine vollständige Untersuchung der einzelnen Freistellungsvoraussetzungen statt.[440] Allerdings

---

[431] Varadinek, Ermessen, S. 332; geht sogar noch weiter: in diesem Fall müsse "die Kommission und mit ihr der Gerichtshof dartun, daß die Voraussetzungen erfüllt sind".

[432] Varadinek, Ermessen, 332.

[433] Pache DVBl. 1998, 382.

[434] Nolte, Beurteilungsspielräume, S. 103; aA Adam, Kontrolldichte, S. 227; Die Entscheidungspraxis des EuGH ist allerdings nicht einheitlich, vgl. EuGH-Metro I und EuGH Slg. 1983, 3045, Rz. 18-Demo-Studio Schmidt/Kommission; vgl. Nolte, Beurteilungsspiel-räume, S. 105; Pache, DVBl. 1998, 382 nimmt daher eine Kombination von Amtsermittlungsgrundsatz und Dispositionsmaxime an; vgl. auch Steindorff, ZHR 150 (1986), 240f.

[435] EuG Slg. 1994 II-595, Rz. 104-Matra Hachette; vgl. auch EuGH Slg. 1986, 3074, Rz. 66-Metro II: "Die Klägerin hat jedoch nicht nachgewiesen, daß es (...) keine andersartigen Vertriebsformen gibt. (...) der Vorwurf der Ausschaltung des Wettbewerbs geht daher fehl."; Everling, WuW 1989, 884.

[436] Everling, WuW 1989, 884.

[437] Everling, WuW 1989, 884.

[438] Nolte, Beurteilungsspielräume, S. 102.

[439] EuGH Slg. 1966, 321ff.-Consten u. Grundig.

[440] zB EuGH Slg. 1966, 396f. bzgl. der Verbesserung der Warenerzeugung oder -verteilung; Varadinek, Ermessen, S. 325f.

gelangt der EuGH zum selben Ergebnis wie die Kommission, so daß die Klage abgewiesen wird.
In weiteren Entscheidungen prüft der EuGH trotz Ankündigung des Beurteilungsspielraums ebenfalls voll nach, sogar ohne sich auf die von den Parteien vorgetragenen Argumente zu beschränken bzw. ohne die Kommissionsbegründung zu erwähnen.[441]
Es gibt jedoch auch Entscheidungen, in denen das Vorliegen der einen Freistellungsvoraussetzung voll nachgeprüft wird, während die Kontrolldichte hinsichtlich einer anderen zurückgenommen wird.[442]
In anderen Fällen kündigen EuGH und EuG das weite Ermessen der Kommission an und stellen fest, daß die Unternehmen, welche die Freistellung begehren, keine Tatsachen dargetan haben, aus denen sich das Vorliegen der Freistellungsvoraussetzungen ergeben könnte.[443] Tragen die Unternehmen gar keine Tatsachen vor, können EuG und EuGH zu keinem anderen Ergebnis als die Kommission gelangen, da die Darlegungslast bei den die Freistellung begehrenden Unternehmen liegt. Insoweit wären diese Entscheidungen nicht aussagekräftig hinsichtlich einer möglichen Kontrolldichtereduzierung.[444] Tragen die Unternehmen jedoch Tatsachen vor, kann immerhin aus der Würdigung dieser Tatsachen durch EuGH und EuG eine Aussage zur Frage des Beurteilungsermessens getroffen werden.[445] In der *Schöller*-Entscheidung wird zumindest genau benannt, welche Tatsachen die Klägerin hätte zusätzlich vortragen müssen.[446] Dagegen begnügt sich der EuGH in der *FRUBO*-Entscheidung mit der schlichten Feststellung, den Ausführungen der Kläger lasse sich angesichts des Beurteilungsspielraums der Kommission nicht entnehmen, daß die Vereinbarungen unerläßlich seien.[447] Im *FRUBO*-Fall nimmt der EuGH weitgehend die Kontrolldichte zurück, zumal die Kläger geltend machten, daß die Kommission bei der Untersuchung der Unerläßlichkeit von falschen Tatsachen ausgegangen ist.[448]

---

[441] EuGH Slg. 1981, 851, Rz. 18-Stremsel- en Kleurselfabriek bzgl. der Unerläßlichkeit; EuGH Slg. 1987, 447, Rz. 59ff.-Sachversicherer, bzgl. der Verbesserung der Warenerzeugung bzw. der Unerläßlichkeit; vgl. auch Varadinek, Ermessen, S. 328 ff.
[442] zB EuG Slg. 1995 II-289-SPO; bestätigt durch EuGH Slg. 1996 I-1611: bezüglich der angemessenen Beteiligung der Verbraucher am Gewinn nimmt das EuG die Kontrolldichte insoweit zurück, als die Wahl zwischen mehreren ökonomischen Methoden der Kommission überlassen bleibt (Rz. 289); bezüglich der Unerläßlichkeit dagegen prüft das EuG voll nach (Rz. 310); vgl. Kirschner, Kontrolldichte, S. 37.
[443] EuGH Slg. 1985, 2566, Rz. 48, 47-Remia; EuG Slg. 1995 II-1611, Rz. 140, 147-Schöller.
[444] Varadinek, Ermessen, S. 329.
[445] So auch Everling, WuW 1989, 881: Feststellung und Beurteilung der Tatsachen fließen ineinander.
[446] EuG Slg. 1995 II-1611, Rz. 147-Schöller.
[447] EuGH Slg. 1975, 563, Rz. 42f.-FRUBO.
[448] EuGH Slg. 1975, 563, S. 577-FRUBO.

Auch in anderen Entscheidungen findet nahezu keine Nachprüfung der Entscheidung der Kommission statt. Der EuGH beschränkt sich auf den Hinweis, die Kommission hätte die Grenzen ihres Ermessensspielraums nicht überschritten bzw. den Klägern sei der Nachweis der über das Vorliegen der Freistellungsvoraussetzungen nicht gelungen.[449] Die Kontrolldichte ist insoweit erheblich reduziert.
Aus dieser Vielzahl von Entscheidungen zur Versagung der Freistellung ergibt sich, daß EuGH und EuG zwar stets ein weites Beurteilungsermessen der Kommission ankündigen, dann aber die Kommissionsentscheidungen von Fall zu Fall, mitunter sogar von Freistellungsvoraussetzung zu Freistellungsvoraussetzung, mit einer sehr unterschiedlichen Kontrolldichte überprüfen. Trotz dahingehender Ankündigung, wird die Kontrolldichte nicht immer zurückgenommen. Andererseits ist kaum ein Fall zu finden, in dem EuGH oder EuG zu einem anderen Ergebnis als die Kommission gelangen. In dieser Konstellation der Versagung der Freistellung wurden die Klagen in aller Regel als unbegründet abgewiesen.[450] Dieses spricht dafür, daß EuG und EuGH der Kommission trotz Nachprüfungen im Ergebnis doch ein erhebliches Beurteilungsermessen einräumen.

dd) Gewährung des Beurteilungsermessens bei der Erteilung der Freistellung

Fraglich ist, ob sich in dieser Konstellation der Gewährung der Freistellung ein anderes Bild ergibt, ob also das Beurteilungsermessen -wie teilweise angenommen[451]- geringer ist.

(1) METRO I

In der *METRO-I*-Entscheidung des EuGH[452] überprüft der EuGH die Freistellungsentscheidung für das selektive Vertriebssystem für Farbfernsehgeräte der *SABA*, zu welchem die *Metro* nicht zugelassen war und somit nicht beliefert wurde. Ein möglicher Beurteilungsspielraum der Kommission wird nicht hinsichtlich der Verbesserung der Warenerzeugung oder -verteilung iSd Art. 81 Abs. 3 EG ausgesprochen. Das Vorliegen dieser Voraussetzung wird vom EuGH ohne Erwähnung der Begründung der Kommissionsentscheidung und damit eigenständig festgestellt.[453] Hinsichtlich der Unerläßlichkeit iSd Art. 81 Abs. 3 EG prüft der EuGH die Beurteilung der Kommission so gut wie nicht nach, sondern

---

449 EuGH Slg. 1984, 19, Rz. 58 f-VBBB und VBVB.
450 Anders dagegen zB EuGH Slg. 1974, 1063, 1083-Transocean Marine Paint, jedoch nicht wegen fehlerhafter Beurteilung des Art. 81 Abs. 3 EG, sondern wegen Verfahrensfehlern (insb. Rz. 20 des Urteils).
451 Varadinek, Ermessen, S. 332.
452 EuGH Slg. 1977, 1875, Rz. 43-Metro I.; vgl. dazu Nolte, Beurteilungsspielräume, S. 80ff.
453 EuGH Slg. 1977, 1875, Rz. 43-Metro I; wobei die Klägerin das Vorliegen dieser Voraussetzung auch nicht ausdrücklich bestreitet; vgl. Rz. 23aE; Vgl. auch Varadinek, Ermessen, S. 326.

merkt nur an, daß sie ihren Ermessensspielraum nicht offensichtlich überschritten hat, als sie die halbjährige Dauer der Verträge als notwendig erachtet.[454] Die angemessene Beteiligung der Verbraucher am Gewinn sieht der EuGH wie die Kommission unter Erwähnung ihrer Entscheidungsbegründung in der verbesserten Versorgung der Verbraucher durch das Vertriebssystem.[455]
Da der EuGH schon die verbesserte Versorgung der Verbraucher selbständig festgestellt hat, kann auch insoweit keine Einschränkung der Nachprüfung festgestellt werden.[456] Schließlich prüft der EuGH, ob die freigestellten Vereinbarungen für die Unternehmen die Möglichkeit eröffneten, für einen wesentlichen Teil der Waren den Wettbewerb auszuschalten. Dabei war die Frage zu klären, ob die *Metro* als Selbstbedienungsgroßhändler durch das *SABA*-Vertriebssystem faktisch vom Vertrieb ausgeschlossen war.[457] Dieses könnte insbesondere bei einer Vermehrung solcher *SABA*-ähnlichen selektiven Vertriebssysteme anderer Hersteller eintreten. Der EuGH kommt zu dem Ergebnis, daß dieses nicht der Fall war, so daß die Kommissionsentscheidung insoweit nicht auf einer offensichtlich irrtümlichen Beurteilung der wirtschaftlichen Verhältnisse beruht.[458] Auch habe die Kommission den ihr zustehenden Ermessensspielraum bei der Abwägung der Notwendigkeit der Verträge für die Sicherung der Kohärenz des Vertriebsnetzes gegen die Belange der Selbstbedienungsgroßhändler nicht überschritten.[459] Der EuGH betrachtet diese Freistellungsvoraussetzung also als Gesichtspunkt einer Gesamtabwägung der für Art. 81 Abs. 3 EG erheblichen Vor- und Nachteile der Vereinbarung.[460] Hinsichtlich des Abwägungsvorgangs räumt der EuGH der Kommission einen beträchtlichen Beurteilungsspielraum ein.[461] Zusammenfassend ist festzustellen, daß der EuGH zumindest hinsichtlich der Unerläßlichkeit und der Ausschaltung des Wettbewerbs der Kommission ein weitreichendes Beurteilungsermessen einräumt.

(2) METRO II

Auch in der zweiten *Metro*-Entscheidung[462] wehrt sich die *Metro* gegen die (Verlängerung der) Freistellung des *SABA*-Vertriebssystems, welches kaum geändert worden war.[463] Anders als in der *Metro-I*-Entscheidung prüft der EuGH die Unerläßlichkeit des Vertriebssystems ausführlich nach,[464] wobei insbesonde-

---

[454] EuGH Slg. 1977, 1875, Rz. 44, 45-Metro I.
[455] EuGH Slg. 1977, 1875, Rz. 47 f.-Metro I.
[456] Varadinek, Ermessen, S. 327.
[457] EuGH Slg. 1977, 1875, Rz. 50-Metro I.
[458] EuGH Slg, 1977, 1875, Rz. 50 aE-Metro I.
[459] EuGH Slg. 1977, 1875, Rz. 50-Metro I.
[460] Nolte, Beurteilungsspielräume, S. 93
[461] Nolte, Beurteilungsspielräume, S. 93.
[462] EuGH Slg. 1986, 3021ff.-Metro II.
[463] Vgl. EuGH Slg. 1986, 3074, Rz. 52-Metro II.
[464] EuGH Slg. 1986, 3074, Rz. 52-56-Metro II.

re auf die technische Komplexität der Waren abgestellt wird.[465] Die Kontrolldichte ist insoweit erheblich erhöht,[466] allerdings ohne daß der EuGH zu einem anderen Ergebnis als die Kommission käme. Eine Ausschaltung des Wettbewerbs verneint der EuGH wie in der ersten *Metro*-Entscheidung, da die Klägerin *Metro* vergleichbare Waren von anderen Herstellern beziehen könnten,[467] welche kein *SABA*-ähnliches Vertriebssystem haben. Allerdings betrachtet der EuGH das Tatbestandsmerkmal der Ausschaltung des Wettbewerbs nicht mehr wie zuvor als Teil der in der *Metro-I-* Entscheidung vorgenommenen Gesamtabwägung. Indem der EuGH dieses Tatbestandesmerkmal der Gesamtabwägung entzieht,[468] schränkt er den kontrollfreien Raum wieder ein. Der Rüge, die Verbraucher würden nicht am Gewinn beteiligt, geht der EuGH nicht weiter nach, die dazu vorgebrachten Argumente behandelt er bei der Frage des Mißbrauchs der marktbeherrschenden Stellung.[469] Insgesamt erhöht der EuGH seine Kontrolldichte in der zweiten Metro Entscheidung gegenüber der ersten.

(3) Matra Hachette (EuG)

Die *Matra-Hachette*-Entscheidung[470] des EuG betrifft ebenfalls eine Nichtigkeitsklage gegen eine gewährte Freistellung.[471] Freigestellt wurde eine zwischen *Ford* und *VW* geschlossene Vereinbarung zur Errichtung eines Gemeinschaftsunternehmens zur Herstellung eines sog. *multi-purpose-vehicles* in einer strukturschwachen Region in Portugal. Das EuG kündigt den Beurteilungsspielraum der Kommission und die Beschränkung der Prüfung auf offensichtliche Beurteilungsfehler mit einer verkürzten *Remia*-Formel an.[472] Hinsichtlich der Voraussetzungen der Verbesserung der Warenerzeugung und der Verbraucherbeteiligung verneint das EuG offensichtliche Fehler der Kommission, indem es die Argumente der Klägerin als hypothetisch zurückweist[473] und deswegen schon ein ernstliches Bestreiten verneint.[474] Die erste Freistellungsvoraussetzung sei außerdem wegen der von *Ford* und *VW* angestrebten Bündelung technischer Verfahren erfüllt.[475] Die Unerläßlichkeit der Wettbewerbsbeschränkungen hält das EuG dann für gegeben, wenn das Gemeinschaftsunternehmen für das Vor-

---

[465] EuGH Slg. 1986, 3074, Rz. 55-Metro II.

[466] Vgl. Nolte, Beurteilungsspielräume, S. 85, 92.

[467] EuGH Slg. 1986, 3074, Rz. 64, 66-Metro II., bzw. EuGH Slg. 1977, 1875, Rz. 50 aE-Metro I.

[468] Nolte, Beurteilungsspielräume, S. 93.

[469] EuGH Slg. 1986, 3074, Rz. 57, 58-Metro II.

[470] EuG Slg. 1994 II-595ff.

[471] Sowie die Entscheidung über die Zurückweisung der Beschwerde.

[472] EuG Slg. 1994 II-595, Rz. 104 aE-Matra Hachette.

[473] EuG Slg 1994 II-595, Rz. 124-Matra Hachette.

[474] EuG Slg. 1994 II-595, Rz. 109, 125-Matra Hachette.

[475] EuG Slg. 1994 II-595, Rz. 111-Matra Hachette.

dringen von *Ford* und *VW* auf den relevanten Markt „unerläßlich“ [476] ist. Ohne gründliche Nachprüfung bejaht das EuG die Unerläßlichkeit, da ein Markteintritt auf sonstige Weise voraussichtlich zu Verlusten führen würde. Die Klägerin habe dieses angeblich nicht ernstlich bestritten.[477] Daher sei die Entscheidung nicht offensichtlich fehlerhaft.[478] Bezüglich der Unerläßlichkeit gewährt das EuG der Kommission daher ein besonders weites Beurteilungsermessen. Auch hinsichtlich der Möglichkeit der Ausschaltung des Wettbewerbs nehme die Kommission keine offensichtlich unrichtige Bewertung vor,[479] da die Vereinbarung über die Errichtung des Gemeinschaftsunternehmens weder zu überschüssigen Produktionskapazitäten, noch zu einer marktbeherrschenden Stellung von *VW* oder *Ford*, noch zu einer wesentlichen Einschränkung des Wettbewerbs zwischen *VW* und *Ford* auf dem Wege des Vertriebs führe.[480] Schließlich hält das EuG die Berücksichtigung des außerwettbewerblichen, sogar außerwirtschaftlichen Ziels der Verringerung des Abstands zwischen den Regionen innerhalb der Gemeinschaft für nicht offensichtlich fehlerhaft; immerhin stellte das Gemeinschaftsunternehmen die größte ausländische Direktinvestition in Portugal dar.[481] Das EuG hält die Beachtung dieses Gesichtspunkts für zulässig, da die Kommission darauf hinweist, sie habe ihn nur ergänzend berücksichtigt. Der Kommission ist damit ein weites politisches Beurteilungsermessen eröffnet.[482] Dieses ist allerdings nach Ansicht des EuG nicht losgelöst von den Freistellungsvoraussetzungen, da der letztgenannte Aspekt für sich allein keine Freistellung hätte rechtfertigen können.[483] Die *Matra-Hachette*-Entscheidung des EuG ist ein Beispiel für eine besonders weite Rücknahme der Kontrolldichte zugunsten des Beurteilungsspielraums der Kommission.

(4) EBU (EuG)

In einer weiteren Entscheidung des EuG wehrt sich die *Métropole télévision SA* gegen die Freistellung der Regeln der *EBU* im Rahmen ihres Eurovisionssystems über den Erwerb von Fernsehrechten für Sportveranstaltungen, den Austausch von Sportprogrammen und den vertraglichen Zugang Dritter zu diesen Programmen.[484] Das EuG geht zunächst wie selbstverständlich davon aus, daß der Kommission bei Art. 81 Abs. 3 EG ein Beurteilungsspielraum zustehe, weist aber darauf hin, daß gerade bei Vorliegen eines Beurteilungsspielraums der Beachtung der Verwaltungsverfahrensgarantien ganz besondere Bedeutung zu-

[476] EuG Slg. 1994 II-595, Rz. 138-Matra Hachette.
[477] EuG Slg. 1994 II-595, Rz. 138-Matra Hachette.
[478] EuG Slg. 1994 II-595, Rz. 140-Matra Hachette.
[479] EuG Slg. 1994 II-595, Rz. 156-Matra Hachette.
[480] EuG Slg. 1994 II-595, Rz. 152, 154, 155-Matra Hachette.
[481] EuG Slg. 1994 II-595, Rz. 136, 139.
[482] Baur, Kartellrecht und Politik, FIW-Schriftenreihe, Heft 171, S. 8.
[483] EuG Slg. 1994 II 595, Rz. 136, 139, 163-Matra Hachette.
[484] EuG Slg. 1996 II-649, insb. Rz. 18-Métropole télévision.

kommt.[485] Letztlich entspricht die strenge Prüfung der Einhaltung des Verfahrens auch der *Remia*-Formel. Eine dieser Verfahrensgarantien besteht darin, daß die Kommission prüfen muß, ob die Aufnahmeregeln für Dritte objektiv und hinreichend bestimmt sind.[486] Eine solche Bestimmtheitsprüfung hat die Kommission nicht vorgenommen, so daß die Kommission nicht in der Lage war zu beurteilen, ob die Vereinbarungen unerläßlich sind.[487] Das EuG nimmt wegen dieses Verfahrensverstoßes eine fehlerhafte Auslegung des Art. 81 Abs. 3 lit. a) EG an und hält den Klagegrund für begründet. Damit trifft das EuG zwar keine Aussage über die Reichweite des Beurteilungsspielraums, den es im vorliegenden Fall ohne weiteres anerkennt. Jedoch zeigt diese Entscheidung, daß das EuG auch im Falle eines Beurteilungsspielraums nicht alle Feststellungen und Wertungen der Kommission übernimmt, sondern außerhalb des kontrollfreien Raums streng prüft. Einen weiteren Verstoß gegen Art. 81 Abs. 3 EG nimmt das EuG deshalb an, weil die Kommission ihre Entscheidung auf das Kriterium der „besonderen, im öffentlichen Interesse liegenden Aufgabe" gestützt hat,[488] welches im Rahmen des Art. 81 Abs. 3 EG grundsätzlich unerheblich ist. Zwar könne im Rahmen einer Gesamtwürdigung das öffentliche Interesse berücksichtigt werden. Dieses entbinde die Kommission aber nicht von der Pflicht, auf der Basis konkreter wirtschaftlicher Daten die Unerläßlichkeit darzutun.[489] Da dieses unterblieben ist, nimmt das EuG einen Rechtsfehler bzgl. der Auslegung der Unerläßlichkeit iSd Art. 81 Abs. 3 EG an[490] und erklärt die Entscheidung für nichtig.

(5) Zusammenfassung

Betrachtet man abschließend diese Entscheidungen zur Konstellation der Erteilung der Freistellung, so bietet sich ähnlich wie bei der Verweigerung der Freistellung ein uneinheitliches Bild hinsichtlich der Kontrolldichte und des Beurteilungsermessens. Während in einigen Entscheidungen wie zB dem *Metro II*-Urteil recht genau nachgeprüft wird, nehmen EuGH und EuG in anderen Entscheidungen ihre Kontrolldichte erheblich zurück (zB *Matra-Hachette*-Entscheidung). Sogar von Art. 81 Abs. 3 EG abweichende Ziele dürfen berücksichtigt werden. Letzteres ist aber nur der Fall, wenn die Entscheidung nicht ausschließlich auf diese Umstände gestützt wird. Das weite politische Beurteilungsermessen ist also nicht losgelöst von den Freistellungsvoraussetzungen. Diese Fälle zeigen weiterhin, daß die Kontrolldichte bei der Erteilung der Frei-

---

485 EuG Slg. 1996 II-649, Rz. 93-Métropole télévision; mit Verweis auf EuGH Slg. 1991 I-5495, Rz. 14, 26-TU München und EuG Slg. 1992 II-1, Rz. 86-La Cinq.

486 EuG Slg. 1996 II, 649, Rz. 95-Métropole télévision; EuGH Slg. 1977, 1875, Rz. 10-Metro I.

487 EuG Slg 1996 II-649, Rz. 96, 95, 99ff.-Métropole télévision.

488 EuG Slg. 1996 II-649, Rz. 117-Métropole télévision.

489 EuG Slg. 1996 II-649, Rz. 120, 118-Métropole télévision.

490 EuG Slg. 1996 II-649, Rz. 123-Métropole télévision.

stellung nicht unbedingt höher ist als bei deren Versagung. Auch in der zweiten Konstellation stand der Kommission vor der Verfahrensreform insgesamt ein weites Beurteilungsermessen zu.

ee) Bewertung

In nahezu allen Entscheidungen kündigt der Gerichtshof zunächst ein weites Beurteilungsermessen der Kommission bezüglich der Freistellungsvoraussetzungen nach Art. 81 Abs. 3 EG an. Dieses angekündigte Beurteilungsermessen wird sowohl bei der Versagung als auch bei der Erteilung der Freistellung grundsätzlich auch tatsächlich gewährt, allerdings ist die Kontrolldichte nicht einheitlich gering, zum Teil wird sogar sehr genau nachgeprüft. Gesamtergebnis ist aber, daß die Kommission vor der Reform tatsächlich ein weites Beurteilungsermessen bezüglich der Freistellungsvoraussetzungen hatte und zumindest ergänzend sogar außerwettbewerbliche Umstände berücksichtigen durfte.

b) Beurteilungsermessen im Kartellverwaltungsrecht nach der Reform

Es stellt sich die Frage, ob dieses weite Beurteilungsermessen der Kommission im Rahmen des Art. 81 Abs. 3 EG nach der Kartellverfahrensreform fortbestehen kann. Die DVO sieht keine (konstitutive) Einzelfreistellung mehr vor, so daß eine solche weder erteilt noch versagt werden kann. Der Hauptanwendungsbereich des Beurteilungsermessens ist somit weggefallen. Anwenden kann die Kommission den Art. 81 Abs. 3 EG nunmehr noch bei Abstellungsverfügungen, Art. 7 DVO, bei Verpflichtungszusageentscheidungen, Art. 9 DVO, und bei Nichtanwendbarkeitsentscheidungen nach Art. 10 DVO. Jedoch entfällt mit Abschaffung des Art. 9 Abs. 1 VO 17 die Vorrangstellung der Kommission, da nach der DVO nationale Gerichte in gleicher Weise zur Anwendung des Art. 81 Abs. 3 EG zuständig sind, Art. 6 DVO.[491] Die Kommission behält ihre Vorrangstellung gegenüber nationalen Gerichten beim Entzugsverfahren nach Art. 29 DVO. Wie bereits zur Vertragsmäßigkeit des Systemwechsels ausgeführt, ist Voraussetzung für die unmittelbare Anwendbarkeit einer Norm, daß diese grundsätzlich kein Beurteilungsermessen eröffnet. Im Umkehrschluß wird teilweise angenommen, daß es im Rahmen einer unmittelbar anwendbaren Norm keine Beurteilungsspielräume geben könne, da diese eine eigenständige Entscheidungszuständigkeit voraussetzten.[492] Die Grundlage für die Einräumung des Beurteilungsermessens nach altem Verfahrensrecht sei weniger die Beurteilung komplexer wirtschaftlicher Sachverhalte, als vielmehr die ausschließliche Zuständigkeit der Kommission innerhalb des Art. 81 Abs. 3 EG.[493] Auch in einigen EuG-Entscheidungen vor der Reform wird eine Verknüpfung zwischen

---

[491] Nationale Behörden sind zumindest zur negativen Anwendung des Art. 81 Abs. 3 EG befugt, Art. 5 DVO.

[492] Herdegen/Richter in Frowein, Kontrolldichte, S. 232, der allerdings den deklaratorischen Charakter dieser Entscheidungen hervorhebt.

[493] Herdegen/Richter in Frowein, Kontrolldichte, S. 232.

weitem Ermessen und ausschließlicher Zuständigkeit der Kommission hergestellt.[494] Hält man die ausschließliche Zuständigkeit der Kommission für die Grundlage des Beurteilungsspielraums, würde dieser mit der Aufgabe des Freistellungsmonopols erheblich eingeschränkt oder gänzlich wegfallen. Die Kommission ist der Ansicht, daß Art. 81 Abs. 3 EG einen „gewissen Beurteilungsspielraum“ eröffnet, daß jedoch ein „begrenzter Beurteilungsspielraum“ nicht die unmittelbare Anwendbarkeit hindert.[495] Da der Beurteilungsspielraum vor der Kartellverfahrensreform selbst bei rein wirtschaftlichen Erwägungen sehr groß war, ist diese Äußerung wohl so zu verstehen, daß die Kommission von einer Verringerung ihres Beurteilungsspielraums innerhalb des Art. 81 Abs. 3 EG ausgeht.[496] Tatsächlich hat der EuGH schon im alten Kartellverfahrensrecht entschieden, daß auch im Rahmen von unmittelbar anwendbaren Vorschriften, nämlich Art. 81 Abs. 1 EG, bei komplexen wirtschaftlichen Wertungen ausnahmsweise ein Beurteilungsspielraum bestehen kann.[497] Jedoch betont der EuGH beim unmittelbar anwendbaren Art. 81 Abs. 1 EG den Ausnahmecharakter dieses Beurteilungsermessens, indem er voranstellt, daß er bei Art. 81 Abs. 1 EG grundsätzlich umfassend nachprüft.[498] Bei Art. 81 Abs. 3 EG dagegen hat er, wie oben gezeigt, vorab das weite Beurteilungsermessen der Kommission betont und die Nachprüfung von vornherein beschränkt. Dieser Ausnahmecharakter eines Beurteilungsermessens innerhalb von unmittelbar anwendbarem Recht spricht dafür, daß sich mit der Kartellverfahrensreform das Beurteilungsermessen der Kommission verringern wird.[499] Würde sich das Beurteilungsermessen nicht verringern, wären die Voraussetzungen für die unmittelbare Anwendbarkeit des Art. 81 Abs. 3 EG nach der *van-Gend-&-Loos*-Entscheidung auch nicht erfüllt. Als Voraussetzung für die Herstellung der unmittelbaren Anwendbarkeit des Art. 81 Abs. 3 EG durch die DVO verringert sich das Beurteilungsermessen der Kommission erheblich.

c) Beurteilungsspielraum und Kartellprivatrecht

Die unmittelbare Anwendbarkeit des Art. 81 Abs. 3 EG wirft die kartellprivatrechtliche Frage auf, ob und inwieweit nationale Zivilgerichte das ausnahmsweise der Kommission zustehende Beurteilungsermessen beachten müssen. Eine denkbare Möglichkeit wäre, daß nationale Gerichte in keiner Weise das Beurteilungsermessen der Kommission zu berücksichtigen haben. Dafür könnte sprechen, daß es sich nach bisherigem Verständnis bei der Bestimmung des Beurtei-

---

[494] zB EuG Slg. 1995 II-1533-Langese-Iglo; EuG Slg. 1995 II-1611-Schöller.

[495] Begründung zum DVO-Entwurf S. 5.

[496] Vgl. ebenso Weißbuch, Rz. 75, 57, 70.

[497] EuGH Slg. 1986, 2566, Rz. 34-Remia; EuGH Slg. 1987, 4566, Rz. 62-BAT u. Reynolds; vgl. Weyer ZHR 164 (2000), 618.

[498] EuGH Slg. 1986, 2566, Rz. 34-Remia; EuGH Slg. 1987, 4566, Rz. 62-BAT u. Reynolds; Weyer, WuW 2000, 851.

[499] Weyer, ZHR 164 (2000), 621f.

lungsermessens vortrefflich um eine verwaltungsrechtliche Frage handelt.[500] Bislang war es Aufgabe der zur Kontrolle einer Behördenentscheidung berufenen Gerichte, das Beurteilungsermessen zu wahren, indem bei der rechtlichen Überprüfung der Entscheidung die *Kontroll*dichte reduziert wurde.[501] Nationale Zivilgerichte dagegen überprüfen nicht Entscheidungen der Kommission auf ihre Vertragsmäßigkeit, sie sind für zivilrechtliche Streitigkeiten zuständig. Da es bei den zivilrechtlichen Streitigkeiten nicht um die Kontrolle von Kommissionsentscheidungen geht, stellt sich auch nicht das Problem der *Kontroll*dichte, von der die tatsächliche Gewährung des Beurteilungsermessens abhängt. Demnach könnte man vertreten, daß das Beurteilungsermessen der Kommission bei Zivilrechtsstreitigkeiten vor nationalen Gerichten außer Betracht bleibt. Problematisch an diesem Ansatz ist jedoch, daß es bei Vorliegen eines Beurteilungsspielraums der Kommission zu einer uneinheitlichen Auslegung des Gemeinschaftsrechts je nach Anwender, Kommission oder nationale Gerichte, kommen würde.[502] Zu unterschiedlichen Ergebnissen käme es deshalb, weil der EuGH im Rahmen einer kartellverwaltungsrechtlichen Streitigkeit bei der Überprüfung einer Kommissionsentscheidung oder sonstigen Stellungnahme den Beurteilungsspielraum beachten müßte, während im Vorabentscheidungsverfahren im Rahmen eines vor einem nationalen Gericht anhängigen Zivilrechtsstreits eine solche Pflicht nicht bestünde. Um solche unterschiedlichen Ergebnisse zu vermeiden nimmt *Weyer* an, daß auch nationale Gerichte den ausnahmsweise der Kommission zustehenden Beurteilungsspielraum wahren müssen.[503] Dabei unterscheidet *Weyer* hinsichtlich der Folgen des Beurteilungsermessens je nachdem, ob bereits eine Stellungnahme der Kommission vorliegt oder nicht: Vor einer solchen Stellungnahme wird die Bestimmtheit des Art. 81 Abs. 3 EG verneint, so daß zunächst die nationalen Gerichte ausnahmsweise Art. 81 Abs. 3 EG nicht unmittelbar anwenden dürfen; nach einer Stellungnahme dagegen sind die nationalen Gerichte an eine solche nicht gebunden, da deren Verbindlichkeit nicht normativ angeordnet ist.[504] Nach dieser Stellungnahme hätte die Norm dann unmittelbare Wirkung.[505] Diese Ansicht ist überzeugend, denn nur so kann die einheitliche Rechtsanwendung im Rahmen des Art. 81 Abs. 3 EG gewahrt bleiben. In der Praxis werden nationale Gerichte, wenn ein Beurteilungsspiel-

---

[500] Vgl. Nolte, Beurteilungsspielräume, S. 1ff.; Weyer ZHR 164 (2000), 618.

[501] Zur Frage, ob nationale Verwaltungsgerichte bei der Überprüfung von auf Gemeinschaftsrecht beruhenden nationalen Behördenentscheidungen die Kontrolldichte anhand des Gemeinschaftsrechts oder des nationalen Rechts zu bestimmen haben: Pache, DVBl. 1998, 387.

[502] Weyer, ZHR 164 (2000), 618f.(„gespaltener Tatbestand").

[503] Weyer, ZHR 164 (2000), 618.

[504] Weyer, ZHR 164 (2000), 619, mit Ausnahme der Verordnung, Art. 249 Abs. 2 EG; welche Rechtsnatur die Stellungnahme der Kommission haben muß, ist weder in der DVO noch im Entwurf zur DVO geregelt. Daher kann sie wohl auch nicht als konstitutiv und verbindlich angesehen werden.

[505] Weyer, ZHR 164 (2000), 619.

raum der Kommission im Raum steht, gegebenenfalls auch dem EuGH eine Frage über die Auslegung des Art. 81 Abs. 3 EG nach Art. 234 Abs. 1 lit. a) EG vorlegen. Vorstellbar ist, daß der EuGH die im Rahmen eines Vorabentscheidungsverfahrens eingereichte Stellungnahme[506] der Kommission, soweit das Beurteilungsermessen eröffnet ist, für seine Entscheidung zugrunde legen wird, wobei er den Beurteilungsspielraum der Kommission insoweit noch nicht einmal zwingend erwähnen müßte. Zur Vorlage im Rahmen des Art. 81 Abs. 3 EG berechtigt ist das nationale Gericht auch vor der Stellungnahme der Kommission allein schon deshalb, um klären zu können, ob ausnahmsweise ein Beurteilungsspielraum der Kommission gegeben ist. Denn dessen Vorliegen und Umfang wird für den nationalen Richter nicht ohne weiteres ersichtlich sein. Steht ein Beurteilungsspielraum aber in Frage, bestehen Zweifel über die Auslegung des Art. 81 Abs. 3 EG, so daß sogar eine Vorlagepflicht in Betracht kommt.[507]

d) Weitere Gründe für die Verringerung des Beurteilungsermessens

Auch aus weniger offensichtlichen Gründen könnte sich möglicherweise eine Verringerung des Beurteilungsermessens ergeben, insbesondere wegen der Berücksichtungspflicht durch nationale Gerichte im Kartellprivatrecht. Wenn die nationalen Gerichte zur Wahrung des Beurteilungsermessens der Kommission verpflichtet sind und insoweit vor Stellungnahme der Kommission Art. 81 EG nicht unmittelbar anwenden können, ist die Durchsetzung des Verbotsprinzips des Art. 81 EG insgesamt gefährdet.[508] Um eine zu starke Annäherung an das Mißbrauchssystem zu verhindern, muß das Beurteilungsermessen daher möglichst eng und damit geringer sein als vor der Reform.[509] Während ein Beurteilungsermessen wegen komplexer Beurteilungen wirtschaftlicher Art nicht mehr zu rechtfertigen ist, kann es in geringerem Umfang noch bezüglich außerwettbewerblicher, außerwirtschaftlicher und politischer Ziele angenommen werden, da die Kommission besser geeignet ist als ein (nationales) Gericht, politische Entscheidungen zu treffen.[510] Das Erfordernis der Anbindung des politischen Ermessens an die Voraussetzungen des Art. 81 Abs. 3 EG gilt erst recht nach der Reform, da diese zu einer Verringerung des Beurteilungsermessens insgesamt führt.

e) Zwischenergebnis

Das ursprünglich sehr weite Beurteilungsermessen der Kommission verringert sich erheblich mit der Aufgabe ihrer Vorrangstellung hinsichtlich der Anwen-

---

[506] Vgl. dazu Geiger, Art. 234 EG, Rz. 25.

[507] Zur Vorlagepflicht nicht-letztinstanzlicher Gerichte: Wegener in: Calliess-Ruffert, Art. 234 EG, Rz. 20.

[508] Weyer, ZHR 164 (2000), 621.

[509] Weyer, ZHR 164 (2000), 621.

[510] Weyer, ZHR 164 (2000), 622; vgl. aber auch S. 625f. zu der davon zu trennenden Frage des materiellen Regelungsgehalts des Art. 81 Abs. 3 EG.

dung des Art. 81 Abs. 3 EG und der Einführung von dessen unmittelbarer Anwendbarkeit. Zwar muß das Beurteilungsermessen nach neuem Recht auch von den nationalen Zivilgerichten berücksichtigt werden. Dieses stellt jedoch einen weiteren Grund für eine nur ausnahmsweise Anerkennung des Beurteilungsermessens der Kommission dar, da ansonsten die Durchsetzung des Verbotsprinzips des Art. 81 EG insgesamt gefährdet wäre.

4. Beurteilungsermessen als Grundlage für von 81 Abs. 3 EG abweichende Freistellungen?

Nunmehr muß geklärt werden, ob das Beurteilungsermessen tatsächlich Rechtsgrundlage für die abweichenden Freistellungen durch die GVOen sein kann.[511] Dafür müßte das Beurteilungsermessen bezüglich der Freistellungsvoraussetzungen[512] von der Funktion her dazu ermächtigen, im Einzelfall von einer höherrangigen Norm abzuweichen. Dieses kann deswegen bejaht werden, weil Beurteilungsermessen bedeutet, daß der Normanwender auch Fälle außerhalb etwaiger scharf umrissener Grenzen einer Norm miterfassen kann; zumindest werden diese Überschreitungen wegen der Einschränkung der Kontrolldichte nicht geahndet, solange sie nicht offensichtlich sind.[513] Gegen das Beurteilungsermessen als Rechtsgrundlage spricht im Hinblick auf die „Offensichtlichkeit" auch nicht, daß vor wie nach der Reform Ermächtigungsverordnung und GVOen mit der Regelung der Entzugsverfahren von vornherein die Möglichkeit abweichender Freistellungen gesehen haben. Denn daraus ergibt sich noch nicht, ob die GVO tatsächlich abweichende Freistellungen vornimmt, weil dieses erst unter Berücksichtigung aller Umstände des Einzelfalls festgestellt werden kann. Ob es zu abweichenden Freistellungen kommt, ist nicht offensichtlich und damit innerhalb des kontrollfreien Raumes. Bei GVO-Erlaß durch die Kommission ist daher ihr Beurteilungsermessen hinsichtlich der Freistellungsvoraussetzungen als Rechtsgrundlage für abweichende Freistellungen geeignet. Wie noch zu zeigen sein wird, spielen aber auch zusätzliche Faktoren wie etwa der Begriff „Gruppe" in Art. 81 Abs. 3 EG eine Rolle.[514]

5. neuer Lösungsansatz erforderlich? GVOen unwiderlegbare Vermutung

Möglicherweise ist angesichts der Verringerung des Beurteilungsermessens eine Neuformulierung des Wesens der GVOen erforderlich. Zum Teil wird vertreten, man müsse GVOen nach der Kartellverfahrensreform als unwiderlegbare Ver-

---

[511] So Bechtold, BB 2000, 2427-aA möglw. Wagner, WRP 2003, 1377, der betont, daß sich der Beurteilungspielraum innerhalb des Art. 81 Abs. 3 EG zu bewegen hat.

[512] EuG Slg 1994 II-49, Rz. 109-CB und Europay.

[513] Die Beschränkung der Prüfung auf „offensichtliche Fehler" bei einem Beurteilungsspielraum: schon in EuGH Slg. 1975, 1875, Rz. 45, 50-Metro I, sowie EuGH Slg. 1985, 2566, Rz. 34-Remia.

[514] Man könnte auch an das wettbewerbspolitische Grundsatzermessen des Rates denken, das er teilweise an die Kommission delegiert.

mutungen für die Voraussetzungen des Art. 81 Abs. 3 EG verstehen, solange der Rechtsvorteil der GVO nicht entzogen sei.[515] GVOen befreiten demnach denjenigen, der ihr Eingreifen darlegt, von der weiteren Darlegungslast und der Beweislast für die Voraussetzungen des Art. 81 Abs. 3 EG.[516] Dieser Ansatz würde das Problem des zweifachen unmittelbar anwendbaren Rechts insoweit lösen, als er eine Begründung dafür liefert, warum bei Eingreifen einer GVO trotz Nichtvorliegens der Voraussetzungen des Art. 81 Abs. 3 EG dieser dennoch nur als erfüllt angesehen werden darf: wegen der dahingehenden unwiderleglichen Vermutung. Die praktischen Wirkungen dieses Ansatzes wären mit denjenigen der konstitutiven Freistellung nahezu identisch. Problematisch ist jedoch, daß es in der DVO keinen ausdrücklichen Hinweis darauf gibt, daß mit GVOen eine unwiderlegliche Vermutung bewirkt werden soll. Auch wird nicht geklärt, ob eine zur Formulierung solcher unwiderlegbaren Vermutungen ermächtigende Verordnung und die daraufhin ergangenen GVOen ihrerseits mit Art. 81 Abs. 3 EG vereinbar wären, zumal die Wirkungen der unwiderlegbaren Vermutung mit denen einer konstitutiven Freistellung vergleichbar sind.

6. Beurteilungsermessen so stark verringert, daß Rechtsgrundlage für abweichende Freistellungen entfällt?

Eine solche Neudefinition des Wesens der GVOen ist entbehrlich, wenn das Beurteilungsermessen nicht so stark eingeschränkt ist, daß die Rechtsgrundlage für abweichende Freistellungen entfällt. Die Frage, ob beim GVO-Erlaß das der Kommission zustehende Beurteilungsermessen in rechtmäßiger Weise ausgeübt wird, stellt sich in zweifacher Hinsicht: zum einen bezüglich der vier Voraussetzungen des Art. 81 Abs. 3 EG, zum anderen im Hinblick auf die Art des eventuell erforderlichen Korrekturmechanismus.

a) bezüglich der Voraussetzungen des Art. 81 Abs. 3 EG

In einigen der oben besprochenen Entscheidungen zum Beurteilungsermessen wird betont, daß sich dieses auf die vier Freistellungsvoraussetzungen beziehe.[517] Verringert sich das Beurteilungsermessen bezüglich der vier Freistellungsvoraussetzungen, so wird die Begründung der Rechtsgrundlage für die abweichenden Freistellungen um so schwieriger.[518] Eine genaue Grenzziehung des Beurteilungsermessens nach der Kartellreform ist zum jetzigen Zeitpunkt zwar unmöglich, jedoch gibt es auch Hinweise dafür, daß trotz der Verringerung des Beurteilungsermessens die Freistellung von im Einzelfall von Art. 81 Abs. 3 EG abweichenden Vereinbarungen zulässig ist. Als erstes ist zu beachten, daß sich die oben genannten Entscheidungen und Ausführungen zur Verringerung des

---

[515] Bechtold BB 2000, 2427.
[516] Bechtold, EWS 2001, 54.
[517] zB EuG Slg 1994 II-49, Rz. 109-CB und Europay; außerdem: EuG Slg. 2002 II-2037, Rz. 38-Shaw u. Falla.
[518] Vgl. Weyer, ZHR 164 (2000), 627.

Beurteilungsermessens auf Entscheidungen, also die Lösung von konkreten Einzelfällen bezogen. Hier geht es jedoch um den Erlaß von Verordnungen, also um Normgebung. Aufgrund des höheren Abstraktionsgrades von Normen räumt der EuGH den Normgebern regelmäßig ein noch größeres Ermessen ein, indem er die Kontrolldichte weiter zurücknimmt als bei der Kontrolle von Kommissionsentscheidungen.[519] Selbst wenn sich das Beurteilungsermessen reduziert, bleibt dem Verordnungsgeber immer noch ein gewisser Gestaltungsspielraum hinsichtlich der Freistellungsvoraussetzungen. Weiterhin ist zu berücksichtigen, daß Art. 81 Abs. 3 EG wie bereits oben angesprochen den Begriff „Gruppe" enthält, der den freistellenden Normgeber dazu berechtigt, abstrakt freistellungsfähige Vereinbarungen zu formulieren. Der Begriff „Gruppe" meint Arten von Vereinbarungen oder sonstigen Verhaltenskoordinationen.[520] Mit dieser Befugnis zur Umschreibung von Arten von Vereinbarungen räumt der EG-Vertrag Rat bzw. Kommission beim GVO-Erlaß eine „Befugnis zur Abstraktion" ein.[521] Bei der Ausübung dieser Befugnis kann und muß der Verordnungsgeber folglich nicht jeden konkreten Fall kennen und berücksichtigen. Da sich die Befugnis zur Abstraktion aus Art. 81 Abs. 3 EG selbst ergibt, ist sie unabhängig davon, ob Art. 81 Abs. 3 EG einen Erlaubnisvorbehalt oder eine Legalausnahme darstellt. Daher können auch nach der Kartellverfahrensreform vom Freistellungstatbestand einer GVO Vereinbarungen erfaßt werden, die nicht mit Art. 81 Abs. 3 EG übereinstimmen, genauso wie angesichts der abstrakten Fassung des Freistellungstatbestandes nicht immer verhindert werden konnte, daß dieser auch Fälle umfaßte, die schon gar nicht unter Art. 81 Abs. 1 EG fallen.[522] Den Normgeber trifft jedoch eine Pflicht, für wirksame Korrekturmechanismen zu sorgen.[523] Somit liegt die Freistellung von im Einzelfall nicht mit Art. 81 Abs. 3 EG übereinstimmenden Vereinbarungen nicht von vornherein außerhalb des unter Berücksichtigung der Abstraktionsbefugnis eingeräumten Beurteilungsermessens.

b) Bezüglich der Art des Korrekturmechanismus

aa) Verschiedene Korrekturmöglichkeiten

Wenn das Beurteilungsermessen in Verbindung mit der von Art. 81 Abs. 3 EG eingeräumten Befugnis zur Abstraktion grundsätzlich auch nach der Kartellver-

---

519 Wegener in Calliess/Ruffert, Art. 220 EG, Rz. 19mwN; vgl. zB EuGH Slg. 1979, 713, Rz. 7-Stölting; Köppen, Gruppenfreistellungsverordnungen, S. 31; Rütters, Schirm-GVO, S. 152.

520 Bechtold, EWS 2001, 49.

521 Zu dieser Befugnis zur Abstraktion beim Verordnungserlaß im EG-Kartellrecht: Rütters, Schirm-GVO, S. 139ff.; Schwarze, Die Befugnis zu Abstraktion, S. 25ff., insb. S. 36ff.; vgl. auch die Urteile: EuG, Slg. 1990 II-347, Rz. 29-Tetra Pak/Kommission; EuG, Slg. 1995 II-1533, Rz. 174-Langnese-Iglo; vgl. auch Brinker, Mißbrauchsaufsicht, S. 69; Köppen, Gruppenfreistellungsverordnungen, S. 86, 31.

522 EuGH Slg. 1966, 457, 483-Italien/Rat u. Kommission; vgl. Schröter in: GTE-Hdb. des Europäischen Rechts, I A 50 Kommentar, Art. 85 EGV, Rz. 285.

523 Köppen, Gruppenfreistellungsverordnungen, S. 31, 63, 86.

fahrensreform zur Freistellung abweichender Vereinbarungen ermächtigt, der Verordnungsgeber aber die Pflicht zur Einführung von Korrekturmechanismen hat, stellt sich die Frage, ob nach der Kartellverfahrensreform Entzugsverfahren (Art. 29 DVO, Art. 1a 19/65 beispielsweise iVm Art. 6-8 VGVO) die geeigneten Maßnahmen sind. Wenn es mehrere Korrekturmöglichkeiten gibt, ist fraglich, ob das Ermessen bzgl. des „Wie" der Korrektur richtig ausgeübt wurde. Als Alternative zu den Entzugsverfahren (durch Einzelentscheidung der Kommission, durch Entscheidung einer nationalen Behörde oder durch Nichtanwendbarkeitsverordnung) hätte die DVO auch dazu ermächtigen können, die Erfüllung des Freistellungstatbestandes in den GVOen unter die Bedingung der Vereinbarkeit der Vereinbarungen mit Art. 81 Abs. 3 EG zu stellen. Die GVOen müßten dann eine unmittelbar anwendbare Legalausnahme zur Freistellung einräumen,[524] die vom nationalen Richter ohne weiteres hätte beachtet werden müssen.[525]

bb) Lösung von Normkonflikten durch Ausnahme-Lösung

Der Vorteil dieser Ausnahme-Lösung ist, daß es im Ergebnis nicht zu abweichenden Freistellungen kommen kann, da die Freistellung unter die Bedingung der Vereinbarkeit mit Art. 81 Abs. 3 EG gestellt wird. Ein Normkonflikt entsteht dann nicht. Somit erhöht sich die Rechtssicherheit zumindest insofern, als eindeutig ist, welche Rechtsfolgenanordnung gilt. Diese Korrekturlösung scheint auf den ersten Blick auch besser zum neuen Kartellverfahrensrecht zu passen als die Entzugsverfahren, da die nationalen Richter schon zur Anwendung des Art. 81 Abs. 3 EG außerhalb des GVO-Rechts befugt sind. Dann könnte man annehmen, daß sie auch bei der Frage der Korrektur des Freistellungstatbestandes zur Anwendung des Art. 81 Abs. 3 EG in der Lage wären. Dann läge es letztlich in den Händen der nationalen Gerichte zu entscheiden, ob im Einzelfall die Gruppenfreistellung (bzw. in diesem Fall genauer: Gruppenausnahme) gegeben ist oder nicht. Dabei könnten sich nationale Richter grundsätzlich an den formulierten Freistellungstatbestand halten und nur prüfen, ob im Einzelfall im Hinblick auf Art. 81 Abs. 3 EG bedenkliche Auswirkungen zu erwarten sind. Dies hätte auch den Vorteil, daß die Kommission ihre Vormachtstellung gegenüber

---

[524] Vgl. Schröter in GTE-Hdb. des Europäischen Rechts, I A 50 Kommentar, Art. 85 EGV, Rz. 284.

[525] Eine weitere Korrektur-Möglichkeit wäre es, anstatt der generalklauselartigen Ausnahme zur Freistellung spezielle Ausnahmetatbestände zu formulieren, wie sie zum Beispiel in Art. 6 VO 1475/95 (KfZ-GVO) zu finden sind. Dieser Ansatz soll hier aber nicht vertieft werden, da er abweichende Freistellungen auch nicht vollständig verhindern kann, weil er nicht zum Konzept weiter, auf Marktanteilsschwellen abstellender GVOen paßt und weil seine Rechtmäßigkeit schon nach alter Rechtslage äußerst problematisch war, vgl. Brinker, EWS 1998, 317; Bunte ZIP 1998, 855; Springer WRP 1998, 1060; daher wurde diese Korrekturmöglichkeit auch nicht in der neuen KfZ-GVO 1400/2002 übernommen.

den nationalen Gerichten verringern würde, die im neuen Kartellverfahrensrecht ohnehin rechtlich nicht eindeutig abgesichert ist.[526]

cc) Wettbewerbspolitische Vorzüge der Entzugs-Lösung

Nachteil der Lösung der unmittelbar anwendbaren Legalausnahme zum Freistellungstatbestand ist jedoch, daß in jedem Zweifelsfall geprüft werden muß, ob die jeweilige unter die GVO fallende Vereinbarung auch die Voraussetzungen des Art. 81 Abs. 3 EG erfüllt. Damit wäre der eigentliche Vorteil der GVOen beseitigt, nämlich die Freistellung ohne Prüfung, ob die Voraussetzungen des Art. 81 Abs. 3 EG vorliegen.[527] Da jede Freistellung demnach unter die Bedingung der Vereinbarkeit mit Art. 81 Abs. 3 EG gestellt wäre, ist in Zweifelsfällen für Unternehmen nicht ersichtlich, ob ihnen die GVO nun einen Rechtsvorteil bringt oder nicht. Letztlich liefe diese Lösung darauf hinaus, daß die Parteien sich auch gleich auf den unmittelbar anwendbaren Art. 81 Abs. 3 EG berufen könnten. Der Freistellungstatbestand der GVOen wäre wegen der Bedingung der Vereinbarkeit mit Art. 81 Abs. 3 EG im Ergebnis nicht mehr als eine grobe Orientierung für Richter, der Schwerpunkt der Prüfung müßte sich jedoch auf die Umstände des Einzelfalls im Hinblick auf die Freistellungsvoraussetzungen des Art. 81 Abs. 3 EG beziehen. Wegen des Wegfalls der Einzelfreistellung im Wege der Verfahrensreform ist das rechtspolitische Bedürfnis für GVOen, die bis zum Erlaß einer eventuellen Entzugsentscheidung verbindlich sind, sogar größer geworden.[528] Denn nur bei einer Korrektur durch Entzugsverfahren besteht der Vorteil, daß die Unternehmen bis zum Abschluß eines Entzugsverfahrens die Sicherheit haben, daß eine unter den Freistellungstatbestand fallende Vereinbarung auch tatsächlich freigestellt ist. Dieses erhöht die Rechtssicherheit für die Unternehmen.[529] Nur so werden GVOen auch ihrem Ziel gerecht, eine zentrale europaweite Regelung zu treffen.[530] Rechtspolitisch ist daher zur Sicherstellung der einheitlichen Rechtsanwendung gerade im schwierigen Bereich des Art. 81 Abs. 3 EG die in der DVO und den GVOen vorgesehene Korrektur durch Entzugsentscheidungen die sinnvollere Lösung gegenüber der unmittelbar anwendbaren Legalausnahme zu einem Freistellungstatbestand der GVO.[531]

dd) Ermessensausübung bei Einführung der Entzugs-Lösung

Angesichts dieser beiden Möglichkeiten zur Korrektur abweichender Freistellungen ist fraglich, ob Rat und Kommission mit ihrer Entscheidung für die Entzugs-Lösung ihr Beurteilungsermessen fehlerfrei ausgeübt haben. Dafür könnte die rechtspolitische Notwendigkeit sprechen. Allerdings kann das praktische

---

[526] Zur fehlenden Absicherung des Gestaltungsvorrangs: Weyer, ZHR 164 (2000), 627.
[527] Vgl. Bunte/Sauter, EG-GVOen, Teil II, Einführung, Rz. 94, 84.
[528] Vgl. auch Weißbuch, Tz. 85; Bechtold, BB 2000, 2427.
[529] Bechtold, BB 2000, 2427.
[530] Vgl. auch Gröning, WRP 2001, 85, Weißbuch, Tz. 85.
[531] Bechtold, BB 2000, 2427; Bechtold, EWS 2001, 54.

Bedürfnis allein noch nicht eine Abweichung vom höherrangigen Recht rechtfertigen,[532] selbst wenn diese nur im Einzelfall besteht. Eine fehlerfreie Ermessensausübung kann nur dann bejaht werden, wenn es sich begründen ließe, warum im Fall einer abweichenden Freistellung der höherrangige Art. 81 Abs. 3 EG, dessen Voraussetzungen in dieser Konstellation nicht erfüllt sind, nicht unmittelbar angewendet werden kann.

(1) Erfordernis einer Begründung, warum Art. 81 Abs. 3 EG im abweichenden Einzelfall nicht unmittelbar anwendbar

Eine Begründung für die Nichtanwendung des an sich unmittelbar anwendbaren Art. 81 Abs. 3 EG ließe sich kaum finden, wenn Art. 81 Abs. 3 EG im strengen Sinne unmittelbar anwendbar wäre. Dann müßte sich dessen unmittelbare Anwendbarkeit gegenüber dem Sekundärrecht durchsetzen. Vorliegend wird die unmittelbare Anwendbarkeit des Art. 81 Abs. 3 EG jedoch erst durch die DVO hergestellt, es besteht eine durch Verordnung vermittelte unmittelbare Anwendbarkeit, vgl. nur Art. 1 Abs. 2 DVO, Art. 6 DVO. Nach den zuvor erfolgten Begriffsbestimmungen handelt es sich um die unmittelbare Anwendbarkeit im engeren Sinne. Da der Verordnungsgeber somit über die Herstellung der unmittelbaren Anwendbarkeit des Art. 81 Abs. 3 EG entschieden hat, steht es ihm auch zu, eine Entscheidung darüber zu treffen, in welchem Ausmaß die unmittelbare Anwendbarkeit hergestellt wird.[533] Grundsätzlich hat der Verordnungsgeber also die Möglichkeit die unmittelbare Anwendbarkeit des Art. 81 Abs. 3 EG nicht vollständig herzustellen, sondern zumindest in Ausnahmefällen zu begrenzen. Eine Einschränkung der unmittelbaren Anwendbarkeit des Art. 81 Abs. 3 EG könnte auch im Einzelfall bei von Art. 81 Abs. 3 EG abweichenden Freistellungen bestehen. Dem Wortlaut des Art. 6 DVO oder des Art. 1 Abs. 1, Abs. 2 DVO ist eine solche Einschränkung der unmittelbaren Anwendbarkeit im Hinblick auf die abweichenden Freistellungen der GVOen nicht ohne weiteres zu entnehmen. Andererseits wurde eine auf Ausnahmefälle begrenzte Einschränkung der unmittelbaren Anwendbarkeit des Art. 81 Abs. 3 EG nach der Reform bereits bei Bestehen eines Beurteilungsspielraums für die Kommission bejaht.[534] Eine ausnahmsweise bestehende Einschränkung der unmittelbaren Anwendbarkeit des Art. 81 Abs. 3 EG ist damit trotz des Wortlauts der Art. 6 und Art. 1 DVO noch nicht von vornherein ausgeschlossen. Auch in der vorliegenden Konstellation der abweichenden Freistellungen durch die GVO besteht eine Einschränkung der unmittelbaren Anwendbarkeit des Art. 81 Abs. 3 EG. Denn eine solche Vereinbarung wird, solange keine Entzugsentscheidung ergangen ist, von

---

[532] Weyer, ZHR 164 (2000), 626f.

[533] Insbesondere im Hinblick auf den Kompromißcharakter des Art. 81 Abs. 3 EG, Weißbuch, Tz. 12.

[534] Weyer, ZHR 164 (2000), 619; vgl. auch zu Art. 81 Abs. 1 EG schon Weyer, WuW 2000, 851.

einer Norm[535] erfaßt, die sich innerhalb des Beurteilungsermessens hinsichtlich der Voraussetzungen des Art. 81 Abs. 3 EG aufhält,[536] welches für Normen weiter ist als bei Einzelfallbetrachtungen. Damit befindet sich diese Vereinbarung selbst innerhalb des Beurteilungsermessens der Kommission, unabhängig davon, ob dieses auch bei einer Einzelfallbetrachtung der Fall wäre.[537] Solange die Vereinbarung somit im Beurteilungsermessen der Kommission liegt, gilt auch hier eine Einschränkung der unmittelbaren Anwendbarkeit des Art. 81 Abs. 3 EG. Erst mit einer Entzugsentscheidung wird die Vereinbarung dem Anwendungsbereich der GVO entzogen. Bei der dafür erforderlichen Einzelfallbetrachtung ist der Kommission nur ein geringes Beurteilungsermessen eröffnet. Anders ausgedrückt stellt die DVO die unmittelbare Anwendbarkeit des Art. 81 Abs. 3 EG nur insoweit her, als eine grundsätzlich mit Art. 81 Abs. 3 EG zu vereinbarende GVO keine im Einzelfall von Art. 81 Abs. 3 EG abweichenden Freistellungen vornimmt. Die Entzugslösung als Korrekturmechanismus fügt sich damit auch in das Konzept einer durch die DVO hergestellten unmittelbaren Anwendbarkeit im engeren Sinne ein und ist insofern nicht ermessensfehlerhaft.[538]

(2) Läuft abweichende Freistellung der Legalausnahmewirkung zuwider?

Problematisch könnte aber sein, daß -wie oben dargelegt- die Legalausnahmewirkung des Art. 81 Abs. 3 EG sich aus der Norm selbst ergibt und nicht erst durch Vermittlung der DVO. Denn ansonsten würde die DVO eine konstitutive Freistellung aller mit Art. 81 Abs. 3 EG übereinstimmenden Vereinbarungen darstellen, so daß man Art. 81 Abs. 3 EG begrifflich nicht als Legalausnahme ansehen könnte. Möglicherweise ist der Korrekturmechanismus durch Entzug daher nicht mit der Legalausnahmewirkung des Art. 81 Abs. 3 EG vereinbar. Dieses wäre in der Tat problematisch, wenn eine Verordnung erklären würde, daß die Legalausnahme des Art. 81 Abs. 3 EG im Einzelfall nicht eingreifen soll, obwohl dessen Voraussetzungen erfüllt sind. Dann würde es dem Einzelnen verweigert, sich auf die Legalausnahme des Art. 81 Abs. 3 EG zu berufen. Dieser Fall wird durch eine GVO aber selbst bei Eingreifen schwarzer Klauseln nicht eintreten, da eine schwarze Klausel lediglich zum Ausschluß der Freistellungswirkung der GVO führt, den Unternehmen aber nicht die Möglichkeit nimmt, sich auf die Legalausnahme des Art. 81 Abs. 3 EG direkt zu berufen.[539]

---

[535] Nämlich dem Freistellungstatbestand der GVO.

[536] Siehe vorhergehende Ausführungen zu Ermessen hinsichtlich der Freistellungsvoraussetzungen.

[537] Bei Einzelfallbetrachtung wird die Vereinbarung regelmäßig außerhalb des Beurteilungsermessens der Kommission liegen, so daß eine Entzugsentscheidung in Betracht kommt.

[538] Der Rat geht auch selbst von einer nur eingeschränkten unmittelbaren Anwendbarkeit des Art. 81 Abs. 3 EG für abweichende Vereinbarungen aus, da er insoweit GVOen und Entzugsverfahren in der 10. Begründungserwägung zur DVO keinerlei veränderten Wirkungen gegenüber der alten Rechtslage zuschreibt.

[539] Bechtold, EWS 2001, 55.

Vielmehr handelt es sich bei der vorliegenden Frage der von Art. 81 Abs. 3 EG abweichenden Freistellungen um die umgekehrte Konstellation, daß Art. 81 Abs. 3 EG bei Einzelfallbetrachtung nicht erfüllt ist und dennoch ausnahmsweise eine Freistellung ausgesprochen wird. Die Legalausnahmewirkung des Art. 81 Abs. 3 EG ist durch abweichende Freistellungen daher nicht geschmälert. Auch insoweit ergibt sich kein Ermessensfehler bei der Wahl der Entzugsverfahren als Korrekturmechanismus.

(3) Konkrete Ausgestaltung der Entzugsverfahren

Fraglich ist allerdings, ob die konkrete Ausgestaltung der Entzugsverfahren ermessensfehlerfrei ist. Möglicherweise verlangt die grundsätzlich bestehende unmittelbare Anwendbarkeit des Art 81 Abs. 3 EG aber, daß die Entziehung des Rechtsvorteils der GVOen rückwirkend zu erfolgen hat. Nach altem Recht konnten Entzugsentscheidungen nur *ex nunc* wirken,[540] da eine Rückwirkung aus Gründen der Rechtssicherheit (Vertrauensschutz) ausgeschlossen war. Auch wären die GVOen nach altem Recht ihrem Zweck der Entlastung der Kommission nicht nachgekommen,[541] wenn die durch die GVOen geschaffene Rechtssicherheit durch die Gefahr rückwirkender Entzugsentscheidungen beschädigt worden wäre und die Unternehmen vorsichtshalber Einzelfreistellungsanträge gestellt hätten. Fraglich ist, ob nach der Kartellverfahrensreform etwas anders gelten muß. Ausdrücklich schließt die VGVO in Art. 6 und 7 nicht die Rückwirkung einer Entzugsentscheidung aus. Für eine Rückwirkung der Entzugsentscheidungen würde auch sprechen, daß sie dazu geeignet wäre, eine im Einzelfall von Art. 81 Abs. 3 EG abweichende Freistellung durch die GVO rückwirkend zu beseitigen. Die Wirkungen der nicht von Art. 81 Abs. 3 EG umfaßten, aber freigestellten Vereinbarungen würden damit so weit wie möglich rückgängig gemacht. Dennoch ist eine Rückwirkung des Entzugs abzulehnen. Zwar würden die Wirkungen des Normkonflikts und damit die durch die Abweichung von Art. 81 Abs. 3 EG verursachte Rechtsunsicherheit beseitigt, andererseits fehlt es an einer Anordnung der Rückwirkung in der DVO. Außerdem käme ein rückwirkender Entzug in seinen Auswirkungen der oben abgelehnten Ausnahmelösung anstelle von Entzugsverfahren sehr nahe. Denn müßten nach neuem Kartellverfahrensrecht die Unternehmen stets mit einem rückwirkenden Entzug des Vorteils der GVO rechnen, so liefe das ebenfalls darauf hinaus, daß die Unternehmen stets eine aufwendige Prüfung der Vereinbarungen anhand von Art. 81 Abs. 3 EG vornehmen müßten. Der Grundsatz des Vertrauensschutzes rechtfertigt bei abweichenden Freistellungen die auf die Zukunft begrenzte Wirkung

---

[540] EuG Slg. 1990 II-309, Rz. 25-Tetra Pak; Baur/Weyer in FK, Art. 81 Zivilrechtsfolgen, Rz. 75, 235; Wiedemann, GVO AT, Rz. 266; Brinker, Mißbrauchsaufsicht, S. 75; vgl. Bekanntmachung zu den VOen 1983/83 und 1984/83, ABl.EG 1984 Nr. C 101/5 v. 13. 4. 1984, Tz. 24; anders möglw. Köppen, Gruppenfreistellungsverordnungen, S. 86 und 231.

[541] Wiedemann, GVO AT, Rz. 38.

des Entzugs. Daher ist an der konkreten Ausgestaltung der Entzugsverfahren als Korrekturinstrument nichts auszusetzen.

(4) Zwischenergebnis zur Ermessensausübung für die Entzugsverfahren als Korrekturinstrument

Damit kann als Zwischenergebnis festgehalten werden, daß die Entzugslösung zur Korrektur abweichender Vereinbarungen nicht ermessensfehlerhaft ist.

ee) Zwischenergebnis zum Korrekturmechanismus

Auch hinsichtlich der Art des Korrekturinstruments ergibt sich kein Ermessensfehler in der DVO und den GVOen.

c) Zwischenergebnis zur Rechtsgrundlage für abweichende Freistellungen

Die Verringerung des Beurteilungsermessens im Wege der Herstellung der unmittelbaren Anwendbarkeit des Art. 81 Abs. 3 EG läßt nicht die Rechtsgrundlage für im Einzelfall abweichende Freistellungen entfallen. Entzugsverfahren sind auch nach der Reform zulässige Korrekturmechanismen.

d) Bedeutung der Verringerung des Beurteilungsermessens für den Entzug

Die Verringerung des Beurteilungsermessens im Rahmen des Art. 81 Abs. 3 EG hindert die Verordnungsgeber zwar nicht daran, in GVOen im Einzelfall von Art. 81 Abs. 3 EG abweichende Freistellungen vorzunehmen, solange als Korrekturmöglichkeit ein Entzugsverfahren vorgesehen ist. Jedoch kommt der Verkürzung des Beurteilungsermessens bei der Anwendung der Entzugsverfahren als Korrekturmechanismus eine besondere Bedeutung zu. Die Entzugsentscheidungen nach Art. 29 Abs. 1 und Abs. 2 DVO sind Einzelentscheidungen, so daß ihnen nicht der für die Normsetzung erweiterte Ermessensspielraum zukommt. Denn der Entzug nach Art. 29 DVO ergeht auf der Grundlage konkreter Einzelfälle, so daß eine Abstraktionsbefugnis wie bei der Formulierung von Vereinbarungsarten nicht in Betracht kommt. Vor der Verfahrensreform, unter Geltung der VO 17, stand -wie bereits dargelegt- der Kommission aber auch für Einzelfälle ein recht weites Beurteilungsermessen zu. So wurde überwiegend vertreten, selbst bei Vorliegen der Entzugsvoraussetzungen sei die Kommission wegen des Opportunitätsprinzips nicht zum Einschreiten verpflichtet.[542] Die Verringerung des Beurteilungsermessens der Kommission im Wege der Verfahrensreform führt nunmehr dazu, daß bei abweichenden Freistellungen ein Entzugsverfahren eingeleitet und auch mit einer Entzugsentscheidung abgeschlossen werden muß,[543] wenn die Unternehmen den Verstoß nicht freiwillig beenden.[544] Grund-

[542] Wiedemann, GVO AT, Rz. 265; vgl. auch Brinker, Mißbrauchsaufsicht, S 91f, 45f; Bunte/Sauter, EG-GVOen, Teil II, Einf., Rz. 112; kritisch: Ensthaler/Stopper, RIW 2000, 732, die eine Ermessensreduzierung auf Null hinsichtlich des „Ob" dann annehmen, wenn ein Regelbeispiel eines Entzugstatbestandes erfüllt ist.

[543] Die Frage eines möglichen Anspruchs Dritter auf Einleitung eines Entzugsverfahrens und der Beschwerderechte wird im dritten Teil behandelt.

sätzlich ist daher von einer Ermessensreduzierung auf Null für die Einleitung und den Abschluß eines Entzugsverfahrens auszugehen. Dieses folgt daraus, daß eine Einschränkung der durch die DVO grundsätzlich gewährten unmittelbaren Anwendbarkeit des Art. 81 Abs. 3 EG durch abweichende Freistellung auf eng begrenzte Ausnahmefälle beschränkt sein muß. Es liefe dem Art. 81 EG insgesamt innewohnenden Verbotsprinzip[545] zuwider, wenn der von Art. 81 Abs. 3 EG abweichende Zustand dauerhaft aufrechterhalten würde. Liegt ein solcher Ausnahmefall in Form einer abweichenden Freistellung vor, muß möglichst schnell der mit Art. 81 Abs. 3 EG übereinstimmende Zustand wiederhergestellt werden. Ein weites Beurteilungsermessen der Kommission würde diesem Ziel in unzulässiger Weise zuwiderlaufen.

e) Zusammenfassung zur Rechtsgrundlage für abweichende Freistellungen

Zwar verringert sich mit der Kartellverfahrensreform das Beurteilungsermessen der Kommission hinsichtlich der Voraussetzungen des Art. 81 Abs. 3 EG. Die Rechtsgrundlage für im Einzelfall von Art. 81 Abs. 3 EG abweichende Vereinbarungen durch GVOen entfällt damit jedoch nicht. Es besteht eine Pflicht, einen Korrekturmechanismus einzuführen, welcher Rat und Kommission in Art. 29 DVO und den entsprechenden Vorschriften in den GVOen nachgekommen sind. Die Entscheidung für die Einführung von Entzugsverfahren (und Nichtanwendbarkeitsverordnungen) ist nicht ermessensfehlerhaft. Die Verringerung des Beurteilungsermessens im Rahmen des Art. 81 Abs. 3 EG wirkt sich aber bei der Anwendung der Entzugsverfahren aus. Die zum Entzug ermächtigten Behörden sind zu einer Beseitigung des bei Einzelfallbetrachtung bestehenden Verstoßes gegen Art. 81 Abs. 3 EG verpflichtet.

7. Gesamtergebnis zur Rechtmäßigkeit und Verbindlichkeit

Gruppenfreistellungsverordnungen können auch nach der Kartellverfahrensreform rechtmäßig ergehen und sind damit nach Art. 249 Abs. 2 EG in allen Teilen verbindlich. GVOen sind selbst dann rechtmäßig und verbindlich, wenn ihr Freistellungstatbestand in Einzelfällen Vereinbarungen umfaßt, die mit Art. 81 Abs. 3 EG nicht vereinbar sind. Die DVO stellt die unmittelbare Anwendbarkeit des Art. 81 Abs. 3 EG nicht im Hinblick auf abweichende Freistellungen her, da sie diesbezüglich in Art. 29 DVO die ausschließliche Zuständigkeit der Entzugsbehörden zur Anwendung des Art. 81 Abs. 3 EG anordnet. In diesen Ausnahmefällen liegt daher kein zweifaches unmittelbar anwendbares Recht vor. Nur die GVOen, nicht aber der Art. 81 Abs. 3 EG sind insoweit für nationale Gerichte unmittelbar anwendbar.

---

544 aA Wagner WRP 2003, 1379, der nach wie von einem weiten Beurteilungsspielraum ausgeht.

545 Vgl. Weyer, ZHR 164 (2000), 621.

IV. Gruppenfreistellungsverordnungen nur noch deklaratorisch?

Nachdem nun die Rechtmäßigkeit und Verbindlichkeit selbst von abweichenden Freistellungen dargelegt wurde, kann auf die davon unabhängige Frage der deklaratorischen oder konstitutiven Wirkung der Gruppenfreistellungsverordnungen eingegangen werden. Solange die GVO Vereinbarungen erfaßt, die mit Art. 81 Abs. 3 EG übereinstimmen, erklärt sie nur, was wegen des unmittelbar anwendbaren Art. 81 Abs. 3 EG ohnehin schon gilt. Sie führt dann keine eigenständige Rechtsfolge herbei und ist somit nur deklaratorisch.[546] Insoweit wäre auch die Bezeichnung Gruppen"freistellungs"verordnung mißverständlich, da mangels konstitutiver Wirkung gerade keine Freistellung ausgesprochen wird.[547] Anders stellt sich die Lage bei von Art. 81 Abs. 3 EG abweichenden Vereinbarungen dar. In diesen Einzelfällen haben GVOen konstitutiv freistellende Wirkung. Da Art. 81 Abs. 3 EG insoweit ausnahmsweise auch nicht unmittelbar anwendbar ist und weil dessen Voraussetzungen nicht erfüllt sind, führt allein die GVO rechtsverbindlich die Freistellung herbei. In diesen Ausnahmefällen liegt noch eine Gruppen"freistellung" wie nach altem Recht vor. Im folgenden wird allein aus Gründen der sprachlichen Vereinfachung die Bezeichnung Gruppenfreistellungsverordnung beibehalten, da auch der Rat diesen Begriff noch verwendet.[548] Aus dem gleichen Grund werden in dieser Arbeit mitunter noch die Begriffe „Freistellungs"tatbestand und „Freistellungsvoraussetzungen" des Art. 81 Abs. 3 EG verwendet, auch wenn dieses wegen der nunmehr bestehenden Legalausnahmewirkung des Art. 81 Abs. 3 EG nicht immer ganz korrekt ist. Es wäre ansonsten problematisch, dieselbe Verordnung als „Gruppenfreistellungsverordnung" zu bezeichnen, wenn im Einzelfall abweichende Freistellungen erfaßt sind, während im übrigen der Begriff „Gruppenlegalausnahmeverordnung" gewählt würde.

V. Sonstige Fragen zur Anwendung der GVOen durch nationale Gerichte und Behörden

Nationale Gerichte müssen nach Art. 249 Abs. 2 EG die unmittelbar anwendbaren und verbindlichen GVOen beachten. Bei Zweifeln an der Rechtmäßigkeit kommt nur ein Vorabentscheidungsverfahren nach Art. 234 EG in Betracht.[549] Kommt der EuGH in seiner Vorabentscheidung aber zu dem Ergebnis, daß die GVO insoweit rechtmäßig ist, muß auch das nationale Gericht die Rechtmäßigkeit der GVO seiner Entscheidung zugrunde legen. Eine abweichende Entscheidung etwa unter Heranziehung des Art. 81 Abs. 3 EG als höherrangigem Recht

---

[546] Entwurf zur DVO, S. 18; aA Karsten Schmidt, BB 2003, 1241, der die GVO auch insoweit für konstitutiv hält, da sie „lex" im materiellen Sinne sei.

[547] Deringer, EuZW 2000, 10.

[548] 10. Begründungserwägung zur DVO.

[549] Köppen, Gruppenfreistellungsverordnungen, S. 219ff. zum alten Recht.

ist wegen dessen insoweit fehlender unmittelbarer Anwendbarkeit nicht zulässig.
Die Möglichkeit der analogen Anwendung einer GVO war nach alter Rechtslage zwar umstritten,[550] wurde aber vom EuGH zurecht weitestgehend abgelehnt.[551] Mit der Herstellung der unmittelbaren Anwendbarkeit im neuen Verfahrensrecht besteht kein zwingendes Bedürfnis mehr für eine analoge Anwendung der GVOen. Greift eine GVO nicht ein, ist damit auch nach der Reform noch keine Aussage über die Unvereinbarkeit mit Art. 81 Abs. 3 EG getroffen. Vielmehr kann das nationale Gericht anhand der Legalausnahmevoraussetzungen des Art. 81 Abs. 3 EG prüfen, ob die Vereinbarung letztlich gegen Art. 81 EG verstößt oder nicht. Dieses gilt nach der Reform selbst dann, wenn die Vereinbarung wegen einer schwarzen Klausel nicht unter die GVO fällt.[552] Greift eine GVO nicht ein, bleibt es den Unternehmen also stets unbenommen, sich vor nationalen Gerichten unmittelbar auf Art. 81 Abs. 3 EG zu berufen. Das Gericht kann dann mit Wirkung *inter partes* über die Vereinbarkeit mit Art. 81 Abs. 3 EG entscheiden.

VI. Verhältnis von GVOen zum nationalen Recht, Art. 3 DVO

Ungeklärt war lange Zeit das Verhältnis von GVOen zum nationalen Kartellrecht. Umstritten war insbesondere die Frage, ob eine gruppenfreigestellte Vereinbarung durch nationales Kartellrecht verboten werden darf.[553] Es handelt sich also um einen Konflikt zwischen den Tatbestandsvoraussetzungen von EG-Recht und nationalem Recht.[554] Mit Geltung der DVO ist dieses Verhältnis erstmals ausdrücklich in einer Ratsverordnung gemäß Art. 83 Abs. 2 lit. e) EG geregelt.[555] Nach Art. 3 Abs. 2 S. 1 3. Alt. DVO darf die Anwendung nationalen Kartellrechts nicht zum Verbot von Verhaltenskoordinationen führen, die „durch eine Verordnung zur Anwendung des Art. 81 Abs. 3 EG“, also von einer Gruppenfreistellungsverordnung, erfaßt sind. Damit ist der Vorrang einer GVO vor nationalem Recht bindend festgelegt.[556] Nach Art. 3 Abs. 3 DVO gilt dieser Vorrang jedoch nicht, wenn das einzelstaatliche Recht überwiegend ein von Art.

---

[550] Vgl. Wiedemann, GVO AT, Rz. 83ff.

[551] EuGH Slg. 1991 I- 977, Rz. 46, 55-Delimits; EuGH Slg. 1995 I-3439, 3471-BMW ALD Auto Leasing D.; EuGH Slg. 1995 I-3477, 3516-VAG Leasing.

[552] Bechtold, EWS 2001, 55.

[553] Ausführlich dazu: Wiedemann, GVO AT, Rz. 401ff. mit zahlreichen weiteren Nachweisen; Köppen, Gruppenfreistellungsverordnungen, S. 34-54.

[554] Wiedemann, GVO AT, Rz. 393; demgegenüber betrifft die Walt-Wilhelm Entscheidung des EuGH Slg. 1969, 1ff. das Problem der Doppelsanktion. Zur geplanten Angleichung des deutschen ans europäische Recht im Rahmen der 7. GWB Novelle durch dynamischen Verweis des GWB auf EG-GVOs vgl. Ehricke/Blask, JZ 2003, 722ff.

[555] Vgl. Begründungserwägung Nr. 8f. zur DVO; Jung in Calliess/Ruffert, Art. 83 EG, Rz. 31a.

[556] Schon zuvor für einen generellen Vorrang der GVOen: Wiedemann, GVO AT, Rz. 404ff; Köppen, Gruppenfreistellungsverordnungen, S. 54.

81 EG abweichendes Ziel verfolgt. Dieses ist dann der Fall, wenn die betreffende einzelstaatliche Rechtsnorm in erster Linie anderen legitimen Interessen als dem Schutz des Wettbewerbs dient.[557]
Art. 3 Abs. 2 S. 1 3. Alt. DVO ist allerdings nur solange einschlägig, wie der Vorteil der GVO nicht entzogen worden ist. Da Entzugsverfahren nach Art. 6 und 7 VGVO einen Verstoß gegen Art. 81 Abs. 3 EG voraussetzen, ist auch Art. 3 Abs. 2 S. 1 2. Alt. DVO nicht erfüllt, wonach das nationale Kartellrecht auch keine Vereinbarungen verbieten darf, welche die Bedingungen des Art. 81 Abs. 3 EG erfüllen. Demgegenüber können Vereinbarungen, die von einer Nichtanwendbarkeitsverordnung nach Art. 8 VGVO erfaßt werden, durchaus unter Art. 3 Abs. 2 S. 1 2. Alt. DVO fallen, da Art. 8 VGVO keinen Verstoß gegen Art. 81 Abs. 3 EG voraussetzt. Wollen nationale Behörden oder Gerichte von einer Nichtanwendbarkeitsverordnung erfaßte Vereinbarungen unter Anwendung von nationalem Wettbewerbsrecht verbieten, müssen sie daher im Einzelfall prüfen und sicherstellen, daß die Vereinbarung nicht mit Art. 81 Abs. 3 EG vereinbar ist. Für Vereinbarungen, für die der Rechtsvorteil der GVO wegen Verstoßes gegen Art. 81 Abs. 3 EG entzogen worden ist, gilt, daß das Kartellverbot des Art. 81 Abs. 1 EG Vorrang vor einer nationalen Freistellung oder Erlaubnis hat.[558] Abgesichert ist dieser Vorrang nunmehr durch Art. 3 Abs. 1 S. 1 DVO. Gemäß dieser Vorschrift müssen nationale Behörden und Gerichte, wenn sie einzelstaatliches Wettbewerbsrecht auf unter Art. 81 Abs. 1 EG fallende Vereinbarungen anwenden, stets auch Art. 81 EG anwenden.[559] Damit wird verhindert, daß auf Grundlage von nationalem Kartellrecht eine Erlaubnis ausgesprochen wird, obwohl die Vereinbarung nach Art. 81 Abs. 1 EG verboten ist.
Nicht ausdrücklich geregelt ist in Art. 3 DVO das Problem der Doppelsanktion, wenn zB eine Vereinbarung sowohl nach europäischem als auch nationalem Kartellrecht verboten ist. Auch Art. 11 Abs. 6 DVO betrifft solche Fälle nicht, da nach ihm nur die Zuständigkeit von nationalen Behörden zur Anwendung der Art. 81 und 82 EG beendet werden kann, nicht aber die zur Anwendung von nationalem Kartellrecht. Die Möglichkeit einer Doppelsanktion könnte auch nach einem Entzugsverfahren gemäß Art. 6 und 7 VGVO bestehen, wenn die vom Entzug betroffenen Unternehmen die Vereinbarung trotz des Entzugs praktizieren, wenn zugleich auch ein Verstoß gegen das nationale Kartellrecht gegeben ist. Auch eine von einer Nichtanwendbarkeitsverordnung nach Art. 8 VGVO erfaßte Vereinbarung kann sowohl gegen Art. 81 Abs. 3 EG als auch gegen nationales Recht verstoßen. Da Art. 3 DVO diese Fälle nicht regelt, ist davon aus-

---

[557] 9. Begründungserwägung zur DVO, insbesondere dürfen unlautere Handelspraktiken durch nationales Recht untersagt werden.
[558] Vgl. schon Schröter in GTE-Hdb. d. Europäischen Rechts, I A 50 Kommentar, Vorbemerkungen zu Art. 85-89 EGV, Rz. 69; Emmerich, KartellR (8. Aufl), § 36, 6b), KartellR (9. Aufl.), § 35, 5b).
[559] 8. Begründungserwägung zur DVO: dazu sind sind sie „verpflichtet".

zugehen, daß die ursprüngliche Rechtslage zur Doppelsantkion dazu weitergilt. In seinem *Walt-Wilhelm*-Urteil hat der EuGH entschieden, daß die „Möglichkeit einer Doppelsanktion“ „der Zulässigkeit zweier Parallelverfahren“, von denen „das eine nach Gemeinschaftsrecht und das andere nach staatlichem Recht betrieben wird“ nicht entgegensteht. Dieses folge aus der Zuständigkeitsverteilung zwischen Gemeinschaft und Mitgliedstaaten.[560] Allerdings ist aus Gründen der Billigkeit die vorhergehende Sanktionsentscheidung bei Bemessung der späteren zu berücksichtigen.[561] Die Zulässigkeit solch paralleler Verfahren wird bestätigt durch Art. 12 Abs. 2 S. 2 DVO, der ausdrücklich den Fall behandelt, daß das einzelstaatliche Wettbewerbsrecht im gleichen Fall parallel zum gemeinschaftlichen angewandt wird und nicht zu anderen Ergebnissen führt. Gemäß Art. 12 Abs. 2 S. 2 DVO dürfen die nach diesem Artikel ausgetauschten Informationen auch für die Anwendung des einzelstaatlichen Wettbewerbsrechts verwendet werden. Unter den Voraussetzungen des Art. 12 Abs. 3 DVO darf dieses sogar geschehen, um Sanktionen gegen natürliche Personen zu verhängen. Letzteres ist nach europäischem Recht nicht möglich.

C. Ergebnis von Teil 2

Die unmittelbare Anwendbarkeit des Art. 81 Abs. 3 EG läßt sich nur mit seinem Kompromißcharakter begründen. Seine unmittelbare Anwendbarkeit ergibt sich daher nicht aus der Norm selbst. Sie wird aber durch die DVO hergestellt. Art. 81 Abs. 3 EG wirkt mit der Abschaffung des Genehmigungssystems ab Geltung der DVO zwischen den Parteien als Legalausnahme. Die DVO selbst ist jedoch nicht als Gruppenfreistellungsverordnung für alle mit Art. 81 Abs. 3 EG übereinstimmenden Vereinbarungen anzusehen, denn aus der DVO ergibt sich, daß Gruppenfreistellungen durch andere Verordnungen, insbesondere solchen der Kommission, vorgenommen werden sollen.
Für Gruppenfreistellungsverordnungen gibt es trotz der unmittelbar anwendbaren Legalausnahme des Art. 81 Abs. 3 EG noch ein rechtspolitisches Bedürfnis, da es für die Parteien regelmäßig leichter ist, das Eingreifen einer Gruppenfreistellungsverordnung darzulegen, als die Vereinbarkeit mit Art. 81 Abs. 3 EG nachzuweisen. Auch im neuen Verfahrensrecht können Gruppenfreistellungsverordnungen als verbindliche Verordnungen iSd Art. 249 EG erlassen werden, da hierzu eine eindeutige Ermächtigung nach Art. 83 EG iVm Art. 81 Abs. 3 EG besteht. Es handelt sich nicht -wie teilweise angenommen- nur um bloße Gruppennegativatteste, gutachterliche Stellungnahme, Verwaltungsvorschriften oder ähnliche Handlungsformen. Für die Verbindlichkeit einer Verordnung nach Art. 249 EG ist es unerheblich, ob diese deklaratorisch oder konstitutiv ist. Kriterium ist vielmehr ihre Rechtmäßigkeit, wobei diese bis zur Nichtig-, Ungültig- oder Unanwendbarkeitserklärung durch den EuGH oder das EuG vermutet wird.

---

[560] EuGH Slg. 1969, 1, Rz. 10f.-Walt Wilhelm.
[561] EuGH Slg. 1969, 1, Rz. 11-Walt Wilhelm.

Auch im neuen System dürfen Gruppenfreistellungsverordnungen, solange sie grundsätzlich mit Art. 81 Abs. 3 EG vereinbar sind, im Einzelfall Vereinbarungen erfassen, die nicht die Voraussetzungen des Art. 81 Abs. 3 EG erfüllen (sogenannte abweichende Freistellungen). GVOen sind auch insoweit rechtmäßig und daher verbindlich. Somit stehen der Kommission Gruppenfreistellungsverordnungen auch nach dem neuen Kartellverfahrensrecht der DVO als Instrument zur Herstellung der einheitlichen Anwendung des europäischen Kartellrechts und der Rechtssicherheit zur Verfügung. Sind die Voraussetzungen der GVO erfüllt, kann in einem Rechtsstreit vor einem nationalen Gericht die Anwendbarkeit des Kartellverbots nicht mit Hinweis auf das Nichtvorliegen der Voraussetzungen des höherrangigen Art. 81 Abs. 3 EG hergeleitet werden. Zwar sind nicht nur die Verordnungen, sondern nunmehr grundsätzlich auch Art. 81 Abs. 3 EG unmittelbar anwendbares Recht (Problem des zweifachen unmittelbar anwendbaren Rechts). Der höherrangige Art. 81 Abs. 3 EG setzt sich in diesen Einzelfällen dennoch nicht gegen die abweichenden Freistellungen der GVOen durch. Der Grund dafür ist darin zu sehen, daß die DVO zwar grundsätzlich, aber nicht im Umfang von abweichenden Freistellungen die unmittelbare Anwendbarkeit des Art. 81 Abs. 3 EG herstellt. Denn für die Anwendung des Art. 81 Abs. 3 EG bei abweichenden Freistellungen sind ausnahmsweise ausschließlich die zum Entzug ermächtigten Behörden zuständig gemäß Art. 29 DVO (bzw. Art. 1a VO 19/65). Vor Erlaß einer Entzugsentscheidung (oder Nichtanwendbarkeitsverordnung) ist die Vereinbarung daher freigestellt, unabhängig davon, ob sie bei Einzelfallbetrachtung mit Art. 81 Abs. 3 EG vereinbar ist oder nicht.

Die Verbindlichkeit von GVOen auch im Hinblick auf abweichende Freistellungen ist auch vertragsgemäß. Ein Verstoß gegen die Legalausnahmewirkung des Art. 81 Abs. 3 EG ist hierin nicht zu sehen, da die GVOen mehr freistellen als Art. 81 Abs. 3 EG und diesen daher nicht schmälern. Rechtsgrundlage für die im Einzelfall über Art. 81 Abs. 3 EG hinausgehenden Freistellungen durch GVOen ist das Beurteilungsermessen der Verordnungsgeber in Verbindung mit der Befugnis zur Abstraktion, welche Art. 81 Abs. 3 EG durch den Begriff „Gruppe" dem Normgeber einräumt. Zwar ist das vor der Reform bestehende sehr weite Beurteilungsermessen der Kommission im Hinblick auf die Freistellungsvoraussetzungen von Art. 81 Abs. 3 EG als Voraussetzung für dessen unmittelbare Anwendbarkeit erheblich geschrumpft. Jedoch gewährt der EuGH den Gemeinschaftsorganen bei Normgebung wegen des höheren Abstraktionsgrades stets ein größeres Ermessen als beim Erlaß von Einzelakten. Voraussetzung für die Vertragsmäßigkeit ist aber, daß die Verordnungen einen wirksamen Korrekturmechanismus zur Beseitigung des sich bei Einzelfallbetrachtung ergebenden Verstoßes gegen Art. 81 Abs. 3 EG bereitstellen. Ein effektiver Korrekturmechanismus ist nach der Reform noch wichtiger geworden als zuvor, um die unmittelbare Anwendbarkeit des Art. 81 Abs. 3 EG, die die DVO grundsätzlich, aber ausnahmsweise nicht bei abweichenden Freistellungen herbeiführt, wiederher-

zustellen. Als Korrekturmöglichkeiten sieht die DVO einen Entzug durch Einzelentscheidung durch die Kommission oder unter weiteren Voraussetzungen der nationalen Behörde nach Art. 29 DVO vor. Darüber hinaus kommt gegebenenfalls eine Nichtanwendbarkeitsverordnung nach Art. 1a VO 19/65 in Verbindung mit zB Art. 8 VGVO Betracht, wobei diese nicht zwingend einen im Einzelfall bestehenden Verstoß gegen Art. 81 Abs. 3 EG voraussetzt. Diese Entzugsverfahren sind auch nach der Kartellverfahrensreform geeignete Korrekturmechanismen. Aus Gründen des Vertrauensschutzes haben die Entzugsentscheidungen auch nach der Reform Wirkung *ex nunc*. Allerdings müssen die Entzugsverfahren nach Art. 6 und 7 VGVO wegen der erheblichen Verringerung des Beurteilungsermessens bei Einzelentscheidungen nach der Reform anders gehandhabt werden. Liegt im Einzelfall ein Verstoß gegen Art. 81 Abs. 3 EG vor, besteht eine Pflicht der Entzugsbehörden, diesen vollständig zu beseitigen. Ein weites Beurteilungsermessen hinsichtlich der Voraussetzungen des Art. 81 Abs. 3 EG wie vor der Reform oder gar ein Ermessen im Sinne des Opportunitätsprinzips kann es wegen der grundsätzlich hergestellten unmittelbaren Anwendbarkeit des Art. 81 Abs. 3 EG nicht mehr geben. Im Regelfall ist von einer Ermessensreduzierung auf Null für die Durchführung eines Entzugsverfahrens auszugehen. Lediglich im Hinblick auf die Art des anzuwendenden Entzugsverfahrens -durch Einzelentscheidung der Kommission oder einer nationalen Behörde oder durch Nichtanwendbarkeitsverordnung- verbleibt gegebenenfalls ein gewisser Entscheidungsspielraum.
Gruppenfreistellungsverordnungen sind nach der Reform daher nur insoweit deklaratorisch, als sie auch im konkreten Einzelfall mit Art. 81 Abs. 3 EG übereinstimmen. Weichen sie dagegen ausnahmsweise von Art. 81 Abs. 3 EG ab, so nehmen sie eine echte, konstitutive Freistellung ähnlich wie unter Geltung der VO 17 vor.
Hat ein nationales Gericht Zweifel an der Rechtmäßigkeit einer GVO, so darf es diese nicht unbeachtet lassen, sondern kann ein Vorabentscheidungsverfahren nach Art. 234 EG beim EuGH einleiten. Hält ein nationales Gericht eine GVO für zu eng, so besteht noch weniger als vor der Reform ein Bedürfnis für die analoge Anwendung einer GVO, da sich die Parteien nunmehr direkt auf Art. 81 Abs. 3 EG berufen können.
In Art. 3 Abs. 1 S. 2 3. Alt. DVO ist erstmals der Vorrang der GVO vor nationalem Kartellrecht ausdrücklich angeordnet. Lediglich von Art. 81 Abs. 3 EG abweichende Ziele dürfen trotz der Gruppenfreistellung durch nationale Verbote verfolgt werden, sofern diese Ziele auch in gemeinschaftsrechtlicher Hinsicht legitim sind. Vereinbarungen, die durch eine Nichtanwendbarkeitsverordnung nach Art. 8 VGVO dem Anwendwendungsbereich einer GVO entzogen werden, dürfen nach Art. 3 Abs. 2 S. 1 2. Alt. DVO dann nicht durch einzelstaatliches Kartellrecht verboten werden, wenn sie mit Art. 81 Abs. 3 EG vereinbar sind. Nach Wirkung einer Entzugsentscheidung nach Art. 6 oder 7 VGVO dagegen hat das Kartellverbot des Art. 81 Abs. 1 EG Vorrang vor einer nationalen Er-

laubnis, da nationale Behörden nach Art. 3 Abs. 1 DVO auch Art. 81 Abs. 1 EG anwenden müssen. Eine Doppelsanktion durch europäisches und nationales Kartellrecht ist durch die DVO nicht ausgeschlossen, vgl. auch Art. 12 Abs. 2 S. 2 DVO. Aus Gründen der Billigkeit ist die vorhergehende Sanktionsentscheidung aber bei der Bemessung der späteren zu berücksichtigen.

TEIL 3: DIE ENTZUGSVERFAHREN NACH ART. 6 BIS 8 VGVO IVM ART. 29 DVO UND ART. 1A VO 19/65

Im Falle von abweichenden Freistellungen ist -wie in Teil 2 dargelegt- eine Korrektur des im Einzelfall mit Art. 81 Abs. 3 EG nicht übereinstimmenden Ergebnisses erforderlich. Stellt die VGVO abweichend von Art. 81 Abs. 3 EG gewisse Vereinbarungen frei, so sind die dafür vorgesehenen Korrekturverfahren in Art. 6-8 VGVO iVm Art. 29 DVO und Art. 1a VO 19/65 geregelt. Im folgenden werden zunächst die Voraussetzungen für alle Entzugsverfahren dargestellt. Anschließend wird unterschieden zwischen Entzug durch Einzelentscheidung (Art. 6 und 7 VGVO iVm Art. 29 DVO) und Entzug durch eine Nichtanwendbarkeitsverordnung nach Art. 8 VGVO iVm Art. 1a VO 19/65. Bezüglich der Nichtanwendbarkeitsverordnung sei bereits jetzt darauf hingewiesen, daß Art. 8 VGVO abweichende Freistellungen nicht zwingend voraussetzt. Sie haben insoweit einen weiteren Anwendungsbereich als die übrigen Entzugsverfahren.

A. Voraussetzungen für alle Entzugsverfahren nach Art. 6-8 VGVO

I. Anwendbarkeit bzw. Rechtsvorteil der GVO/Erheblichkeit des Entzugs

Aus der Systematik der VGVO ergibt sich, daß alle drei Verfahrensarten nach Art. 6-8 VGVO voraussetzen, daß die VGVO anwendbar ist. Da nach Art. 6 und 7 VGVO der „Vorteil der Anwendung" der VGVO entzogen wird, muß die Verhaltenskoordination vom Freistellungstatbestand des Art. 2 VGVO iVm Art. 3 VGVO erfaßt sein.[562] Die Marktanteilsschwellen des Art. 3 VGVO dürfen also nicht überschritten werden, vgl. auch Art. 9 VGVO. Entsprechendes gilt für die Nichtanwendbarkeitsverordnung nach Art. 8 VGVO, welcher zur Erklärung der Nichtanwendbarkeit der VGVO ermächtigt. Der Rechtsvorteil der Anwendung der VGVO besteht in der gemäß Art. 2 VGVO erfolgten Erklärung der Nichtanwendbarkeit des Kartellverbots iSd Art. 81 Abs. 1 EG. Einer solchen wiederum bedarf es schon rein sprachlich nur, wenn die Vereinbarung überhaupt von Art. 81 Abs. 1 EG erfaßt wird, denn ansonsten ist die Vereinbarung (EG-)kartellrechtsneutral. Bei Art. 81 Abs. 1 EG muß neben den geschriebenen Tatbestandsmerkmalen auch noch die Spürbarkeit gegeben sein, die sich nicht nur auf die Wettbewerbsbeschränkung, sondern auch auf die zwischenstaatliche Handelsbeeinträchtigung bezieht.[563] Nach der neuen Bagatellbekanntmachung[564] der Kommission wird die Spürbarkeit der Wettbewerbsbeschränkung grundsätzlich anhand von Marktanteilsschwellen bestimmt. Bei Vertikalvereinbarungen

[562] Ob man Art. 2 VGVO nach wie vor als Freistellungstatbestand oder Legalausnahmetatbestand bezeichnet, ist eine Geschmacksfrage, solange man sich über die Rechtswirkungen der GVO im neuen Verfahrensrecht im klaren ist (vgl. dazu Teil 2).

[563] Roth/Ackermann in FK, Art. 81 Abs. 1 Grundfragen, Rz. 325 ff.

[564] Bagatellbekanntmachung (de minimis), ABl.EG 2001 Nr. C 368/13, welche die alte Bagatellbekanntmachung, ABl.EG 1997, Nr. C 372/13, Rz. 9 ablöst.

beträgt die Schwelle 15%.[565] Die Bekanntmachung bindet jedoch nicht nationale Gerichte und Behörden. Die Kommission dagegen ist grundsätzlich an diese Schwelle gebunden.[566] Außerdem dürfen keine schwarzen Klauseln iSd Art. 4 VGVO vereinbart worden sein, da diese den Rechtsvorteil insgesamt entfallen lassen würden (Alles-oder-Nichts-Prinzip).[567] Auch besteht ein Rechtsvorteil durch die VGVO nur insoweit, als die Vereinbarung nicht unter Art. 5 VGVO fällt.[568]

Einen „Rechtsvorteil" bietet die Gruppenfreistellung nach neuem Verfahrensrecht, wenn die Vereinbarungen im Einzelfall mit Art. 81 Abs. 3 EG unvereinbar sind und somit nicht schon von der Legalausnahme erfaßt werden. Denn in diesem Fall folgt die Nichtanwendbarkeit des Kartellverbots ausschließlich aus der Anwendung der VGVO. Dieses wird jedoch die Ausnahme bei den GVOen sein. Problematisch ist dagegen der Regelfall, nach welchem die von Art. 2 VGVO erfaßten Vereinbarungen auch im konkreten Einzelfall mit Art. 81 Abs. 3 EG vereinbar sind und unter die Legalausnahme fallen. Die VGVO stellt insoweit nur fest, was Art. 81 Abs. 3 EG ohnehin schon vorsieht.[569] Da Art. 8 VGVO die Unvereinbarkeit mit Art. 81 Abs. 3 EG nicht voraussetzt, könnte grundsätzlich eine rechtmäßige Nichtanwendbarkeitserklärung nach Art. 8 VGVO ergehen. Wie schon zum rechtspolitischen Bedürfnis der GVOen angemerkt, besteht der Rechtsvorteil der GVO dann aber zumindest darin, daß es regelmäßig leichter ist, das Eingreifen der Gruppenfreistellungsvoraussetzungen darzulegen, als nachzuweisen, daß die Legalausnahme des Art. 81 Abs. 3 EG erfüllt ist.[570] Dieses trifft bezogen auf die VGVO insbesondere dann zu, wenn die Marktanteilsschwelle von 30% nach Art. 3 VGVO auf dem relevanten Markt offensichtlich nicht erreicht ist. Darüber hinaus gelten GVOen anders als eine Zivilgerichtsentscheidung über Art. 81 Abs. 3 EG gegenüber jedermann.

Schließlich stellt es einen Rechtsvorteil dar, daß nach Art. 3 Abs. 2 S. 1 3. Alt. DVO kein Verbot durch nationales Kartellrecht ausgesprochen werden darf, solange die Vereinbarung unter eine GVO fällt. Auch ist es für die Unternehmen vorteilhaft, daß der Nachweis der Freistellungsvoraussetzungen der GVO leichter zu erbringen ist als der ansonsten notwendige Nachweis über die Voraussetzungen des Art. 81 Abs. 3 EG gemäß Art. 3 Abs. 2 S. 1 2 Alt. DVO.

---

[565] Tz. 7b) der Bagatellbekanntmachung; siehe unten ausführlicher, insbesondere zu Netzen gleichartiger Vereinbarungen.

[566] Vgl. aber die Ausnahmen nach Tz. 11 der Bagatell-Bekanntmachung und Roth/Ackermann in FK, Art. 81 Abs. 1 Grundfragen, Rz. 327 ff.

[567] Roniger, Vertriebskartellrecht, Art. 4 Rz. 1; Leitlinien zur VGVO, Tz. 46.

[568] Leitlinien zur VGVO, Tz. 57.

[569] Bechtold, EWS 2001, 54.

[570] Stillfried/Stockenhuber, wbl 2001, 151; vgl. zum Rechtsvorteil auch Eilmansberger, JZ 2001, 374, Fn. 69.

II. Rechtsnatur der Entzugsentscheidung bzw. Nichtanwendbarkeitsverordnung

Aus der Verbindlichkeit der Gruppenfreistellungsverordnung auch bei im Einzelfall von Art. 81 Abs. 3 EG abweichenden Freistellungen folgt, daß die Rückgängigmachung dieses Art. 81 Abs. 3 EG zuwiderlaufenden Ergebnisses durch eine Einzelentscheidung nach Art. 6 oder 7 VGVO auch nach neuem Verfahrensrecht rechtsgestaltend und damit konstitutiv ist.[571] Im Falle des Art. 6 VGVO iVm Art. 29 Abs. 1 DVO handelt es sich um eine Kommissionsentscheidung nach Art. 249 Abs. 4 EG. Dieses ergibt sich auch aus Art. 14 Abs. 1 DVO, welcher den Begriff „Entscheidung" nach Maßgabe des Art. 29 Abs. 1 DVO enthält. Bei der der „Entscheidung" (vgl. Art. 11 Abs. 4 S. 1 3. Alt. DVO) nach Art. 29 Abs. 2 DVO iVm Art. 7 VGVO ist das Verfahrensrecht der Mitgliedstaaten entscheidend.[572] Nach deutschem Recht stellt sie eine Verfügung iSd § 61 GWB und damit einen Verwaltungsakt dar,[573] der aus oben genannten Gründen auch nach der Verfahrensreform rechtsgestaltend ist. Bei der Nichtanwendbarkeitsverordnung nach Art. 8 VGVO handelt es sich um eine Verordnung nach Art. 249 Abs. 2 EG. Sie ist -wie alle Verordnungen- verbindlich, unabhängig davon, ob sie deklaratorisch oder konstitutiv ist. Es kommt allein auf ihre Rechtmäßigkeit bzw. die Erklärung ihrer Ungültigkeit durch den Gerichtshof an.

III. Bedeutung nebeneinander bestehender Netze gleichartiger Beschränkungen

Den Entzugsverfahren nach Art. 6-8 VGVO ist gemeinsam, daß sie „nebeneinander bestehende Netze gleichartiger vertikaler Beschränkungen" als erhebliches Regelbeispiel hervorheben. Die kumulativen Wirkungen dieser Netze, die von miteinander im Wettbewerb stehenden Lieferanten oder Käufern gebildet werden, können den Zugang oder den Wettbewerb auf dem entsprechenden Markt erheblich beschränken und somit gegen Art. 81 Abs. 3 EG verstoßen. Nach Art. 8 VGVO ist Voraussetzung für den Entzug, daß 50% des betroffenen Marktes von solchen Netzen erfaßt werden, während Art. 6 und 7 VGVO die Netze lediglich als Beispiel für einen Verstoß gegen Art. 81 Abs. 3 EG behandeln. Es folgt eine rechtliche Einordnung dieser Netze.

---

[571] AA Schütz in Gemeinschaftskommentar, 7. Lieferung (EG-Gruppenfreistellungen), Einführung, Rz. 58, nach dem der Entzug deklaratorisch sei, die Beurteilung aber „ungleich schwieriger und damit unsicherer", der aber auch von der bloßen Vermutungswirkung der GVOen ausgeht (Rz. 55).

[572] Leitlinien zur VGVO, Tz. 78; Schröter, Aktuelle Probleme, S. 27.

[573] Veelken in Immenga/Mestmäcker, Ergänzungsband zum EG-WettbewerbsR, GFVO, Rz. 330.

1. Beurteilung von Netzen gleichartiger Vereinbarungen nach Art. 81 Abs. 1 EG

Zu diesem komplexen Problem, das oft als „Bündeltheorie“ umschrieben wird,[574] sollen zunächst hierzu ergangene Entscheidungen von EuGH, EuG und der Kommission zu Art. 81 Abs. 1 EG betrachtet werden.

a) Brasserie de Haecht I

Die erste EuGH-Entscheidung zur Bündeltheorie ist das *Brasserie-de-Haecht*-Urteil.[575] In diesem Vorabentscheidungsverfahren wurde die Frage vorgelegt, ob bei der Beurteilung einer Vereinbarung nach Art. 81 Abs. 1 EG lediglich zu prüfen ist, wie sich die Vereinbarung als einzelne auf den Markt auswirkt, oder ob die Gesamtmarktlage, insbesondere das Nebeneinanderbestehen zahlreicher gleichartiger Verträge, zu berücksichtigen ist.[576] Diese Frage war deswegen entscheidungserheblich, weil der einzelne Bierlieferungsvertrag zwischen der *Brasserie de Haecht* und den Schankwirten *Wilkin* und *Janssen* zwar eine mehrjährige ausschließliche Bezugspflicht zugunsten der Brauerei vorsah. Für sich betrachtet hätte diese aber nicht spürbar den Handel zwischen Mitgliedstaaten beeinträchtigen oder eine Einschränkung des Wettbewerbs, die auch nicht bezweckt ist, bewirken können.[577] Da aber alle damals 282 belgischen Brauereien eine große Anzahl vergleichbarer Bierlieferungsverträge abgeschlossen haben,[578] war es für ausländische Brauereien unmöglich, die derart gebundenen Schankwirtschaften zu beliefern. Ihnen blieb allein die Möglichkeit, die (wenigen) ungebundenen Wirtschaften zu beliefern oder selber Wirtschaften einzurichten. Dieses verfestigt die Abschottung nationaler Märkte und erschwert die gegenseitige Marktdurchdringung. Da die Errichtung neuer Schankstellen tatsächlich schwierig ist, könnte man bei Betrachtung des Bündels von Vereinbarungen die Eignung zur spürbaren Beeinträchtigung des Handels zwischen Mitgliedstaaten und eine Bewirkung einer Wettbewerbseinschränkung iSd Art. 81 Abs. 1 EG annehmen.[579] Nach dem EuGH ist die Vereinbarung nicht aus dem Zusammenhang herausgelöst zu betrachten; vielmehr ist der wirtschaftliche und rechtliche Gesamtzusammenhang zu beachten, wobei das Bestehen eines Bündels gleichartiger Verträge einer von weiteren erheblichen Umständen im Rah-

---

[574] Vgl. Brinker in: Schwarze, EU-Kommentar, Art. 81 EG, Rz. 76.
[575] EuGH Slg. 1967, 545, S. 555 f.-Brasserie de Haecht I; vgl. Gleiss, WuW 1968, 206.
[576] EuGH Slg. 1967, 555. Brasserie de Haecht I.
[577] Vgl. Generalanwalt Roemer, EuGH Slg. 1967, 560-Brasserie de Haecht I.
[578] Vgl. EuGH Slg. 1967, 548-Brasserie de Haecht I.
[579] Generalanwalt Roemer, EuGH Slg. 1967, 563-Brasserie de Haecht I.

men des Art. 81 Abs. 1 EG ist.[580] Die Bewertung dieser Umstände überließ der EuGH den mitgliedstaatlichen Gerichten.[581]

b) Stergios Delimitis

In seiner ebenfalls auf Bierlieferungsverträge und Alleinbezugsvereinbarungen bezogenen *Delimitis*-Entscheidung[582] konkretisiert der EuGH die Bündeltheorie, um deren Anwendung durch nationale Gerichte zu erleichtern und zu vereinheitlichen.[583] Wie zuvor betont der EuGH zunächst, daß die kumulative Wirkung mehrerer gleichartiger Verträge nur ein Umstand unter mehreren ist, die bei Prüfung der Wettbewerbsbeschränkung und Eignung zur Handelsbeeinträchtigung iSd Art. 81 Abs. 1 EG zu berücksichtigen sind.[584] Ein Verstoß gegen Art. 81 Abs. 1 EG kann aber angenommen werden, wenn zwei Voraussetzungen erfüllt sind:[585] Erste Voraussetzung ist, daß unter Berücksichtigung aller Begleitumstände der Markt schwer zugänglich ist. Bei dieser Prüfung ist die Zugehörigkeit des streitigen Vertrags zu einem Bündel ähnlicher Verträge als ein Umstand unter mehreren zu berücksichtigen. Zweite Voraussetzung ist, daß der „streitige Vertrag in erheblichem Maße" zu der durch das Vertragsbündel verursachten Abschottungswirkung beiträgt.[586]

1. Voraussetzung: Schwerzugänglichkeit des Marktes

Zur ersten Voraussetzung der Schwerzugänglichkeit des Marktes führt der EuGH aus, daß zunächst eine Bestimmung des sachlich und örtlich relevanten Marktes erforderlich ist.[587] Anschließend ist für die Frage der Zugangserschwerung die „Art und Bedeutung des betreffenden Vertragsnetzes" zu untersuchen, zu welchem „alle gleichartigen Verträge, die eine bedeutende Zahl von Verkaufsstellen an einige inländische Erzeuger binden", gehören.[588] Aus dieser Formulierung ergibt sich, daß die vergleichbaren Vertriebsverträge verschiedener Hersteller ein Netz bzw. mehrere[589] Netze bilden.[590] Der EuGH nennt auch

---

[580] EuGH Slg. 1967, 555f.-Brasserie de Haecht I; vgl. auch EuGH Slg. 1977, 65, Rz. 6/8-De Norre gegen Brouwerij Concordia; EuGH Slg. 1980, 2511, Rz. 24-Lancôme gegen Etos; EuGH Slg. 1980, 3775, Rz. 19-L'Oréal gegen PVBA.

[581] Vgl. dazu Wiedemann, GVO BT, GVO 1984/83, Einl., Rz 11.

[582] EuGH Slg. 1991 I-977ff-Delimitis gegen Henninger Bräu.

[583] Zuvor war die Rechtsprechung insb. der deutschen Gerichte sehr uneinheitlich: vgl. Wahl, NJW 1988, 1432 und einerseits OLG Stuttgart, WRP 1986, 119-Beschluß v. 26. Juli 1985-2 W 45/85, andererseits OLG Köln, NJW-RR 1336, 1338; zum ganzen auch Ebenroth/Rapp, JZ 1991, 962ff.

[584] EuGH Slg. 1991 I-977, Rz. 14-Delimitis.

[585] EuGH Slg. 1991 I-977, Rz. 27 und 15-23 bzw. 24-26-Delimitis.

[586] EuGH Slg. 1991 I-977, Rz. 27-Delimitis; zur Frage der Öffnungsklausel, vgl. Rz. 28ff. dieses Urteils.

[587] EuGH Slg. 1991 I-977, Rz. 16-Delimitis.

[588] EuGH Slg. 1991 I-977, Rz. 19-Delimitis.

[589] Im nächsten Satz fährt der EuGH fort: Der Einfluß „dieser Vertragsnetze...", Tz. 19.

die Kriterien für den Einfluß dieser Netze auf den Marktzugang: zahlenmäßiges Verhältnis der gebundenen Verkaufsstellen zu den ungebundenen, Dauer der Verpflichtungen, Warenmenge, Verhältnis der durch gebundene Stellen abgesetzen zu der über nichtgebundene Vertriebsstellen abgesetzten Warenmenge.[591] Selbst wenn ein solches Vertragsnetz besteht und es den Marktzugang wesentlich beeinflußt, kann daraus allein jedoch noch nicht geschlossen werden, daß der Zugang zu dem Markt wesentlich erschwert ist.[592] Denn weiterer erheblicher Umstand ist die konkrete Möglichkeit für Wettbewerber, sich in das Vertragsnetz einzugliedern oder diese Eingliederung durch die Neuerrichtung eigener Verkaufsstellen zu umgehen, wobei Rentabilitätsgesichtspunkte zu berücksichtigen sind.[593] Darüber hinaus sind noch sonstige Wettbewerbsbedingungen wie Sättigungsgrad auf dem Markt und die Markentreue der Verbraucher erheblich.[594] Wenn nach Berücksichtigung auch dieser weiteren Umstände der Markt nicht schwer zugänglich ist, liegt kein Verstoß gegen Art. 81 Abs. 1 EG vor. Ist der Markt dagegen schwer zugänglich, muß die zweite Voraussetzung, also der Beitrag der Verträge zur kumulativen Wirkung, geprüft werden.

2. Voraussetzung: Beitrag zur kumulativen Wirkung

Zweite Voraussetzung ist nach dem EuGH, daß „der streitige Vertrag in erheblichem Maße zu der Abschottungswirkung" beträgt, die das Bündel gleichartiger Verträge entfaltet.[595] An anderer Stelle stellt der EuGH darauf ab, inwieweit die gleichartigen Verträge einer Brauerei zur kumulativen Wirkung der gleichartigen Verträge aller Brauereien auf dem Markt beitragen.[596] Ist der Beitrag einer Brauerei zur kumulativen Wirkung unerheblich, fallen die Verträge der Brauerei nicht unter Art. 81 Abs. 1 EG.[597] Zur Klärung dieser Frage ist der Marktanteil der Brauerei und die Zahl der an diese Brauerei gebundenen Verkaufsstellen im Verhältnis zur Gesamtzahl von Verkaufsstellen auf dem relevanten Markt entscheidend.[598] Sind Marktanteil und Zahl der Verkaufstellen gering, können die *einzelnen* Verträge dennoch einen erheblichen Beitrag zur Abschottungswirkung leisten und damit gegen Art. 81 Abs. 1 EG verstoßen, nämlich wenn die Vertragsdauer unverhältnismäßig lang ist.[599] Insgesamt wird bei den Ausführungen

---

590 Vgl. schon vor dem Delimitis-Urteil: Wiedemann, GVO BT, GVO 1984/83, Einl. Rz. 13.

591 EuGH Slg. 1991 I-977, Rz. 19-Delimitis.

592 EuGH Slg. 1991 I-977, Rz. 20-Delimitis.

593 EuGH Slg. 1991 I-977, Rz. 21-Delimitis.

594 EuGH Slg. 1991 I-977, Rz. 22-Delimitis.

595 EuGH Slg. 1991 I-977, Rz. 27-Delimitis.

596 EuGH Slg. 1991 I-977, Rz. 24-Delimitis.

597 EuGH Slg. 1991 I-977, Rz. 24-Delimitis.

598 EuGH Slg. 1991 I-977, Rz. 25-Delimitis; ungenau daher Grill in Lenz, Art. 81 EG, Rz. 15, der diese Prüfung nur vornehmen will, wenn bereits festgestellt ist, daß der Beitrag der Verträge zur kumulativen Wirkung erheblich ist („andernfalls").

599 EuGH Slg. 1991 I-977, Rz. 26-Delimitis.

des EuGH zur zweiten Voraussetzung nicht ganz klar, ob der Beitrag zur kumulativen Wirkung des einzelnen Vertrags oder der Gesamtheit der Verträge der Brauerei geprüft wird.[600] Einerseits hebt der EuGH hervor, daß der Beitrag der „Verträge der betroffenen Brauerei“[601] zu bestimmen ist, andererseits verlangt er, daß „der streitige Vertrag“ in erheblichem Maße zur Abschottungswirkung, die das Vertragsbündel entfaltet, beitragen muß.[602]

c) Schöller und Langnese-Iglo

Die Bündeltheorie wurde erstmals[603] auch von der Kommission in den Entscheidungen *Schöller*[604] und *Langnese-Iglo*[605] angewandt, welche Gegenstand von EuG-Urteilen geworden sind, wobei gegen das *Langnese-Iglo*-Urteil ein Rechtsmittel beim EuGH eingelegt worden ist.[606] Auch hier geht es um die Beurteilung von Alleinbezugsverpflichtungen,[607] allerdings für den Vertrieb von sogenanntem Impuls-Speiseeis. *Langnese-Iglo* und *Schöller* stellten den von ihnen gebundenen Unternehmen regelmäßig Kühltruhen ohne gesonderte Bezahlung zur Verfügung, die nicht für Konkurrenzprodukte benutzt werden durften. Am Markteintritt wurde die *Mars GmbH* gehindert. Zunächst klärt das EuG, ob die *de-Haecht-* und *Delimitis*-Rechtsprechung hinsichtlich der kumulativen Wirkung nebeneinander bestehender Netze überhaupt heranzuziehen ist. Nach Auffassung der Kommission war das nicht erforderlich, weil hier schon das Netz von *Langnese-Iglo* wegen Überschreitung der Schwellenwerte der Bagatellbekanntmachung eine spürbare Wettbewerbsbeschränkung darstelle.[608] Das EuG weist dieses allerdings zurück, da sich die Schwellenwerte nur auf die Spürbarkeit einer bereits festgestellten Wettbewerbsbeschränkung beziehen.[609] Die Prüfung der bewirkten Wettbewerbsbeschränkung durch die zugangsbehindernde

---

600 Schnorbus, DZWir 1998, 473.

601 EuGH Slg. 1991 I-977, Rz. 24-Delimitis.

602 EuGH Slg. 1991 I-977, Rz. 27, sowie Nr. 1 des Tenors-Delimitis; auf den einzelnen Vertrag abstellend auch BGH RIW 1992, 148 (=NJW 1992, 1456)-Urteil vom 15. 10. 1991-KZR 25/90; ebenso: Liebmann, Vertriebsverträge in der EU, S. 139.

603 So Grill in Lenz, Art. 81 EG, Rz. 15.

604 ABl.EG 1993 Nr. 183/1 vom 26. 7. 1993, Entscheidung der Kommission vom 23. 12. 1992-Schöller.

605 ABl.EG 1993 Nr. 183/19 vom 26. 7. 1993, Entscheidung der Kommission vom 23. 12. 1992-Langnese-Iglo.

606 EuG, Slg. 1995 II-1611ff.-Schöller/Kommission; EuG, Slg. 1995 II-1533ff.-Langnese-Iglo/Kommission; EuGH Slg. 1998 I-5627ff.-Langnese-Iglo.

607 EuG Slg. 1995 II-1533, Rz. 94-Langnese-Iglo; EuG, Slg. 1995 II-1611, Rz. 71-Schöller, jeweils iVm Wettbewerbsverbot.

608 ABl.EG 1993 Nr. L 183/19, Rz. 105-Langnese-Iglo; vgl. EuG Slg. 1995 II-1533, Rz. 97-Langnese-Iglo.

609 EuG Slg. 1995 II-1533, Rz. 98-Langnese-Iglo; Roth/Ackermann in FK, Art. 81 Abs. 1 Grundfragen, Rz. 336.

kumulative Wirkung des Netzes muß aber zuvor vorgenommen werden.[610] Der Ansatz der Kommission wäre letztlich darauf hinausgelaufen, nur die Spürbarkeit zu prüfen, was der Prüfung nur der zweiten *Delimitis*-Voraussetzung entspricht.[611] Das EuG dagegen nimmt im folgenden eine Prüfung beider Voraussetzungen nach der EuGH-Rechtsprechung vor: Es prüft die Schwerzugänglichkeit des Marktes[612] und den Beitrag des Bündels zu diesem Abschottungseffekt anhand der Marktstellung der Unternehmen.[613]
Bezogen auf Art. 81 Abs. 1 EG greift das EuG die im *Delimitis*-Urteil des EuGH nicht vollständig geklärte Frage auf, ob im Hinblick auf den Beitrag zur Abschottungswirkung auf den einzelnen Vertrag oder auf die Gesamtheit der Verträge des Herstellers abzustellen ist. Es stellt sich also die Frage, ob der Beitrag der Brauerei zur Abschottung nur aufgrund des streitigen Vertrags oder aufgrund der Gesamtheit ihrer Verträge zu ermitteln ist.[614] Das EuG kommt zu dem Ergebnis, daß das Bündel gleichartiger Verträge eines Herstellers als Ganzes zu beurteilen ist, da die Aufgliederung der einzelnen Verträge innerhalb des Bündels des Herstellers zu willkürlichen Ergebnissen führen könnte.[615] Zwar sei im Beschluß des Präsidenten des EuG vom 16. Juni 1992 eine solche Aufteilung der Verträge vorgenommen worden.[616] Dieses sei jedoch nur im Rahmen eines Antrags auf einstweilige Anordnung geschehen,[617] welche nur vorläufigen Charakter habe. Das EuG sieht es somit als möglichen Verstoß gegen den Gleichbehandlungsgrundsatz an, wenn nur einzelne Verträge, nicht aber das gesamte Bündel von Verträgen zur Beurteilung der Abschottungswirkung herangezogen werden.[618] Ein Bündel von gleichartigen[619] Verträgen eines Herstellers kann damit nur insgesamt unter das Verbot des Art. 81 Abs. 1 EG fallen oder gar

---

610 EuG Slg. 1995 II-1533, Rz. 98-Langnese-Iglo; Roth/Ackermann in FK, Art. 81 Abs. 1 Grundfragen, Rz. 336.; vgl. auch EuG Slg. 1997 II-759, Rz. 139-Vereniging van Groorhandelaren; anders dagegen wohl noch EuG Slg. 1992 II-415, Rz. 80-Vichy.

611 Nunmehr prüft die Kommission die Erheblichkeit erst nach der Feststellung der bewirkten Wettbewerbsbeschränkung und der Eignung zur Beeinträchtigung des Handels zwischen Mitgliedstaaten, vgl. ABl.EG 1998 Nr. L 146/1, Rz. 157ff, 201, 202-Van den Bergh Foods.

612 EuG Slg. 1995 II-1533, Rz. 99-111-Langnese-Iglo; EuG Slg. 1995 II-1611, Rz. 76-86-Schöller.

613 EuG Slg. 1995 II-1533, Rz. 112-Langnese-Iglo; EuG Slg. 1995 II-1611, Rz. 87-Schöller.

614 Vgl. Schnorbus, DZWir 1998, 473.

615 EuG Slg. 1995 II-1533, Rz. 129, 131-Langnese-Iglo; EuG Slg. 1995 II, 1611, Rz. 95, 98-Schöller.

616 EuG, EuZW 1992, 485, insb. S. 488, Tz. 32 ff.: Aussetzung der Anwendung der Ausschließlichkeitsvereinbarungen in Tankstellen zugunsten von *Mars*.

617 EuG Slg. 1995 II-1533, Rz. 130-Langnese-Iglo; EuG Slg. 1995 II-1611, Rz. 97.

618 Fritzsche, WiB 1995, 1014.

619 Fraglich ist dann nur, wann die „Gleichartigkeit" gegeben ist, etwa wenn ein Hersteller im Detail unterschiedliche Verträge mit den Händlern abgeschlossen hat.

nicht.[620] Fraglich ist nun, ob diese Auslegung des EuG auch vor dem EuGH Bestand haben wird. Zwar wurde die *Langnese-Iglo*-Entscheidung des EuG im Gegensatz zum *Schöller*-Urteil vom EuGH als Rechtsmittelinstanz überprüft,[621] aus prozessualen Gründen konnte der EuGH jedoch nicht diese Ausführungen zur Bündeltheorie im Rahmen des Art. 81 Abs. 1 EG überprüfen. Insoweit hatte die Klägerin vorwiegend tatsächliche Feststellungen des Gerichts angegriffen, für deren Beurteilung der EuGH im Rechtsmittelverfahren nicht zuständig ist.[622] Zwar wurde wegen der Betrachtung des Bündels als Ganzes auch ein Verstoß gegen den Verhältnismäßigkeitsgrundsatz und das Gleichheitsgebot geltend gemacht,[623] jedoch war die Rüge insofern ungenau, als die zitierten Stellen im EuG-Urteil zwei unterschiedliche rechtliche Aspekte enthielten. In der Rüge wurde nicht klar getrennt zwischen dem Problem der Betrachtung des Bündels als Ganzes im Rahmen des Art. 81 EG einerseits und dem Problem, ob das vollständige Verbot der Lieferbedingungen unverhältnismäßig ist, andererseits. Angesichts dieser Ungenauigkeit sah sich der EuGH außerstande, die Begründetheit der Rüge zu prüfen.[624]

Ansonsten hält sich das EuG an die *Delimitis*-Voraussetzungen zur Bündeltheorie.[625] Für die erste Voraussetzung der Schwerzugänglichkeit des Marktes werden nach einer sehr genauen Abgrenzung des relevanten Marktes[626] die vom EuGH vorgegebenen Kriterien geprüft.[627] Dazu zählen insbesondere das Verhältnis der durch den Hersteller gebundenen Verkaufsstellen zu den ungebundenen[628] und der Bindungsgrad bezüglich der Warenmenge.[629] Als weiteren Umstand berücksichtigt das EuG die Möglichkeit der Eingliederung oder Errichtung neuer Verkaufsstellen.[630] Hinsichtlich dieser weiteren Umstände stellt das EuG

---

[620] Unklar noch: EuGH Slg. 1991 I-977, Rz. 26-Delimitis; vgl. jetzt auch Kommission, ABl.EG 1998 Nr. L 246/1, Rz. 144-Van den Bergh Foods Limited und ABl.EG 1999 Nr. L 88/47, Rz. 129-Whitbread: „Zu diesem Zweck wird die Wirkung des gesamten Systems von Vereinbarungen des Unternehmens berücksichtigt. Stellt sich dabei heraus, daß das System als Ganzes den Wettbewerb einschränkt, so gilt dies auch für seine einzelnen Bestandteile."

[621] EuGH Slg. 1998 I-5627ff.-Langnese-Iglo.

[622] EuGH Slg. 1998 I-5627, Rz. 37-Langnese-Iglo; EuGH Slg. 1994 I-667, Rz. 42-Hilti/Kommission.

[623] EuGH Slg. 1998 I-5642, Rz. 42ff.-Langnese-Iglo.

[624] EuGH Slg. 1998 I-5627, Rz. 48-Langnese-Iglo; vgl. auch GA Colomer, EuGH Slg. 1998 I-5611, Rz. 24ff.

[625] EuG Slg. 1995 II-1533, Rz. 99ff.-Langnese-Iglo; EuG Slg. 1995 II-1611, Rz. 76ff.-Schöller.

[626] EuG Slg. 1995 II-1533, Rz. 44-72-Langnese-Iglo; EuG Slg. 1995 II-1611, Rz. 23-55-Schöller.

[627] EuG Slg. 1995 II-1533, Rz. 101-110-Langnese-Iglo; EuG Slg. 1995 II-1611, Rz. 78-85-Schöller.

[628] EuG Slg 1995 II-1533, Rz. 101ff.-Langnese-Iglo bzw. Rz. 78ff. bei Schöller.

[629] EuG Slg. 1995 II-1533, Rz. 101ff-Langneses-Iglo bzw. Rz. 78ff. bei Schöller.

[630] EuG Slg. 1995 II-1533, Rz. 100, 101, 106-Langnese-Iglo bzw. Rz. 78, 82 bei Schöller.

auf das Verleihen von Kühltruhen durch *Langnese-Iglo* und *Schöller* und die Gewährung von Rabatten ab.[631] Problematisch war, daß die Benutzung der Kühtruhen für Konkurrenzprodukte verboten war, während das Aufstellen weiterer Kühltruhen in den Verkaufsstellen oft aus Platzgründen ausschied. Darüber hinaus wurde berücksichtigt, daß die Nachfrage wegen fehlender unabhängiger Zwischenhändler zersplittert war. Letzteres stellt deswegen eine Zutrittsschranke dar, weil ein Markteintritt neuer Wettbewerber gewinnbringend nur dann möglich ist, wenn diese zahlreiche Einzelhändler gewinnen können. Maßgeblich ist nach dem EuG auch der hohe Bekanntheitsgrad der Produkte der etablierten Hersteller.[632] Unter Berücksichtigung dieser Umstände bejaht das EuG die schwere Zugänglichkeit des Marktes. Die zweite *Delimitis*-Voraussetzung, den Beitrag zur kumulativen Wirkung, hält das EuG sowohl bei *Schöller* als auch *Langnese-Iglo* für erfüllt, indem es den Marktanteil dieser Hersteller[633] und das Verhältnis der durch *Langnese-Iglo* bzw. *Schöller* gebundenen zur Gesamtzahl der Verkaufsstellen[634] bestimmt. Zum Schutz des Geschäftsgeheimnisses werden zwar keine genaueren Daten genannt, nach Auffassung des EuG kommt *Langnese-Iglo* auf dem relevanten Markt zu einem Bindungsgrad von mehr als 15%, während *Schöller* mehr als 10% und beide zusammen mehr als 30% erreichen.[635] Die Erheblichkeit des Beitrags ergibt sich darüber hinaus aus der Vertragsdauer von etwa zweieinhalb Jahren.[636]
Unter Berücksichtigung aller dieser Umstände sind die Vertriebsnetze von *Langnese-Iglo* und *Schöller* daher nach Art. 81 Abs. 1 EG verboten.

d) Van den Bergh Foods (Beschwerde von Masterfoods)

In der *Van-den-Bergh-Foods*-Entscheidung[637] der Kommission ging es ebenfalls um ein Netz von Ausschließlichkeitsvereinbarungen auf dem (irischen) Speiseeismarkt. Der Impulseishersteller *Van den Bergh Foods Limited* (vorher *HB Ice Cream Limited*) hat mit seinen Wiederverkäufern Vereinbarungen getroffen, nach denen diesen ohne direkte Inrechnungstellung Kühltruhen zur Verfügung gestellt werden, wenn diese ausschließlich für die von der *Van den Bergh Foods* hergestellten Produkte benutzt werden (Kühltruhenausschließlichkeit). Daher reichte die Wettbewerberin *Mars Ireland* (die zur *Master Foods Limited* gehört) Beschwerde nach Art. 3 VO 17 ein. Auch in dieser Entscheidung beurteilt die Kommission das Netz des Herstellers in seiner Gesamtheit und nicht jede ein-

---

631 EuG Slg. 1995 II-1533, Rz. 107-110-Langnese-Iglo bzw. Rz. 83, 85 bei Schöller.
632 EuG Slg. 1995 II-1533, Rz. 110-Langnese-Iglo bzw. Rz. 85 bei Schöller.
633 EuG Slg. 1995 II-1533, Rz. 96, 110-Langnese-Iglo.
634 EuG Slg. 1995 II-1533, Rz. 103-Langnese-Iglo bzw. Rz. 80 bei Schöller.
635 EuG Slg. 1995 II-1533, Rz. 105, 107ff.-Langnese-Iglo.
636 EuG Slg. 1995 II-1533, Rz. 111-Langnese-Iglo.
637 ABl.EG 1998 Nr. L 246/1ff-Van den Bergh Foods; bestätigt durch das EuG, Urteil vom 23. Oktober 2003, Rechtssache T-65/98- Van den Bergh Foods, abrufbar unter www.curia.eu.int/de/jurisp/index.htm.

zelne Kühltruhenvereinbarung, wobei die wettbewerbsbeschränkende Wirkung des Netzes dann auch für jede einzelne Vereinbarung innerhalb des Netzes gilt.[638] Ansonsten hält sich die Kommission streng an die vom EuGH und EuG aufgestellten Prüfungsschritte für die Beurteilung nach Art. 81 Abs. 1 EG[639] und kommt nach Abwägung aller Umstände zu dem Ergebnis, daß die Kühltruhenausschließlichkeitsvereinbarungen gegen Art. 81 Abs. 1 EG verstoßen.[640]

e) Whitbread, Bass, Scottish and Newcastle, Roberts und weitere Entscheidungen zu verschiedenen Bindungen

Zu Alleinbezugsvereinbarungen in Bierlieferungsverträgen[641] sind nunmehr auch Kommissionsentscheidungen bezogen auf den Bierausschankmarkt im Vereinigten Königsreich ergangen, die vom EuG bestätigt wurden.[642] In *Whitbread*,[643] *Bass*[644] und *Scottish and Newcastle*[645] prüft die Kommission genauestens die Bündel von Bierlieferungsverträgen dieser Brauereien anhand der vom EuGH und EuG aufgestellten Kriterien. Im Rahmen dieser Prüfung wird als weiterer sonstiger Faktor zur Bestimmung des Grads der Marktabschottung die Höhe des Werbeaufwands für das zu vertreibende Produkt genannt.[646] Da größere Unternehmen Vorteile bei der Werbung haben, ist der Marktzutritt für kleinere Unternehmen erschwert. Auch der Bekanntheitsgrad der Marken etablierter Hersteller ist ein zusätzlich zu berücksichtigender Faktor.[647]

Das EuG hatte auch in seinem *Roberts*-Urteil[648] über Bierlieferungsverträge im Vereinigten Königsreich zu entscheiden. In diesem Gebiet ist der Markt vor allem wegen der Vertragsnetze der Großbrauereien *Whitbread*, *Bass* und *Scottish and Newcastle* schwer zugänglich im Sinne der ersten *Delimitis*-Voraussetzung. Das EuG bestätigt eine die Beschwerde des Pächters *Roberts* zurückweisende Entscheidung der Kommission,[649] in der ein spürbarer Beitrag gemäß der zweiten *Delimitis*-Voraussetzung bezogen auf das Vertragsnetz der Verpächterin

---

[638] ABl.EG 1998 Nr. L 246/1, Rz. 144-Van den Bergh Foods.

[639] ABl.EG 1998 Nr. L 246/1, Rz. 130-220-Van den Bergh Foods.

[640] ABl.EG 1998 Nr. L 246/1, Rz. 203, 184-Van den Bergh Foods.

[641] Vgl. auch die früher gültige Bekanntmachung der Kommission über Bierlieferungsverträge von geringer Bedeutung, ABl.EG 1992 Nr. C 121/2.

[642] Auf die EuG-Entscheidungen wird bei der Behandlung dieser Vertragsnetze nach Art. 81 Abs. 3 EG eingegangen.

[643] ABl.EG 1999 Nr. L 88/26-Whitbread.

[644] ABl.EG 1999 Nr. L 186/1-Bass.

[645] ABl.EG 1999 Nr. L 186/28-Scottish and Newcastle.

[646] ABl.EG 1999 Nr. L 88/26, Rz. 29, 126-Whitbread; ABl.EG 1999Nr. L 186/1, Rz. 32, 143-Bass; ABl.EG 1999 Nr. L 186/28, Rz. 30-Scottish and Newcastle.

[647] ABl.EG 1999 Nr. L 88/26, Rz. 29-Whitbread; ABl.EG 1999Nr. L 186/1, Rz. 32-Bass; ABl.EG 1999 Nr. L 186/28, Rz. 30-Scottish and Newcastle.

[648] EuG Slg. 2001 II-1881-Roberts.

[649] Vgl. EuG Slg. 2001 II-1881, Rz. 9-Roberts-Entscheidung der Kommission vom 12. 11. 1998, so weit ersichtlich nicht veröffentlicht.

Greene King abgelehnt wird. Die Brauerei *Greene King* hatte bei isolierter Betrachtung einen Marktanteil von unter 2%,[650] so daß sich ein spürbarer Beitrag nicht aus der Marktstellung von *Greene King* ergab. Die durchschnittliche Dauer der Belieferungsverträge von *Greene King* betrug neun Jahre.[651] Das EuG lehnt aber die Annahme eines spürbaren Beitrags wegen langer Vertragsdauer ab,[652] da die Laufzeit von neun Jahren, gemessen an der durchschnittlichen Laufzeit von Bierlieferungsverträgen auf dem Markt, nicht unverhältnismäßig lang sei.[653] Bei isolierter Betrachtung fällt das Netz daher nicht unter Art. 81 Abs. 1 EG. Das EuG beschäftigt sich anschließend mit der interessanten Frage, ob sich ein Verstoß der Lieferverträge gegen das Kartellverbot daraus ergeben könnte, daß *Greene King* im Rahmen einer Tätigkeit als Großhändler mit den landesweit handelnden Großbrauereien Bierlieferungsverträge geschlossen hat, die teilweise eine Mindestbezugspflicht von bis zu knapp 20% des *en gros* verkauften Biers beinhalteten. *Greene King* hatte an die Pächter nämlich nicht nur selbst gebrautes Bier verkauft, sondern zu ca. 50% auch Bier der Großbrauereien. Die Kommission war in ihrer Entscheidung der Ansicht, daß die Verträge mit den Großbrauereien keinen Einfluß auf die Beurteilung der Frage hatten, ob *Greene Kings* Netz von Vereinbarungen mit Gastwirten einen spürbaren Beitrag auf dem Bierausschankmarkt leistet.[654] Auch das EuG lehnt eine Verknüpfung des Netzes von *Greene King* mit dem Netz von Vereinbarungen der landesweit tätigen Brauereien ab.[655] Eine solche Verknüpfung sei nur unter zwei Voraussetzungen möglich. Erstens muß die „Vereinbarung ‚nach oben'", hier also zwischen *Greene King* und den Großbrauereien, als Mindestabnahmepflicht, Wettbewerbsverbot oder sonstige Bezugsverpflichtung zu bewerten sein.[656] Zweitens müssen die Vereinbarungen zwischen den Großbrauereien und der als Großhändler tätigen Brauerei (hier *Greene King*) so große Bindungswirkung entfalten, daß der Zugang zu dem „Netz der Vereinbarungen ‚nach unten'", hier also zwischen *Greene King* und den Gastwirten, für andere in- oder ausländische Brauereien zumindest erheblich erschwert ist.[657] Das EuG verneint das Vorliegen der zweiten Voraussetzung, da die Mindestabnahmeverpflichtung weniger als 20% des *en gros* verkauften Bieres von *Greene King* betraf. Da es *Greene King* erlaubt war, 80% des Bieres von anderen Herstellern zu beziehen, liegt keine Zugangserschwerung auf den Markt „nach unten" vor.[658] Ein spürbarer

---

[650] EuG Slg. 2001 II-1881-Rz. 69-Roberts.
[651] EuG Slg. 2001 II-1881, Rz. 77-Roberts.
[652] Vgl. zu diesem Kriterium: EuGH Slg. 1991 I-977, Rz. 26-Delimitis.
[653] EuG Slg. 2001 II-1881, Rz. 77ff.-Roberts.
[654] EuG Slg. 2001 II-1881, Rz. 94-Roberts.
[655] EuG Slg. 2001 II-1881, Rz. 104, 114ff.-Roberts.
[656] EuG Slg. 2001 II-1881, Rz. 106-Roberts.
[657] EuG Slg. 2001 II-1881, Rz. 107-Roberts.
[658] EuG Slg. 2001 II-1881, Rz. 113-Roberts.

Beitrag von *Greene King* kann daher auch über eine Verknüpfung mit den Vertragsnetzen der Großbrauereien hergestellt werden.

Die Bündeltheorie wird von der Rechtsprechung nicht nur auf Alleinbezugsvereinbarungen, sondern auch auf sonstige Vereinbarungen mit Ausschließlichkeitselementen[659] und auf den selektiven Vertrieb[660] angewendet. Es gibt Bereiche, in denen der Vertrieb zu fast 100% über gleichartige, vorwiegend selektive Vertriebssysteme erfolgt, wodurch ein Marktzugang potentieller unabhängiger Händler so gut wie ausgeschlossen ist.[661]

f) Beurteilung von Netzen nach der neuen Bagatellbekanntmachung der Kommission

In ihrer neuen Bagatell-(bzw. *de-minimis-*)Bekanntmachung[662] geht die Kommission auf das Merkmal der Spürbarkeit der Wettbewerbsbeschränkung[663] iSd Art. 81 Abs. 1 EG ein und gibt erstmals auch Auslegungshilfe für die Beurteilung von Netzen gleichartiger Vereinbarungen. Nach der alten Bagatellbekanntmachung dagegen wurde die Anwendbarkeit der in der Bekanntmachung vorgegebenen Marktanteilsschwellen ausdrücklich für den Fall der kumulativen Wirkung nebeneinander bestehender Netze ausgenommen.[664] Nunmehr betrachtet die Kommission grundsätzlich vertikale Beschränkungen als nicht spürbar, wenn es hinsichtlich der Vereinbarung keinen relevanten Markt gibt, auf dem eines der beteiligten Unternehmen einen Marktanteil von über 15% hat.[665] Wird der Markt dagegen durch parallele Netze gleichartiger Vereinbarungen verschiedener Lieferanten beherrscht, so wird für die Spürbarkeit die Marktanteilsschwelle sowohl für Vertikal- als auch Horizontalvereinbarungen auf 5% herabgesetzt. Eine Abschottung durch solche parallelen Netze wird für unwahrscheinlich gehalten, wenn weniger als 30% des relevanten Marktes dadurch betroffen sind.[666] Keine dieser Marktanteilsschwellen kommt dagegen zur Anwendung, wenn gewisse Kernbeschränkungen wie zB Preisbindungen in den Vereinbarungen enthalten sind.[667] Mit der neuen Bagatellbekanntmachung versucht die

---

[659] Vgl. Roth/Ackermann in FK, Art. 81 Abs. 1 Grundfragen, Rz. 252; EuG Slg. 1997 II-759, Rz. 144-Vereniging van Groothandelaren; EuGH Slg. 1995 I-4515-Oude Luttikhuis; EuGH Slg. 1998 I-2083, Rz. 50-Cabour.

[660] EuG Slg. 1992 II, 415, Rz. 80ff.-Vichy; EuGH Slg. 1980, 2511-Lancôme; EuGH Slg. 1980, 3775-L'Oréal; EuGH Slg. 1986, 3021-Metro II; vgl. Jakob-Siebert/Reichl, EuZW 1992, 433; vgl. dazu auch Ensthaler/Funk, BB 2000, 1691.

[661] Ensthaler/Funk, BB 2000, 1691 (KfZ-Neufahrzeugvertrieb).

[662] ABl.EG 2001 Nr. C 368/13.

[663] Tz. 2; die Spürbarkeit der Handelsbeeinträchtigung wird dagegen ausdrücklich nicht behandelt.

[664] Tz. 18 der alten Bekanntmachung, ABl.EG 1997, Nr. C 272/13.

[665] Tz. 7b, nach der alten Bekanntmachung betrug die Marktanteilsschwelle nur 10%.

[666] Tz. 8, ABl.EG 2001, Nr. C 368/14.

[667] Vgl. Tz. 11 der Bekanntmachung.

Kommission die vom EuGH gestellten Vorgaben zu konkretisieren. Von einer Schwerzugänglichkeit des Marktes, also der ersten *Delimitis*-Voraussetzung, wird dann nicht ausgegangen, wenn weniger als 30% des Marktes durch Netze gleichartiger Vereinbarungen abgeschottet sind. An der zweiten *Delimitis*-Vorgabe, dem Beitrag des jeweiligen Bündels eines Unternehmens zur Abschottungswirkung, wird es nach der Kommission regelmäßig dann fehlen, wenn der Marktanteil dieses Unternehmens nicht mehr als 5% beträgt. Zu beachten ist dabei jedoch folgendes: Zum einen gibt die Kommission nur grobe Auslegungsregeln vor („in der Regel", „unwahrscheinlich" [668]). Wegen der Formulierung als Regelbeispiele ist die Kommission ebenfalls nur eingeschränkt gebunden. Zum anderen werden die Kriterien nur negativ bestimmt. Die Kommission definiert also nicht, wann die Spürbarkeit vorliegt, sondern nur, wann sie diese regelmäßig für nicht gegeben hält.[669] Im Zweifel ist also weiterhin eine ausführliche Untersuchung anhand der *Delimitis*-Kriterien erforderlich.

2. Beurteilung von Netzen gleichartiger Vereinbarungen nach Art. 81 Abs. 3 EG

Noch schwieriger ist die Behandlung paralleler Netze gleichartiger Vereinbarungen im Rahmen des Art. 81 Abs. 3 EG, da es bislang nur wenige Entscheidungen dazu gibt. Dieses ist insbesondere für die Entzugsverfahren nach Art. 6 und 7 VGVO erheblich, da diese einen Verstoß gegen Art. 81 Abs. 3 EG voraussetzen.

a) Langnese-Iglo und Schöller

aa) Die Kommissionsentscheidungen

Die ersten[670] Kommissionsentscheidungen zu Bündeln von Vertragsnetzen unter Art. 81 Abs. 3 EG sind *Schöller*[671] und *Langnese-Iglo.*[672] Das gegen Art. 81 Abs. 1 EG verstoßende Bündel von Ausschließlichkeitsvereinbarungen von *Schöller* fiel schon nicht unter die GVO 1984/83,[673] so daß ein Entzugsverfahren bereits deswegen nicht in Betracht kam. Jedoch war Art. 81 Abs. 3 EG nach damaliger Rechtslage für die Frage der Einzelfreistellung entscheidend. Die Lieferbedingungen von *Langnese-Iglo* dagegen erfüllten zumindest teilweise die Voraussetzungen der GVO. Somit war Art. 81 Abs. 3 EG innerhalb des Entzugsverfahrens nach Art. 14 GVO 1984/83 iVm Art. 7 VO 19/65 aF zu prüfen.

---

[668] Tz. 8.

[669] Tz. 2.; Vgl. auch schon EuG Slg. 1995 II-1533, Rz. 98-Langnese-Iglo.

[670] So Grill in Lenz, Art. 81 EG, Rz. 15.

[671] ABl.EG 1993 Nr. L 183, 1ff.-Schöller.

[672] ABl.EG 1993 Nr. L 183, 19ff.-Langnese-Iglo.

[673] ABl.EG 1993 Nr. L 183, 1, Rz. 108ff.-Schöller.

(1) Verbesserung der Warenverteilung

Die Kommission untersucht zunächst, ob die Vertragsnetze zur Verbesserung der Warenverteilung iSd Art. 81 Abs. 3 EG beitragen.[674] Grundsätzlich kann eine Verbesserung dann angenommen werden, wenn der Wettbewerb zwischen verschiedenen Herstellern, also der *Interbrand*-Wettbewerb, gestärkt wird. Grundsätzlich sind Alleinbezugsverpflichtungen zur Stärkung des *Interbrand*-Wettbewerbs geeignet. Auch sind die vorliegenden Alleinbezugsverpflichtungen dazu geeignet, die Stellung von *Langnese-Iglo* bzw. *Schöller* zu stärken. Da diese Unternehmen aber ohnehin schon eine starke Stellung haben, wird der *Interbrand*-Wettbewerb nicht gestärkt, sondern geschwächt. Insoweit scheidet eine Verbesserung der Warenverteilung aus. Eine wesentliche Verbesserung kann auch nicht in der flächendeckenden Versorgung gesehen werden, da diese selbst dann nicht gefährdet wäre, wenn die beiden Großunternehmen die Belieferung einiger entfernter kleiner Verkaufsstellen aufgeben müßten. Die Belieferung könnte durch lokale kleinere Anbieter oder durch unabhängige Zwischenhändler übernommen werden. Das Entstehen solch unabhängiger Zwischenhändler wird aber gerade durch das Netz von Alleinbezugsverpflichtungen verhindert.[675] Schon die erste Voraussetzung des Art. 81 Abs. 3 EG ist nicht erfüllt.

(2) Beteiligung der Verbraucher am Gewinn

Obwohl sich die Prüfung der weiteren Freistellungsvoraussetzungen des Art. 81 Abs. 3 EG damit erübrigt, untersucht die Kommission auch, ob die Verbraucher angemessen am Gewinn beteiligt werden.[676] Nach Auffassung der Kommission führen die Netze von Alleinbezugsvereinbarungen zu einer Gleichartigkeit und Transparenz dieser Verträge. Dieses verhindere den Zwang für Unternehmen, den Gewinn an die Verbraucher weiterzugeben. Außerdem seien die Vertragsnetze für Verbraucher insofern nachteilig, als ihnen die Wahlmöglichkeit beim Kauf beschränkt werde, da es in jedem Geschäft nur Waren eines einzigen Herstellers gibt. Das Aufsuchen etwaiger naher anderer Verkaufsstätten sei gerade bei Impulsspeiseeis keine gleichwertige Alternative.

(3) Ausschaltung des Wettbewerbs

Zuletzt prüft die Kommission, ob es durch die Vereinbarungen auch zu einer Ausschaltung des Wettbewerbs[677] iSd Art. 81 Abs. 3 lit. b) EG kommt. Die

---

[674] ABl.EG 1993 Nr. L 183/1, Rz. 115-121-Schöller; ABl.EG 1993 Nr. L 183/19, Rz. 116-122-Langnese-Iglo.

[675] Vgl. dazu auch ABl.EG 1998 Nr. L 246/1, Rz. 233-Van den Bergh Foods.

[676] ABl.EG 1993 Nr. L 183/1, Rz. 122ff.-Schöller; ABl.EG 1993 Nr. L 183/19, Rz. 123ff.-Langnese-Iglo.

[677] ABl.EG 1993 Nr. 183/1, Rz. 124-147-Schöller; ABl.EG 1993 Nr. 183/19, Rz. 125-148-Langnese-Iglo.

Kommission untersucht dabei sowohl den Außenwettbewerb[678] im Verhältnis zu dritten Unternehmen als auch den Innenwettbewerb zwischen *Langnese-Iglo* und *Schöller*. Hinsichtlich des Außenwettbewerbs sind die Marktzutrittsschranken zu prüfen.[679] Die Kommission hält die überragende Stellung der beiden größten Anbieter für sich genommen schon für eine Marktzutrittsschranke, da diese ihre Marktstellung gegen Dritte verteidigen werden. Dabei sollen nach Auffassung der Kommission[680] *Langnese-Iglo* und *Schöller* zusammen jedenfalls im Bereich des traditionellen Handels mehr als drei Viertel des Absatzvolumens vermarkten, wobei der traditionale Handel 61% des relevanten Markts ausmache.[681] Der Bindungsgrad bezüglich der Verkaufsstätten liege in diesem Bereich allein für *Langnese-Iglo* bei über 50%.[682] Daher ist von einer erheblichen Marktzutrittserschwernis auszugehen, die auch nicht durch die noch vergleichsweise geringe feste Vertragsdauer von bis zu zwei Jahren mit folgender unbestimmter Vertragsdauer gemindert wird. Der Wettbewerb um den Abschluß von Exklusivverträgen ist kein Ersatz für einen freien Zugang auf den Markt, zumal möglicherweise nicht alle Unternehmen am Abschluß von Ausschließlichkeitsbindungen interessiert sind. Auch die mangels unabhängiger Zwischenhändler entstehende Zersplitterung der Nachfrage[683] stellt eine Marktzutrittsschranke dar, da sie Drittunternehmen für den Markteintritt dazu zwingt, mit den etablierten Händlern zusammenzuarbeiten. Dies führt aber zu einer Verfestigung der starken Stellung der etablierten Hersteller.[684] Weitere Marktzutrittsschranken sind zB Know-how und durch Werbemaßnahmen hervorgerufene Verbraucherpräferenzen. Weiterhin erschwert die kostenlose Gebrauchsüberlassung der Tiefkühlgeräte im Zusammenhang mit der Ausschließlichkeitsklausel den Marktzutritt.[685] Denn Drittunternehmen müßten die Verkaufsstätten entweder zum Austausch der Kühltruhen oder zum Aufstellen zusätzlicher Kühltruhen bewegen. Beides ist jedoch praktisch undurchführbar. Diese Marktzutrittserschwerungen werden auch nicht durch das stetige Wachstum des Marktes verringert. Die Liefervereinbarungen tragen somit erheblich zum Umfang der Marktabschottung bei und führen zu einem Ausschluß des Außenwettbewerbs.

---

678 Vgl. zur Unterscheidung von Innen- und Außenwettbewerb Schröter in GTE-Handbuch des Europäischen Rechts, I A 50 Kommentar, Rz. 318.

679 ABl.EG 1993 Nr. L 183, 19, Rz. 125ff.-Langnese-Iglo.

680 Vgl. aber EuG Slg. 1995 II-1533, Rz. 105ff-Langnese-Iglo.

681 ABl.EG 1993 Nr. L 183/1, Rz. 127, 125-Schöller.

682 ABl.EG 1993 Nr. L 183/19, Rz. 130-Langnese-Iglo; das EuG korrigiert allerdings die Abgrenzung des relevanten Marktes, Slg. 1995 II-1533, Rz. 69-Langnese-Iglo.

683 Im traditionellen Handel (also Kiosk, Tankstellen...).

684 Vgl. dazu auch die Lizenzvereinbarungen zwischen Großbrauereien: ABl.EG 1999 Nr. L 186/28, Rz. 32-Scottish and Newcastle.

685 ABl.EG 1993 Nr. L 183/1, Rz. 33, 135-Schöller; ABl.EG 1993 Nr. L 183/19, Rz. 136-Langnese-Iglo.

Auch der Innenwettbewerb zwischen *Langnese-Iglo* und *Schöller* ist nach Auffassung der Kommission nicht wirksam.[686] Zum einen habe *Langnese-Iglo* im Lebensmittelhandel unter Berücksichtigung ihrer Zugehörigkeit zur *Unilever* eine zu starke Position. Zum anderen führe die duopolistische Marktstruktur dazu, daß keine aggressive Preispolitik betrieben wird. Auch der Innenwettbewerb wird durch die Vertragsnetze daher beschränkt. Die Kommission ist weiterhin der Ansicht, daß auch bei der Beurteilung nach Art. 81 Abs. 3 EG eine Aufteilung von Liefervereinbarungen zumindest im vorliegenden Fall bei starker Marktstellung der Unternehmen nicht möglich ist. In beiden Entscheidungen kommt die Kommission zu dem Ergebnis, daß die Gesamtheit der Verträge dieser Unternehmen gegen Art. 81 Abs. 3 EG verstößt.[687] In der *Schöller*-Entscheidung wird daher die Erteilung einer Freistellungsentscheidung insgesamt versagt, *Langnese-Iglo* wird für alle unter die GVO fallenden Vereinbarungen der Vorteil der GVO 1984/83 mit Wirkung für die Zukunft entzogen.

bb) die EuG Entscheidungen

Das EuG[688] bestätigt diese Kommissionsentscheidungen im Hinblick auf die Bewertung der Vertragsnetze gemäß Art. 81 Abs. 3 EG. So stimmt das EuG der Kommission zu, daß die Netze von Vereinbarungen eine erhebliche Marktzutrittsschranke darstellen, die den Wettbewerb mehr beschränken als fördern. Da auch keine Anhaltspunkte für eine Verbesserung der Warenverteilung, insbesondere nicht die Notwendigkeit eines herstellereigenen Transportsystems ohne unabhängige Zwischenhändler[689] vorgetragen wurden, stellt das EuG einen Verstoß gegen Art. 81 Abs. 3 EG fest, ohne daß das Vorliegen der übrigen Freistellungsvoraussetzungen geprüft werden muß.[690] Im *Langnese-Iglo*-Fall wird zusätzlich auch noch ein Verstoß gegen den Verhältnismäßigkeitsgrundsatz gerügt, da der Rechtsvorteil für die Gesamtheit der unter die GVO fallenden Vereinbarungen entzogen wurde. Möglicherweise hätte die Kommission nach der alten Rechtslage von Amts wegen für einen Teil der Vereinbarungen Einzelfreistellungen erteilen müssen.[691] Das Gericht verneint jedoch eine Pflicht der Kommis-

---

[686] ABl.EG 1993 Nr. L 183/1, Rz. 141 ff.-Schöller; ABl.EG 1993 Nr. L 183/19, Rz. 142 ff.-Langnese-Iglo.

[687] ABl.EG 1993 Nr. L 183/1, Rz. 147-Schöller; ABl.EG 1993 Nr. L 183/19, Rz. 148-Langnese-Iglo.

[688] EuG Slg. 1995 II-1533 ff.-Langnese-Iglo; EuG Slg. 1995 II-1611ff-Schöller; lediglich das Verbot, künftig Liefervereinbarungen abzuschließen wird aufgehoben wegen Verstoßes gegen die Normenhierarchie.

[689] Anders als auf dem Impulseis-Markt sind unabhängige Großhändler auf dem Biermarkt vorhanden, Kommission, ABl.EG 1999 Nr. L 186/4, Rz. 23-Bass; vgl. EuGH, Slg. 1991-977, Rz. 21-Delimitis.

[690] EuG Slg. 1995 II-1533, Rz. 182, 187-Langnese-Iglo; EuG Slg. 1995 II-1611, Rz. 148-Schöller.

[691] Vgl. EuG Slg. 1995 II-1533, Rz. 188-Langnese-Iglo.

sion zur Aufteilung der gleichartigen Verträge,[692] da diese willkürlich sein würde und somit gegen den Gleichbehandlungsgrundsatz verstoßen könnte.[693] Aus der Formulierung „Die Klägerin hat keine tatsächlichen Anhaltspunkte dafür vorgetragen, daß einige Vereinbarungen die in Artikel 85 Absatz 3 des Vertrages genannten Voraussetzungen erfüllten“[694] könnte man möglicherweise schließen, daß es den beteiligten Unternehmen zumindest nicht grundsätzlich verwehrt ist, einzelne mit Art. 81 Abs. 3 EG übereinstimmende Verträge auszusondern. Andererseits kann dieses auch dahingehend ausgelegt werden, daß dieser Beweis schon wegen der Angehörigkeit zum Netz gleichartiger Vereinbarungen ausgeschlossen ist. Zur Lösung dieses Problems kann daher nur der Begriff der „Gleichartigkeit“ dienen. Da das EuG grundsätzlich davon ausgeht, daß ein Bündel gleichartiger Verträge in seiner Gesamtheit zu beurteilen ist,[695] bleibt allein fraglich, welche Verträge noch als gleichartig anzusehen sind. Besteht die Möglichkeit, für einige Verträge den Nachweis zu bringen, daß sie im Gegensatz zu anderen zum Netz gehörenden Verträgen mit Art. 81 Abs. 3 EG vereinbar sind, etwa weil die Vertragsdauer sehr viel kürzer ist, so kann die Gleichartigkeit verneint werden. Auch hat der EuGH bei Bierlieferungsverträgen die Gleichartigkeit verneint, wenn der Vertrag eine sogenannte Öffnungsklausel enthält, welche einem Gastwirt den Bezug von Bier aus anderen Mitgliedstaaten erlaubt.[696] Unter der Voraussetzung, daß die Belieferung mit ausländischen Bieren auch tatsächlich gewährleistet wird, unterscheidet der EuGH diese Verträge von anderen Alleinbezugsvereinbarungen und verneint mangels Eignung zur Beeinträchtigung des Handels zwischen Mitgliedstaaten schon einen Verstoß gegen Art. 81 Abs. 1 EG.[697]

Eine gesonderte Behandlung von Verträgen, die nicht zu einem Bündel „gleichartiger“ Verträge gehören, ist somit möglich, ohne daß von der EuGH/EuG-Rechtsprechung abgewichen werden müßte. Allerdings müssen die Unterschiede zwischen den Vereinbarungen in ihrer Wirkung auf den Markt sehr deutlich und nicht nur hypothetisch[698] sein. Denn „Gleichartigkeit“ bedeutet nicht, daß die Vereinbarungen in ihrer Ausgestaltung oder in ihren Wirkungen vollkommen identisch sind. Selbst innerhalb gleichartiger Verträge sind verschiedene Grade an Wettbewerbsbeschränkungen denkbar.

b) Van den Bergh Foods und Whitbread, Bass, Scottish and Newcastle

Während die Kommission die Freistellung der Kühltruhenvereinbarungen von *Van den Bergh Foods* vor allem wegen ihres starken Marktanteils von 40% ab-

---

[692] EuG Slg. 1995 II-1533, Rz. 193-Langnese-Iglo.
[693] EuG Slg. 1995 II-1533, Rz. 193 und Rz. 129-Langnese-Iglo.
[694] EuG Slg. 1995 II-1533, Rz. 195-Langnese-Iglo.
[695] EuG Slg. 1995 II-1533, Rz. 131-Langnese-Iglo.
[696] EuGH Slg. 1991 I-977, Rz. 28-Delimitis.
[697] EuGH Slg. 1991 I-977, Rz. 32, 28-Delimitis.
[698] EuGH Slg. 1991 I-977, Rz. 31-Delimitis.

lehnt,[699] wurden die Bierlieferungsverträge der britischen Großbrauereien freigestellt.[700] Das EuG wies Klagen von Gastwirten und Pächtern von *Whitbread* und *Bass* gegen diese Freistellungsentscheidung zurück.[701] Zwar seien nach Auffassung der Kommission immerhin 58% des britischen Bierausschankmarktes durch gleichartige Vereinbarungen abgeschottet, zu einer Ausschaltung des Restwettbewerbs könne es aber deshalb nicht kommen, weil die drei Brauereien nur einen Marktanteil von 13, 24 bzw. 29 % haben.[702] Auch gewähren die Bierlieferungsverträge zahlreiche geldwerte Vorteile für die Pächter, darunter ein geringeres Geschäftsrisiko, niedriger Pachtzins, betriebliche Betreuung und Investitionen in die Pachtbetriebe. Die geldwerten Vorteile gleichen den Nachteil der erhöhten Abnahmepreise für die Pächter mehr als aus.[703] Die Vorteile werden auch an den Verbraucher weitergegeben iSd Art. 81 Abs. 3 EG, da sie zum Erhalt von ansonsten unrentablen Schankstätten beitragen.[704] Der Grund für die Einzelfreistellung für die Vertriebsnetze der Brauereien ist damit, daß die Gastwirte auf fremde Investitionen angewiesen sind.[705] Aus der Bestätigung der Kommissionsentscheidungen durch das EuG folgt, daß Brauereien nach Ansicht des EuG dazu geeignet sind, diese Investitionen vorzunehmen. Als Vergütung dürfen sie Alleinbezugsvereinbarungen für die von ihnen eingerichteten Gaststätten abschließen.[706] Demgegenüber kann angesichts der Marktstärke von *Van den Bergh Foods* auf dem Impuls-Eiskremmarkt nicht sicher davon ausgegangen werden, daß etwaige Gewinne an den Verbraucher weitergegeben werden.[707] Auch bieten die Alleinbezugsvereinbarungen und Kühltruhenverträge auf diesem Markt keine ausreichenden geldwerten Vorteile, da die Pächter auf die Investitionen auch nicht angewiesen sind.

---

[699] ABl.EG 1998 Nr. L 246/1, Rz, 156, Rz. 225ff., 242ff.-Van den Bergh Foods; auch das EuG verneint die Verbesserung der Warenverteilung nach Art. 81 Abs. 3 EG, Urteil v. 23. Oktober 2003, Rechtssache T-65/98- Van den Bergh Foods, abrufbar im Internet unter www.curia.eu.int/de/jurisp/index.htm.

[700] Vgl. ABl.EG 1999 Nr. L 88/26, Rz. 178-Whitbread; ABl.EG 1999 Nr. L 186/1, Rz. 196-Bass; ABl.EG 1999 Nr. L 186/28, Rz. 165-Scottish and Newcastle.

[701] EuG Slg. 2002 II-2026ff.-Shaw u Falla (bzgl. *Whitbread*); EuG Slg. 2002 II-2090-Joynson (bzgl. *Bass*); vgl. zu diesen Urteilen: Buschle, European Law Reporter 2002, 223ff.

[702] ABl.EG Nr. L 88/26, Rz. 177-Whitbread, ABl.EG 1999 Nr. L 186/1, Rz. 195-Bass; ABl.EG 1999 Nr. L 186/28, Rz. 164-Scottish and Newcastle.

[703] Insbesondere mit den Geldwerten Vorteilen beschäftigt sich das EuG Slg. 2002 II-2026, Rz. 83ff.-Shaw u. Falla.

[704] ABl.EG Nr. L 88/26, Rz. 172-Whitbread, ABl.EG 1999 Nr. L 186/1, Rz. 190-Bass, ABl.EG 1999 Nr. L 186/28, Rz. 159-Scottish and Newcastle.

[705] Buschle, European Law Reporter 2002, 227.

[706] Buschle, European Law Reporter 2002, 227.

[707] ABl.EG 1998 Nr. L 246/1, Rz. 241-Van den Bergh Foods.

c) Parallele Netze nach den Leitlinien der Kommission zur VGVO, Gleichartigkeit der Netze

Die Kommission gibt in ihren Leitlinien neben Auslegungshilfen zur Beurteilung von Vereinbarungen und Netzen von Vereinbarungen nach Art. 81 Abs. 3 EG[708] auch Begriffbestimmungen wie zB hinsichtlich der für Art. 6-8 VGVO maßgeblichen Gleichartigkeit von Vereinbarungen. Gleichartigkeit ist demnach grundsätzlich dann gegeben, wenn sich die Beschränkungen einer der Kategorien Markenzwang, Vertriebsbeschränkung (wozu unter anderem Alleinvertrieb, Alleinbelieferungsverpflichtungen, selektiver Vertrieb zählen), vertikale Preisbindung oder Marktaufteilung zuordnen lassen.[709] Nicht ganz klar wird nach den Leitlinien, ob Gleichartigkeit verlangt, daß die verschiedenen Hersteller dieselbe Art von Vertriebsvereinbarungen gewählt haben, oder ob bereits ausreichend ist, daß die Hersteller Bündel von Vereinbarungen abgeschlossen haben, die je nach Hersteller unterschiedlichen Kategorien angehören. Sinnvollerweise ist dabei auf die Wirkung der Vereinbarungen abzustellen. Wenn die Wirkung im Hinblick auf den Ausschluß neuer Wettbewerber vergleichbare Wirkungen entfalten können, ist es vorzugswürdig, auch zwischen solchen Bündeln Gleichartigkeit anzunehmen, die unterschiedlichen Kategorien angehören.[710]

3. Gegen wen ist mittels Entzugsverfahren vorzugehen bei parallelen Netzen?

Fraglich ist, gegen welche Lieferanten vorzugehen ist, wenn parallele Netze gleichartiger Vereinbarungen verschiedener Lieferanten vorliegen.
Steht die Anwendung der Art. 6-8 VGVO in Frage, so sind naturgemäß nur solche Hersteller betroffen, deren Netz von Vereinbarungen unter die VGVO fällt. Für Lieferanten, deren Netz zB mangels spürbaren Beitrags[711] nicht unter Art. 81 Abs. 1 EG fällt, haben die Entzugsverfahren keine Auswirkung.[712] Gleiches gilt für Lieferanten denen kein Rechtsvorteil der VGVO zukommt, etwa weil sie die Marktanteilsschwelle des Art. 3 VGVO überschritten haben. Bei unter die VGVO fallenden Vereinbarungen ist fraglich, ob gegen alle Hersteller vorgegangen werden muß, deren Netz unter die VGVO fällt, oder ob sich der Entzug auf einzelne Hersteller beschränken kann. Möglicherweise verlangt das Gleichbehandlungsgebot, daß gegen sämtliche dieser gleichartigen Vertragsbündel vorzugehen ist.[713] Es ist nach den einzelnen Verfahrensarten zu unterscheiden.

---

[708] Siehe dazu unten zu den materiellen Voraussetzungen des Art. 81 Abs. 3 EG.
[709] Leitlinien zur VGVO, Tz. 73, 82, 104ff.
[710] So wohl auch Roniger, Vertriebskartellrecht, Art. 6, Rz. 5.
[711] Vgl. die zweite Delimitis-Voraussetzung, EuGH Slg. 1991 I-977, Rz. 27.
[712] Roniger, Vertriebskartellrecht, Art. 6, Rz. 7.
[713] So: Fritzsche, WiB 1995, 1014 zum Entzug nach Art. 7 VO 19/65 aF.

a) Nichtanwendbarkeitsverordnung, Art. 8 VGVO

Das Verfahren nach Art. 8 VGVO setzt keinen Verstoß gegen Art. 81 Abs. 3 EG voraus. Nach der Kommission sind zwar *sämtliche* Netze einer Kategorie und nach der hier vertretenen Auffassung auch mehrerer wirkungsähnlicher Kategorien von Vereinbarungen für die Bestimmung des erforderlichen Bindungsgrads von 50% zu betrachten. Die Kommission geht aber zu Recht davon aus, daß sie bei Art. 8 VGVO nicht alle Lieferanten erfassen muß. Vielmehr kann sie durch die Angabe von Marktanteilsschwellen bestimmte Unternehmen vom Entzug ausnehmen. Gleichfalls kann der Umfang der Verordnung nach Art. 8 VGVO auf ganz bestimmte Vereinbarungsarten beschränkt werden.[714] Die Verordnung würde dann nur all diejenigen Hersteller betreffen, die diese bestimmten Regelungen vereinbart haben. Ein Verstoß gegen den Gleichbehandlungsgrundsatz kann hierin deswegen nicht gesehen werden, weil auch innerhalb von „gleichartigen" Vereinbarungen noch gewisse Abstufungen hinsichtlich der Intensität der Wettbewerbsbeschränkung möglich sind und weil mit der Nichtanwendbarkeitsverordnung nach Art. 8 VGVO kein Verbot der Vereinbarung einhergeht. Rechtsfolge ist lediglich, daß die betroffenen Vereinbarungen ohne Berücksichtung der VGVO nach Art. 81 Abs. 3 EG zu beurteilen sind.

b) Entzugsverfahren nach Art. 6 und 7 VGVO

Anders verhält es sich dagegen bei Art. 6 und 7 VGVO, da diese einen Verstoß gegen Art. 81 Abs. 3 EG voraussetzen. Verstoßen aber mehrere Lieferanten mit ihren Vertriebsnetzen gegen den unmittelbar anwendbaren Art. 81 Abs. 3 EG, so ist angesichts der Reduzierung des Beurteilungsermessens der Kommission ein Einschreiten gegen alle diese Lieferanten erforderlich. Der durch die VGVO in Einzelfällen herbeigeführte Verstoß gegen Art. 81 Abs. 3 EG ist umgehend und umfassend durch die Einleitung und Abschluß eines entsprechenden Entzugsverfahrens zu beheben. Die Kommission, gegebenenfalls in Zusammenarbeit mit den nationalen Kartellbehörden, hat damit die Verpflichtung, gegen sämtliche Lieferanten, die gegen Art. 81 Abs. 3 EG verstoßen, vorzugehen. Damit verlagert sich das Problem auf die Frage, ob es denkbar ist, daß bei Vorliegen gleichartiger gegen Art. 81 Abs. 1 EG verstoßender Vereinbarungen durch verschiedene Lieferanten nur einige dieser Lieferanten gegen Art. 81 Abs. 3 EG verstoßen, oder ob zwingend alle dieser parallelen Netze mit Art. 81 Abs. 3 EG wegen deren kumulativer Wirkung unvereinbar sind. Anders ausgedrückt ist fraglich, ob alle nach den *Delimitis*-Kriterien unter das Kartellverbot fallenden Bündel gleichartiger Vereinbarungen automatisch mit Art. 81 Abs. 3 EG unvereinbar sind, oder ob hier nach Marktanteilschwellen oder sonstigen Kriterien zu differenzieren ist. Die Kommission gibt weder in ihren Leitlinien zur VGVO noch in ihrer Bagatellbekanntmachung genaue Kriterien bekannt. Als Beispiel kann der Impuls-Speiseeismarkt dienen. Problematisch wäre gewesen, wenn zB neben

---

[714] Leitlinien zur VGVO, Tz. 85.

den Marktführern *Langnese-Iglo* und *Schöller* ein kleinerer, aber ebenfalls etablierter Anbieter gleichartige Vertriebsverträge abgeschlossen hätte. Nach heutiger Beurteilung gemäß der Bagatellbekanntmachung wäre bei einem Marktanteil von mehr als 5% ein spürbarer wettbewerbsbeschränkender Beitrag iSd Art. 81 Abs. 1 EG zumindest nicht von vornherein auszuschließen.[715] Bei der Beurteilung nach Art. 81 Abs. 3 EG stellt sich dann das Problem, daß die Vertriebsverträge dieses kleineren Unternehmens wegen dessen vergleichsweise schwacher Marktstellung den *Interbrand*-Wettbewerb tatsächlich fördern könnte. Der Wettbewerbsdruck auf die beiden Marktführer könnte sich erhöhen; dieses spräche für eine Vereinbarkeit dieser Verträge mit Art. 81 Abs. 3 EG. Darüber hinaus besteht die Möglichkeit, daß das Bündel des kleineren Anbieters nur dann gefährliche Marktabschottungs- und Kollusionsprobleme aufwirft, solange der Markt durch die Bündel der beiden Marktführer transparent gehalten wird. Die Beseitigung der Bündel der beiden Marktführer könnte dann bereits zur Entschärfung der Lage beitragen. Andererseits handelt es sich hierbei um ein hypothetisches Element ist, wobei die Kommission nicht zur Berücksichtigung hypothetischer Sachverhalte verpflichtet ist.[716] Auch könnte es angesichts der Gleichartigkeit der Verträge einen Verstoß gegen das Gleichbehandlungsgebot darstellen,[717] wenn man nicht auch gegen dieses kleinere Unternehmen vorginge, da es ebenfalls zur Marktabschottungswirkung gegenüber Neueinsteigern wie zB *Mars* beiträgt. Zur Lösung dieses Problems ist es jedoch schon wegen der vierten Voraussetzung des Art. 81 Abs. 3 EG, der Ausschaltung des Wettbewerbs, notwendig, die Marktpositionen der Unternehmen zu berücksichtigen.[718] Die Marktposition der Lieferanten kann trotz Gleichartigkeit der Vertragsnetze auch Auswirkungen auf die Beurteilung der Vereinbarungen anhand der anderen Voraussetzungen des Art. 81 Abs. 3 EG haben. Anders als für die beiden Marktführer ist nicht ausgeschlossen, daß die Alleinbezugsvereinbarungen zur Verfestigung der Marktposition des kleineren Anbieters und damit zur Stärkung des *interbrand*-Wettbewerbs zumindest vorübergehend unerläßlich sind. Daher kann selbst bei Gleichartigkeit der Vertragsnetze verschiedener Lieferanten nicht von vornherein angenommen werden, daß jedes Bündel, welches unter Art. 81 Abs. 1 EG fällt, auch mit Art. 81 Abs. 3 EG unvereinbar ist. Bei Art. 6 und 7 VGVO ist nicht notwendigerweise gegen alle Lieferanten vorzugehen, die einen unter das Kartellverbot des Art. 81 Abs. 1 EG fallenden Beitrag zur Abschottungswirkung geleistet haben, vielmehr sind die Wettbewerbswirkungen jedes einzelnen Bündels von Vereinbarungen zu bestimmen.

---

[715] Tz. 8 Bagatellbekanntmachung, ABl.EG 2001 Nr. 368/13.
[716] EuG Slg. 1995 II-1539, Rz. 129-Langnese-Iglo.
[717] Fritzsche, WiB 1995, 1014.
[718] Schröter in GTE, Hdb. des Europäischen Rechts, I A 50 Kommentar, Art. 85 EGV, Rz. 318f.

4. Eigenständiger Entzugsgrund in Art. 6 (und Art. 7) VGVO

Die schwierige Prüfung des Art. 81 Abs. 3 EG bei Bestehen paralleler Netze von Vereinbarungen könnte für den Entzug nach Art. 6 und 7 VGVO überflüssig sein. Nach Art. 6 VGVO, auf den auch Art. 7 VGVO verweist, kommt ein Entzug insbesondere dann in Betracht, wenn „der Zugang zu dem betroffenen Markt oder der Wettbewerb auf diesem Mark" durch die kumulativen Wirkungen paralleler Netze „in erheblichem Maße beschränkt wird".[719] Möglicherweise handelt es sich hierbei um einen selbständigen Entzugsgrund,[720] so daß sich die Prüfung der einzelnen Voraussetzungen des Art. 81 Abs. 3 EG erübrigt. Problematisch daran ist jedoch, daß beim Entzug gerade eine Einzelfallprüfung anhand des Art. 81 Abs. 3 EG vorgenommen werden soll, um zu prüfen, ob die konkrete Vereinbarung insgesamt den Wettbewerb eher fördert oder behindert.[721] Die Einordnung des Regelbeispiels als selbständiger Entzugstatbestand würde dagegen nur zu einer abstrahierenden generalisierenden Betrachtung führen. Darüber hinaus besteht nach Art. 29 Abs. 1 und Abs. 2 DVO (und dessen Vorläufer Art. 7 Abs. 1 und Abs. 2 VO 19/65) keine Ermächtigungsgrundlage für eine abstrahierte von Art. 81 Abs. 3 EG losgelöste Entzugsprüfung. Der durch Art. 40 DVO aufgehobene Art. 7 VO 19/65 ermächtigte ausdrücklich nur dann zum Entzug, wenn Vereinbarungen „im Einzelfall" Wirkungen haben, die „mit den Voraussetzungen des Art. 81 Abs. 3 EG unvereinbar sind."[722] So betrachtet das EuG die in Art. 14 lit. a) und b) GVO 1984/83 enthaltenen Regelbeispiele nicht als unwiderlegliche Vermutung dafür, daß die Vereinbarungen mit Art. 81 Abs. 3 EG unvereinbar sind. Vielmehr handelt es sich nach dem EuG lediglich um „beispielhafte Aufzählung der Fälle (...) in denen Unternehmen damit rechnen müssen, daß ihnen der Vorteil der Gruppenfreistellung (...) entzogen wird."[723] Auch geht das EuG davon aus, daß trotz der Regelbeispiele die Kommission nur dann zum Entzug befugt ist, wenn „nach der individuellen Prüfung eines Einzelfalls" festgestellt wird, daß die „freigestellten Vereinbarungen nicht alle gemäß Art. 85 Absatz 3 des Vertrages erforderlichen Voraussetzungen erfüllen",[724] auch deswegen, weil sowohl Ratsverordnung als auch Art. 14 GVO 1984/83 auf Art. 85 Abs. 3 EGV verweisen.[725] Die Kartellverfahrensreform hat insoweit wenig geändert: Art. 29 DVO gibt der Kommission weder eine ausdrückliche noch konkludente Befugnis zur Normierung selbständiger, dh von Art. 81 Abs. 3 EG

---

[719] Vgl. auch schon die Vorgängerverordnungen: Art. 8a VO 4080/88, Art. 14b VO 1984/83, Art. 6b VO 1983/83.

[720] So: Veelken in Immenga/Mestmäcker, Ergänzungsband zum EG-WettbewerbsR, GFVO, Rz. 308.

[721] Vgl. auch 10. Begründungserwägung zur DVO.

[722] Bei Art. 7 Abs. 1 VO 19/65 wurde auf Art. 85 Absatz 3 EGV verwiesen.

[723] EuG Slg. 1995 II-1533, Rz. 147-Langnese-Iglo.

[724] EuG Slg. 1995 II-1533, Rz. 145-Langnese-Iglo.

[725] EuG Slg. 1995 II-1533, Rz. 176-Langnese-Iglo.

unabhängiger Entzugsgründe.[726] Denn auch Art. 29 Abs. 1 und Abs. 2 DVO verlangen, daß die zuständige Behörde „in einem bestimmten Fall"[727] feststellt, daß Wirkungen auftreten, die „mit Art. 81 Abs. 3 EG unvereinbar sind". Will die Kommission auf eine Prüfung von Art. 81 Abs. 3 EG verzichten, so muß sie nach Art. 8 VGVO (iVm Art. 1a VO 19/65 DVO) vorgehen, sofern dessen Voraussetzungen erfüllt sind. Art. 1a VO 19/65 DVO ermächtigt die Kommission ausdrücklich, in GVOen generelle, von Art. 81 Abs. 3 EG losgelöste Voraussetzungen zum Erlaß einer Nichtanwendbarkeitsverordnung zu normieren. Beim Entzug nach Art. 6 und 7 VGVO (iVm Art. 29 DVO) dagegen hat stets eine Prüfung des Einzelfalles anhand von Art. 81 Abs. 3 EG zu erfolgen.[728]

5. Zusammenfassung zur Behandlung paralleler Netze gleichartiger Vereinbarungen

Netze gleichartiger vertikaler Vereinbarungen werden voraussichtlich der Hauptanwendungsfall für den Entzug nach Art. 6 und 7 VGVO sein. Dieses ergibt sich aus der kumulativen wettbewerbsbeschränkenden Wirkung solcher Netze, die aber wegen zu erwartender Nichtüberschreitung der Marktanteilsschwellen regelmäßig unter die VGVO fallen werden. Eine mehr als 50%-ige Abdeckung des Marktes durch solche Netze ist Voraussetzung für den Erlaß einer Verordnung nach Art. 8 VGVO. Ausgangspunkt für die Beurteilung der Vertragsnetze nach Art. 81 Abs. 1 EG sind die beiden *Delimitis*-Voraussetzungen. Ein Verstoß liegt vor, wenn der Markt schwer zugänglich ist und wenn der streitige Vertrag in erheblichem Maße zu der durch das Vertragsbündel verursachten Abschottungswirkung beiträgt.

Die Schwerzugänglichkeit des Marktes erfordert dabei die Bestimmung der Art und Bedeutung des Vertragsnetzes sowie der Vertragsbündel anderer Lieferanten. Kriterien dafür sind die Vertragsdauer, das Verhältnis von gebundenen zu nicht gebundenen Verkaufsstellen sowie das Verhältnis von gebundener Warenmenge zu ungebundener Warenmenge. Selbst wenn ein bedeutendes Netz vorliegt, so ist dieses nur als ein Umstand neben weiteren Umständen, wie zB der Möglichkeit der Eingliederung ins Netz oder deren Umgehung durch Neuerrichtung von Verkaufsstellen, dem Sättigungsgrad des Marktes, dem Bekanntheitsgrad der Marken, der Zugehörigkeit zu einem großen Konzern oder dem Vorhandensein unabhängiger Zwischenhändler zu berücksichtigen. Nach der neuen Bagatellbekanntmachung der Kommission kann die Schwerzugänglichkeit des Marktes in der Regel bei einer Netzabdeckung (=Bindungsgrad) von weniger als 30% verneint werden. Ist die Schwerzugänglichkeit dagegen zu be-

---

[726] Zur Möglichkeit zur Normierung unselbständiger Entzugsgründe: s.u.

[727] Die Satzposition von „im einem bestimmten Fall" in Art. 29 Abs. 1 DVO wurde im Verhältnis zum „im Einzelfall" iSd Art. 7 Abs. 1 VO 19/65 geändert, was aber laut Begründung zu Art. 29 Abs. 1 DVO-Entwurf keine Änderung der Rechtslage bewirken soll.

[728] Vgl. auch schon Wiedemann, GVOen BT, Art. 6 GVO 1983/83, Rz. 3.

jahen, ist die zweite Voraussetzung, der spürbare Beitrag des jeweiligen Herstellers zur Abschottungswirkung, zu prüfen. Wenngleich die Formulierung des EuGH („der streitige Vertrag“) eher in eine andere Richtung weist, sind Bündel gleichartiger Verträge eines Herstellers -mit dem EuG- als Ganzes zu beurteilen. Wesentlicher Umstand ist dabei der Marktanteil des Lieferanten (bzw. des Käufers) sowie die Zahl seiner durch Vertrag gebundenen Verkaufsstellen; bei schwacher Marktposition kann aber auch eine lange Vertragsdauer ausschlaggebend für einen erheblichen Beitrag sein. Nach der neuen Bagatellbekanntmachung scheidet regelmäßig ein spürbarer Beitrag aus, wenn der Marktanteil des Herstellers 5% oder weniger beträgt. Liegt demnach ein Verstoß gegen Art. 81 Abs. 1 EG vor, ist zunächst fraglich, ob die Vereinbarungen unter die VGVO fallen. Ist das der Fall, so kommt ab einer Bindungsquote von mehr als 50% der Erlaß einer Nichtanwendbarkeitsverordnung nach Art. 8 VGVO in Betracht, welche keinen Verstoß gegen Art. 81 Abs. 3 EG erfordert. Innerhalb des Art. 8 VGVO hat die Kommission durchaus ein gewisses Ermessen sowohl hinsichtlich der Marktposition der Unternehmen, auf welche die Verordnung Anwendung finden soll, als auch hinsichtlich der betroffenen Vereinbarungsarten. Soll dagegen nach Art. 6 oder 7 VGVO vorgegangen werden, sind die Vertragsbündel auf ihre Vereinbarkeit mit Art. 81 Abs. 3 EG hin zu überprüfen. Auch hierbei sind die einzelnen Vertragsbündel gleichartiger Vereinbarungen jeweils in ihrer Gesamtheit zu beurteilen, wobei nach dem Gerichtshof noch offen ist, ob trotz Gleichartigkeit in Ausnahmefällen einzelne Verträge ausgesondert werden können. Wenn die Verträge „gleichartig“ in dem Sinne sind, daß sie sehr ähnliche Wirkungen haben, ist eine solche Aussonderung abzulehnen, da sie zu willkürlichen Ergebnissen führen könnte. Damit bleibt zu prüfen, ob das jeweilige Bündel unter die Voraussetzungen des Art. 81 Abs. 3 EG fällt. Zur dieser Frage können schwer allgemeingültige Äußerungen gemacht werden, da es auf alle Umstände im Einzelfall ankommt und weil es auch erst wenige Entscheidungen gibt. Immerhin geben die Leitlinien der Kommission einige Beispielsfälle.[729] Das Gleichbehandlungsgebot verlangt trotz Gleichartigkeit der Verträge jedoch nicht, daß gegen alle Lieferanten vorgegangen wird, deren Vertragsbündel unter das Kartellverbot des Art. 81 Abs. 1 EG fällt; denn jedes Bündel ist einzeln auf seine Vereinbarkeit mit Art. 81 Abs. 3 EG zu überprüfen. Für diese Prüfung darf die Stellung des jeweiligen Lieferanten auf dem Markt nicht unberücksichtigt bleiben. Das bloße Vorliegen paralleler Netze stellt im Rahmen der Art. 6 und 7 VGVO keinen eigenständigen Entzugsgrund dar, der eine Einzelprüfung anhand von Art. 81 Abs. 3 EG überflüssig machen würde. Läßt sich ein Vertragsbündel aber nicht unter die Voraussetzungen des Art. 81 Abs. 3 EG subsumieren, so ist wegen des verringerten Beurteilungsermessens zwingend entweder nach Art. 6 oder 7 (oder nach Art. 8 VGVO) ein Verfahren einzuleiten. Gegen Lieferanten, deren Vertragsbündel zwar nach Art. 81 Abs. 1 EG verboten sind, aber weder

[729] Die Beispielsfälle werden unten zusammengefaßt.

unter die VGVO noch unter Art. 81 Abs. 3 EG fallen, kann mit den Verbotsverfahren nach Art. 7 bzw. 5 DVO sowie mittels einer Privatklage vor einem nationalen Zivilgericht vorgegangen werden.

IV. Kein rückwirkender Entzug

Wie bereits im zweiten Teil ausgeführt, ist allen Entzugsverfahren gemeinsam, daß ein rückwirkender Entzug ausscheidet. Nach Art. 8 Abs. 2 VGVO iVm Art. 1a VO 19/65 ist den betroffenen Unternehmen sogar eine Schonfrist von sechs Monaten einzuräumen.[730]

V. Verhältnis von 6-8 VGVO zu Art. 29 DVO und Art. 1a VO 19/65

Schon bei dem Problem, ob die VGVO selbständige Entzugsgründe enthält, war das Verhältnis der Art. 6 und 7 VGVO zu Art. 29 DVO zu klären. Nach der hier vertretenen Auffassung ermächtigt Art. 29 DVO (bzw. zuvor der Art. 7 der durch die VO 1215/1999 geänderten VO 19/65) die Kommission nicht zum Erlaß von GVOen, die einen Entzug durch Einzelentscheidung ohne Einzelfallprüfung anhand von Art. 81 Abs. 3 EG ermöglichen. Es stellen sich jedoch weitere Fragen zum Verhältnis von DVO zur VGVO in bezug auf die Entzugsverfahren. Art. 1a VO 19/65 kann durch die Kommission schon seinem Wortlaut nach nicht ohne weiteres angewendet werden, da er noch verlangt, daß die Kommission die „Bedingungen" zum Erlaß einer Nichtanwendbarkeitsverordnung in einer GVO festlegt. Art. 8 VGVO bestimmt diese Voraussetzungen; damit stehen Art. 1a VO 19/65 und Art. 8 VGVO eindeutig im Verhältnis von Ermächtigungsnorm und Durchführungsregelung, Art. 202 3. Spstr. EG, Art. 211 4. Spstr. EG.[731] Art. 29 DVO ist sprachlich sehr viel konkreter gefaßt. Er verlangt seinem Wortlaut nach keine weitere Normierung von Entzugsvoraussetzungen durch die Kommission. Vielmehr wird in Art. 29 DVO festgelegt, daß die jeweils zuständige Behörde entziehen kann, wenn in einem bestimmten Fall ein Verstoß gegen Art. 81 Abs. 3 EG vorliegt. Zwar ist Art. 29 DVO (wie auch Art. 6 und 7 VGVO) unzweifelhaft nicht in dem Sinne unmittelbar anwendbar, daß er Rechte zwischen Einzelnen entstehen läßt[732] oder daß ihm sogar horizontale Drittwirkung zukommt, da er in jedem Fall noch eine Behördenentscheidung verlangt. Dieses gilt selbst, wenn man bei einem Verstoß gegen Art. 81 Abs. 3 EG eine Verringerung des Beurteilungsermessens auf Null für den Entzug annimmt, da Art. 29 DVO sich nur an die Behörden richtet. Jedoch stellt sich die Frage, ob die zuständigen Behörden bereits durch die DVO oder erst durch Art.

---

[730] Allgemein zur Rückwirkung im Gemeinschaftsrecht: Günther, EuZW 2000, 329.

[731] Vgl. Veelken, Immenga/Mestmäcker, Ergänzungsband zum EG-WettbewerbsR, GFVO, Rz. 336f.

[732] Zur Rechtslage vor der DVO: Baur/Weyer in FK, Art. 81 Zivilrechtsfolgen, Rz. 22-nach der hier vertretenen Auffassung ändert sich daran nichts, auch weil der Entzug nach wie vor konstitutiv ist.

6 und 7 VGVO zum Entzug ermächtigt sind.[733] Relevant ist dieses insbesondere für die Frage, ob Art. 29 Abs. 2 DVO auch auf GVOen anwendbar ist, welche selbst keine Entzugsmöglichkeit durch eine nationale Behörde vorsehen. Ein Hinweis dazu ergibt sich aus der Begründung zu Art. 29 Abs. 2 DVO-Entwurf. Danach bestünde gemäß der durch die VO 1215/1999 geänderten VO 19/65 die Befugnis zum Entzug durch Behörden der Mitgliedstaaten (nur) „bei Vertikalvereinbarungen". Da innerhalb der Vertikalvereinbarungen nicht differenziert wird zwischen der VGVO einerseits und anderen Vertikalvereinbarungen zB nach der VO 240/96 oder der mittlerweile aufgehobenen KfZ-GVO 1475/95,[734] ist dieses als Argument für eine Entzugsbefugnis bereits durch die jeweilige Ratsverordnung (DVO bzw. zuvor: VO 19/65) anzusehen. Denn in den auf Grundlage der VO 19/65 ergangenen GVOen 240/96 und 1475/95 findet sich kein Entzugstatbestand für mitgliedstaatliche Behörden. Außerdem stellt nach dem Wortlaut der VGVO („Gemäß Artikel 7 Absatz 1 der Verordnung Nr. 19/65...")[735] schon die Ratsverordnung die Grundlage für einen Entzug dar.[736] Da die Ratsverordnung nicht die Konkretisierung weiterer Entzugsvoraussetzungen durch die Kommission verlangt, spricht auch ein weiterer Grund dafür, daß schon die DVO zum Entzug ermächtigt. Die Annahme, allein die GVOen würden letztlich die Kommission zu einer Entzugsentscheidung ermächtigen, würde bedeuten, daß der Rat die Kommission dazu ermächtigt hätte, sich durch Rechtsnorm selbst zum Entzug durch Entscheidung zu ermächtigen; dieses wird in der Literatur als abwegig bezeichnet.[737] Auch wird in der DVO nicht deutlich, daß nationale Behörden nur dann zum Entzug ermächtigt sein sollen, wenn dieses in einer GVO durch die Kommission angeordnet ist.[738] Daher ist die Auffassung zutreffend, nach der Kommission und mitgliedstaatliche Behörden bereits dann zum Entzug nach Art. 29 Abs. 1 und 2 DVO ermächtigt wären, wenn in den GVOen gar keine Entzugsregelungen getroffen wären.

Dann stellt sich aber die Frage der Rechtsnatur von Art. 6 und 7 VGVO, welche zumindest nicht zwingend notwendig wären zum Erlaß einer Entzugsentscheidung. Somit ist fraglich, ob hier ein Verhältnis von Ermächtigungsnorm einerseits und andererseits Durchführungsregelung iSd Art. 202 3.Spstr. EG und Art. 211 4. Spstr. EG vorliegt. Wenn der Rat aber bereits selbst die Entzugsbefugnis für Kommission und mitgliedstaatliche Behörde geschaffen hat, ist fraglich, ob er der Kommission Befugnisse zur Durchführung „überträgt" iSd Art. 202 3. Spstr. EG und Art. 211 4. Spstr. EG und damit, ob die Kommission überhaupt zur weiteren Ausgestaltung der Entzugstatbestände befugt ist. Möglicherweise

---

[733] Vgl. schon zum Art. 7 Abs. 1 und 2 VO 19/65: de Bronett, WuW 1999, 825f.
[734] Jetzt VO 1400/2002; ABl.EG 2002 Nr. L 203/30.
[735] Art. 6 VGVO, auf den Art. 7 VGVO verweist; vgl. auch de Bronett, WuW 1999, S. 826.
[736] Vgl. auch de Bronett, WuW 1999, 826.
[737] de Bronett, WuW 1999, 826.
[738] de Bronett, WuW 1999, 827.

ist die Kommission (sowie die Behörden der Mitgliedstaaten) nach Art. 29 Abs. 1 DVO nur zur Ausübung einer Einzelentscheidungsbefugnis, nicht aber zur Normgebung ermächtigt. Dagegen spricht aber zum einen, daß schon die Vorgängerverordnungen zur VGVO Entzugstatbestände auf der Grundlage des Ratsverordnung enthielten, deren Vereinbarkeit mit der insoweit nahezu gleich lautenden Ratsverordnungsnorm (damals Art. 7 VO 19/65 aF) vom EuG ausdrücklich festgestellt worden ist.[739] Dabei betont das EuG besonders den Ermächtigungscharakter von Art. 7 VO 19/65,[740] wobei es keine Unterscheidung trifft zwischen einer Ermächtigung zur Einzelentscheidung und einer solchen zur Normgebung. Diese nicht gerade dem Wortlaut der Ratsverordnung Rechnung tragende Rechtsprechung ist erklärbar auf Grundlage der Rechtsprechung des EuGH zum Begriff der „Durchführung" iSd Art. 202 und 211 EG, denn nach dem EuGH umfaßt dieser Begriff sowohl den Normerlaß als auch den Erlaß von Einzelakten.[741] Außerdem dürfte der Gesamtcharakter der VO 19/65 als allgemeine Ermächtigungsverordnung für dieses Ergebnis ausschlaggebend gewesen sein. Durch die Übernahme des Art. 7 VO 19/65 in Art. 29 DVO hat sich insoweit nichts geändert.[742] Daher sind Art. 6 und 7 VGVO weder unrechtmäßig noch rechtlich unbedeutend und sind als Ermächtigungsgrundlage für eine Entzugsentscheidung heranzuziehen.[743]

B. Entzug durch Einzelentscheidung: Art. 6 und 7 VGVO

I. Gemeinsame Voraussetzungen

Die Entzugsverfahren der Art. 6 und 7 VGVO haben einige gemeinsame Voraussetzungen, da Art. 7 VGVO auf Art. 6 VGVO verweist.

1. Im Einzelfall

Art. 6 und 7 VGVO setzen voraus, daß die Kommission „im Einzelfall" feststellt, daß eine freigestellte Vereinbarung mit Art. 81 Abs. 3 EG unvereinbar ist. Art. 29 Abs. 1 und 2 DVO unterscheidet sich nur in der Formulierung „in einem bestimmten Fall". Ein solcher Einzelfall ist unproblematisch gegeben, wenn ein vertikaler Vertriebsvertrag zwischen zwei Unternehmen in Frage steht. Verfahrensgegenstand ist dann diese konkrete Vereinbarung.[744] Aber -wie sich schon aus der Nennung der Netze als Regelbeispiel ergibt- stellt auch der Entzug ganzer Bündel von Vereinbarungen jeweiliger Unternehmen einen Einzelfall dar. Ausreichend ist dann, daß dieses Unternehmen sowie dessen Bündel von Vertragspartnern, mit welchen die Art. 81 Abs. 3 EG zuwiderlaufende Klauseln ver-

---

739 zB EuG Slg. 1995 II-1533, Rz. 148, Rz. 153-Langnese-Iglo.
740 EuG Slg. 1995 II-1533, Rz. 148, Rz. 153-Langnese-Iglo.
741 EuGH Slg. 1989, 3457, Rz. 11-Kommission/Rat.
742 S.o. und Begründung zu Art. 29 Abs. 1 DVO-Entwurf.
743 de Bronett, WuW, 1999, 827.
744 de Bronett, WuW 1999, 827.

einbart wurden, benannt wird.[745] Kein Einzelfall liegt dagegen vor, wenn eine bestimmte Vereinbarungsart einer unbestimmten Zahl von Unternehmen dem Anwendungsbereich der GVO entzogen werden soll. Hier kommt allenfalls eine Nichtanwendbarkeitsverordnung nach Art. 8 VGVO iVm Art. 1a VO 19/65 DVO in Betracht.

2. Relevante Märkte

Beim Entzug hat eine Einzelfallprüfung unter Berücksichtigung aller für Art. 81 Abs. 3 EG erheblichen Umstände zu erfolgen. Daher sind die Auswirkungen einer Vereinbarung nicht nur im Hinblick auf den für Art. 3 VGVO relevanten Markt, auf dem sich Lieferant und Käufer gegenüberstehen, zu untersuchen. Vielmehr sind auch weitere Märkte, etwa nachgelagerte oder benachbarte Märkte, mit einzubeziehen.[746] Lediglich aus Gründen der Rechtssicherheit und der Vereinfachung wird für die Anwendbarkeit der VGVO allein der Lieferanten-Käufermarkt zugrundegelegt.[747] Bei einer für den Entzug erforderlichen Einzelfallprüfung ist eine solche Vereinfachung nicht zulässig.

3. Materielle Voraussetzungen des Art. 81 Abs. 3 EG

Ein Entzug ist bereits möglich, wenn nur eine Voraussetzung des Art. 81 Abs. 3 EG auf einem der betroffenen Märkte nicht erfüllt ist. Eine vertiefte Darstellung der materiellen Voraussetzungen des Art. 81 Abs. 3 EG würde den Rahmen dieser Untersuchung sprengen.[748] Lediglich auf das in den Leitlinien zur VGVO gelieferte umfangreiche Anschauungsmaterial[749] zu den einzelnen Vertikalverhältnissen und Art. 81 Abs. 3 EG soll kurz eingegangen werden. In den Leitlinien nennt die Kommission gleich eine ganze Reihe von Beispielen, bei denen die Voraussetzungen der VGVO erfüllt sind, ein Entzug aber grundsätzlich möglich ist. Wie in Art. 6 und 7 VGVO vorgegeben, sind die kumulativen Wirkungen nebeneinander bestehender Netze gleichartiger Vereinbarungen stets ein erheblicher Faktor. Die Kommission nennt aber für die einzelnen Vertikalvereinbarungen zusätzliche Kriterien. Hinsichtlich des **Markenzwangs**, also Vereinbarungen, die Käufer veranlassen, Bestellungen für ein bestimmtes Produkt auf einen Lieferanten zu konzentrieren,[750] betont die Kommission zwar einerseits die Bedeutung der Bindungsquote (dh der Anteil der durch Markenzwang abgesetzten Produkte), andererseits wird aber auch der Faktor der Dauer des Wett-

---

[745] de Bronett, WuW 1999, 827.

[746] Leitlinien zur VGVO, Tz. 22, 204, 206; Veelken in Immenga/Mestmäcker, GFVO, Tz. 307, 309, 321.

[747] Leitlinien zur VGVO, Tz. 22.

[748] Insoweit sei auf die kartellrechtliche Kommentarliteratur verwiesen: zB Immenga/Mestmäcker, Wettbewerbsrecht der EG; Langen/Bunte-Bunte, KartellR, Art. 81, Generelle Prinzipien, Rz 146 ff.

[749] Leitlinien zur VGVO, Tz. 134 ff, 137-229.

[750] Leitlinien zur VGVO, Tz. 106.

bewerbsverbots ins Spiel gebracht.[751] Weiterhin spielt die Marktposition der Wettbewerber eine Rolle, um die Marktmacht des Lieferanten zu beurteilen.[752] Die Marktstellung der Wettbewerber ist angesichts der sich daraus ergebenden Kollusionsgefahr auch beim **Alleinvertrieb** zu beachten.[753] Ein weiterer Faktor beim Alleinvertrieb, bei dem sich ein Lieferant verpflichtet, in einem bestimmten Gebiet nur an einen bestimmten Vertriebshändler zu verkaufen, [754] ist die Position dieses Händlers auf dem nachgelagerten Markt, insbesondere wenn dieser Händler der einzige Käufer auf dem gesamten Markt ist.[755] Darüber hinaus wird auf die Bedeutung der Verknüpfung des Alleinvertriebs mit dem Alleinbezug hingewiesen, welcher die Händler veranlaßt, die Produkte der betreffenden Marke direkt beim Hersteller zu bestellen.[756] Dadurch verringert sich der markeninterne Wettbewerb; es besteht außerdem die Gefahr der Preisdiskriminierung.[757] Beim **selektiven Vertrieb**, bei welchem zum einen die Anzahl der anerkannten Händler, zum anderen die Wiederverkaufsmöglichkeiten beschränkt werden, nennt die Kommission weitere Faktoren wie zB die Marktzutrittsschranken, die Nachfragemacht, welche die Kollusionsgefahr unter Händlern erhöht, sowie die Reife des Marktes.[758] Die Ausführungen zum selektiven Vertrieb schließt die Kommission mit einem anschaulichen Beispiel auf dem Sportartikelmarkt ab, welches bei genauerer Betrachtung jedoch fraglich ist. Von sieben[759] Sportartikelherstellern bedienen sich fünf mit einem Marktanteil von 85% quantitativer Systeme des selektiven Vertriebs. Die beiden verbleibenden Anbieter haben andere Vertriebsformen. Sie bieten im Gegensatz zu den fünf Marktführern Produkte ohne Markenimage zu billigeren Preisen an. In Discountern können lediglich die beiden Billigmarken gekauft werden, die fünf Marktführer verkaufen nur in Läden mit erhöhter Serviceleistung. Die Kommission führt dazu aus, daß dieses einen Verlust an Wettbewerb zwischen den fünf Marktführern zur Folge habe, der nicht dadurch ausgeglichen werden könne, daß die zwei Billiganbieter in Discountern zu erwerben sind, weil „die Marken der fünf Marktführer ein viel besseres Image" haben. Da die Kommission hier das Markenimage derart betont, ist jedoch schon fraglich, ob die zwei Billiganbieter tatsächlich auf dem sachlich gleichen Markt wie die Marktführer tätig sind. Da das Image und Markenprofil gerade bei Sportartikeln besonders wichtig ist, liegt es näher, daß aus Sicht der Marktgegenseite keine Austauschbarkeit mehr gegeben

---

[751] Leitlinien zur VGVO, Tz. 141.
[752] Leitlinien zur VGVO, Tz. 142.
[753] Leitlinien zur VGVO, Tz. 164.
[754] Leitlinien zur VGVO, Tz. 161.
[755] Leitlinien zur VGVO, Tz. 166.
[756] Leitlinien zur VGVO, Tz. 172.
[757] Leitlinien zur VGVO, Tz. 172.
[758] Leitlinien zur VGVO, Tz. 190, 191, 194.
[759] In der deutschen Fassung der Leitlinien zur VGVO, Rz. 198, wurde eine Prozentabgabe vergessen: Es gibt zwei Hersteller mit 15% Marktanteil.

ist.[760] Dann hätten die fünf Marktführer insgesamt sogar 100% Marktanteil. In jedem Fall aber sind die Effizienzgewinne eines Selektivvertriebssystems für solche Artikel gering, da das Produkt auch nicht sehr komplex ist. Ein Entzug des Rechtsvorteils der GVO kommt daher in Betracht. Hinsichtlich der **Alleinbelieferung**, welche vorliegt, wenn der Lieferant ein bestimmtes Endprodukt nur an einen Käufer in der Gemeinschaft abgeben darf,[761] wird gleich ein ganzes Bündel von Faktoren genannt, die bei der Beurteilung nach Art. 81 Abs. 3 EG zu berücksichtigen sind. Erheblicher Faktor ist die Stellung auf dem nachgelagerten Markt: Hat der Käufer auf dem Beschaffungsmarkt einen Marktanteil von 30% oder darunter (womit er unter die VGVO fällt), aber einen höheren auf dem nachgelagerten Markt, kann wegen möglicher Abschottungseffekte ein Entzug in Betracht kommen.[762] Weitere Faktoren sind der Umfang und die Dauer der Alleinbelieferungspflicht, die Stellung der Wettbewerber im vorgelagerten Beschaffungsmarkt, die Marktzutrittsschranken, die Gegenmacht der Lieferanten sowie die Handelsstufe und die Beschaffenheit des Produkts.

4. Beweislast

Die Beweislast in allen einzelstaatlichen oder gemeinschaftlichen Verfahren zur Anwendung des Art. 81 EG wird in Art. 2 DVO geregelt, der aufgrund des Verordnungscharakters auch für nationale Gerichte verbindlich ist.[763] Nach Art. 2 DVO muß die Partei oder Behörde die Zuwiderhandlung gegen Art. 81 Abs. 1 EG beweisen, die diesen Vorwurf erhebt. Im Entzugsverfahren wäre das also die Kommission[764] bzw. die mitgliedstaatliche Behörde. Das Eingreifen einer GVO muß, ohne daß dieses in Art. 2 DVO ausdrücklich geregelt ist, das beteiligte Unternehmen beweisen, welches sich auf das Eingreifen der GVO beruft, da dieses ein für das Unternehmen günstiger Umstand ist. Die Beweislast dafür, daß die Voraussetzungen des Art. 81 Abs. 3 EG vorliegen, obliegt nach Art. 2 S. 2 DVO dagegen dem Unternehmen, das sich auf diese Bestimmung beruft,[765] also regelmäßig dem beteiligten Unternehmen, welches auch an der Vereinbarung festhalten will. Fraglich ist die Verteilung der Beweislast im Hinblick auf Art. 81 Abs. 3 EG beim Entzug. Hier ist es ausreichend, daß das betreffende Unternehmen nachweist, daß die Vereinbarung unter die GVO fällt, welche abstrakt die

---

[760] Vgl. zum eigenen Markt für Modeartikel und Markenprodukten: Schröter in GTE, Hdb. d. Europäischen Rechts, Kommentar I A 50, Art. 86 EGV, Rz. 111.; vgl. auch EuGH Slg. 1978, 131, 147-Miller International Schallplatten; Kommission; Kommission, ABl.EG 1992 Nr. L 12/24, 28, 34/Yves St. Laurent Parfums; ABl.EG 1992 Nr. L 236/11, 15f., 21-Parfums Givenchy.

[761] Leitlinien zur VGVO, Tz. 202.

[762] Leitlinien zur VGVO, Tz. 204.

[763] Vgl. Art. 249 Abs. 2 EG.

[764] Leitlinien zur VGVO, Tz. 72.

[765] Der Grund dafür ist, daß diese Partei meist besser dazu in der Lage ist, die notwendigen Informationen beizubringen, bgl. Begründung zu Art. 2 DVO-Entwurf.

Vereinbarkeit der Vereinbarung mit Art. 81 Abs. 3 EG festlegt. Da die Gruppenfreistellungswirkung gerade unabhängig von den Voraussetzungen des Art. 81 Abs. 3 EG eintritt, würde es keinen Sinn machen, den beteiligten Unternehmen die Beweislast im Hinblick auf die Vereinbarkeit mit Art. 81 Abs. 3 EG aufzubürden. Daher muß im Falle des Art. 6 VGVO die Kommission beweisen, daß die gruppenfreigestellte Vereinbarung „nicht alle vier Voraussetzungen für eine Freistellung nach Art. 81 Abs. 3 EG erfüllt".[766] Bei Art. 7 VGVO gilt entsprechendes für die mitgliedstaatliche Behörde.[767]
Fraglich ist allerdings, ob diese Beweislastverteilung auch in die Praxis umgesetzt wird. Da die Kommission selbst davon ausgeht, immer noch ein gewisses „Beurteilungsermessen" im Rahmen des Art. 81 Abs. 3 EG zu haben, besteht die Gefahr, daß es letztlich doch den Unternehmen obliegt, zu beweisen, daß ihre Vereinbarung mit Art. 81 Abs. 3 EG vereinbar ist. Ein ähnliches Problem stellt sich auch bei nationalen Zivilverfahren. Teilweise wird bezweifelt, daß Art. 2 DVO in Zivilverfahren unproblematisch umgesetzt werden kann.[768] In einem Zivilverfahren vor einem nationalen Gericht hätte nach Art. 2 DVO diejenige Partei die Beweislast für einen Verstoß gegen Art. 81 Abs. 1 EG, welche diesen Vorwurf erhebt, also entweder ein drittes Unternehmen oder ein an der Vereinbarung beteiligtes Unternehmen, welches sich auf die Nichtigkeit der Vereinbarung beruft.[769] Abweichend von der in Art. 2 S. 2 DVO geregelten Beweislastverteilung wird teilweise vertreten, das außenstehende Unternehmen müsse im Rahmen einer Privatklage beweisen, daß die „von dem Antragsteller behaupteten Voraussetzungen für Artikel 81 Abs. 3 nicht vorliegen".[770] Bringt das beteiligte Unternehmen Tatsachen bei, nach denen vordergründig die Voraussetzungen des Art. 81 Abs. 3 EG erfüllt zu sein scheinen, läuft das außenstehende Unternehmen Gefahr, den Prozeß zu verlieren, wenn es nicht dazu in der Lage ist, die Glaubwürdigkeit des beigebrachten Beweismaterials in Frage zu stellen.[771] Diese Gefahr ist um so größer als es für außenstehende Unternehmen äußerst schwierig sein kann, an die notwendigen Informationen zu gelangen.[772] Lösen können dieses Problem nur die nationalen Zivil- bzw. Rechtsschutzgerichte und der Gerichtshof, indem sie die Beweislastverteilung nach Art. 2 DVO streng beachten und die beigebrachten Beweismittel kritisch würdigen. Für den Entzug bedeutet dieses, daß Entzugsentscheidungen nach Art. 6 und Art. 7 VGVO aufzuheben sind, wenn der Beweis eines Verstoßes gegen Art. 81 Abs. 3 EG von der jeweiligen Entzugsbehörde nicht erbracht ist.

---

766 Leitlinien zur VGVO, Tz. 72.
767 Wenngleich die Leitlinien zur VGVO hierzu nichts sagen.
768 Mestmäcker, EBOR 1 (2000), 422f.; optimistischer wohl Kappel, EWS 2001, 231, der in Art. 2 DVO inhaltlich nichts neues sieht.
769 Vgl. zu letzter Konstellation: EuG, GRUR Int 2002, 54 mit Anmerkung von Weyer, S. 57.
770 Deringer, EuR 2001, 315.
771 Mestmäcker, EBOR, 1 (2000), 422f.
772 Mestmäcker, EBOR, 1 (2000), 423.

5. Entzug und Untersagung zukünftiger Vereinbarungen

Fraglich ist, ob in Entzugsentscheidungen nach Art. 6 VGVO und 7 VGVO den Unternehmen der Abschluß von zukünftigen Vereinbarungen verboten werden kann. Nach eigenen Angaben wollte die Kommission mit dem Verbot des Abschlusses zukünftiger Vereinbarung verhindern, daß die Entzugs- bzw. die mit ihr verbundene Verbotsentscheidung[773] ins Leere läuft.[774] Diese Gefahr bestünde in der Tat, wenn das vom Entzug betroffene Unternehmen direkt nach der Entscheidung mit den gleichen Vertragshändlern die gleichen Vereinbarungen schließen würde, welche dann ebenfalls wieder unter die VGVO fallen würden. Daher hat die Kommission in Artikel 4 der Entzugsentscheidung *Langnese-Iglo* untersagt, für die der Entscheidung folgenden fünf Jahre gleichartige Vereinbarungen abzuschließen.[775] Allerdings war dieser Teil der Entscheidung insofern unklar, als nicht ersichtlich war, was *Langnese-Iglo* verboten wurde.[776] Zum einen kam eine weite Auslegung von Artikel 4 in Betracht, wonach *Langnese-Iglo* der Abschluß jeglicher Alleinbezugsverträge verboten wäre, ohne daß es darauf ankäme, ob diese Verträge vergleichbar wären mit den von der Entscheidung verbotenen.[777] Zum anderen ließe sich eine enge Auslegung von Artikel 4 vornehmen, nach der es *Langnese-Iglo* nur untersagt wäre, dasselbe Netz von Alleinbezugsverträgen mit denselben Vertragspartnern erneut aufzubauen.[778] Dann bestünde wenigstens noch die Möglichkeit des Aufbaus eines neuen Netzes mit neuen Vertragspartnern. Das Verbot jeglicher zukünftiger Vertriebsvereinbarung gemäß der weiten Auslegung ist durch das EuG-Urteil für nichtig erklärt worden,[779] welches vom EuGH bestätigt wurde.[780] Für dieses Ergebnis werden drei zustimmungswürdige Gründe angegeben: Zunächst verstoßen nach der *Delimitis*-Rechtsprechung nicht alle Alleinbelieferungsverträge gegen Art. 81 Abs. 1 EG.[781] Weiterhin enthalten die GVOen keine Rechtsgrundlage für den Entzug von zukünftigen Vereinbarungen. Ohne eine solche Rechtsgrundlage darf eine Einzelfallentscheidung aber nicht die Rechtswirkungen einer Rechtsnorm einschränken, womit hier ein Verstoß gegen den Grundsatz der Normenhierarchie vorliegt.[782] Letztlich stellt das Gericht noch einen Verstoß gegen den Gleichbe-

---

[773] Nach Art. 7 DVO bzw. Art. 3 der aufgehobenen VO Nr. 17.

[774] ABl.EG 1993 Nr. L 183/19, Rz. 154-Langnese-Iglo; vgl. auch EuG Slg. 1995 II-1533, Rz. 205.

[775] Entscheidung ABl.EG 1993 Nr. L 183/19 (37)-Langnese-Iglo.

[776] EuGH Slg. 1998 I-5627, Rz. 78, 75ff.; selbst die Kommission wechselte diesbezüglich die Meinung, vgl. Schlußanträge von GA Colomer, EuGH Slg. 1998 I-5611, Tz. 38-Langnese-Iglo.

[777] Vgl. Schlußanträge von GA Colomer, EuGH Slg. 1998 I-5611, Tz. 35-Langnese-Iglo.

[778] Schlußanträge von GA Colomer, EuGH Slg. 1998 I-5611, Tz. 38-Langnese-Iglo.

[779] EuG Slg. 1995 II-1533, Rz. 210, 197, 207-Langnese-Iglo.

[780] EuGH Slg. 1998 I-5627, Rz. 76f.-Langnese-Iglo.

[781] EuG Slg. 1995 II-1533, Rz. 206f.-Langnese-Iglo.

[782] EuG Slg. 1995 II-1533, Rz. 208-Langnese-Iglo.

handlungsgrundsatz fest, wenn bestimmten Unternehmen der Rechtsvorteil der GVO für die Zukunft entzogen würde, während andere Unternehmen die gleichen Vereinbarungsarten abschließen könnten.[783] Darüber hinaus könnte man auch an einen Verstoß gegen den Verhältnismäßigkeitsgrundsatzes denken, wenn der Abschluß jeglicher Vereinbarungen ohne Rücksicht auf deren Marktwirkungen untersagt wird.[784]
Fraglich ist jedoch, ob es der Kommission zumindest möglich ist, den Abschluß zukünftiger Verträge im Sinne der engen Auslegung des Artikels 4 zu verbieten. Diese Frage wurde vom EuG in seiner *Langnese-Iglo*-Entscheidung nicht behandelt. Der EuGH hat ein diese Frage aufwerfendes Anschlußrechtsmittel als unzulässig zurückgewiesen.[785] Da eine dahingehende Ermächtigung weder in Art. 7 DVO noch in Art. 29 DVO ausdrücklich normiert ist, könnte die Zulässigkeit eines solchen Verbots nur damit begründet werden, daß ansonsten die praktische Wirksamkeit der Entzugs- bzw. Verbotsentscheidung nicht gewährleistet wäre.[786] Das betroffene Unternehmen könnte ansonsten das verbotene Netz durch Abschluß gleichartiger Verträge mit denselben Vertragspartnern wieder aufbauen, wobei es sich sogar auf die Anwendbarkeit der VGVO berufen könnten.[787] Um ein solch unbefriedigendes Ergebnis zu verhindern, erscheint es unter strengen Voraussetzungen gerechtfertigt, die Befugnis zum Verbot zukünftiger gleichartiger Verträge als der zuständigen Behörde nur insoweit mitübertragen anzusehen, als dadurch die Fortgeltung oder der Wiederaufbau desselben Vertragsnetzes unterbunden wird.[788] Verboten werden können zukünftige Verträge nur, wenn deren Wirkungen tatsächlich identisch mit den von der Entzugsentscheidung umfaßten Verträgen sind, so daß man faktisch von einer Fortgeltung des ursprünglichen Vertragsnetzes ausgehen kann. Der EuGH hat zu Art. 3 VO 17 immerhin entschieden, daß die Kommission ihre Maßnahmen dem Wesen der festgestellten Zuwiderhandlung anpassen kann, wobei sie verbieten kann, daß vertragswidrige Tätigkeiten fortdauern.[789] Ein solches Fortdauern kann aber nicht bei Verträgen angenommen werden, bei denen die betroffenen Unternehmen den „Bedenken der Kommission Rechnung tragen“[790] oder wenn die späteren Verträge aus anderen Gründen unproblematisch sind, zB wegen Änderung der Marktsituation. Insgesamt wird ein solches Fortdauern daher nur in Ausnahmefällen gegeben sein. Da sich der DVO diesbezüglich kein Vorrang

---

783 EuG Slg. 1995 II-1533, Rz. 209-Langnese-Iglo.
784 Vgl. Sauter in Langen/Bunte, KartR, Art. 3 VO 17, Rz. 1.
785 EuGH Slg. 1998 I-5627, Rz. 79, 80-Langnese-Iglo.
786 Vgl. Schlußanträge des GA Colomer, EuGH Slg. 1998 I-5611, Tz. 39-Langnese-Iglo.
787 Schlußanträge des GA Colomer, EuGH Slg. 1998 I-5611, Tz. 39-Langnese-Iglo.
788 Im Ergebnis auch: GA Colomer, EuGH Slg. 1998 I-5611, Tz. 39-Langnese-Iglo; vgl. nunmehr auch EuG, Urteil v. 23. 10. 2003, Rechtssache T 65/98-Van den Bergh Foods (abrufbar unter www.curia.eu.int/de/jurisp/index.htm.
789 EuGH Slg. 1974, 223, Rz. 45-GEMA.
790 Wiedemann, GVO AT, Rz. 267.

der Kommission gegenüber den mitgliedstaatlichen Behörden entnehmen läßt, gilt für nationale Behörden insoweit dasselbe. Auch sie können nur dann zukünftige Vereinbarungen verbieten, wenn dadurch ein Fortdauern des alten Vertragsnetzes verhindert wird.
Will die Kommission umfassend den Abschluß zukünftiger Vereinbarungen verbieten, muß sie eine Nichtanwendbarkeitsverordnung nach Art. 8 VGVO erlassen, bei der sich wegen ihrer Rechtsnormqualität nicht das Problem der Hierarchie der Normen stellt. Da die Nichtanwendbarkeitsverordnung generell und nicht nur für bestimmte Unternehmen gilt, stellt sich hier auch nicht das Problem eines Verstoßes gegen den Gleichbehandlungsgrundsatz.

6. Verbindung von Entzugsentscheidungen mit anderen Entscheidungen

Nach dem alten Verfahrensrecht der VO 17 konnte eine Entzugsentscheidung vorwiegend mit zweierlei Entscheidungen verbunden werden. Zum einen war eine Verbindung mit einer Verbotsentscheidung iSd Art. 3 Abs. 1 VO 17 im Hinblick auf die nicht mit Art. 81 Abs. 3 EG übereinstimmende Vereinbarung möglich.[791] Zum anderen kam die Kombination mit einer individuellen Freistellungsentscheidung in Betracht, allerdings nur wenn diese unter Bedingungen bzw. Auflagen erteilt wurde, da es widersprüchlich wäre, im Hinblick auf dieselbe Vereinbarung die Voraussetzungen des Art. 81 Abs. 3 EG beim Entzug als nicht erfüllt, bei der Freistellung aber als gegeben anzusehen.[792] Mit der Kartellverfahrensreform ist die Verbindung mit einer durch Auflagen oder Bedingungen zu erteilenden Einzelfreistellung weggefallen, da die DVO eine solche Entscheidungsart nicht mehr beinhaltet.[793] Eine Nichtanwendbarkeitsentscheidung iSd Art. 10 DVO ist nicht vergleichbar mit einer Freistellungsentscheidung nach der VO 17, da sie nicht konstitutiv ist und die Kommission auch nur von Amts wegen aus Gründen des öffentlichen Gemeinschaftsinteresses tätig wird.[794] Eine Verbindung einer Entzugsentscheidung mit einer Einzelfreistellung scheidet daher aus.
Nach wie vor möglich ist dagegen der Erlaß einer Verbotsentscheidung (=Abstellungsverfügung). Nach altem Verfahrensrecht wurde sogar der Entzug des Vorteils einer GVO ohne Verbindung mit einer Verbotsentscheidung als sinnlos bezeichnet.[795] Möglicherweise könnten es die Behörden nach Einführung der DVO beim Entzug belassen und die weitere Durchsetzung des Kartellverbots den betroffenen oder dritten Unternehmen und damit den nationalen Gerichten überlassen. Die private Durchsetzung vereinfacht sich mit der DVO insofern, als es vom Entzug betroffenen Unternehmen nicht mehr möglich ist, eine

[791] de Bronett, WuW 1999, 828.
[792] Wiedemann, GVO AT, Rz. 262; Brinker, Mißbrauchsaufsicht, S. 75.
[793] Vgl. Begründung zu Art. 10 DVO-Entwurf.
[794] Begründung zu Art. 10 DVO-Entwurf.
[795] de Bronett, WuW 1999, 829.

(unter Bedingungen/Auflagen zu erfolgende) Einzelfreistellung zu beantragen. Auch kann eine solche nicht mehr gleichzeitig mit der Entzugsentscheidung ausgesprochen werden. Nach altem Recht war ein nationales Gericht grundsätzlich bis zu einer Kommissionsentscheidung über Art. 81 Abs. 3 EG gehindert, die endgültige Nichtigkeit festzustellen.[796] Allerdings war auch schon nach altem Verfahrensrecht im Entzug ohne gleichzeitig erteilter Freistellung die endgültige Versagung einer Freistellung zu sehen,[797] so daß (nach möglicher Überprüfung durch EuG/EuGH) Klarheit über die Nichtanwendung des Art. 81 Abs. 3 EG bestand,[798] womit eine private Durchsetzung von Rechten zumindest nicht ausgeschlossen gewesen wäre. Dennoch macht auch im neuen Kartellverfahrensrecht allein die Verbindung einer Entzugs- mit einer Verbotsentscheidung Sinn. Wenn die Kommission (bzw. nationale Behörde) schon ein Verfahren einleitet und dabei die Voraussetzungen des Art. 81 Abs. 1 EG und Art. 81 Abs. 3 EG im Einzelfall prüft, ist kein Grund ersichtlich, warum die Behörde das als kartellrechtswidrig erachtete Verhalten nicht auch verbieten sollte. Auch nach neuem Verfahrensrecht werden Kommission nach Art. 7 DVO und nationale Behörden nach Art. 5 DVO die Entzugsentscheidung mit einer Verbotsentscheidung verbinden.

7. Verringerung des Beurteilungsermessens für das „Ob" des Entzugs

Wie oben bereits gezeigt, verringert sich das Beurteilungsermessen der Kommission im Wege der Verfahrensreform erheblich. Vor der Verfahrensreform war es konsequent, der Kommission auch bei der Frage, ob ein Entzugsverfahren eingeleitet und durchgeführt werden soll, ein weites Beurteilungsermessen einzuräumen. In der Literatur wurde daher vertreten, daß dieses Ermessen selbst dann gegeben sein soll, wenn die Kommission festgestellt hat, daß die Eingriffsvoraussetzungen vorliegen (Opportunitätsprinzip).[799] Aufgrund der nunmehr grundsätzlich bestehenden unmittelbaren Anwendbarkeit des Art. 81 Abs. 3 EG reduziert sich das Beurteilungsermessen der Kommission trotz des Wortlauts der Art. 29 DVO und Art. 6 VGVO („kann") erheblich. Nach der hier vertretenen Auffassung kann es kein Ermessen der Kommission im Sinne des Opportunitätsprinzips mehr geben. Bereits bei der Prüfung der konkreten Vereinbarung anhand der Voraussetzungen des Art. 81 Abs. 3 EG besteht kein weites Beurteilungsermessen mehr. Stellt die Kommission (bzw. im Falle des Art. 7 VGVO die mitgliedstaatliche Behörde) fest, daß eine freigestellte Vereinbarung im Einzelfall Art. 81 Abs. 3 EG widersprechende Wirkungen zeitigt, so ist das Ermessen für das „Ob" eines Entzugs auf Null reduziert (einheitlicher Begriff des Be-

---

[796] Vgl. zur Unterscheidung von vorläufiger und endgültiger Unvereinbarkeit mit Art. 81 EG: Baur/Weyer in FK, Art. 81 Zivilrechtsfolgen, Rz. 30ff.

[797] Baur/Weyer in FK, Art. 81 Zivilrechtsfolgen, Rz. 64

[798] Baur/Weyer in FK, Art. 81 Zivilrechtsfolgen, Rz. 62.

[799] Wiedemann, GVO AT, Rz. 265.

urteilungsermessens). Allenfalls dürfte den Behörden nach wie vor die Möglichkeit offenstehen, den Entzug vorerst nur anzudrohen, um die Unternehmen zur Einstellung des Art. 81 Abs. 3 EG zuwiderlaufenden Verhaltens zu bewegen,[800] da dieses im Idealfall schneller zum Erfolg führen kann als ein förmliches Verwaltungsverfahren. Wenn die Unternehmen aber daraufhin nicht umgehend geeignete Maßnahmen ergreifen, hat ein Entzugsverfahren stattzufinden.[801]

8. Wer muß tätig werden-Kommission oder nationale Behörde? Verfahren nach Art. 6 oder 7 VGVO?

Da nach der DVO (bzw. dem aufgehobenen Art. 7 der durch die VO 1215/1999 geänderten VO 19/65) und der VGVO die Kommission nicht mehr allein zum Entzug zuständig ist, fragt sich, welche Behörde tätig werden muß. Problematisch ist dieses nur, wenn neben den Voraussetzungen der Art. 6 VGVO bzw. Art. 29 Abs. 1 DVO auch die des Art. 7 VGVO und des Art. 29 Abs. 2 DVO erfüllt sind, da dann neben der Kommission auch eine nationale Behörde zuständig ist.[802]

a) Kommission bleibt stets zuständig zum Entzug

Schon nach altem Verfahrensrecht galt, daß die Kommission nicht dadurch unzuständig wird, daß die Zuständigkeit einer mitgliedstaatlichen Behörde eröffnet ist.[803] Vielmehr war es der Kommission vorbehalten, Fälle aufzugreifen, welche für die Gemeinschaft von besonderer Bedeutung waren.[804] Dieses muß erst recht nach neuem Verfahrensrecht gelten, wobei die Wiederherstellung des mit Art. 81 Abs. 3 EG übereinstimmenden Zustandes mehr noch als vor der Verfahrensreform von Bedeutung für das Gemeinschaftsrecht ist, da hiermit die abweichende Freistellung vom nunmehr grundsätzlich unmittelbar anwendbaren Art. 81 Abs. 3 EG aufgehoben wird. Dieses Ergebnis wird auch von Art. 13 Abs. 1 S. 2 und Abs. 2 DVO getragen, wonach es im Ermessen der Kommission steht, eine Beschwerde zurückzuweisen, wenn eine nationale Behörde mit einer Beschwerde befaßt ist oder war. Eine Pflicht zur Zurückweisung wird demgegenüber nicht angeordnet.

b) Zusammenarbeit für die Frage der Verfahrenseinleitung

Nach Art. 11 Abs. 1 DVO arbeiten Kommission und nationale Wettbewerbsbehörden eng zusammen; sie sollen ein Netz von Behörden zur Anwendung des europäischen Wettbewerbsrechts bilden.[805] Auch für die Frage, ob bei Eröffnung der Zuständigkeit für Kommission und nationale Behörde ein Verfahren nach

---

[800] Vgl. vor der Verfahrensreform: Kommission, ABl.EG 1988 Nr. L 272/27-Tetra Pak I.
[801] Siehe unten zur Abwendung durch Art. 9 DVO.
[802] Veelken in Immenga/Mestmäcker, Ergänzungsband zum EG-Wettbewerbsrecht, GFVO, Rz. 322.
[803] Leitlinien zur VGVO, Tz. 77.
[804] Leitlinien zur VGVO, Tz. 77.
[805] 15. Begründungserwägung zur DVO.

Art. 6 oder 7 VGVO eingeleitet werden soll, ist eine enge Zusammenarbeit und Absprache zwischen den Behörden nach Art. 11 Abs. 1 DVO geboten. Dabei soll grundsätzlich jeder Fall nur von einer Behörde behandelt werden,[806] wobei innerhalb des gemeinsamen Netzes zur Gewährleistung der optimalen Fallverteilung[807] die Behörde tätig werden soll, die am besten zum Entzug geeignet ist.[808] In jedem Fall haben nationale Behörden, wenn dieses nicht schon bei der vorherigen Abstimmung geschehen ist, nach Art. 11 Abs. 3 S. 1 DVO die Kommission vor Beginn oder unverzüglich nach der Einleitung der ersten förmlichen Ermittlungshandlung eines Entzugsverfahrens hierüber schriftlich zu unterrichten. Findet im Vorfeld keine Abstimmung zwischen Kommission und nationaler Behörde statt, ist bei Vorliegen der Voraussetzungen des Art. 7 VGVO die jeweilige nationale Behörde zum Entzug zuständig, unabhängig davon, ob die Kommission möglicherweise effektiver ein Entzugsverfahren durchführen könnte. Die Kommission ist grundsätzlich nicht verpflichtet, den nationalen Behörden die Zuständigkeit zu entziehen, sondern kann eine an sie gerichtete Beschwerde nach Art. 13 Abs. 1 S. 2 DVO mit Hinweis auf das nationale Verfahren zurückweisen.[809] Dieses gilt zumindest dann, wenn die nationalen Behörden den Verstoß gegen Art. 81 Abs. 3 EG vollständig abstellen können. Nähere Einzelheiten der Zusammenarbeit innerhalb des Netzes und des Informationsaustauschs sowie der Konsultation nach Art. 11 DVO können gemäß Art. 33 DVO Gegenstand weiterer Durchführungsvorschriften der Kommission sein.

aa) Ist ein Beenden der Zuständigkeit der nationalen Behörde nach Art. 11 Abs. 6 DVO auch bei Entzugsverfahren möglich?

Fraglich ist jedoch, ob die Kommission die Zuständigkeit einer nationalen Behörde beenden kann, indem sie selbst -vor oder nach Tätigkeit der nationalen Behörde- ein Entzugsverfahren einleitet. In den Leitlinien zur VGVO wurde mit Hinweis auf die Zusammenarbeitsbekanntmachung der Kommission[810] vorgeschlagen, bei Einleitung eines Kommissionsverfahrens bestehe lediglich eine Aussetzungspflicht für die nationale Behörde.[811] Demgegenüber entfällt nach Art. 11 Abs. 6 S. 1 DVO die Zuständigkeit einer nationalen Wettbewerbsbehörde mit Verfahrenseinleitung durch die Kommission. War bereits eine nationale Behörde in dem Fall tätig, so ist vor Beendigung ihrer Zuständigkeit gemäß Art. 11 Abs. 6 S. 2 DVO lediglich eine vorherige Konsultation dieser Behörde erforderlich. Demnach kann die Kommission die Zuständigkeit einer nationalen Behörde durch Ansichziehen des Verfahrens nach Konsultation der nationalen Be-

---

806 18. Begründungserwägung zur DVO.
807 18. Begründungserwägung zur DVO.
808 Begründung zum DVO-Entwurf, S. 13 unten.
809 Begründung zum DVO-Entwurf, S. 14.
810 ABl.EG 1997 Nr. C313/3, Rz. 49ff.-Bekanntmachung über die Zusammenarbeit zwischen Kommission und den Wettbewerbsbehörden der Mitgliedstaaten.
811 Leitlinien zur VGVO, Rz. 79.

hörde beenden. Fraglich ist jedoch, ob Art. 11 Abs. 6 DVO auch auf Entzugsverfahren anwendbar ist. Seinem Wortlaut nach betrifft Art. 11 Abs. 6 DVO nur die Fälle, in denen die Kommission eine „Entscheidung nach Kapitel III" einleitet. Kapitel III besteht aus den Artikeln 7-10 DVO, betreffend die Abstellungsverfügung, einstweilige Maßnahmen, Verpflichtungszusagen und Nichtanwendbarkeitsentscheidungen. Die Entzugskompetenz ist dagegen nicht im Kapitel III, sondern in Art. 29 DVO geregelt. Dem strengen Wortlaut nach handelt es sich daher nicht um eine Entscheidung nach Kapitel III. Etwas anderes würde allenfalls dann gelten, wenn man eine Entzugsentscheidung als Unterfall einer Abstellungsverfügung iSd Art. 7 Abs. 1 DVO betrachtet. Dafür könnte sprechen, daß auch im neuen Verfahrensrecht eine Entzugsentscheidung sinnvollerweise stets mit einer Abstellungsverfügung nach Art. 7 DVO (bzw. Art. 5 DVO für nationale Behörden) verbunden wird. In aller Regel werden daher beide Entscheidungen zu einer einheitlichen Entscheidung zusammengefaßt.[812] Gegen diese Auslegung einer Entzugsentscheidung als Abstellungsverfügung nach Art. 7 DVO spricht jedoch Art. 14 Abs. 1 DVO. Denn die Entscheidung nach Art. 29 Abs. 1 DVO wird dort neben einer Entscheidung nach Art. 7 DVO gesondert aufgeführt. Auch Art. 11 Abs. 2 DVO zitiert Art. 29 Abs. 1 DVO neben Art. 7-10 DVO. Dieses spricht ebenfalls für eine eigenständige Bedeutung des Entzugs neben einer Entscheidung nach Art. 7 DVO. Gleiches ergibt sich auch aus Art. 11 Abs. 4 S. 1 DVO, der ebenfalls zwischen einer Entscheidung, mit der „die Abstellung einer Zuwiderhandlung angeordnet wird" und einer Entscheidung mit der „der Rechtsvorteil einer Gruppenfreistellungsverordnung entzogen wird" unterscheidet. Wie später noch zu zeigen sein wird, stellen sich ähnliche Fragen bei Art. 27 DVO, Art. 30 DVO und Art. 5 DVO. Dem Wortlaut nach ist Art. 11 Abs. 6 DVO jedenfalls nicht auf Entzugsentscheidungen anwendbar.

Fraglich ist allein, ob Art. 11 Abs. 6 DVO seinem Sinn und Zweck nach (analog[813]) auch auf Entscheidungen nach Art. 29 DVO angewendet werden kann. Zunächst ist festzustellen, daß keine andere Norm der DVO eine Regelung über die Zuständigkeiten einer nationalen Behörde trifft, wenn die Kommission ein Verfahren einleitet. Es besteht daher für Entzugsverfahren eine Regelungslücke, welche grundsätzlich durch eine erweiterte Auslegung des Art. 11 Abs. 6 DVO geschlossen werden kann. Aus den Begründungserwägungen zur DVO ergibt sich kein ausdrücklicher Hinweis, daß diese Regelungslücke bezweckt ist. Eine Absicht des Gemeinschaftsgesetzgebers, daß nationale Behörden im selben Fall

---

[812] Vgl. schon Art. 1 und Art. 2 der Langnese-Iglo Entscheidung, ABl.EG 1993 Nr. L 183/19 (37).

[813] Handelte es sich um eine mitgliedstaatliche Norm, käme wegen des eindeutigen Wortlauts „Entscheidung nach Kapitel III" wohl allenfalls eine Analogie, aber wohl keine erfolgsversprechende teleologische Auslegung in Betracht. Im Gemeinschaftsrecht dagegen kommt der teleologischen Auslegung eine erhöhte Bedeutung zu; Wegener in Calliess/Ruffert, Art. 220 EG, Rz. 14, so daß im folgenden auf den Zusatz „analog" verzichtet wird.

auch nach Einleitung eines Kommissionsverfahrens zuständig sind bzw. bleiben, ist noch nicht einmal andeutungsweise erkennbar. Vielmehr findet sich in der 17. Begründungserwägung die Formulierung, daß die nationale Behörde automatisch ihre Zuständigkeit verliert, sobald die Kommission „ein Verfahren einleitet". Entzugsverfahren werden davon gerade nicht ausdrücklich ausgenommen. Die Planwidrigkeit der Regelungslücke ergibt sich auch daraus, daß gerade bei Entzugsverfahren eine Anordnung zur Verteilung der Fälle erforderlich ist, wenn grundsätzlich beide Behörden zuständig sind, die Kommission aber ein Verfahren eingeleitet hat. Eine verbleibende Zuständigkeit der nationalen Behörden widerspricht dem in der 18. Begründungserwägung zur DVO geäußerten Ziel im Rahmen der „optimalen Verteilung der Fälle innerhalb des Netzwerkes", daß „jeder Fall nur von einer Behörde bearbeitet wird". Daß dieses nicht für Entzugsverfahren gelten soll, ist nicht ersichtlich.
Gegen eine erweiterte Anwendung des Art. 11 Abs. 6 DVO auch auf Entzugsentscheidungen könnte möglicherweise angeführt werden, daß noch der Wortlaut des Art. 11 Abs. 6 DVO-Entwurf ausdrücklich für alle Verfahrensarten nach der DVO-Entwurf und damit auch für Entzugsverfahren galt.[814] Daß der in der DVO geänderte Wortlaut auch zu einer Änderung in der Sache führen soll, ist jedoch weder aus der Begründung zur DVO noch aus sonstigen Erwägungen heraus ersichtlich. Denn die Ausgangslage bei Entzugsentscheidungen ist im Verhältnis zu den Entscheidungen des Kapitels III vergleichbar. Bei Entzugsverfahren ist es in gleicher Weise sinnvoll, die Zuständigkeit der nationalen Behörde zu beenden, denn dadurch wird eine unökonomische Mehrfachbearbeitung desselben Falls verhindert.[815] Daß in diesen Fällen letztlich allein die Kommission zum Entzug zuständig ist, gewährleistet beim Entzug in gleicher Weise wie bei den Entscheidungen nach Kapitel III die einheitliche Anwendung des europäischen Wettbewerbsrechts,[816] zumal die Entzugsentscheidung als konstitutive Entscheidung auch nationale Gerichte bindet. Daher ist Art. 11 Abs. 6 DVO auch auf Entzugsverfahren (analog) anzuwenden. Ein Ansichziehen eines bereits vor der nationalen Behörde anhängigen Entzugsverfahrens durch die Kommission ist nach Konsultation der nationalen Behörde möglich[817] und führt zur Beendigung ihrer Zuständigkeit zum Entzug in diesem Verfahren.

bb) Können Kommission oder Dritte eine nationale Behörde zum Entzug verpflichten?

(1) Pflicht oder Ermessen einer nationalen Behörde zur Verfahrenseinleitung

Umgekehrt ist fraglich, ob eine nationale Behörde bei Vorliegen der Voraussetzungen der Art. 7 VGVO und 29 Abs. 2 DVO zum Entzug verpflichtet werden

---

[814] Vgl. auch die Begründung zum DVO-Entwurf, S. 11, S. 22f.
[815] Vgl. auch Begründung zu Art. 13 DVO-Entwurf.
[816] Vgl. 17. Begründungserwägung zur DVO.
[817] Noch zum alten Verfahrensrecht: Gröning, WRP 2001, S. 83.

kann. Nach altem Verfahrensrecht war dieses umstritten. Teilweise wurde angenommen, die Kommission könne wegen der Formulierung „auf Ersuchen der Kommission“ in Art. 7 Abs. 2 der durch die VO 1215/1999 geänderten VO 19/65 die Behörden der Mitgliedstaaten zum Tätigwerden verpflichten.[818] Andere lehnten eine solche Pflicht ab und räumten der nationalen Behörde ein (pflichtgemäß zu handhabendes) Ermessen hinsichtlich der Einleitung eines Verfahrens ein.[819] Die Verfahrensreform hat zwar Art. 7 VO 19/65 aufgehoben, ansonsten aber keine eindeutige Regelung diesbezüglich getroffen. In der Begründung zum DVO-Entwurf heißt es lediglich, „es sei Sache des Netzes in der Praxis dafür zu sorgen, dass die vorhandenen Ressourcen optimal eingesetzt werden“.[820] Eine Verpflichtung einer nationalen Behörde zur Verfahrenseinleitung ist zumindest nicht ausdrücklich in der DVO angeordnet. Es bleibt abzuwarten, ob die Kommission diesbezüglich eine Durchführungsbestimmung nach Art. 33 Abs. 1 DVO erläßt. Wegen der stets bestehenden Restzuständigkeit der Kommission und deren Kompetenz, der nationalen Behörde gemäß Art. 11 Abs. 6 DVO die Zuständigkeit zu entziehen, wird deutlich, daß nach der DVO im Zweifel doch eine zentrale Entscheidung als vorzugswürdig erachtet wird. Im Hinblick auf die optimale Verteilung der Fälle innerhalb des Netzes ist es ausreichend, wenn in Zweifelsfällen die Kommission zur Beendigung des im Einzelfall bestehenden Verstoßes gegen Art. 81 Abs. 3 EG verpflichtet ist. Auch ließe sich die Pflicht einer nationalen Behörde zum Entzug schwer begründen, wenn letztlich doch die Beendigung ihrer Zuständigkeit durch ein Ansichziehen des Verfahrens durch die Kommission droht. Somit ist das Wort „kann“ in Art. 29 Abs. 2 DVO und Art. 7 VGVO wörtlich zu nehmen und dahingehend auszulegen, daß die Einleitung eines Entzugsverfahrens im pflichtgemäßen Ermessen der nationalen Behörde liegt.

(2) Europarechtliche Maßstäbe zur Ausübung des Ermessens

Damit sind die europarechtlichen[821] Maßstäbe zur Ausübung dieses Ermessens für die nationalen Behörden von Interesse. Es ist fraglich, ob das Ermessen in bezug auf die Verfahrenseinleitung - ähnlich wie für die Kommission - auf Null reduziert sein kann. Letztlich liefe das auf einen für den einzelnen gerichtlich durchsetzbaren Anspruch auf Verfahrenseinleitung hinaus, wenn die Voraussetzungen des Art. 7 VGVO bzw. Art. 29 Abs. 2 DVO erfüllt sind. In der Praxis ist im Rahmen der Zusammenarbeit innerhalb des Netzes sicherzustellen, daß eine Verfahrenseinleitung stattfindet -entweder durch die Kommission oder durch die nationale Behörde. Dabei dürfte es den Behörden im Regelfall ohne weiteres

---

818 de Bronett, WuW 1999, 829.

819 Veelken in Immenga/Mestmäcker, Ergänzungsband zum EG-Wettbewerbsrecht, GFVO, Rz. 328.

820 Begründung zum DVO-Entwurf, S. 14.

821 Auch bei Tätigwerden einer nationale Behörde ist ein etwaiges Beurteilungsermessen bereits im Europarecht angelegt, Pache, DVBl. 1998, 387.

möglich sein, eine „optimale Verteilung" der Fälle zu gewährleisten.[822] Notfalls kann die Kommission stets das Verfahren an sich ziehen und selbst ein Entzugsverfahren einleiten und damit die Zuständigkeit der nationalen Behörde beenden. Fraglich sind allein seltene, hypothetische Zweifelsfälle, wenn die Kommission den Entzug nicht selbst durchführen will, weil sie die nationale Behörde insoweit für besser geeignet hält. Eine Ermessensreduzierung auf Null für die nationale Behörde wäre in einer solchen Konstellation wegen zu befürchtender mangelnder Effektivität eines widerwillig betriebenen Entzugsverfahrens bei konkurrierender Zuständigkeit der Kommission problematisch. Da außerdem noch nicht alle nationalen Wettbewerbsbehörden in gleicher Weise gut auf solche Verfahren eingerichtet sind,[823] sollte keine Ermessensreduzierung auf Null und damit eine Rechtspflicht zum Einschreiten auch der nationalen Behörden angenommen werden. Vielmehr ist es sinnvoll, wenn die nationale Wettbewerbsbehörde in die Ermessensentscheidung miteinbeziehen darf, ob sie sich zu einer ordnungsgemäßen Durchführung eines Entzugsverfahrens in der Lage sieht, oder ob sie den Entzug lieber der Kommission überläßt. Dieses hat nichts mit Skepsis gegenüber der Dezentralisierung zu tun, da es nach dem hier vorgeschlagenen Weg lediglich um eine Möglichkeit, nicht aber um eine Pflicht der nationalen Behörden geht, zugunsten der Kommission von der Durchführung des Verfahrens Abstand zu nehmen. Zu berücksichtigen ist dabei auch, daß bei der Kommission durch die Abschaffung des Anmeldesystems Kapazitäten frei werden, die im Zweifel auch genutzt werden sollten. Wenn eine nationale Behörde der Auffassung ist, daß die Kommission zweifellos besser zur Durchführung eines Entzugsverfahrens geeignet ist, sollte der nationalen Behörde auch die Möglichkeit eingeräumt werden, von einer Verfahrenseinleitung Abstand zu nehmen.

Bislang ergibt sich jedenfalls auch aus sonstigen gemeinschaftsrechtlichen Erwägungen keine Ermessensreduzierung auf Null für die nationale Behörde. Insbesondere folgt eine Ermessensreduzierung nicht aus dem Grundsatz der Gleichwertigkeit (Diskriminierungsverbot). Der Grundsatz der Gleichwertigkeit verpflichtet Mitgliedstaaten, gegen Gemeinschaftsrechtsverstöße unter vergleichbaren sachlichen und verfahrensrechtlichen Regeln vorzugehen wie gegen vergleichbare Verstöße gegen nationales Recht.[824] Eine vergleichbare Sachlage kann aber schon deshalb nicht vorliegen, da anders als beim Verstoß gegen nationales Recht hier immer noch die Kommission zuständig ist, die zum selben Netz von Behörden nach Art. 11 Abs. 1 DVO gehört. Damit besteht letztlich

---

[822] Vgl. 18. Begründungserwägung zur DVO.

[823] Zu den Ungleichheiten hinsichtlich der Ausstattung und des Rufs der nationalen Kartellbehörden: Forrester, European Legal Issues, 2001, S. 182f.

[824] EuGH Slg. 1989, 2965, Rz. 23-Kommission v. Griechenland; Baur/Weyer in FK, Art. 81 Zivilrechtsfolgen, Rz. 100, 103; Hatje in Schwarze, EU-Kommentar, Art. 10 EG, Rz. 16; Vgl. auch Weyer, EuR 2000, 148f.

nicht die Gefahr, daß der Kartellverstoß ungesühnt bleibt. Auch aus dem Gebot der Gemeinschaftstreue, Art. 10 EG, folgt keine Ermessensreduzierung auf Null. Zwar können sich nach Art. 10 Abs. 1 S. 1 EG aus diesem Gebot für Mitgliedstaaten eigenständige Handlungspflichten ergeben.[825] Ziel des Art. 10 EG ist die Sicherstellung der Funktionsfähigkeit der Gemeinschaft.[826] Dieses Ziel ist jedoch nicht gefährdet, wenn sich eine nationale Behörde im Rahmen der Ermessensentscheidung gegen die Einleitung eines Entzugsverfahrens entscheidet, da immer noch die Kommission zum Entzug zuständig ist.[827] Nach derzeitiger Rechtslage ergibt sich damit keine Ermessensreduzierung auf Null für nationale Behörden zur Einleitung eines Verfahrens nach Art. 29 Abs. 2 DVO iVm Art. 7 VGVO. Es bleibt jedoch abzuwarten, ob die Kommission in Zusammenarbeit mit den nationalen Behörden diesbezüglich eine Durchführungsvorschrift nach Art. 33 DVO erläßt. Nimmt sich trotz des Verstoßes gegen Art. 81 Abs. 3 EG keine nationale Behörde des Falls an, ist die Kommission zur Durchführung des Entzugsverfahrens verpflichtet.

Der Umstand, daß eine Ermessensreduzierung auf Null hinsichtlich der Verfahrenseinleitung abzulehnen ist, darf jedoch nicht zu dem Fehlschluß leiten, daß der nationalen Behörde ein weiteres Beurteilungsermessen als der Kommission in bezug auf die materiellen Voraussetzungen des Art. 81 Abs. 3 EG zusteht. Die Ermessensreduzierung auf Null scheidet allein aus Effektivitätsgesichtspunkten zur optimalen Verteilung der Fälle innerhalb des Netzes aus, um ein Entzugsverfahren durch die Behörde zu gewährleisten, die am besten dazu geeignet ist.[828] Leitet die nationale Behörde ein Entzugsverfahren ein, so ist dieses auch ordnungsgemäß zum Abschluß zu bringen; bei einem Verstoß gegen Art. 81 Abs. 3 EG hat sie daher eine Entzugsentscheidung zu erlassen. Dieses ergibt sich daraus, daß bei Verfahrenseinleitung durch eine nationale Behörde die Kommission auch nach der Verfahrensreform grundsätzlich nicht verpflichtet ist, selbst ein Verfahren einzuleiten, Art. 13 Abs. 1 S. 2 DVO.[829] Hätte die nationale Behörde aber die Möglichkeit nach begonnener Verfahrenseinleitung das Verfahren ohne Abschluß ruhen zu lassen, so wäre -abgesehen von einem Entziehen des Verfahrens durch die Kommission nach Art. 11 Abs. 6 DVO- bei einem möglichen Verstoß gegen Art. 81 Abs. 3 EG durch die freigestellte Vereinbarung keine Abhilfe geschaffen. Dieses widerspricht aber der durch die DVO grundsätzlich hergestellten unmittelbaren Anwendbarkeit des Art. 81 Abs. 3 EG.

Zusammengefaßt ergibt sich damit folgendes: Sind die Voraussetzungen nicht nur von Art. 6 VGVO bzw. Art. 29 Abs. 1 DVO, sondern auch von 7 VGVO

---

[825] Hatje in Schwarze, EU-Kommentar, Art. 10 EG, Rz. 14.

[826] Hatje in Schwarze, EU-Kommentar, Art. 10 EG, Rz. 2.

[827] Leitlinien zur VGVO, Tz. 77 und siehe oben zur konkurrierenden Zuständigkeit.

[828] Vgl. Begründung zum DVO-Entwurf, S. 13.

[829] Ansonsten liefe auch Art. 29 Abs. 2 DVO angesichts des Art. 11 Abs. 6 DVO gänzlich leer.

bzw. Art. 29 Abs. 2 DVO erfüllt, besteht eine konkurrierende Zuständigkeit von Kommission und der jeweiligen nationalen Behörde zum Entzug. Leitet die Kommission ein Verfahren ein, entfällt die Zuständigkeit der nationalen Behörden, Art. 11 Abs. 6 DVO. War eine nationale Behörde bereits tätig, muß die Kommission diese Behörde vor der Verfahrenseinleitung konsultieren. Die Kommission ist aber nicht verpflichtet, das Verfahren an sich zu ziehen, wenn eine nationale Behörde in demselben Fall bereits tätig ist, Art. 13 Abs. 1 S. 2 DVO, sofern und solange die nationale Behörde das Verfahren ordnungsgemäß und ohne Verzögerungen durchführt. Aus Effektivitätsgründen steht es im Ermessen der nationalen Behörde, ob sie ein Verfahren selbst einleitet oder dieses der Kommission überläßt. Leitet die nationale Behörde kein Verfahren ein, so ist dieses mit der Situation vergleichbar, daß von vornherein nur die Kommission zuständig ist, etwa weil die Voraussetzungen des Art. 7 VGVO nicht erfüllt sind. Das Ermessen der Kommission ist auf Null reduziert. Die Kommission muß ein Entzugsverfahren durchführen, da der im Einzelfall bestehende Verstoß gegen Art. 81 Abs. 3 EG beseitigt werden muß.

9. Beschwerderechte und deren prozessuale Durchsetzbarkeit

Eng verbunden mit der Frage des Ermessens und der Frage, welche Behörde tätig werden muß, ist das Problem der Reichweite der Beschwerderechte sowie deren prozessuale Durchsetzbarkeit, welches im folgenden untersucht werden soll. Dabei ist insbesondere auf die Frage einzugehen, an welche Behörde sich ein drittes Unternehmen, welches eine an einen Wettbewerber gerichtete Entzugsentscheidung begehrt, wenden soll und gegen welche Behörde - Kommission oder nationale Wettbewerbsbehörde oder gegen beide zugleich- es ein möglicherweise bestehendes Beschwerderecht durchsetzen kann.[830]

a) Verfahrenseinleitung auf eine Beschwerde hin

Nach Art. 29 Abs. 1 DVO kann ein Entzugsverfahren der Kommission von Amts wegen oder auf eine Beschwerde hin eingeleitet werden. Zur Einreichung einer Beschwerde befugt sind nach Art. 7 Abs. 2 DVO Mitgliedstaaten sowie natürliche und juristische Personen, die ein berechtigtes Interesse darlegen. Art. 29 Abs. 2 DVO und Art. 7 VGVO dagegen enthalten keine Beschwerderechte. Der Grund dafür könnte möglicherweise darin liegen, daß sich das Verfahren nach Art. 7 VGVO, Art. 29 Abs. 2 DVO grundsätzlich nach nationalem Recht richtet.[831] Demnach wäre dann auch die Ausgestaltung der Beschwerderechte vom jeweiligen nationalen Recht abhängig. Dieser Argumentation ist jedoch entgegenzuhalten, daß in Art. 7 Abs. 2 VO 19/65[832] Beschwerderechte ausdrücklich geregelt waren („...auf Ersuchen von natürlichen und juristischen Perso-

---

[830] Siehe dazu unten zum Beschwerderecht bei Art. 7 VGVO.

[831] Leitlinien zur VGVO, Tz. 78.

[832] Dort noch: „...von Amts wegen, auf Ersuchen der Kommission oder auf Ersuchen von natürlichen oder juristischen Personen, die ein berechtigtes Interesse geltend machen,...".

nen..."). Außerdem verweisen Art. 29 Abs. 2 DVO und Art. 7 VGVO auf Art. 29 Abs. 1 DVO bzw. Art. 6 VGVO und damit möglicherweise auch auf die darin enthaltenen Beschwerderechte. Rechtspolitisch ist es ebenfalls sinnvoll, zumindest einige europarechtliche Grundsätze für die Anwendung des jeweiligen einschlägigen nationalen Verfahrensrechts als verbindlich zu erachten. Problematisch ist jedoch, daß in Art. 5 S. 2 DVO ausdrücklich Beschwerderechte in bezug auf nationale Behörden geregelt sind. Jedoch besteht ähnlich wie bei Art. 11 Abs. 6 DVO das Problem, daß in Art. 5 S. 2 DVO Entzugsentscheidungen nicht aufgeführt sind. Im Hinblick auf Art. 14 Abs. 1 DVO, Art. 11 Abs. 2 und Abs. 4 S. 1 DVO ist es auch unzulässig, eine Entzugsentscheidung als Abstellungsanordnung iSd Art. 5 S. 2 DVO anzusehen. Dennoch wird gerade bei Art. 5 DVO deutlich, daß eine Ausklammerung der Entzugsentscheidungen nicht gewollt ist. Denn Art. 5 DVO steht im allgemeinen Kapitel II „Zuständigkeiten". Die Überschrift zu Art. 5 lautet „Zuständigkeit der Wettbewerbsbehörden der Mitgliedstaaten". Daraus wird deutlich, daß Art. 5 DVO, sofern in anderen DVO-Vorschriften nichts ausdrücklich Abweichendes geregelt ist, alle nach der DVO eröffneten Zuständigkeiten nationaler Behörden regelt. Da es sich bei Art. 29 Abs. 2 DVO um eine Norm handelt, welche die Zuständigkeit einer nationalen Behörde eröffnet, sind daher auch Beschwerderechte nach Art. 5 DVO für Entzugsentscheidungen eröffnet. Dieses folgt auch daraus, daß sich aus Art. 29 Abs. 2 DVO kein Hinweis darauf ergibt, daß eine nationale Behörde abweichend von Art. 5 S. 2 DVO nicht „von Amts wegen oder aufgrund einer Beschwerde" tätig werden kann. Die Erstreckung des Art. 5 S. 2 DVO auf Entzugsentscheidungen entspricht auch der Interessenlage in Entzugskonstellationen, da es keinen sachlichen Grund gibt, dritten Unternehmen für Entzugsverfahren anders als für Abstellungsentscheidungen keine Beschwerderechte einzuräumen. Die in Art. 5 S. 2 DVO enthaltene Liste von Entscheidungen ist daher nicht als abschließend anzusehen. Art. 5 S. 2 DVO ist zumindest sinngemäß auf Entzugsverfahren anwendbar.

aa) Beschwerderecht von natürlichen und juristischen Personen

(1) Berechtigtes Interesse

Natürliche und juristische Personen sind beschwerdebefugt, wenn sie ein berechtigtes Interesse geltend machen können, Art. 29 Abs. 1 DVO iVm Art. 7 Abs. 2 DVO. Ein berechtigtes Interesse ist wie schon nach der VO 17 gegeben, wenn die antragstellende Person durch den Kartellverstoß direkt in ihren Interessen beeinträchtigt wird bzw. beeinträchtigt werden kann.[833] Der Begriff des berechtigten Interesses ist also sehr weit auszulegen.[834] Das berechtigte Interesse

---

[833] Pirie, World Competition 23 (2000), 113; Vesterdorf, 1994 CMLR, S. 77; EuGH Slg. 1979, S. 2435, Rz. 17f.-BMW Belgium SA.

[834] de Bronett, WuW 1997, 867; Brinker, Mißbrauchsaufsicht, S. 86.

eines Wettbewerbers, welcher ein Entzugsverfahren einleitet, wird in der Regel unproblematisch gegeben sein.[835]
Zu klären ist aber der Inhalt und die prozessuale Durchsetzbarkeit dieses Beschwerderechts. Schon nach altem Verfahrensrecht war fraglich, ob der Antragsteller einen durchsetzbaren Anspruch hat und worauf dieser Anspruch gerichtet ist. In Betracht kamen entweder ein Anspruch auf Erlaß der Entzugsentscheidung oder auf Prüfung und Abschluß mit formellem Bescheid oder auf bloße Kenntnisnahme der Beschwerde.[836] Auch nach neuem Verfahrensrecht ist die Reichweite des Anspruchs zu klären, wobei zwischen Art. 6 und 7 VGVO (bzw. Art. 29 Abs. 1 und Abs. 2 DVO) zu unterscheiden ist.

(2) Beschwerderecht nach Art. 6 VGVO und Art. 29 Abs. 1 DVO

(a) Rechtslage nach der VO 17 iVm Art. 7 VO 19/65 aF und Art. 6 VO 99/63

Bei Art. 7 VO 19/65 aF in Verbindung mit den Entzugstatbeständen der GVOen[837] war nach altem Verfahrensrecht für den Beschwerdeführer problematisch, daß der Kommission ein weites Beurteilungsermessen im Rahmen der Freistellungsvoraussetzungen des Art. 81 Abs. 3 EG eingeräumt war, mit welchem eine Einschränkung der Kontrolldichte einherging. Jedoch bestand schon damals -ähnlich wie bei der Beschwerde nach Art. 3 Abs. 2 VO 17- die Notwendigkeit der prozessualen Durchsetzbarkeit des Antragsrechts,[838] da bei unbeschränktem Ermessen der Kommission die Gefahr des Leerlaufens des Beschwerderechts bestanden hätte. Der sich somit ergebende Anspruch des Beschwerdeführers konnte jedoch wegen des weiten Beurteilungsermessens der Kommission hinsichtlich der Freistellungsvoraussetzungen des Art. 81 Abs. 3 EG nicht auf Erlaß einer Entzugsentscheidung gerichtet sein (Opportunitätsprinzip).[839] Die sich somit aufdrängende Frage der Reichweite des Anspruchs war eng verknüpft mit dem Beschwerde- und Anhörungsverfahrensablauf nach der VO 17 iVm der VO 19/65 und Art. 6 VO 99/63[840], welcher sich gemäß der Beschreibung des EuG nach Einreichung der Beschwerde in drei Phasen aufteilte.[841] Die erste Phase dient der Ermittlung der Umstände, die für die Kommission erforderlich sind zur Beurteilung der Frage, wie sie angesichts der Beschwerde weiter verfahren soll. Dazu kann sich die Kommission informeller Informati-

---

[835] Pirie, World Competition 23 (2000), s. 113; selbst Verbraucher werden regelmäßig ein berechtigtes Interesse haben, de Bronett, WuW 1997, 867.

[836] Brinker, Mißbrauchsaufsicht, S. 89.

[837] Zum Beispiel Art. 6 VO 1983/83, Art. 14 VO 1984/83, Art. 8 VO 4087/88 und später Art. 6 VGVO.

[838] Brinker, Mißbrauchsaufsicht, S. 88, 87.

[839] de Bronett, WuW 1997, 869.

[840] Später ersetzt durch Art. 6 VO 2842/98-ABl.EG 1998 Nr. L 354/18.

[841] EuG 1990 II-367, Rz. 45-47-Automec I; vgl. zum Ganzen auch Brinker, Mißbrauchsaufsicht, S. 89ff, Wiedemann-Dieckmann, Hdb. d. KartR, § 47, Rz. 13ff. Sauter in Langen/Bunte, KartR (9. Aufl.), Art. 3 VO 17, Rz. 7ff.

onswege bedienen wie zB der Kontaktaufnahme mit dem Beschwerdeführer, um dessen Standpunkt näher erläutert zu bekommen. Auch ist sie befugt, von ihren Ermittlungsbefugnissen nach der VO 17 Gebrauch zu machen.[842] In der zweiten Phase hat die Kommission zwei Möglichkeiten: Zum einen kann sie eine Mitteilung nach Art. 6 VO 99/63 an den Beschwerdeführer erlassen, wenn sie der Beschwerde nicht stattgeben will, wobei dem Beschwerdeführer zur Gewährung rechtlichen Gehörs eine Frist zur Äußerung eingeräumt wird.[843] Zum ist anderen ist sie befugt, nach Art. 2 VO 99/63 dem von einer möglichen Entscheidung betroffenen Unternehmen die Beschwerdepunkte mitzuteilen, wobei sie diesen Unternehmen die Frist zur Äußerung einräumt. Nach dem EuGH stellt eine solche Mitteilung der Beschwerdepunkte keine Entscheidung iSd Art. 189 EGV (Art. 249 EG) dar,[844] weshalb auch die Mitteilung nach Art. 6 VO 99/63 keine solche Entscheidung sein kann.[845] Es handelt sich jeweils nur um vorbereitende Verfahrenshandlungen, die selbst nicht anfechtbar sind.[846] In der dritten Phase kann die Kommission, nachdem sie dem Beschwerdeführer die Mitteilung nach Art. 6 VO 99/63 zugestellt hat[847] und sie von den daraufhin erfolgten Äußerungen des Beschwerdeführers Kenntnis genommen hat, eine abschließende Entscheidung erlassen.[848] Der EuGH ließ zunächst offen, ob der Beschwerdeführer Anspruch auf eine abschließende Entscheidung hatte. Immerhin wurde anerkannt, daß die endgültige Entscheidung Gegenstand einer Klage sein kann.[849] Aus dieser Dreiteilung des Beschwerde- bzw. Anhörungsverfahrens ergab sich, daß der Beschwerdeführer Anspruch auf Kenntnisnahme seines Tatsachenvortrags und dessen Prüfung anhand der Voraussetzungen des Art. 81 Abs. 3 EG und bei Anfangsverdacht auf Einleitung des Vorverfahrens hatte.[850] Konnte die Kommission nach Vornahme von Ermittlungen keinen Verstoß gegen Art. 81 Abs. 3 EG feststellen, stand dem Beschwerdeführer ein Recht auf eine Mitteilung nach Art. 6 VO 99/63 zu.[851] Nach daraufhin fristgemäß erfolgter Äußerung des Beschwerdeführers hatte dieser nach umstrittener aber überzeugender Auffassung zumindest dann einen Anspruch auf Erlaß einer gerichtlich überprüfbaren Endent-

---

842 Brinker, Mißbrauchsaufsicht, S. 90.

843 EuG Slg. 1990 II-367, Rz. 46-Automec I.

844 EuGH Slg. 1981, 2639, Rz. 8ff.-IBM/Kommission.

845 EuG Slg. 1990 II-367, Rz. 46-Automec I.

846 Wiedemann-Dieckmann, Hdb. d. KartR, § 47, Rz. 16; Sauter in Langen/Bunte, KartR (9. Aufl.), Art. 3 VO 17, Rz. 7.

847 An dieser Stelle ist nur diese Konstellation erheblich.

848 EuG Slg. 1990 II-367, Rz. 47-Automec I.

849 EuGH Slg. 1983, 3045, Rz. -Demo-Studio-Schmidt/Kommission; EuG Slg. 1990 II-367, Rz. 47-Automec I; vgl. auch Brinker, Mißbrauchsaufsicht, S. 91.

850 Brinker, Mißbrauchsaufsicht, S. 90.

851 Brinker, Mißbrauchsaufsicht, S. 90-allerdings mit etwas zweifelhaften Verweis auf EuGH Slg. 1979, 3173, Rz. 21-Gema; Sauter in Langen/Bunte, KartR (9. Aufl.), Art. 3 VO 17, Rz. 7a.

scheidung,[852] wenn diese Entscheidung in die ausschließliche Zuständigkeit der Kommission fiel,[853] da ansonsten eine Rechtsschutzlücke bestanden hätte. Letzteres ist beim Entzug der Fall. Zusammenfassend bestand also ein Anspruch auf Prüfung der Entzugsvoraussetzungen, auf Mitteilung nach Art. 6 VO 99/63 und letztlich auf eine abschließende Entscheidung.[854] Diese abschließende Entscheidung konnte hier entweder eine Entzugsentscheidung oder eine die Beschwerde zurückweisende Verfahrenseinstellung sein,[855] wobei der Beschwerdeführer gegen die Verfahrenseinstellung Nichtigkeitsklage erheben kann.[856] Trotz der ausschließlichen Zuständigkeit der Kommission bestand jedoch wegen des weiten Beurteilungsermessens kein Anspruch auf Erlaß einer Entzugsentscheidung.[857]

(b) Rechtslage nach der DVO iVm Art. 6 VO 2842/98

Das Beschwerdeverfahren bezüglich des Entzugsverfahrens richtet sich nunmehr nicht mehr nach der VO 17, sondern nach Art. 29 DVO iVm Art. 7 Abs. 2 DVO. In der DVO sind Anhörungsrechte in Art. 27 Abs. 1 DVO geregelt. Gemäß Art. 27 Abs. 1 S. 3 DVO werden die Beschwerdeführer eng in das Verfahren einbezogen. Die Anhörungsverordnung VO 99/63 ist durch die 1999 in Kraft getretene VO 2842/98 ersetzt worden,[858] wobei Art. 6 VO 2842/98 im wesentlichen mit dem der Vorgängerverordnung übereinstimmt,[859] so daß die Dreiteilung des Verfahrens beibehalten wird.[860]

Fraglich ist, ob Entzugsverfahren in den Anwendungsbereich des Art. 27 Abs. 1 DVO fallen. Auch hier stellt sich genau wie bei Art. 11 Abs. 6 DVO und Art. 5 DVO das Problem, daß Entzugsentscheidungen nach Art. 29 Abs. 1 DVO nicht ausdrücklich aufgeführt sind. Zwar enthielt die Anhörungsvorschrift Art. 19 Abs. 1 VO 17 ebenfalls keinen ausdrücklichen Hinweis auf die Entzugsverfah-

---

[852] So: Steindorff, ZHR 150 (1986), 222, 234, 242; Brinker, Mißbrauchsaufsicht, S. 90f.; aA noch EuGH Slg. 1979, 3173, Rz. 17f.-Gema.

[853] EuG Slg. 1992 II-2250, Rz. 75-Automec II; EuG Slg. 1992 II-2417, Rz. 99-Rendo u.a./Kommission; EuG Slg. 1995 II-147, Rz. 62-BEMIM; Wiedemann-Dieckmann, Hdb. d. KartR, § 47, Rz. 8; Sauter in Langen/Bunte, KartR (9. Aufl.), Art. 3 VO 17, Rz. 8 (unklar: Rz. 1b wahrscheinlich ist aufgrund eines Redaktionsversehens das Wort „nicht" im ersten Satz vergessen worden).

[854] Brinker, Mißbrauchsaufsicht, S. 91f, 88; ähnlich: Börner, EuR 1984, 182.

[855] Sauter in Langen/Bunte, KartR (9. Aufl.), Art. 3 VO 17, Rz. 7.

[856] Brinker, Mißbrauchaufsicht, S. 93 mwN.

[857] Brinker, Mißbrauchsaufsicht, S. 91: „Dementsprechend kann eine antragstellende Person oder Personenvereinigung keinen Anspruch auf Abgabe einer Entzugserklärung durch die Kommission haben".

[858] Vgl. Art. 15 und 16 VO 2842/98; ABl.EG 1998 Nr. L 354/18 - am 1. 4. 2004 hat die Kommission eine Verordnung beschlossen, welche die VO 2842/98 voraussichtlich ablöst. Bei Drucklegung war diese Verordnung noch nicht veröffentlicht.

[859] Pirie, 23 (1), Worldcompetition 2000, 116; Unterschiede ergeben sich dagegen bei Art. 7 VO 2842/98, welcher die Rechte des Beschwerdeführers stärkt.

[860] Wiedemann-Dieckmann, Hdb. d. KartR, § 47, Rz. 14.

ren. Dieses lag aber daran, daß die Verfahren zum Entzug des Rechtsvorteils einer GVO überhaupt nicht in der VO 17 geregelt waren. Die Anwendung des Art. 19 Abs. 1 VO 17 ergab sich jedoch durch Verweis auf Art. 6-8 VO 17 in dem nunmehr aufgehobenen Art. 7 (bzw. Art. 7 Abs. 1) der VO 19/65; denn eine Entscheidung nach Art. 6-8 VO 19/65 setzte die Durchführung eines Verfahrens nach der VO 17 und damit auch die Durchführung einer Anhörung nach Art. 19 VO 17 voraus.[861] Mit Aufhebung des Art. 7 (Abs. 1) VO 19/65 und dessen Ersetzung durch Art. 29 (Abs. 1) DVO sind Entzugsverfahren und Anhörungsvorschrift nunmehr in derselben Verordnung, der DVO, geregelt. Daher ist fraglich, ob auch hier abweichend vom Wortlaut eine Erstreckung des Art. 27 DVO auf Entzugsentscheidungen nach Art. 29 Abs. 1 DVO möglich ist. Würde man dieses verneinen, so würde dieses bedeuten, daß die DVO die Verteidigungsrechte der betroffenen Unternehmen gegenüber der bisherigen Rechtslage schmälern wollte, wofür es jedoch keinen ausdrücklichen Hinweis gibt. Vielmehr ergibt sich aus der 32. Begründungserwägung zur DVO, daß keine materielle Veränderung oder gar Verringerung des Umfangs der Anhörungsrechte gewollt ist. Denn hierin ist von einer „Bestätigung“ des Rechts „der beteiligten Unternehmen, von der Kommission gehört zu werden“, die Rede. Da auch nach der Verfahrensreform GVOen noch einen echten Rechtsvorteil bieten, wäre ein Entzugsverfahren ohne Anhörung der betroffenen Unternehmen auch unvereinbar mit dem verfassungsmäßigen Rechtsgrundsatz, daß einer Person Gelegenheit zur Stellungnahme zu gewähren ist, wenn ihre Interessen durch eine Entscheidung der Kommission spürbar berührt werden.[862] Daher muß auch Art. 27 DVO erweitert und auf Entzugsverfahren angewendet werden.

Trotz nach wie vor grundsätzlich bestehender Dreiteilung des Verfahrens, kann sich die Reichweite des durchsetzbaren Anspruchs des Beschwerdeführers mit der Verfahrensreform geändert haben. Für die Frage, ob zumindest ein Anspruch auf Sachentscheidung (dh entweder Verfahrenseinstellung oder Entzugsentscheidung) besteht, ist das Kriterium, ob die Kommission die ausschließliche Zuständigkeit zum Erlaß solcher Entscheidungen hat.[863] Zwar sind mit der Verfahrensreform grundsätzlich nunmehr auch nationale Gerichte zur Anwendung des Art. 81 Abs. 3 EG zuständig, Art. 1 DVO iVm Art. 6 DVO. Jedoch haben nationale Gerichte keine Entzugskompetenz, so daß trotz grundsätzlicher Herstellung der unmittelbaren Anwendbarkeit nach wie vor ein Anspruch auf abschließende Sachentscheidung besteht.[864] Daran ändert auch nichts, daß sich die

---

[861] EuG Slg. 1990 II-367, Rz. 44-Automec I.

[862] Sauter in Langen/Bunte, Art. 19 VO 17, Rz. 1; EuGH Slg. 1974, 1081-Transocean; EuGH Slg. 1979, 512-Hoffmann-La Roche.

[863] EuG Slg. 1992 II-2250, Rz. 75-Automec II.

[864] Vgl. auch Pirie, World Competition 23 (2000), S. 119: entscheidend ist, daß die nationalen Gerichte nicht zum Entzugs berechtigt sind. Für die „ausschließliche Zuständigkeit“ der Kommission ist insoweit unbeachtlich, daß auch nationale Behörden zum Entzug ermächtigt

Kommission (und gegebenenfalls sogar die Gemeinschaftsgerichte) ähnlich wie beim ehemaligen Anmeldeverfahren im Falle der häufigen Geltendmachung von Beschwerderechten mit zahlreichen „unwichtigen" Fällen beschäftigen müßte,[865] da ansonsten Rechtsschutzlücken auftreten würden. Fraglich ist, ob Beschwerdeführer nach neuem Recht sogar einen Anspruch auf Erlaß einer Entzugsentscheidung haben. Zwar hat die Kommission insbesondere im Hinblick auf politische Entscheidungen ausnahmsweise noch ein geringes Restermessen im Rahmen des Art. 81 Abs. 3 EG,[866] welches der Gerichtshof durch Reduzierung der Kontrolldichte wahren wird. Im Regelfall aber belassen nunmehr die Voraussetzungen des Art. 81 Abs. 3 EG der Kommission selbst im Hinblick auf wirtschaftlich komplexe Sachverhalte keinen kontrollfreien Raum. Nach der hier vertretenen Auffassung beschränkt sich die Prüfung nunmehr nicht nur auf das Vorliegen offensichtlicher Ermessensfehler, weshalb hinsichtlich des Entzugs von einem Übergang zum Legalitätsprinzip ausgegangen werden kann. Weil die im Einzelfall bestehenden abweichenden Freistellungen durch die GVO der grundsätzlich eingeräumten unmittelbaren Anwendbarkeit des Art. 81 Abs. 3 EG entgegenlaufen, ist es nur konsequent, wenn man dem Beschwerdeführer nach neuem Verfahrensrecht auch die volle gerichtliche Durchsetzbarkeit seines Beschwerderechts gewährt. Daher ist es nach neuem Verfahrensrecht angebracht, den Anspruch gegen die Kommission nicht nur auf Prüfung der Voraussetzungen des Art. 81 Abs. 3 EG und auf Erlaß einer Endentscheidung zu erstrecken, sondern auch auf Erlaß der Entzugsentscheidung selbst, soweit die GVO abweichende Freistellungen vornimmt.[867] Die Durchsetzung dieses Anspruchs des Beschwerdeführers nach Art. 6 VGVO, Art. 29 Abs. 1 DVO, Art. 7 Abs. 2 DVO, Art. 6 VO 2842/98 ist lediglich solange gehindert, wie die nationale Behörde ordnungsgemäß ein Entzugsverfahren einleitet und durchführt, vgl. Art. 13 Abs. 1 S. 2 DVO, und die Kommission nicht die nach Art. 11 Abs. 6 DVO die Zuständigkeit der nationalen Behörden beendet.

Zu untersuchen ist die prozessuale Durchsetzbarkeit des Anspruchs auf Erlaß einer Entzugsentscheidung. Erläßt die Kommission trotz Vorliegens der Entzugsvoraussetzungen keine abschließende (Entzugs-)Entscheidung, kommt die Durchsetzung des Anspruchs im Wege der Untätigkeitsklage, Art. 232 EG, in Betracht.[868] Problematisch ist, daß nach Art. 232 Abs. 3 EG natürliche und juristische Personen nur dann erfolgreich eine Untätigkeitsklage führen können, wenn ein Gemeinschaftsorgan es unterlassen hat, einen Akt „an sie zu richten". Beim Entzug wird aber regelmäßig ein außenstehendes Unternehmen, zB ein

---

sind. Denn deren Entzugskompetenz beruht auf Delegation, vgl. Baur/Weyer in FK, Art. 81 Zivilrechtsfolgen, Rz. 22.

[865] Vgl. schon de Bronett, WuW 1997, 873.

[866] Weyer, ZHR 164 (2000), 621f.

[867] So schon angedacht bei de Bronett, WuW 1997, 869.

[868] Brinker, Mißbrauchsaufsicht, S. 92.

Wettbewerber, eine Beschwerde anregen. Problematisch ist somit, daß die Entzugsentscheidung nicht an den Beschwerdeführer, sondern an diejenigen Unternehmen gerichtet ist, welche die mit Art. 81 Abs. 3 EG nicht übereinstimmende Vereinbarung getroffen haben. Fraglich ist damit, ob Art. 232 EG auch die Rüge Privater darüber umfaßt, daß die Kommission es unterlassen hat, eine (Entzugs-) Entscheidung gegenüber einem Dritten zu erlassen.[869] Stellt man überwiegend auf den Wortlaut des Art. 232 Abs. 3 EG ab, könnte man dieses verneinen.[870] Die Gegenauffassung bejaht die Klagebefugnis für die Untätigkeitsklage nach Art. 232 EG unter den gleichen Voraussetzungen wie für die Nichtigkeitsklage nach Art. 230 EG.[871] Im Rahmen des Art. 230 EG sind natürliche und juristische Personen klagebefugt, wenn sie unmittelbar und individuell betroffen sind, Art. 230 Abs. 4 EG. Dieses kann auch der Fall sein, wenn die begehrte Entscheidung nicht an den Kläger gerichtet ist.[872] Die Auffassung, welche für die Klagebefugnis bei der Untätigkeitsklage die gleichen Voraussetzungen wie bei der Nichtigkeitsklage verlangt, ist vorzugswürdig, da sie einen umfassenderen Rechtsschutz gewährleistet. Damit kann auch ein Wettbewerber bei unmittelbarer und individueller Betroffenheit Untätigkeitsklage gegen die Kommission erheben, wenn diese auf seine Beschwerde hin nicht tätig wird. Somit ist für Wettbewerber die prozessuale Durchsetzbarkeit des Anspruchs gegen die Kommission auf Erlaß einer Entzugsentscheidung im Wege der Untätigkeitsklage nach Art. 232 EG gewährleistet. Bei der Untätigkeitsklage nach Art. 232 EG handelt es sich um eine Feststellungsklage. Zwar können EuG und EuGH weder die unterlassene Maßnahme (dh die Entzugsentscheidung) selbst vornehmen noch die Kommission ausdrücklich zum Erlaß einer Entzugsentscheidung verurteilen.[873] Jedoch ergibt sich eine Rechtspflicht der Kommission zum Erlaß der unterlassenen Entscheidung aus Art. 233 EG. Die Kommission hat die Entscheidung des EuGH gerade im Hinblick auf die Voraussetzungen des Art. 81 Abs. 3 EG zu berücksichtigen und die Entzugsentscheidung zu erlassen.

Stellt die Kommission in einer Endentscheidung das Verfahren ein, besteht auch nach neuem Verfahrensrecht die Möglichkeit der Nichtigkeitsklage nach Art. 230 EG gegen diesen Akt der Kommission.[874]

Nach altem Verfahrensrecht hing die Begründetheit einer Beschwerde nach Art. 3 Abs. 2 VO 17 nicht davon ab, ob die Voraussetzungen der Art. 81 oder 82 EG

---

[869] Krück in GTE, Art 175 EGV, Rz. 16f.

[870] GA Roemer, Slg. 1964, 934; GA Capotorti, Slg. 1979, 3193; weitere Nachweise bei: Krück in GTE, Art. 175 EGV, Rz. 16.

[871] Krück in GTE, Art. 175 EGV, Rz. 17 mwN.; Steindorff, ZHR 150 (1986), 243; K. Schmidt in FS-Steindorff zum 70. Geburtstag, S. 1091f.

[872] Sauter in Langen/Bunte, KartR (9. Aufl.), Art. 3 VO 17, Rz. 9.

[873] Vgl. EuGH, Slg. 1993 I-1755, Rz. 12- Pesqueras Echebastar; Krück in GTE, Art. 175 EGV, Rz. 2.

[874] EuG 1990 II-367, Rz. 47-Automec I mwN; EuGH Slg. 1985, 1105, Rz. 16; Brinker, Mißbrauchsaufsicht, S. 93; Wiedemann, GVO AT, Rz. 264; Brinker, Mißbrauchsaufsicht, S. 93.

erfüllt waren, da es damals ohnehin keinen Anspruch auf Erlaß einer Abstellungsentscheidung gab.[875] Da es im Wege der Verfahrensreform einen durchsetzbaren Anspruch auf Erlaß einer Entzugsentscheidung geben kann, ist eine auf Erlaß einer Entzugsentscheidung gerichtete Beschwerde von nun an nur noch dann begründet, wenn alle Entzugsvoraussetzungen erfüllt sind.[876]

(3) Beschwerderecht nach Art. 7 VGVO, Art. 29 Abs. 2 DVO

In Frage steht nunmehr die Reichweite und Durchsetzung des Beschwerderechts im Rahmen der Art. 7 VGVO bzw. Art. 29 Abs. 2 DVO, Art. 5 DVO, wenn die weiteren Voraussetzungen dieser Artikel, insbesondere die des gesonderten räumlichen Marktes des Art. 7 VGVO (Art. 29 Abs. 2 DVO),[877] erfüllt sind. Nach der hier vertretenen Auffassung gibt es im Rahmen des Netzes im Sinne des Art. 11 Abs. 1 DVO keine Rechtspflicht zur Einleitung eines Entzugsverfahrens für nationale Behörden.[878] Da jeder Fall nur von einer Behörde bearbeitet werden soll,[879] sollte der Beschwerdeführer zunächst einen Anspruch auf Mitteilung haben, welche Behörde - Kommission oder mitgliedstaatliche Wettbewerbsbehörde - sich des Falles annehmen will.[880] Es bleibt abzuwarten, ob die Kommission dieses zukünftig in Durchführungsvorschriften nach Art. 33 Abs. 1 lit. a), lit. b) DVO ausdrücklich anordnet. Kommen nationale Behörde und Kommission darin überein, daß die Kommission den Fall bearbeitet, so entfällt nach Art. 11 Abs. 6 DVO die Zuständigkeit der mitgliedstaatlichen Behörde, so daß auch eine an diese gerichtete Beschwerde ins Leere geht. Der Anspruch des Beschwerdeführers richtet sich mit der oben beschriebenen Reichweite und Durchsetzbarkeit nur gegen die Kommission, wobei diese die Beschwerde nicht mit Hinweis auf Art. 13 Abs. 1 S. 2 DVO zurückweisen darf, da keine nationale Behörde in dem Fall tätig ist.

Fraglich sind die Beschwerderechte und die Reichweite des Anspruchs des Beschwerdeführers dagegen, wenn die nationale Behörde den Fall annimmt, so daß sich die Kommission auf Art. 13 Abs. 1 S. 2 DVO berufen kann. Beim Anspruch gegen die Kommission nach Art. 6 VGVO konnten diesbezüglich wesentliche Rückschlüsse aus dem Beschwerdeverfahrensablauf gewonnen werden. Dieses würde bedeuten, daß die Reichweite des Anspruchs überwiegend

---

[875] Steindorff, ZHR 150 (1986), 236; de Bronett, WuW 1997, 869.

[876] Dieses hat auch de Bronett als Konsequenz eines Anspruchs auf Erlaß der jeweiligen Entscheidung angesehen, WuW 1997, 869.

[877] Will die nationale Behörde (rechtmäßigerweise) ein Entzugsverfahren einleiten, muß diese Voraussetzung erfüllt sein, was zuvor von der nationale Behörde zu prüfen ist.

[878] In der Praxis wird es angesichts der Restzuständigkeit der Kommission wohl nicht zur gerichtlichen Überprüfung des insoweit bestehenden Ermessens kommen.

[879] Daher kann es auch keinen Anspruch auf Erlaß einer Entzugsentscheidung gegen beide Behörden zuglich geben.

[880] Dieser Anspruch auf Mitteilung ergibt sich auch parallel zur früheren Rechtslage bei der Kommission, vgl. Brinker, Mißbrauchsaufsicht, S. 88ff.

von der Ausgestaltung der jeweiligen nationalen Verfahrensordnung abhängen würde. Problematisch ist daran, daß die Reichweite dieses Anspruchs eng verknüpft ist mit der Reichweite des Anspruchs gegen die Kommission nach Art. 6 VGVO wegen der Möglichkeit der Kommission der Zurückweisung einer Beschwerde nach Art. 13 Abs. 1 S. 2 DVO. Da dieses Verhältnis aber einheitlich für ganz Europa gelten sollte, muß die Reichweite des Anspruchs nach europarechtlichen Gesichtspunkten bestimmt werden und nicht nach den nationalen Verfahrensordnungen. Lediglich die konkrete Durchsetzung des Anspruchs richtet sich dann nach nationalem Verfahrensrecht. Auch hier wäre es wünschenswert, wenn die Kommission eine einheitliche Durchführungsvorschrift gemäß Art. 33 DVO erläßt.

Aus europarechtlichen Gründen kann einer nationalen Behörde, die einen Entzugsfall behandelt, kein weiter reichendes Ermessen hinsichtlich der Voraussetzungen des Art. 81 Abs. 3 EG zustehen als der Kommission. Insoweit könnte auch hier ein Anspruch des Beschwerdeführers auf Erlaß der Entzugsentscheidung selbst angenommen werden. Dagegen könnte sprechen, daß die Kommission immer noch konkurrierend zuständig ist und der nationalen Behörde die Zuständigkeit entziehen könnte, Art. 11 Abs. 6 DVO. Schon nach altem Verfahrensrecht wurde selbst von Befürwortern einer Pflicht der nationalen Behörde zur Einleitung eines Entzugsverfahrens angenommen, daß bei Meinungsverschiedenheiten zwischen Kommission und nationaler Behörde im Zweifel die Kommission die Entzugsentscheidung selbst erlassen muß, wenn die Kommission anders als die nationale Behörde vom Vorliegen der Entzugsvoraussetzungen ausgeht[881] oder die nationale Behörde das Verfahren nicht ordnungsgemäß durchführt, insbesondere bei unzulässigen Verzögerungen. Nach dieser überzeugenden Ansicht besteht also eine Pflicht der Kommission, das Verfahren an sich zu ziehen, und die Pflicht, die Zuständigkeit der nationalen Behörde zu beenden. Vom Zeitpunkt der Beendigung der nationalen Zuständigkeit scheidet damit ein Anspruch gegen die nationale Behörde auf Erlaß einer Entzugsentscheidung aus. Liegt eine von Art. 81 Abs. 3 EG abweichende Vereinbarung vor, kann der Beschwerdeführer nur Ansprüche gegen die Kommission geltend machen. Führt also die nationale Behörde das Verfahren nicht ordnungsgemäß durch oder leitet sie es trotz dahingehender Ankündigung nicht ein, ist dieses dem Fall gleichzusetzen, daß die nationale Behörde von vornherein eine Verfahrenseinleitung ablehnt, um sie der Kommission zu überlassen.

Unsicher ist die Rechtslage, solange die Kommission noch nicht das Verfahren nach Art. 11 Abs. 6 DVO ansichgezogen hat, obwohl die nationale Behörde das Verfahren etwa nur schleppend betreibt. Solange dieses aber noch nicht erfolgt ist, sollte dem Beschwerdeführer ausnahmsweise ein Wahlrecht zustehen, ob er Beschwerderechte gegen die nationale Behörde oder gegen die stets konkurrie-

---

[881] de Bronett, WuW 1999, 829 für den Beispielsfall, daß die Kommission anders als die nationale Behörde davon ausgeht, daß die Entzugsvoraussetzungen nicht vorliegen.

rend zuständige Kommission geltend macht. Denn für den Beschwerdeführer stellt sich regelmäßig das Problem, daß für ihn nicht ohne weiteres ersichtlich ist, gegen welche Behörde er sein Beschwerderecht geltend machen kann, solange ihm noch nicht von der Kommission mitgeteilt wurde, ob diese das Verfahren an sich ziehen wird.
Zu prüfen ist die prozessuale Durchsetzung des jeweiligen Anspruchs des Beschwerdeführers gegen die nationale Behörde. Der Grundsatz, daß sich die Durchführung des Verfahrens gemäß Art. 7 VGVO nach nationalem Recht richtet,[882] gilt auch für die prozessuale Durchsetzung des europarechtlich gewährten Beschwerderechts. In Deutschland sind die Vorschriften über die Beschwerde nach §§ 63 ff. GWB einschlägig. Der Anspruch auf Mitteilung, ob das BKartA sich innerhalb des Netzes von Behörden des Falles annimmt, ist im Wege der allgemeinen Leistungsbeschwerde durchsetzbar,[883] da diese Mitteilung nicht als Verfügung angesehen werden kann. Fraglich ist die Konstellation, wenn die Kommission nach Art. 11 Abs. 6 S. 1 oder S. 2 DVO der nationalen Behörde die Zuständigkeit entzieht. War dieses Beenden der Zuständigkeit notwendig, da die nationale Behörde irrig die Entzugsvoraussetzungen nicht für gegeben hält, wird in der Literatur sogar die Möglichkeit der Einleitung eines Vertragsverletzungsverfahrens nach Art. 226 EG durch die Kommission angedacht.[884] Da sich die Beschwer wegen des Eingreifens der Kommission erledigt haben wird, stellt sich für den Beschwerdeführer dann nach deutschem Recht die Frage, ob er den möglichen Vertragsverstoß der Behörde im Wege der Fortsetzungsfeststellungsbeschwerde geltend machen kann.[885] Zwar wird dieses einer umfassenden Gewährleistung des Rechtsschutzes gerecht, andererseits widerspricht es dem in Art. 11 DVO geschaffenen Netz von mitgliedstaatlichen Behörden und der Kommission. Da sich gemäß Art. 11 Abs. 6 DVO nunmehr die Kommission des Verfahrens annimmt, sind die Interessen des Beschwerdeführers ausreichend geschützt, so daß eine Fortsetzungsfeststellungsbeschwerde unstatthaft ist.

bb) Beschwerderecht der Mitgliedstaaten/Kommission

Nach Art. 29 Abs. 1 DVO iVm 7 Abs. 2 DVO sind Mitgliedstaaten beschwerdeberechtigt, ohne daß sie ein darüber hinausgehendes berechtigtes Interesse gel-

---

882 Veelken in Immenga/Mestmäcker, Ergänzungsband zum EG-WettbewerbsR, GFVO, Rz. 329.

883 Zur allgemeinen Leistungsbeschwerde: Wiedemann-Werner, Hdb. d. KartR, § 54, Rz. 14.

884 de Bronett, WuW 1999, 829; da die Kommission dann ohnehin das Entzugsverfahren selbst durchführen muß, um das von Art. 81 Abs. 3 EG abweichende Ergebnis aufzuheben, ist fraglich, ob sie darüber hinaus ein Vertragsverletzungsverfahren betreiben will.

885 Zur Fortsetzungsfeststellungsbeschwerde: Wiedemann-Werner, Hdb. d. KartR, § 54, Rz. 11.

tend machen müßten.[886] Allerdings sind Beschwerden der Mitgliedstaaten sehr selten.[887] Ein Beschwerderecht der Kommission gegenüber Behörden ist nicht mehr ausdrücklich in Art. 29 Abs. 2 DVO oder Art. 5 DVO geregelt, da der Passus „auf Ersuchen der Kommission" (Art. 7 Abs. 2 VO 19/65) weggefallen ist. Allerdings ergibt sich aus Art. 11 Abs. 1 DVO, daß die Kommission eng mit den Behörden der Mitgliedstaaten zusammenarbeitet. Insofern ist die Kommission nicht daran gehindert, die Einleitung eines Entzugsverfahrens durch eine nationale Behörde anzuregen. Wie oben bereits ausgeführt, ergibt sich daraus keine Pflicht der nationalen Behörde zur Einleitung eines Verfahrens. Selbst die Befürworter einer Pflicht der nationalen Behörde zum Tätigwerden, gehen davon aus, die Kommission müsse selbst den Vorteil der GVO entziehen, wenn sie im Gegensatz zur nationalen Behörde die Entzugsvoraussetzungen für gegeben hält.[888]

b) Exkurs: Verfahrenseinleitung von Amts wegen

Nach altem Verfahrensrecht war die Wahrscheinlichkeit einer Einleitung von Amts wegen durch die Kommission gering, vor allem weil die gruppenfreigestellten Vereinbarungen von der Anmeldepflicht befreit waren.[889] Auch nach neuem Verfahrensrecht wird die Kommission in der Regel vorab keine Kenntnis der Vereinbarungen haben, da es keine Anmelde- oder Eintragungspflicht gibt. Die Wahrscheinlichkeit einer Einleitung von Amts wegen könnte sich im Wege der Verfahrensreform dennoch vergrößert haben, da das Anmelde- und Genehmigungssystem mittlerweile ganz abgeschafft ist und die Kommission somit weniger reine Verwaltungstätigkeit zu bewerkstelligen hat. Es bleibt zu hoffen, daß die Kommission -wie angekündigt- nunmehr in der Lage ist, die freiwerdenden Kapazitäten zur Aufdeckung schwerwiegender Verstöße zu nutzen,[890] so daß die Verfahrenseinleitungen von Amts wegen sogar zunehmen könnten.[891]
Auch Behörden der Mitgliedstaaten sind nach Art. 5 S. 2 DVO (analog) berechtigt, von Amts wegen ein Entzugsverfahren durchzuführen. Um ein Amtsverfahren handelt es sich selbst dann, wenn die Kommission innerhalb des Netzes von

---

[886] Nach der Begründung zum Art. 7 DVO-Entwurf, S. 19, entspricht Art. 7 DVO im wesentlichen Art. 3 VO 17; zur Anwendung des Art. 3 VO 17 auf Entzugsverfahren: vgl. schon Brinker, Mißbrauchsaufsicht, S. 85.
[887] Sauter in Langen/Bunte, KartR (9. Auflage), Art. 3 VO 17, Rz. 5.
[888] de Bronett, WuW 1999, 829.
[889] Brinker, Mißbrauchsaufsicht, S. 84.
[890] Begründung zum Entwurf zur DVO, S. 7.
[891] Kritisch dazu wegen der stets knappen Ressourcen: Schröter in Schröter/Jakob/Mederer, Kommentar zum Europäischen WettbewerbsR, Art. 81 EG, Rz. 63.

Behörden nach Art. 11 DVO an die mitgliedstaatliche Behörde herantritt und diese zur Einleitung eines Entzugsverfahrens auffordert.[892]

10. Entzug und Verhältnismäßigkeitsprinzip

Die Behörden haben beim Entzug das Verhältnismäßigkeitsprinzip zu berücksichtigen. Sie dürfen „nicht die Grenzen dessen überschreiten, was für die Erreichung des verfolgten Ziels angemessen und erforderlich ist".[893] Wie zur Bedeutung der parallelen Netze dargelegt, besteht aber keine Pflicht, ein Vertragsbündel in seine einzelnen gleichartigen Verträge aufzuteilen. Weiterhin kann man fragen, ob die Kommission aus Gründen des Verhältnismäßigkeitsprinzips stets gehalten ist, anstelle der Entzugsentscheidung eine Verpflichtungszusage einzuholen nach Art. 9 DVO. Dieses wird gesondert beim Entzugsverfahren nach Art. 6 VGVO erörtert. In der Praxis wird die Kommission wie bisher ein Entzugsverfahren zunächst androhen, um eine einvernehmliche Lösung mit den betroffenen Unternehmen zu erreichen. Sind diese dazu aber nicht bereit, bleibt bei abweichenden Freistellungen eine Entzugsentscheidung unvermeidlich.

II. Entzug durch die Kommission: Art. 6 VGVO, Art. 29 Abs. 1 DVO

Die Kommission hat die Kompetenz, durch eine Einzelentscheidung nach Art. 6 VGVO den Rechtsvorteil der VGVO zu entziehen. Der Wortlaut des Art. 6 VGVO ist zwar unverändert geblieben, die dem Art. 6 VGVO zugrundeliegenden Verfahrensvorschriften haben sich jedoch im Wege der Ersetzung der VO 17 durch die DVO geändert.

1. Historische Entwicklung der Entzugsnormen für die Kommission

Auf Grundlage der VO 19/65 wurde zunächst nur die GVO 67/67[894] über die Anwendung von Art. 85 Abs. 3 EWGV auf Gruppen von Alleinvertriebsvereinbarungen erlassen. Schon die GVO 67/67 konkretisierte das Entzugsverfahren des Art 7 aF VO 19/65. Allerdings wurde es in der Praxis nie angewandt. Auch alle später auf Grundlage der VO 19/65 ergangenen GVOen enthielten die Entzugsmöglichkeit für die Kommission, vgl. zB Art. 6 GVO 1983/83, Art. 14 GVO 1984/83 und Art. 8 GVO 4087/88, welche dann durch Art. 6 VGVO ersetzt wurden. Art. 7 VO 19/65 aF wurde kurz vor Erlaß der VGVO im übrigen unverändert zu Art. 7 Abs. 1 VO 19/65 und nunmehr leicht abgewandelt zu Art. 29 Abs. 1 DVO, vgl. Art. 40 DVO.

---

[892] Veelken in Immenga/Mestmäcker, Ergänzungsband zum Wettbewerbsrecht der EG, GFVO, Rz. 328; nach aA sind insoweit Amtsverfahren und Beschwerdeverfahren gleichzusetzen, de Bronett, WuW 1997, 869.

[893] EuG Slg. 1995 II-1533, Rz. 192-Langnese-Iglo; EuGH Slg. 1984, 2171-Denkavit Nederland.

[894] ABl.EG 1967 Nr. 57, S. 849/67, Verordnung der Kommission über die Anwendung von Art. 85 Absatz (3) des Vertrages auf Gruppen von Alleinvertriebsvereinbarungen.

2. Praktische Anwendung der Entzugsverfahren

Die bislang einzige Entzugsentscheidung ist die oben genannte Kommissionsentscheidung *Langnese-Iglo*.[895] Lediglich angedroht wurde der Entzug (nach Art. 10 der ersten KfZ-GVO 123/85) in der Entscheidung *ECO System*,[896] in welcher die Kommission *Peugeot* eine Frist zur Anpassung seines Vertriebssystems eingeräumt hat, die *Peugeot* eingehalten hat.[897] Auch in der Entscheidung *Tetra Pak I* konnte ein Entzugsverfahren im Hinblick auf die unter die GVO 2349/84[898] fallende Vereinbarung dadurch abgewendet werden, daß *Tetra Pak* seine Ausschließlichkeitsvereinbarungen aufgab und somit einen Entzug überflüssig machte.[899] Die bisherige praktische Bedeutung der Entzugsverfahren ist angesichts dieser wenigen Entscheidungen sehr begrenzt.
Erklärt wird der Verfahrensablauf beim Beschwerdeverfahren zum Erlaß einer Entzugsentscheidung nach der VO 19/65, VO 17, VO 99/63 in der *Automec-I*-Entscheidung des EuG.[900] Jedoch lag diesem Fall keine Entzugsentscheidung, sondern lediglich vorbereitende Handlungen der Kommission zugrunde, so daß die Nichtigkeitsklage wegen Unzulässigkeit abgewiesen wurde. In der *Automec-II*-Entscheidung stellt das EuG fest, daß die Beschwerde der Klägerin mangels schriftlicher Rüge gegenüber der Kommission[901] zu keiner Zeit auf den Erlaß eine Entzugsentscheidung gerichtet war.[902] Daher wurde darüber nicht entschieden.

3. Voraussetzungen

Die wesentlichen Voraussetzungen sind bereits zuvor im allgemeinen Teil zu Art. 6-8 VGVO bzw. zum Entzug durch Einzelentscheidung beschrieben worden.[903]

4. Verfahren

a) Allgemeines

Wie oben bereits angedeutet, hatte die Kommission nach altem Verfahrensrecht vor Erlaß einer Entzugsentscheidung iSd Art. 7 (bzw. Art. 7 Abs. 1) VO 19/65 ein Verfahren nach der VO 17 durchzuführen, obwohl der Entzug des Rechts-

---

[895] ABl.EG 1993 Nr. L 183/19 v. 26. 7. 1993-Langnese-Iglo.
[896] ABl.EG 1992 Nr L 66/1, Entscheidung v. 4. 12. 1991-Eco System/Peugeot.
[897] Vgl. Kerse, EC Antitrust Procedure, § 6.37.
[898] Derzeitige Verordnung für diesen Bereich: GVO 240/96.
[899] ABl.EG 1988 Nr. L 272/27 v. 4. 10. 1988, Rz. 53ff.-Tetra Pak I.
[900] EuG Slg. 1990 II-367ff.-Automec I.
[901] Nur gegenüber dem EuG wurde ein schriftlich gerügt.
[902] EuG Slg. 1992 II-2250, Rz. 32-Automec-II.
[903] Insbesondere Verstoß gegen Art. 81 Abs. 3 EG im Einzelfall gegebenenfalls unter Berücksichtigung der Bündeltheorie, Beurteilungsermessen, Beschwerderechte, Verhältnis zu Art. 7 VGVO, Bedeutung des Regelbeispiels in Art. 6 VGVO.

vorteils einer GVO nicht ausdrücklich in der VO 17 geregelt war.[904] Nach neuem Verfahrensrecht ist die DVO Grundlage für die Durchführung des Entzugsverfahrens nach Art. 6 VGVO, vgl. Art. 4 Abs. 1 DVO iVm Art. 29 Abs. 1 DVO. Beim Kommissionsverfahren handelt es sich um ein Verwaltungsverfahren, in welchem die Gemeinschaftsgrundrechte zu beachten sind.[905] Die Ausübung der Ermittlungsbefugnisse der Kommission setzt einen gewissen Anfangsverdacht voraus, was aber nicht ausschließt, daß auch dritte, unverdächtige Unternehmen von den Maßnahmen betroffen sein können.[906] Im folgenden werden die Grundzüge des Entzugsverfahrens dargestellt, wobei auf die bereits erörterten Elemente (Einleitung des Verfahrens von Amts wegen oder auf eine Beschwerde hin, Beschwerderechte von natürlichen oder juristischen Personen und deren prozessuale Durchsetzbarkeit) verwiesen wird. Der Schwerpunkt wird auf die Änderungen durch die DVO gegenüber der VO 17 gesetzt.

b) Zeitpunkt des Verfahrensbeginns

Fraglich ist bereits, was als Verfahrensbeginn anzusehen ist. Die VO 17 schwieg dazu, auch in der DVO findet sich dazu kein Hinweis.[907] Auch hier gilt, daß das Verfahren aus einem informellen und einem formellen Teil besteht. Der informelle Teil beginnt, wenn die Kommission eine Akte anlegt, das förmliche Verfahren stets „durch Entscheidung/Beschluß der Kommission".[908] Problematisch bezüglich der genauen Festlegung des Verfahrensbeginns ist, daß auch schon vor dieser formellen Entscheidung informelle Meinungsaustausche, aber auch Ermittlungen durch die Kommission möglich sind und in der Praxis sogar die Regel waren.[909] Auch kann die Kommission schon in der informellen Phase des Anhörungs-/Beschwerdeverfahrens von ihren Ermittlungsbefugnissen Gebrauch machen.[910] Damit ist es schwierig, den genauen Zeitpunkt des Verfahrensbeginns festzulegen. Letztlich kann diese Frage aber offen bleiben, da die Ermittlungsrechte und die entsprechenden Verteidigungsrechte nach der DVO nicht davon abhängen, ob das Verfahren offiziell eingeleitet ist, da Eröffnungsentscheidungen der Kommission ohnehin nicht von Unternehmen angefochten werden können.[911]

c) Vorläufige Maßnahmen der Kommission nach Art. 8 DVO

Nach Art. 8 DVO kann die Kommission in dringenden Fällen schon während des laufenden Verfahrens einstweilige Maßnahmen anordnen. Dieses setzt vor-

---

[904] EuG Slg. 1990 II-367, Rz. 44-Automec I; Brinker, Mißbrauchsaufsicht, S. 83.
[905] Wiedemann-Dieckmann, Hdb. d. KartR, § 41, Rz. 6.
[906] Wiedemann-Dieckmann, Hdb. d. KartR, § 42, Rz. 4, 6.
[907] Formalisiert war die Verfahrenseinleitung aber im Rahmen des Art. 9 Abs. 3 VO 17, Wiedemann-Dieckmann, Hdb. d. KartR, § 41, Rz. 51.
[908] de Bronett, WuW 1989, 459f.
[909] Wiedemann-Dieckmann, Hdb. d. KartR, § 41, Rz. 51.
[910] EuGH, Slg. 1989, 3343, Rz. 21-Orkem.
[911] EuGH Slg. 1981 2639ff-IBM; de Bronett, WuW 1989, 461.

aus, daß ansonsten ein nicht wieder gutzumachender Schaden für den Wettbewerb besteht. Beim Entzug wäre dieses nur dann möglich, wenn die Kommission *prima facie* durch eine gruppenfreigestellte Vereinbarung im Einzelfall einen Verstoß gegen Art. 81 Abs. 3 EG feststellt. Einstweilige Maßnahmen der Kommission wurden bereits im Entzugsverfahren *Langnese-Iglo* angeordnet.[912] Die Kommission hatte es *Langnese-Iglo* und *Schöller* mit sofortiger Wirkung verboten, die Ausschließlichkeitsbindungen gegenüber ihren Vertragshändlern geltend zu machen, mit denen verhindert werden sollte, daß *Mars* die Vertragshändler beliefern kann.[913] Auch in zukünftigen Entzugsverfahren ist der Erlaß von einstweiligen Maßnahmen der Kommission sehr wahrscheinlich. Nach Art. 8 Abs. 1 DVO geschieht dieses von Amts wegen. Wenngleich Beschwerderechte in Art. 8 DVO nicht ausdrücklich gewährt sind, wird der Erlaß im Regelfall vom außenstehenden Unternehmen, welches auch den Entzug begehrt, angeregt werden. Nach Art. 8 Abs. 2 DVO ist die Entscheidung zu befristen, wobei eine Verlängerung möglich ist. Da die einstweilige Anordnung gemäß Art. 8 Abs. 1 DVO in Form der Entscheidung ergeht, ist gegen sie eine Nichtigkeitsklage nach Art. 230 EG, Art. 225 Abs. 1 EG vor dem EuG statthaft. Eine Nichtigkeitsklage hat jedoch keine aufschiebende Wirkung, daher werden Unternehmen regelmäßig die Aussetzung des Vollzugs beim EuG beantragen.[914]

d) Ermittlungsrechte der Kommission

aa) Lage nach der VO 17

Nach altem Verfahrensrecht konnte die Kommission im Rahmen eines Entzugsverfahrens Auskünfte nach Art. 11 VO 17 insbesondere von Unternehmen einholen und die erhaltenen Auskünfte selbst oder durch eine mitgliedstaatliche Behörde überprüfen, Art. 14 bzw. 13 VO 17. Zur Durchführung weiterer Ermittlungen war die Kommission unabhängig von den erteilten Auskünften nach Art. 14 VO 17 ermächtigt.[915] Bei fehlender, nicht rechtzeitig oder unvollständig erfolgter Auskunft des Unternehmens durften Geldbußen nach Art. 15 VO 17 verhängt werden.[916] Zwangsgelder kamen nach Art. 16 VO 17 in Betracht, um Unternehmen zur wahrheitsgemäßen und vollständigen Erteilung von Auskünften zu bewegen. Da bei im Einzelfall von Art. 81 Abs. 3 EG abweichenden Freistellungen vor Erlaß einer Entzugsentscheidung keine vertragswidrige Lage bestand, waren auch erst nach einer Entzugsentscheidung die Festsetzung von

---

[912] Entscheidung vom 25. 3. 1992; vgl. dazu die endgültige Entscheidung ABl.EG Nr. L 183/19, Tz. 3.

[913] Teilweise aufgehoben durch Beschluß des Präsidenten des EuG, Slg. 1992 II-1714ff-Langnese-Iglo und Schöller.

[914] Wiedemann-Dieckmann, Hdb. d. KartR, § 48, Rz. 8. und § 49, Rz. 104ff (Schütte).

[915] Zur Selbständigkeit von Art. 11 und 14 VO 17: EuGH, Slg. 1989, 3343, Rz. 14-Orkem.

[916] Vgl. zur alten Rechtslage speziell zum Entzugsverfahren: Brinker, Mißbrauchsaufsicht, S. 93ff.

Geldbußen bzw. Zwangsgelder wegen Verstoßes gegen materielles Recht nach Art. 15 Abs. 2 lit. a) VO 17 bzw. 16 Abs. 1 lit. a) VO 17 zulässig.
Nunmehr sind die Ermittlungsrechte der Kommission, normiert in Art. 17 bis 22 DVO, insbesondere im Hinblick auf die Nachprüfungsrechte erheblich verstärkt worden.[917]

bb) Auskunftsverlangen nach Art. 18 DVO

Das auch für Entzugsverfahren erhebliche Auskunftsverlangen nach Art. 18 DVO entspricht im wesentlichen dem des Art. 11 VO 17.[918] Nach wie vor handelt es sich um ein zweistufiges Verfahren, bei welchem die Kommission zunächst formlos die Auskünfte verlangt, vgl. Art. 18 Abs. 1 1. Alt., Abs. 2 DVO (einfaches Auskunftsverlangen). Im einfachen Auskunftsverlangen hat die Kommission nach Art. 18 Abs. 2 DVO die Rechtsgrundlagen und Zweck für das Auskunftsverlangen, die Frist zur Übermittlung der Auskünfte sowie drohende Sanktionen iSd Art. 23 Abs. 1 lit. a) DVO im Falle der fehlerhaften Erteilung der Auskünfte anzugeben. Adressat ist regelmäßig ein Unternehmen.[919] Dieses hat keine Pflicht, die Auskünfte zu geben, bei fehlerhaften Angaben drohen jedoch Bußgelder.[920] Erst wenn das Unternehmen (oder die Unternehmensvereinigung) die verlangte Auskunft nicht fristgemäß erteilt, fordert die Kommission gemäß Art. 18 Abs. 1 2. Alt., Abs. 3 DVO die Auskünfte mittels förmlicher Entscheidung iSd Art. 249 Abs. 4 EG unter Angabe der in Art. 18 Abs. 3 DVO aufgelisteten Erfordernisse an. Nun besteht eine Auskunftspflicht der Unternehmen, bei Nichtbeachtung dieser Pflicht können Geldbußen nach Art. 23 Abs. 1 lit. b) DVO und Zwangsgelder nach Art. 24 Abs. 1 lit. d) DVO gegen das Unternehmen verhängt werden.[921]
Die Auskünfte erteilen für das Unternehmen dessen Inhaber oder Vertreter, Art. 18 Abs. 3 S. 1 DVO. Nunmehr ergibt sich ausdrücklich aus Art. 18 Abs. 4 S. 2 DVO, daß auch Rechtsanwälte die Auskünfte erteilen können, allerdings bleiben deren „Mandanten“ -also regelmäßig die Unternehmen- verantwortlich, Art. 18 Abs. 3 S. 3 DVO. Die von der Kommission verlangten Auskünfte müssen erheblich und erforderlich sein, das Verlangen der Kommission muß klar formuliert sein.[922] Gemäß Art. 18 Abs. 5 DVO ist die jeweilige nationale Behörde von den Auskunftsverlangen der Kommission zu informieren. Mitgliedstaatliche Regie-

---

[917] Vgl. Begründung zur Entwurf zur DVO, S. 8.
[918] Vgl. zu Art. 11 VO 17 zB: Schriefers, WuW 1993, 99ff.; Winterfeld, RIW 1992, 527ff; Kühlhorn, WuW 1986, 7ff; Kreis, RIW 1981, S. 284ff; Sauter in Langen/Bunte, KartR (9. Aufl.), Art. 11 VO 17.
[919] Auskünfte können nach Art. 18 Abs. 1 DVO auch von Unternehmensvereinigungen verlangt werden.
[920] Sauter in Langen/Bunte, KartR (9. Aufl.), Art. 11 VO 17, Rz. 10.
[921] Die Rechtslage entspricht der nach Art. 15 Abs. 1 lit. a) und Art. 16 Abs. 1 lit. c) VO 17.
[922] Schriefers, WuW 1993, 100.

rungen und Behörden können aber nach Art. 18 Abs. 6[923] DVO auch selbst von der Kommission befragt werden.
Fraglich ist, ob die Unternehmen ein **Auskunftsverweigerungsrecht** besitzen.[924] Denn problematisch ist, daß die verlangte Auskunft die Offenlegung eigener Kartellverstöße zur Folge haben kann. Dieses kann auch bei Entzugsverfahren nicht von vornherein ausgeschlossen werden, selbst wenn hier die Problematik dadurch entschärft ist, daß eine unter die GVO fallende Vereinbarung bis zum Erlaß einer Entzugsentscheidung rechtmäßig ist. Immerhin kann die verlangte Auskunft zur Offenlegung von Umständen führen, aus denen sich die Rechtfertigung des Erlasses einer Entzugsentscheidung ergibt. Die DVO enthält kein ausdrücklich normiertes Auskunftsverweigerungsrecht. Ein solches könnte sich daher allein aus allgemeinen Grundsätzen des Gemeinschaftsrechts ergeben.[925] Dabei ist insbesondere die Reichweite des Art. 6 EMRK umstritten. Teilweise wird vertreten, daß dieser deswegen nicht einschlägig ist, weil die EMRK nicht Bestandteil des Gemeinschaftsrechts sei.[926] Nach dem EuGH dagegen kann sich ein Unternehmen grundsätzlich auf Art. 6 EMRK berufen,[927] jedoch ergebe sich daraus kein Recht, nicht gegen sich selbst als Zeuge aussagen zu müssen.[928] Diese Rechtsprechung könnte nunmehr überholt sein im Hinblick auf das „*Funke*"-Urteil des Europäischen Gerichtshofs für Menschenrechte.[929] In diesem Urteil wird angesichts des Art. 6 Abs. 1 EMRK ein Recht zu Schweigen anerkannt sowie das Recht, nicht selbst zur „*incrimination*" beitragen zu müssen.[930] Dieses Auskunftsverweigerungsrecht besteht für alle „Beschuldigten" iSd Art. 6 EMRK -im Fall *Funke* handelt es sich um eine natürliche Person im Rahmen eines Zollverfahrens. Eine Entscheidung des Europäischen Gerichtshofs für Menschenrechte zum Kartellverfahren liegt insoweit noch nicht vor. Ein generelles Auskunftsverweigerungsrecht im Kartellverfahren wird aber überwiegend abgelehnt,[931] da es sich bei EG-Wettbewerbsverfahren nicht um ein Strafverfahren[932] handelt und weil Unternehmen und nicht natürliche Personen

---

[923] In der deutschen Fassung gibt es irrtümlich zwei Absätze, die mit (5) bezeichnet sind.
[924] Vgl. Wiedemann-Dieckmann, Hdb. d. KartR, § 42, Rz. 18-22; Schriefers, WuW 1993, 101; Sauter in Langen/Bunte, KartR (9. Aufl.) Art. 11 VO 17, Rz. 16ff.
[925] EuGH Slg, 1989, 3343, Rz. 28-Orkem.
[926] Sauter in Langen/Bunte, KartR (9. Aufl.), Art. 11 VO17, Rz. 16.
[927] EuGH Slg. 1989, 3343, 3343, Rz. 39-unzutreffend daher der Verweis auf Orkem bei Sauter in Langen/Bunte, KartR (9. Aufl), Art. 11 VO 17, Rz. 16.
[928] EuGH Slg. 1989, 3343, Rz. 30-Orkem.
[929] Europäischer Gerichtshof für Menschenrechte, Urt. v. 25. Februar 1993, Band 256-Funke/Frankreich.
[930] Europäischer Gerichtshof für Menschenrechte, Urt. v. 25. Februar 1993, Band 256-Funke/Frankreich, Rz. 44.
[931] AA Burrichter in Immenga/Mestmäcker, EG-Wettbewerbsrecht, Art. 11 VO 17, Rz. 25f.
[932] Selbst nicht unter Berücksichtigung der autonomen Auslegung der EMRK.

Adressaten des Auskunftsverlangens sind.[933] Im Hinblick auf die Wahrung der Verteidigungsrechte wird dem Unternehmen jedoch zugestanden, Auskünfte zu verweigern, durch die es „das Vorliegen einer Zuwiderhandlung eingestehen müßte, für die die Kommission den Beweis zu erbringen hat".[934] Dieses Verweigerungsrecht bezieht sich aber nicht auf Auskünfte tatsächlicher Art; so müssen selbst Angaben über Termine und Teilnahme an Preisabsprachesitzungen gemacht werden. Lediglich das Ziel solcher Sitzungen muß nicht offengelegt werden.[935] Es handelt sich also um ein sehr begrenztes Verweigerungsrecht, welches im Rahmen von Entzugsverfahren in aller Regel keine Rolle spielen wird.

cc) Befugnis zur Befragung, Art. 19 DVO

Neu ist die in Art. 19 DVO gewährte Befugnis der Kommission, alle natürlichen und juristischen Personen über den Untersuchungsgegenstand zu befragen. Anders als noch Art. 19 DVO-Entwurf verlangt Art. 19 Abs. 1 DVO jedoch, daß die Personen der auf den Untersuchungsgegenstand bezogenen Befragung zustimmen. Nach Art. 14 Abs. 1 lit. a)-d) VO 17 konnten nur sehr begrenzt mündliche Erläuterungen verlangt und protokolliert werden.[936] Neuerdings ist neben der Zustimmung entscheidend, ob die jeweilige Person voraussichtlich über sachdienliche Informationen bezüglich des Untersuchungsgegenstandes verfügt.[937] Diese Befugnis ist der Kommission zur Erfüllung der ihr durch die DVO übertragenen Aufgaben verliehen und ist somit nicht auf die Ausübung zur Sicherstellung der Auskunftsbefugnisse nach Art. 18 oder Art. 20 DVO beschränkt. Allerdings können bei fehlerhaften Aussagen im Rahmen des Art. 19 DVO, entsprechend der Rechtslage nach Art. 14 lit. c) VO 17 zu an Ort und Stelle angeforderten mündlichen Erklärungen,[938] keine Geldbußen festgesetzt werden, da Art. 23 DVO keinen Bezug auf Art. 19 DVO nimmt. Das Auferlegen von Geldbußen wäre auch problematisch, da die befragten Personen nicht notwendigerweise dem Unternehmen zugehörig sind und da nach der DVO Geldbußen nur gegen Unternehmen verhängt werden können.

dd) Nachprüfungsbefugnisse nach Art. 20 DVO und Art. 21 DVO

Wesentlich erweitert gegenüber Art. 14 VO 17[939] sind die Nachprüfungsbefugnisse nach Art. 20 DVO,[940] welche ebenfalls für Entzugsverfahren erheblich

---

933 Wiedemann-Dieckmann, Hdb. d. KartR, § 42, Rz. 21; Sauter in Langen/Bunte, KartR (9. Aufl.), Art. 11 VO 17, Rz. 16; Schriefers WuW 1993, 101.

934 EuGH Slg. 1989, 3343, Rz. 35-Orkem.

935 EuGH Slg. 1989, 3343, Rz. 37f.-Orkem; Wiedemann-Dieckmann, Hdb. d. KartR, § 42, Rz. 21.

936 Schriefers, WuW 1993, S. 101.

937 25. Begründungserwägung zur DVO.

938 Zu Art. 14 Abs. 1 lit. c) VO 17: Wiedemann-Dieckmann, Hdb. d. KartR, § 42, Rz. 42f.

939 Zu den Befugnissen nach Art. 14 VO 17: Schriefers, WuW 1993, 101ff; Kühlhorn, WuW 1986, 19ff.

sind.[941] Während Art. 20 Abs. 1, Abs. 2 lit. a), b), c), Abs. 3-6 DVO eine jeweils nahezu gleichlautende Entsprechung in Art. 14 VO 17 haben,[942] findet sich für die übrigen Regelungen kein Pendant in der VO 17. Neu ist beispielsweise die Befugnis der Kommission, Räume und Geschäftsunterlagen zu versiegeln, Art. 20 Abs. 2 lit. d) DVO, wobei Siegelbruch nach Art. 23 Abs. 1 lit. e) DVO mit Geldbußen geahndet werden kann. Nach dem DVO-Entwurf war nicht ganz klar ist, ob diese Befugnis auf Geschäftsräume beschränkt ist. Während in der Begründung zum Entwurf von „Büroräumen" die Rede ist, enthielt Art. 20 lit. e) DVO-Entwurf die Befugnis für „alle Räumlichkeiten". Die DVO beschränkt diese Befugnis in Art. 20 Abs. 2 lit. d) DVO ausdrücklich auf „betriebliche Räumlichkeiten".

Erweitert wurde auch das Auskunftsrecht[943] gegenüber Vertretern oder Mitarbeitern eines Unternehmens, Art. 20 Abs. 2 lit. e) DVO. Die Kommission kann von der Belegschaft Erläuterungen zu Tatsachen oder Unterlagen verlangen, solange ein Zusammenhang mit Gegenstand und Zweck der Nachprüfung besteht. Aus der Begründung zum DVO-Entwurf ergibt sich, daß die Grenzen der bisherigen Rechtsprechung aufrecht erhalten werden sollen.[944] Dieses bezieht sich wohl auf das begrenzte Auskunftsverweigerungsrecht und das Verbot der Selbstbezichtigung,[945] dessen Bedeutung beim Entzug angesichts des Umstandes, daß die Vereinbarung unter eine GVO fällt und damit vor Erlaß der Entzugsentscheidung nicht rechtswidrig ist, gering ist. Die Antworten der betroffenen Mitarbeiter sind zu Protokoll zu nehmen. Ebenfalls neu ist, daß eine Verweigerung oder eine fehlerhafte Auskunft einer nach Art. 20 Abs. 2 lit. e) DVO verlangten Auskunft mit Geldbußen belegt werden kann, Art. 23 Abs. 1 lit. d) DVO. Unternehmen droht auch dann eine Geldbuße, wenn sie eine von einem Mitglied der Belegschaft erteilte unrichtige oder unvollständige Antwort nicht innerhalb einer von der Kommission gesetzten Frist berichtigen, Art. 23 Abs. 1 lit. d) 2. Spstr. DVO. Nach wie vor können die Geldbußen jedoch nur gegen das Unternehmen, nicht jedoch gegen die jeweiligen Mitarbeiter verhängt werden, vgl. Art. 23 Abs. 1 DVO.

Ansonsten können Nachprüfungen -wie schon nach Art. 14 VO 17- entweder aufgrund einfachen schriftlichen Auftrags nach Art. 20 Abs. 3 DVO oder aufgrund einer Entscheidung nach Art. 20 Abs. 4 DVO durchgeführt werden. Art. 20 Abs. 3 S. 2, Abs. 4 S. 3, Abs. 5 und Abs. 6 DVO regeln die Beteiligung der jeweiligen nationalen Wettbewerbsbehörde. So ist die zuständige nationale

---

[940] Eilmansberger, JZ 2001, 374.

[941] Vgl. schon Brinker, Mißbrauchsaufsicht, S. 96 zur VO 17.

[942] Vgl. dazu Art. 14 Abs. 1, insb. lit. d), lit. a) und lit. b), Art. 14 Abs. 2, Abs. 3, Abs. 4, Abs. 6. VO 17.

[943] Es handelt sich um ein gegenüber Art. 18 DVO eigenständiges Auskunftsrecht, vgl. schon Wiedemann-Dieckmann, Hdb. d. KartR, § 42, Rz. 42.

[944] Begründung zu Art. 20 lit. f) DVO-Entwurf.

[945] EuGH Slg. 1989, 3343-Orkem; vgl. Wiedemann-Dieckmann, Hdb. d. KartR, § 42, Rz. 43.

Wettbewerbsbehörde insbesondere zur Leistung von Amtshilfe verpflichtet, wenn sich ein Unternehmen den Ermittlungen widersetzt, Art. 20 Abs. 6 DVO. Denn die Kommission kann ihre nach Art. 20 Abs. 4 DVO erlassene Entscheidung nicht selbst vollstrecken; sie bedarf der Mitwirkung der nationalen Behörden, wobei nationale Verfahrensgarantien zu beachten sind.[946] Im Rahmen der Amtshilfe muß die nationale Behörde notfalls öffentliche Gewalt einsetzen, also unmittelbaren Zwang anwenden.[947] Da hierzu mitunter nach nationalem Recht eine gerichtliche Entscheidung erforderlich ist, sieht Art. 20 Abs. 7 DVO vor, daß diese zu beantragen ist, was auch vorsorglich geschehen kann.[948] Das nationale Gericht darf aber nach Art. 20 Abs. 8 DVO und nach den *Hoechst*-Kriterien des EuGH[949] die Kommissionsentscheidung nur eingeschränkt überprüfen. So ist es dem Gerichtshof vorbehalten, die Notwendigkeit der Nachprüfungen zu prüfen, Art. 20 Abs. 8 S. 3 1. Alt. DVO. Allein die Echtheit der Kommissionsentscheidung und die Verhältnismäßigkeit und Willkürlichkeit der Zwangsmaßnahmen (nicht aber des Nachprüfungsverlangens) darf das nationale Gericht prüfen, Art. 20 Abs. 8 S. 1 DVO. Das nationale Gericht kann dagegen gemäß Art. 20 Abs. 8 S. 2 DVO von der Kommission ausführliche Erläuterungen zu den Verdachtsgründen und der Schwere des behaupteten Verstoßes anfordern. Dieses entspricht der EuGH-Rechtsprechung zum alten Verfahrensrecht. In seinem *Roquettes-Frères*-Urteil[950] hatte der EuGH entschieden, daß die Kommission dazu verpflichtet ist, dem nationalen Gericht alle Informationen zur Verfügung zu stellen, welche es zur Prüfung der Willkürlichkeit und Verhältnismäßigkeit der Zwangsmaßnahmen bedarf.[951] Dazu zählen insbesondere die Beschreibung des relevanten Marktes, die Natur der behaupteten Wettbewerbsbeschränkung und Erläuterungen der Kommission zu den ihr vorliegenden Informationen und Indizien, die zu dem Verdacht führen. Weiterhin muß die Kommission dem nationalen Gericht möglichst genau mitteilen, wonach gesucht wird und worauf sich die Nachprüfungen beziehen.[952] Sollte die Kommission dieser Verpflichtung nicht nachgekommen sein, muß das nationale Gericht die Kommission darauf hinweisen und ergänzende Erläuterungen anfordern.[953] Nationale Gerichte konnten nach dem EuGH jedoch nicht die Übermittlung der in den Akten enthaltenen Informationen und Indizien selbst verlangen.[954] Dieses ist nunmehr ausdrücklich in Art. 20 Abs. 8 S. 3 2. Alt. DVO normiert. Die im *Hoechst*-

---

946 EuGH Slg, 1989, 2919, Rz. 37, 34-Hoechst.
947 Vgl. zum alten Recht: Wiedemann-Dieckmann, Hdb. d. KartR, § 42, R. 32.
948 Vgl. auch schon EuGH Slg. 1989 2919, Rz. 34-Hoechst.
949 EuGH Slg. 1989, 2919, Rz. 35-Hoechst.
950 EuGH NJW 2003, 35-Roquettes Frères/Directeur général de la concurrence(...); Urteil vom 22. 10. 2002-Rs. C-94/00.
951 EuGH NJW 2003, 35 insb. Tz. 61-Roquettes Frères.
952 EuGH NJW 2003, 35, 2. Leitsatz-Roquettes Frères.
953 EuGH NJW 2003, 35, Rz. 92 (4. Leitsatz)-Roquettes Frères.
954 EuGH NJW 2003, 35, 3. Leitsatz-Roquettes Frères.

Urteil gewährte Befugnis der nationalen „Stelle", für „die Wahrung der Vorschriften des nationalen Rechts bei der Durchführung" der Maßnahmen zu sorgen,[955] wurde nicht in Art. 20 Abs. 8 DVO aufgenommen, da diese wohl eher die nationale Behörde als das nationale Gericht betrifft.
Eine echte Neuerung enthält auch Art. 21 DVO, wonach auch Wohnungen der Unternehmensleiter, Mitglieder der Aufsichts- und Leitungsorgane und sonstigen Mitarbeiter der Unternehmen betreten und durchsucht[956] werden können. Fraglich ist allerdings, ob diese Vorschrift für Entzugsverfahren überhaupt anwendbar ist. Voraussetzung ist nämlich, daß die bei den Mitarbeitern vermuteten Geschäftsunterlagen als Beweismittel „für einen schweren Verstoß gegen Art. 81 oder 82 des Vertrags" erheblich sein können. Bei Entzugsverfahren verstößt bei Einzelfallbetrachtung die jeweilige Vereinbarung zwar gegen Art. 81 Abs. 3 EG, es darf aber nicht übersehen werden, daß die Vereinbarung von einer GVO erfaßt ist, welche sich innerhalb des Regelungsermessens der Kommission hinsichtlich Art. 81 Abs. 3 EG befindet. Es kann vor Erlaß einer Entzugsentscheidung daher auch kein „schwerer Verstoß" gegen Art. 81 EG vorliegen, da die GVO insoweit freistellend wirkt. Art. 21 DVO wird daher bei Entzugsverfahren regelmäßig keine Anwendung finden können.

ee) Geldbußen im Entzugsverfahren nach Art. 23 DVO

Geldbußen können gegen Unternehmen und Unternehmensvereinigungen nach Art. 23 DVO wie vor der Reform bei Verstößen gegen Verfahrensvorschriften und bei Verstößen gegen das materielle Recht verhängt werden. Eine Geldbuße nach Art. 23 Abs. 2 lit. a) DVO wegen Verstoßes gegen materielles Recht darf aber nicht allein deswegen verhängt werden, weil eine gruppenfreigestellte Vereinbarung im Einzelfall nicht mit Art. 81 Abs. 3 EG vereinbar ist, da diese vor Erlaß der Entzugsentscheidung noch von der GVO erfaßt ist. Im Rahmen eines Entzugsverfahrens kommen Geldbußen jedoch bei Verstößen gegen Verfahrensvorschriften in Betracht. Die Höchstgrenze bei Mißachtung von Verfahrensvorschriften liegt nach Art. 23 Abs. 1 DVO nunmehr bei 1% des Gesamtumsatzes des Vorjahres. Im Regelfall stellt dieses eine erhebliche Erhöhung im Vergleich zu den 100-5000 Rechnungseinheiten nach Art. 15 Abs. 1 VO 17 dar. Zwar hat die Geldbuße nach Art. 23 Abs. 5 DVO nach wie vor keinen strafrechtlichen Charakter, dennoch kann die Kommission mit der neuen Höchstgrenze Verstöße gegen Verfahrensvorschriften effektiver ahnden, womit den Geldbußen insgesamt eine höhere Abschreckungswirkung zukommt. Darüber hinaus können im Zusammenhang mit einem Entzugsverfahren nach Art. 23 Abs. 2 lit. b) DVO (zuvor Art. 15 Abs. 2 lit. b VO 17) Geldbußen gegen Unternehmen verhängt werden, die einer etwaigen einstweiligen Anordnung der Kommission nach Art. 8 Abs. 1 DVO zuwiderhandeln.

---

[955] EuGH Slg. 1989, 2919, Rz. 35-Hoechst.
[956] Begründung zu Art. 20 Abs. 2 lit. b) DVO-Entwurf.

Zur Festsetzung von Geldbußen nach Art. 15 Abs. 2 VO 17 hatte die Kommission Leitlinien erlassen,[957] in denen die Kommission ihre Berechnungsmethoden für die Festsetzung von Geldbußen erläutert. Zu beachten ist jedoch, daß es keinen Anspruch der Verfahrensbeteiligten auf Mitteilung einer Änderung der Berechnungsmethode gibt, so daß insoweit keine Vertrauensschutzgesichtspunkte geltend gemacht werden können, solange die in der Ratsverordnung angeordneten Höchstgrenzen nicht überschritten werden.[958]

ff) Zwangsgelder nach Art. 24 DVO

Zur Erzwingung der Einhaltung von Auskunfts- und Nachprüfungsentscheidungen kann die Kommission gegen die betroffenen Unternehmen Zwangsgelder nach Art. 24 Abs. 1 lit. d) und e) DVO festsetzen. Während Geldbußen bei gruppenfreigestellten Vereinbarungen nicht wegen Verstoßes gegen Art. 81 Abs. 3 EG in Betracht kommen, können nach Erlaß einer Entzugsentscheidung Zwangsgelder wegen Verstoßes gegen Art. 81 Abs. 3 EG nach Art. 24 Abs. 1 lit. a) DVO festgesetzt werden, wenn die betroffenen Unternehmen der mit der Entzugsentscheidung verbundenen Abstellungsentscheidung nach Art. 7 Abs. 1 DVO nicht nachkommen. Mit Wirkung der Entzugsentscheidung entfällt der Rechtsvorteil der GVO, so daß ein Verstoß gegen Art. 81 Abs. 3 EG nunmehr vorliegt. Für Verstöße gegen Verfahrensvorschriften können Zwangsgelder auch neben Geldbußen verhängt werden.[959] Der Höchstbetrag bei Zwangsgeldern bemißt sich nach dem Umsatz und beträgt 5% des durchschnittlichen Tagesumsatzes pro Tag des Verzugs.

e) Verteidigungsrechte der betroffenen Unternehmen

Da es sich bei den Ermittlungs- und Sanktionsbefugnissen der Kommission nach der DVO um grundrechtsrelevante Eingriffe handelt, stehen den betroffenen Unternehmen während des Entzugsverfahrens Verteidigungsrechte zu. Insbesondere Art. 27 DVO ist auch auf Entzugsverfahren der Kommission anzuwenden, auch wenn Art. 29 Abs. 1 DVO nicht ausdrücklich in Art. 27 Abs. 1 DVO aufgeführt ist. Wie bereits oben zu den Beschwerderechten ausgeführt, ergibt sich die analoge Anwendung des Art. 27 DVO wegen der Grundrechtsrelevanz des Eingriffs durch den Entzug. Die Parteien können sich in einem Entzugsverfahren selbstverständlich anwaltlich vertreten lassen.[960] Abgesehen vom Art. 18 Abs. 4 S. 2 DVO ist dies allerdings nicht ausdrücklich normiert. Nach Art. 27 Abs. 1 S. 1 DVO (zuvor Art. 19 Abs. 1 VO 17) gibt die Kommission den Unternehmen, gegen die sich das Verfahren richtet, Gelegenheit zur Stellungnahme

---

[957] ABl.EG Nr. C 9/3, Leitlinien vom 14. 1. 1998.

[958] Vgl. auch Kallmayer/Haupt, EuZW 2002, 679 zu den Fernwärmerohrkartellurteilen des EuG vom 20. 3. 2002: EuG Slg. 2002 II- S. 1498 bis 1914ff; insb EuG Slg. 2002 II-1716, Rz. 235ff.-LR AF 1998.

[959] Vgl. schon Sauter in Langen/Bunte, KartR (9. Aufl.), Art. 16 VO 17, Rz. 2.

[960] Vgl. schon Brinker, Mißbrauchsaufsicht, S. 97mwN.

über die Beschwerdepunkte (Anhörung). Da die Anhörungsverordnung 2842/98 weder nach der DVO noch anderweitig aufgehoben worden ist, gilt sie auch innerhalb des neuen Verfahrensrechts. Nach Art. 2 Abs. 1 VO 2842/98 haben die betroffenen Unternehmen Anspruch auf vollständige schriftliche Mitteilung der Beschwerdepunkte und diesbezügliche Anhörung.[961]

Ausdrücklich geregelt in Art. 27 Abs. 2 S. 2 DVO ist -anders noch als in der VO 17-[962] das Recht zur Akteneinsicht, welches der Wahrung des vom EuG aufgestellten Grundsatzes der Waffengleichheit dient.[963] Zum Recht der Akteneinsicht hat die Kommission eine Mitteilung erlassen,[964] welche auch weiterhin gültig ist.[965] Danach hat nur der Empfänger von Beschwerdepunkten, also hier der potentielle Adressat einer Entzugsentscheidung, Anspruch auf Akteneinsicht, nicht dagegen Dritte wie etwa der Beschwerdeführer.[966] Zwar werden nach Art. 27 Abs. 1 S. 3 DVO Beschwerdeführer eng in das Verfahren einbezogen, jedoch kann daraus nicht auf ein Recht zur Akteneinsicht geschlossen werden.

Fraglich ist, ob das Recht des betroffenen Unternehmens zur Akteneinsicht isoliert gerichtlich durchsetzbar ist. Nach altem Verfahrensrecht war dies nicht der Fall, es konnte bei Verweigerung der Akteneinsicht nur die Endentscheidung angegriffen werden.[967] Eine Änderung der Rechtslage durch die DVO ist zumindest nicht ausdrücklich erfolgt. Die gerichtliche Durchsetzbarkeit ist daher abzulehnen. Der Umfang der Akteneinsicht ist in mehrfacher Hinsicht eingeschränkt. Geschäftsgeheimnisse, an deren Wahrung die Unternehmen ein berechtigtes Interesse haben, dürfen nach Art. 27 Abs. 2 S. 1 DVO ebensowenig eingesehen werden wie vertrauliche Informationen[968] und interne Schriftstücke zwischen Kommission und nationalen Wettbewerbsbehörden, Art. 27 Abs. 2 S. 3, S. 4 DVO. Der Empfänger von Beschwerdepunkten kann nach Art. 5 VO 2842/98 eine mündliche Anhörung beantragen, welche zur Aufklärung des Sachverhalts abzuhalten ist.[969]

In den Grenzen des Art. 28 DVO ist das Berufsgeheimnis der Unternehmen zu wahren. Gemäß Art. 28 Abs. 1 DVO dürfen die nach den Art. 17-22 DVO erlangten Informationen nur zu dem Zweck verwertet werden, zu dem sie eingeholt werden. Die Befugnisse zum Austausch von Informationen mit nationalen Gerichten und Behörden nach Art. 12 und 15 DVO sollen hierdurch nicht geschmälert werden.

---

961 Wiedemann-Dieckmann, Hdb. d. KartR, § 44, Rz. 9, 13ff.
962 Wiedemann-Dieckmann, Hdb. d. KartR, § 44, Rz. 19.
963 EuG Slg. 1995 II-1847, Rz. 93-ICI I.
964 ABl.EG 1997 Nr. C 23/3 vom 23. 1. 1997; ausführlich dazu: de Bronett, WuW 1997, 383.
965 Begründung zu Art. 26 DVO-Entwurf.
966 Wiedemann-Dieckmann, Hdb. d. KartR, § 44, Rz. 22.
967 Wiedemann-Dieckmann, Hdb. d. KartR, § 44, Rz. 22.
968 Vgl. dazu schon de Bronett, WuW 1997, 391f.
969 Wiedemann-Dieckmann, Hdb. d. KartR, § 44, Rz. 40.

Im übrigen können sich die Unternehmen nach den allgemeinen Bestimmungen gegen die Ihnen gegenüber erlassenen Endentscheidungen iSd Art. 249 EG wehren, insbesondere gegen Geldbußen, Zwangsgelder[970] sowie gegen eine Verbotsentscheidung und die Entzugsentscheidung selbst. Statthaft ist jeweils die Nichtigkeitsklage nach Art. 230 EG.[971]

f) Anhörung des Beratenden Ausschusses, Art. 14 DVO

Gemäß Art. 14 Abs. 1 DVO hört die Kommission vor jeder Entzugsentscheidung nach Art. 29 Abs. 1 DVO einen Beratenden Ausschuß für Kartell- und Monopolfragen. Nach Art. 14 Abs. 5 S. 1 DVO berücksichtigt die Kommission soweit wie möglich die Stellungnahme des Beratenden Ausschusses. Gebunden an die Auffassung des Ausschusses ist die Kommission dagegen nicht. Die Zusammensetzung des Beratenden Ausschusses richtet sich nach Art. 14 Abs. 2 DVO. Gemäß Art. 14 Abs. 3 S. 1 DVO darf die Anhörung erst 14 Tage nach Absendung der Einberufung erfolgen. Nur wenn die Kommission bei der Einberufung eine kürzere Frist setzt und kein Mitgliedstaat einen Einwand erhebt, kann die Sitzung gemäß Art. 14 Abs. 3 S. 3 DVO auch zu dem von der Kommission vorgeschlagenen Zeitpunkt stattfinden. Nach Art. 14 Abs. 3 S. 4 DVO nimmt der Beratende Ausschuß schriftlich Stellung zu dem Entwurf der Entzugsentscheidung. Auch ohne eine Sitzung kann die Anhörung gemäß Art. 14 Abs. 4 DVO im schriftlichen Verfahren erfolgen, wenn kein Mitgliedstaat eine Sitzung beantragt.

g) Begründungspflicht, Art. 253 EG

Entzugsentscheidungen sind als Kommissionsentscheidung nach Art. 253 EG zu begründen. Die Kommission muß dabei ihre Überlegungen, die sie zum Erlaß der Entscheidung bewogen haben, so „klar und eindeutig zum Ausdruck bringen, dass die Betroffenen ihr die Gründe für die getroffene Maßnahme entnehmen können, damit sie ihre Rechte vertreten können und der Gemeinschaftsrichter seine Kontrollaufgabe wahrnehmen kann".[972] Dabei darf sich die Kommission allerdings auf die Angabe der Tatsachen und rechtlichen Erwägungen beschränken, denen wesentliche Bedeutung zukommt.[973] Selbst wenn die Kommission ihre Entscheidung nicht ausreichend begründet, kann damit nicht die inhaltliche Richtigkeit der Entscheidung angegriffen werden; vielmehr stellt die fehlende oder unzureichende Begründung nur eine Verletzung wesentlicher

---

970 Vgl. Art 23 Abs. 1 DVO und Art. 24 Abs. 1 DVO „durch Entscheidung".

971 Wiedemann-Schütte, Hdb. d. KartR § 49, Rz. 173.

972 EuG Slg. 2002 II-2090, Rz. 164-Joynson; EuGH Slg. 2000 I-6857, Rz. 96-Deutschland/Kommission.

973 EuG Slg. 2002 II-2090, Rz. 166-Joynson.

Formvorschriften dar, welche der Gerichtshof allerdings von Amts wegen zu prüfen hat.[974]

h) Rechtsfolgen von Fehlern im Verwaltungsverfahren

Ein Fehler im Verwaltungsverfahren kann zur Nichtigerklärung der Entscheidung durch den EuGH führen. Dieses ist aber nur dann der Fall, wenn die Entscheidung ohne den Fehler anders ergangen wäre oder hätte anders ergehen können.[975] Umgekehrt kann eine Heilung in Betracht kommen, wenn dadurch sichergestellt wird, daß der Verfahrensfehler sich nicht in der Endentscheidung auswirkt. Der Umfang dieser Heilungsmöglichkeit ist allerdings noch nicht geklärt[976] und wird erheblich von den Umständen des Einzelfalls abhängen.

i) Abschluß des Verfahrens: Einstellung oder Entzugsentscheidung

Bezüglich der Möglichkeiten der Kommission zum Abschluß eines Verfahrens wurde ursprünglich vertreten, daß ein förmliches Verfahren durch eine förmliche Entscheidung abgeschlossen werden muß.[977] Da dieses in der Praxis nicht eingehalten wurde, ist man dazu übergegangen, der Kommission weitere Wege der Verfahrensbeendigung zB durch Empfehlung oder Stellungnahme einzuräumen.[978] Da es sich beim Entzugsverfahren nicht um ein Massenverfahren handelt, sollte die Kommission das Verfahren zumindest dann mit einer förmlichen Entscheidung abschließen, wenn sie von ihren Ermittlungsbefugnissen nach Art. 17 ff. DVO Gebrauch gemacht hat. Als förmliche Entscheidung kommen entweder die Entzugsentscheidung nach Art. 6 VGVO, Art. 29 Abs. 1 DVO iVm einer Abstellungsanordnung gemäß Art. 7 Abs. 1 DVO oder eine Einstellungsentscheidung in Betracht, je nachdem, ob im Einzelfall ein Verstoß gegen Art. 81 Abs. 3 EG vorliegt oder nicht. Wird die Kommission aufgrund einer Beschwerde tätig, ist wegen Art. 27 Abs. 1 S. 3 DVO und Art. 6 VO 2842/98 der Beschwerdeführer vor Erlaß der Einstellungsverfügung anzuhören. Gegen eine endgültige Einstellungsverfügung kann der Beschwerdeführer Nichtigkeitsklage nach Art. 230 Abs. 4 EG erheben.[979] Eine Beendigung des Verfahrens dadurch, daß die Beschwerde „zu den Akten gelegt wird",[980] ist gerade beim Entzug abzulehnen. Im übrigen dürfte nach der Rechtsprechung des EuGH auch diese

---

[974] EuG Slg. 2002 II-2090, Rz. 174, Rz. 163-Jonyson. Das EuG unterscheidet also zwischen unzureichender Begründung und Rüge der Unrichtigkeit der Gründe der Entscheidung.

[975] EuGH Slg. 1991 I-5495, Rz. 14, 26-TU München.

[976] Vgl. dazu Wiedemann-Dieckmann, Hdb. d. KartR, § 41, Rz. 20.

[977] de Bronett, WuW 1989, 461, der aber zugleich auf das damalige in der Realität bestehende Mißverhältnis zwischen der Zahl der begonnenen und der Zahl der abgeschlossenen Verfahren hinweist.

[978] Wiedemann-Dieckmann, Hdb. d. KartR, § 45, Rz. 1.

[979] EuGH Slg. 1979, 1875, Rz. 13-Metro I; EuG Slg. 1995 II-147, Rz. 23, 27-BEMIM.

[980] Vgl. dazu Sauter in Langen/Bunte, KartR (9. Aufl.), Art. 3 VO 17, Rz. 7.

Form der Verfahrensbeendigung gerichtlich überprüfbar sein,[981] da es sich dabei nicht lediglich um eine vorbereitende Maßnahme handelt.[982] Bei Tatenlosigkeit der Kommission kann der Beschwerdeführer auch Untätigkeitsklage nach Art. 232 EG erheben.[983]

5. Abwendung einer Entzugsentscheidung durch Verpflichtungszusagen, Art. 9 DVO

Wenn die vom Entzugsverfahren betroffenen Unternehmen kooperationsbereit sind, kann nach neuem Verfahrensrecht eine Verfahrenseinstellung nach Durchführung eines Verpflichtungszusageverfahrens iSd Art. 9 DVO erfolgen. Allerdings ist hierbei ein strenger Maßstab anzusetzen, um den im Einzelfall bestehenden Verstoß gegen Art. 81 Abs. 3 EG nicht zu verfestigen. Eine Verpflichtungszusage nach Art. 9 DVO anstelle einer Entzugsentscheidung sollte nur angenommen werden, wenn dadurch der Verstoß gegen Art. 81 Abs. 3 EG vollständig und schneller beseitigt werden kann als durch ein Entzugsverfahren. Ein Beschwerdeführer sollte in Anbetracht des Art. 27 Abs. 1 S. 3, Abs. 4 DVO vor einer Einstellungsverfügung auch zu den zugesagten Verpflichtungen angehört werden. Gemäß Art. 27 Abs. 4 S. 1 DVO hat die Kommission vor Erlaß einer Entscheidung nach Art. 9 DVO eine Zusammenfassung des Falls und den Inhalt der Verpflichtungszusagen der betroffenen Unternehmen zu veröffentlichen, so daß nach Art. 27 Abs. 4 S. 2 DVO interessierte Dritte innerhalb von einer mindestens einmonatigen Frist Stellung nehmen können. Nach Art. 9 Abs. 2 DVO kann die Kommission das Entzugsverfahren wieder aufnehmen, etwa wenn die beteiligten Unternehmen die Verpflichtungen nicht einhalten.

6. Rechtsschutz gegen die Entzugsentscheidung

Der Entzug nach Art. 29 Abs. 1 DVO, Art. 6 VGVO erfolgt durch eine Entscheidung iSd Art. 249 Abs. 4 EG, welche von den Adressaten mittels einer Nichtigkeitsklage nach Art. 230 EG angefochten werden kann. Erstinstanzlich zuständig ist nach Art. 225 Abs. 1 S. 1 EG das EuG.[984] Eine seit Inkrafttreten des Vertrages von Nizza grundsätzlich mögliche Übertragung an gerichtliche Kammern iSd Art. 225 Abs. 1 S. 1 EG, Art. 225a EG, Art. 220 Abs. 2 EG ist bislang nicht erfolgt und für Kartellverfahren auch in Zukunft unwahrscheinlich.[985] Bis zu einer Nichtigerklärung durch das EuG gilt die oben beschriebene Vermutung der Gültigkeit der Gemeinschaftsakte.[986] Endentscheidungen des

---

[981] EuGH Slg. 1986, 1965-AKZO Chemie; EuGH Slg. 1983, 3045, Rz. 12, 8-Demo Studio Schmidt.
[982] Sauter in Langen/Bunte, KartR (9. Aufl.), Art. 3 VO 17, Rz. 7.
[983] Wiedemann-Dieckmann, Hdb. d. KartR, § 47, Rz. 23.
[984] Vgl. schon EuG Slg. 1995 II-1533ff.-Langnese-Iglo.
[985] Wegener in Calliess/Ruffert, Art. 225a EG, Rz. 2ff.
[986] Wiedemann-Schütte, Hdb. d. KartR, § 49, Rz. 192.

EuG können nach Art. 225 Abs. 2 EG durch den EuGH überprüft werden.[987] Das Rechtsmittel ist dabei nach Art. 225 Abs. 2 EG auf Rechtsfragen beschränkt.[988] Im Rechtsmittelverfahren dürfen auch keine neuen Angriffs- oder Verteidigungsmittel geltend gemacht werden, es sei denn sie werden auf Gründe gestützt, die erst im Rechtsmittelverfahren zutage getreten sind. So konnte *Langnese-Iglo* im Rechtsmittelverfahren nicht mehr rügen, die Kommission verstoße durch das Verbot der Alleinbezugsverträge gegen den Grundsatz der Gleichbehandlung, da dieses nicht vor dem EuG gerügt worden war.[989] Besonders strenge Anforderungen stellt der EuGH mitunter an die Genauigkeit einer Rüge des Rechtsmittelführers. So lehnte der EuGH die Überprüfung des von *Langnese-Iglo* geltend gemachten Verstoßes gegen den Verhältnismäßigkeitsgrundsatzes ab, weil die Beschwerdeführerin „die beanstandeten Randnummern des Urteils nicht genau genug bezeichnet" hatte.[990]

7. Vorläufiger Rechtsschutz gegen eine Entzugsentscheidung

Wegen der mitunter langen Verfahrensdauer vor dem Gerichtshof und weil Klagen bei dem EuGH (und EuG) nach Art. 242 Abs. 1 S. 1 EG (iVm Art. 224 Abs. 6, 225a Abs. 6 EG für das EuG) keine aufschiebende Wirkung haben, werden die von einer Entzugsentscheidung betroffenen Unternehmen gegebenenfalls vorläufigen Rechtsschutz beantragen. Insbesondere können sie gemäß Art. 242 S. 2 iVm Art. 243 EG nach Rechtshängigkeit der Hauptsache[991] einen Antrag auf Aussetzung der Durchführung der Entzugsentscheidung stellen. Da sich die Zuständigkeit für einen Antrag auf einstweiligen Rechtsschutz nach der Zuständigkeit in der Hauptsache richtet,[992] ist das EuG auch für Anträge auf Aussetzung der Durchführung von Entzugsentscheidungen zuständig. Hinsichtlich der Zulässigkeit muß dieser Antrag den Vorschriften über Form und Frist der Verfahrensordnung des EuG (vgl. dazu Art. 223 Abs. 6 EG) entsprechen. Die Begründetheit des Antrags setzt voraus, daß die Notwendigkeit der Anordnung in tatsächlicher und rechtlicher Hinsicht glaubhaft gemacht ist. Darüber hinaus muß die Anordnung dringlich sein; der Antragsteller muß dartun, daß ein schwerer, nicht wiedergutzumachender Schaden nur durch eine Anordnung vor Entscheidung zur Hauptsache abgewendet werden kann. Schließlich hat eine Interessenabwägung bezüglich der dem Antragsteller drohenden Nachteile bei Ablehnung der Anordnung gegenüber dem Interesse der Gemeinschaft und Interessen Dritter am Vollzug der Entscheidung stattzufinden.[993]

---

[987] Vgl. schon EuGH Slg. 1998 I-5627ff.-Langnese-Iglo.
[988] Ständige Rechtsprechung, EuGH Slg. 1998 I-5627, Rz. 26mwN, Rz. 37, 40.
[989] EuGH Slg. 1998 I-5627, Rz. 53ff-Langnese-Iglo.
[990] EuGH Slg. 1998 I-5627, Rz. 47-Langnese-Iglo.
[991] Wegener in Calliess/Ruffert, Art. 242-243 EG, Rz. 6.
[992] Wegener in Calliess/Ruffert, Art. 242-243 EG, Rz. 5.
[993] Zur Begründetheit des Antrags: EuGH Slg. 1996 I-3903, Rz. 44-Vereinigtes Königreich/Kommission; Wegener in Calliess/Ruffert, Art. 242-243 EG, Rz. 13-20.

8. Verbindlichkeit einer Entzugsentscheidung für nationale Gerichte und ihre Zivilrechtsfolgen nach deutschem Recht

Zu untersuchen sind die Auswirkungen einer Entzugsentscheidung der Kommission auf Prozesse vor nationalen Zivilgerichten. Dabei interessiert insbesondere, ob die Entzugsentscheidung für nationale Zivilgerichte verbindlich ist. Da Art. 81 Abs. 3 EG nunmehr grundsätzlich unmittelbar anwendbar ist, könnten nationale Gerichte geneigt sein, eine eigenständige, von der Entzugsentscheidung unabhängige Prüfung der Voraussetzungen des Art. 81 Abs. 3 EG vorzunehmen. Zunächst sind die allgemeinen Voraussetzungen für die Verbindlichkeit von Kommissionsentscheidungen zu klären, anschließend ist ein Blick auf die Rechtslage nach der VO 17 erforderlich, danach wird auf mögliche Änderungen durch die DVO eingegangen.

a) Allgemeines zur Verbindlichkeit einer Kommissionsentscheidung

Fraglich ist, was das Kriterium für die Verbindlichkeit einer Kommissionsentscheidung für nationale Zivilgerichte darstellt. Zwar ist die Entscheidung nach Art. 249 Abs. 4 EG „in allen ihren Teilen verbindlich", dieses gilt anders als bei Verordnungen aber nur „für diejenigen, die sie bezeichnet". Aus dem Wortlaut des Art. 249 Abs. 4 EG ergibt sich damit noch keine Verbindlichkeit für nationale Zivilgerichte, da diese nicht in der Kommissionsentscheidung bezeichnet sind. Während es für die Verbindlichkeit bei Verordnungen nicht darauf ankommt, ob diese rechtsgestaltend sind, sondern allein entscheidend ist, ob der EuGH eine Ungültigkeitserklärung infolge etwaiger Rechtswidrigkeit erlassen hat, ist fraglich, ob bei Entscheidungen etwas anderes gilt. Die Verbindlichkeit einer Entscheidung außerhalb des Kartellverfahrens für nationale Gerichte könnte davon abhängen, ob die Entscheidung rechtsgestaltend oder deklaratorisch ist. Deklaratorische Entscheidungen kann es nur im Rahmen von unmittelbar anwendbarem Recht geben, da die konstitutive Wirkung einer Entscheidung nach zutreffender Auffassung Grund für die fehlende unmittelbare Anwendbarkeit einer Norm ist.[994] Nähme man aber an, daß die nationalen Zivilgerichte auch an eine deklaratorische Entscheidung gebunden wären, so würde das darauf hinauslaufen, daß ein Zivilgericht wegen einer solchen Entscheidung an der Anwendung einer unmittelbar anwendbaren Norm gehindert wäre, obwohl dieses in keiner Norm angeordnet ist. Dann hätte eine deklaratorische Entscheidung der Kommission Vorrang vor einer unmittelbar anwendbaren Norm. Nach der Hierarchie der Normen ist es aber nicht erklärbar, warum eine nicht rechtsgestaltende, lediglich deklaratorische Entscheidung die unmittelbar anwendbare Norm nicht zur Anwendung kommen lassen sollte. Damit läge auch ein Verstoß gegen

---

[994] Baur/Weyer in FK, Art. 81 Zivilrechtsfolgen, Rz. 11; wobei der EuGH zumindest bei Art. 81 Abs. 3 EG sprachlich auf die „ausschließliche Zuständigkeit der Kommission" abstellte; EuGH Slg. 1991-977, Rz. 55, 44-Delimitis.

das Prinzip der Gewaltenteilung bzw. des institutionellen Gleichgewichts vor.[995] Da Kommission und nationale Gerichte somit unmittelbar anwendbares Recht gleichrangig anwenden, können deklaratorische Entscheidungen grundsätzlich[996] nicht für nationale Gerichte verbindlich sein.[997] In Betracht kommt gegebenenfalls eine Vorlagepflicht für nationale Gerichte, da möglicherweise Zweifel über die Auslegung einer Gemeinschaftsnorm bestehen.

Da eine Norm, welche eine konstitutive Entscheidung erfordert, nicht unmittelbar anwendbar ist,[998] besteht von vornherein eine Vorrangstellung der zu dieser konstitutiven Entscheidung ermächtigten Behörde, hier der Kommission, gegenüber nationalen Gerichten.[999] Wegen dieser Vorrangstellung ergibt sich bei Verbindlichkeit der Kommissionsentscheidung für nationale Gerichte auch kein Verstoß gegen den Grundsatz der Gewaltenteilung bzw. des institutionellen Gleichgewichts. Denn das nationale Gericht wird durch die Verbindlichkeit der Entscheidung nicht an der Anwendung einer unmittelbar anwendbaren Norm gehindert. Da die Entscheidung rechtsgestaltend ist, ergibt sich auch kein Problem im Hinblick auf den Grundsatz der Hierarchie der Normen. Denn nicht unmittelbar anwendbare Normen setzen die Konkretisierung der Norm durch eine verbindliche Entscheidung voraus; solche Normen ordnen somit selbst die Verbindlichkeit der zu ihr erlassenen behördlichen Einzelfallentscheidungen an.[1000] Nationale Gerichte sind daher an rechtsgestaltende Entscheidungen der Kommission gebunden. Daraus folgt, daß anders als bei Verordnungen die Verbindlichkeit von Kommissionsentscheidungen für nationale Zivilgerichte davon abhängt, ob die Entscheidung rechtsgestaltend oder deklaratorisch ist.

b) Rechtslage nach der VO 17

Nach altem Verfahrensrecht waren nur Art. 81 Abs. 1 und Abs. 2 EG, nicht aber der Freistellungstatbestand des Art. 81 Abs. 3 EG für die nationalen Gerichte unmittelbar anwendbar. Jedoch mußten nationale Gerichte die unmittelbar anwendbaren Gruppenfreistellungsverordnungen von Amts wegen anwenden. Fiel die Vereinbarung nicht unter eine GVO und lag auch noch keine Entscheidung der Kommission nach Art. 81 Abs. 3 EG vor, so waren die nationalen Gerichte

---

[995] Baur/Weyer in FK, Art. 81 Zivilrechtsfolgen, Rz. 168, 166.

[996] Nur in seltenen Fällen können sich bei bestandskräftigen Kommissionsentscheidungen Ausnahmen aus Gründen der Rechtssicherheit ergeben, vgl. Baur/Weyer in FK, Art. 81 Zivilrechtsfolgen, Rz. 162mwN.

[997] Vgl. auch EuG Slg. 1998 II-2641, Rz. 60, 70ff-Van den Bergh Foods; vgl. auch das Vorabentscheidungsverfahren EuGH Slg. 2000 I-11412-Masterfoods.

[998] Baur/Weyer in FK, Art. 81 Zivilrechtsfolgen, Rz. 11.

[999] Vgl. zur Vorrangstellung der Kommission bei Art. 81 Abs. 3 EG: Weyer, WuW 2000, 842f.

[1000] Baur/Weyer in FK, Art. 81 Zivilrechtsfolgen, Rz. 183.

selbst bei eindeutiger Rechtslage[1001] grundsätzlich nicht dazu befugt, die endgültige Unvereinbarkeit mit Art. 81 EG festzustellen.[1002] Nationale Zivilgerichte konnten nur die vorläufige Unvereinbarkeit mit Art. 81 EG feststellen, wenn die Vereinbarungen unter das Kartellverbot des Art. 81 Abs. 1 EG fielen. Dieses Institut der vorläufigen Nichtigkeit[1003] folgte aus der unmittelbaren Anwendbarkeit des Art. 81 Abs. 1 EG bei fehlender unmittelbarer Anwendbarkeit des Art. 81 Abs. 3 EG.[1004]
Fiel die Vereinbarung aber unter eine GVO, war die Vereinbarung automatisch freigestellt. Die nationalen Gerichte konnten, selbst wenn im Einzelfall (wie bei *Langnese-Iglo*) ein Verstoß gegen Art. 81 Abs. 3 EG vorlag, die Entzugsnormen der Ermächtigungsverordnungen wie der VO 19/65 und der GVOen nicht unmittelbar anwenden.[1005] Vielmehr war eine *ex nunc* wirkende rechtsgestaltende Entscheidung der Kommission (bzw. der nationalen Wettbewerbsbehörde seit Inkrafttreten der VGVO bzw. der Änderung der VO 19/65 durch die VO 1215/1999) erforderlich für den Entzug.[1006] Daher waren Entzugsentscheidungen konstitutiv,[1007] weil sie die durch die GVO ausgelöste konstitutive Freistellung rückgängig machten. Diese Freistellung durch die GVO wiederum war konstitutiv,[1008] weil erst durch sie das Verbot des Art. 81 Abs. 1 EG und damit die Nichtigkeitsfolge des Art. 81 Abs. 2 EG unanwendbar wurde.[1009] Wegen des rechtsgestaltenden Charakters einer Entzugsentscheidung war diese für nationale Gerichte verbindlich.[1010]

c) Rechtslage nach neuem Verfahrensrecht, Art. 16 Abs. 1 S. 1 DVO

Nach Art. 16 Abs. 1 S. 1 DVO dürfen Gerichte der Mitgliedstaaten bei der Anwendung von Art. 81 und 82 EG keine Entscheidungen erlassen, welche einer bereits erlassenen Entscheidung der Kommission zuwiderlaufen. Einander widersprechende Entscheidungen sollen damit vermieden werden.[1011] Der Wortlaut

---

1001 Baur/Weyer in FK, Art. 81 Zivilrechtsfolgen, Rz. 14f.; EuGH Slg. 1991, 977, Rz. 44-Delimitis.
1002 Baur/Weyer in FK, Art. 81 Zivilrechtsfolgen, Rz. 30, 15.
1003 ZT wird auch von schwebender Unwirksamkeit gesprochen, Brinker, Mißbrauchsaufsicht, S. 183.
1004 Baur/Weyer in FK, Art. 81 Zivilrechtsfolgen, Rz. 30.
1005 Nach Brinker, Mißbrauchsaufsicht, S. 184, durften sie noch nicht einmal die Feststellung treffen, daß die Entzugsvoraussetzungen vorliegen.
1006 Baur/Weyer in FK, Art. 81 Zivilrechtsfolgen, Rz. 22.
1007 Baur/Weyer in FK, Art. 81 Zivilrechtsfolgen, Rz. 183.
1008 Schröter in GTE, Hdb. des Europäischen Rechts, I A50 Kommentar, Art. 85 EGV, Rz. 284, 244.
1009 Vgl. zB EuGH Slg. 1991 I-977, Rz. 49, 55 -Delimitis (zur Anwendbarkeit der Art. 81 Abs. 1, Abs. 2 EG, wenn weder Einzel- noch Gruppenfreistellung vorliegt); Vgl. auch Baur/Weyer in FK, Art. 81 Zivilrechtsfolgen, Rz. 11.
1010 Baur/Weyer in FK, Art. 81 Zivilrechtsfolgen, Rz. 183.
1011 22. Begründungserwägung zur DVO.

des Art. 16 Abs. 1 S. 1 DVO ist zwar äußerst weit geraten. Eine Verbindlichkeit auch deklaratorischer Entscheidungen der Kommission für nationale Gerichte wäre dem Wortlaut nach zumindest nicht ausgeschlossen. Jedoch ergibt sich aus der Begründung zum insoweit vergleichbaren Art. 16 DVO-Entwurf, daß eine Änderung der bisherigen Rechtslage nicht gewollt ist,[1012] so daß auch weiterhin eine Unterscheidung zwischen konstitutiven und deklaratorischen Entscheidungen geboten ist. Daher ist es auch unter der Geltung von Art. 16 Abs. 1 S. 1 DVO zur Beurteilung der Verbindlichkeit einer Kommissionsentscheidung für nationale Gerichte entscheidend, ob diese konstitutiv oder deklaratorisch ist.
Nach neuem Verfahrensrecht ist Art. 81 Abs. 3 EG grundsätzlich unmittelbar für die Gerichte anwendbar. Anders als nach altem Verfahrensrecht sind damit auch Kommissionsentscheidungen zu Art. 81 Abs. 3 EG grundsätzlich nicht mehr rechtsgestaltend, sondern nur deklaratorisch,[1013] was insbesondere auf Nichtanwendbarkeitsentscheidungen gemäß Art. 10 DVO[1014] zutrifft. Aus den oben dargestellten Gründen sind solche deklaratorischen Entscheidungen nicht für nationale Gerichte verbindlich. Inwieweit Art. 16 Abs. 1 S. 1, S. 3, S. 4 DVO die nationalen Zivilgerichte zur Vermeidung widersprüchlicher Entscheidungen dazu verpflichtet, bei Zweifeln an der Vertragsmäßigkeit einer Kommissionsentscheidung das Verfahren bis zum Erlaß einer Entscheidung des Gerichtshofs im Rahmen eines bei diesem anderweitig anhängigen Verfahrens auszusetzen oder selbst ein Vorlageverfahren nach Art. 234 EG einzuleiten, ist fraglich,[1015] muß aber hier nicht geklärt werden. Denn Entzugsentscheidungen, welche schon wegen des Wortlauts der Art. 29 Abs. 1 DVO, Art. 6 VGVO ebenfalls Entscheidungen nach Art. 81 Abs. 3 EG sind, haben konstitutive Wirkung. Zwar haben GVOen, soweit Art. 81 Abs. 3 EG im Wege der Verfahrensreform unmittelbar anwendbar ist, deklaratorischen Charakter.[1016] Nach der hier vertretenen Auffassung ordnet die DVO jedoch keine unmittelbare Anwendbarkeit des Art 81 Abs. 3 EG an, soweit die GVOen im Einzelfall von Art. 81 Abs. 3 EG abweichende Freistellungen vornehmen. Im Maße dieser von Art. 81 Abs. 3 EG abweichenden Ausnahmen sind GVOen konstitutiv. Aus dem konstitutiven Charakter dieser abweichenden Freistellung folgt aber auch, daß Ihre Aufhebung durch die Entzugsentscheidung konstitutiv ist.[1017] Den allgemeinen Grundsätzen folgend, sind Entzugsentscheidungen der Kommission wegen ihres konstitutiven Charakters für nationale Gerichte verbindlich, insoweit hat sich keine Änderung der Rechtslage gegenüber der VO 17 ergeben. Hier darf das nationale Gericht also

---

[1012] Vgl. Begründung zu Art. 16 DVO-Entwurf (=S. 26).

[1013] Vgl. zB 14. Begründungserwägung zur DVO; Begründung zu Art. 10 DVO-Entwurf; Bartosch EuZW 2001, 102; Weyer, ZHR 164 (2000), 619.

[1014] Vgl. 14. Begründungserwägung zur DVO.

[1015] Vgl. schon Weyer, ZHR 164 (2000), 631f.

[1016] Begründung zu Art. 4 DVO-Entwurf (S. 18); wegen ihrer Rechtsnormqualität sind sie aber dennoch verbindlich.

[1017] Wie schon nach der Rechtslage nach der VO 17.

tatsächlich keine der Entzugsentscheidung widersprechende Entscheidung erlassen, Art. 16 Abs. 1 S. 1 DVO.

d) Umfang der Verbindlichkeit der Entzugsentscheidung: Berufen auf Art. 81 Abs. 3 EG möglich trotz Entzugsentscheidung?

Unzweifelhaft ist die Entzugsentscheidung im Hinblick darauf verbindlich, daß die nationalen Zivilgerichte die VGVO nicht mehr anwenden dürfen, denn insoweit ist der Entzug eindeutig rechtsgestaltend. Darüber hinaus ist das nationale Zivilgericht auch nach der Reform an das in der Entzugsentscheidung getroffene Ergebnis zu Art. 81 Abs. 3 EG gebunden. Die von der Entzugsentscheidung betroffenen Unternehmen können sich nach einer Entzugsentscheidung vor nationalen Gerichten nicht erfolgreich auf Art. 81 Abs. 3 EG berufen. Dieses könnte zwar fraglich sein, weil die im Falle von abweichenden Freistellungen durch die GVOen bestehende Einschränkung der unmittelbaren Anwendbarkeit durch die Entzugsentscheidung gerade beseitigt wird. Insofern könnte man andenken, daß es wegen der wiederhergestellten vollen unmittelbaren Anwendbarkeit des Art. 81 Abs. 3 EG den Unternehmen möglich sein muß, sich auf Art. 81 Abs. 3 EG vor nationalen Zivilgerichten zu berufen. Jedoch würde dabei verkannt, daß die Entzugsentscheidung gerade im Hinblick auf Art. 81 Abs. 3 EG rechtsgestaltend und damit für nationale Gerichte verbindlich ist. Denn eine freigestellte, aber bei Einzelfallbetrachtung von Art. 81 Abs. 3 EG abweichende Vereinbarung ist vor Erlaß einer Entzugsentscheidung nicht nur mit der GVO vereinbar, sondern vermittelt über die GVO auch mit Art. 81 Abs. 3 EG selbst. Dieses folgt daraus, daß sich die GVO selbst dann innerhalb des Beurteilungsermessens des Art. 81 Abs. 3 EG aufhält, wenn sie Vereinbarungen erfaßt, welche bei Einzelfallbetrachtung von Art. 81 Abs. 3 EG abweichen. Erst mit Wirkung der Entzugsentscheidung wird die Vereinbarung aus dem Anwendungsbereich der GVO genommen. Ab diesem Zeitpunkt ist sie eindeutig nicht mehr mit Art. 81 Abs. 3 EG vereinbar, noch nicht einmal vermittelt über die GVO. Wegen ihrer rechtsgestaltenden Wirkung gerade im Hinblick auf Art. 81 Abs. 3 EG ist die Entzugsentscheidung für nationale Gerichte diesbezüglich auch verbindlich.

e) Verbindlichkeit der Entzugsentscheidung vor *Überprüfung durch den Gerichtshof, Art. 16 Abs. 1 S. 3 und 4 DVO*

Wegen der Verbindlichkeit der Entzugsentscheidung und wegen des Verwerfungsmonopols des Gerichtshofs kann ein nationales Gericht nicht ohne vorherige Ungültigkeitserklärung des Gerichtshofs von der Entzugsentscheidung abweichen. Nach der *Foto-Frost*-Rechtsprechung des EuGH besteht eine Vorlagepflicht sogar für unterinstanzliche nationale Gerichte, wenn diese von der Anwendung einer konstitutiven Kommissionsentscheidung absehen wollen.[1018] Dieses ergibt sich daraus, daß die nationalen Gerichten nicht zur Ungültigkeits-

[1018] EuGH Slg. 1987, 4199, Rz. 15ff-Foto Frost/HZA Lübeck-Ost; Baur/Weyer in FK, Art. 81 Zivilrechtsfolgen, Rz. 204.

erklärung von Gemeinschaftsakten befugt sind, während ein Abweichen von einer konstitutiven Kommissionsentscheidungen zwangsläufig mit deren Behandlung als ungültig gleichzusetzen ist.[1019]
Fraglich ist, inwieweit die Verbindlichkeit der Kommissionsentscheidung ansonsten durch eine Vorlagemöglichkeit an den EuGH eingeschränkt ist. Wird eine -unproblematisch anfechtbare-[1020] Entzugsentscheidung zB mangels fristgemäßer Erhebung der Nichtigkeitsklage bestandskräftig, ist eine Vorlagemöglichkeit abzulehnen, da dieses eine zeitlich unbeschränkte Kontrollmöglichkeit vor dem EuGH bedeuten würde, welche dem Grundsatz der Rechtssicherheit zuwiderläuft.[1021] Insoweit scheidet eine Einschränkung der Verbindlichkeit der Entzugsentscheidung aus.
Wird dagegen ordnungsgemäß Nichtigkeitsklage gegen die Entzugsentscheidung erhoben, ist fraglich, wie sich nationale Gerichte zu verhalten haben, bevor die Gemeinschaftsgerichte über die Nichtigkeitsklage entschieden haben. Grundsätzlich käme in Betracht, daß das nationale Gericht entweder das Verfahren bis zum Abschluß der Nichtigkeitsklage aussetzt, vgl. Art. 16 Abs. 1 S. 3 DVO, oder daß es dem EuGH eine Vorlagefrage über die Gültigkeit der Entzugsentscheidung stellt, Art. 16 Abs. 1 S. 4 DVO. Als dritte Möglichkeit könnte das Gericht möglicherweise die Entscheidung, der Vermutung der Gültigkeit entsprechend, als rechtswirksam und verbindlich betrachten und ohne Aussetzung durchentscheiden -auf die Gefahr hin, daß die Entzugsentscheidung später rückwirkend aufgehoben wird.
Zu dieser Frage hat sich der EuGH im *Masterfoods*-Urteil noch unter der VO 17 geäußert. Dieses ist zwar nicht zu einer Entzugsentzugsentscheidung, sondern im Zusammenhang mit einer Verbotsentscheidung[1022] ergangen, wobei Verbotsentscheidungen anders als Entzugsentscheidungen für nationale Gerichte insoweit unverbindlich sind, als sie unmittelbar anwendbares Rechts betreffen.[1023] Jedoch wurde mit der Verbotsentscheidung gleichzeitig eine Einzelfreistellung nach Art. 81 Abs. 3 EG für *Van-den-Bergh-Foods* abgelehnt.[1024] Versagungen von Einzelfreistellungen waren für nationale Gerichte ebenso wie Entzugsentscheidungen verbindlich.[1025] Nach dem EuGH folgt aus „der Verpflichtung zur loyalen Zusammenarbeit“, daß das nationale Gericht grundsätzlich das Verfahren aussetzen sollte, bis der Gerichtshof eine endgültige Entscheidung über die Nichtigkeitsklage gegen die Kommissionsentscheidung erlassen habe. Diese Verpflichtung besteht, wenn die Entscheidung über das nationale Zivilverfahren

---

[1019] Baur/Weyer in FK, Art. 81 Zivilrechtsfolgen, Rz. 204; unklar ist noch die Vorlagepflicht bei Abweichung von deklaratorischen Entscheidungen.
[1020] Vgl. Weyer, WuW 2000, 845.
[1021] Baur/Weyer in FK, Art. 81 Zivilrechtsfolgen, Rz. 183mwN; Weyer, WuW 2000, 845.
[1022] ABl.EG 1998 Nr. L 246/1-Van den Bergh Foods.
[1023] Baur/Weyer in FK, Art. 81 Zivilrechtsfolgen, Rz. 168.
[1024] EuGH Slg. 2000 I-11412, Rz. 15-Masterfoods.
[1025] Weyer, WuW 2000, 842f.; Baur/Weyer in FK, Art. 81 Zivilrechtsfolgen, Rz. 183.

von der Gültigkeit der Entscheidung der Kommission abhängt.[1026] Die Entscheidung des Rechtsstreits vor dem nationalen Gericht hängt von der Gültigkeit der Entzugsentscheidung ab, sofern der Rechtsstreit Verhaltensweisen nach der Wirkung der Entzugsentscheidung betrifft, weil die Entzugsentscheidung für nationale Zivilgerichte verbindlich ist. Solange eine Nichtigkeitsklage gegen eine Entzugsentscheidung vor dem EuG oder ein diesbezügliches Rechtsmittel beim EuGH anhängig ist, sollte das nationale Gericht das Zivilverfahren aussetzen, bis die Gemeinschaftsgerichte über die Gültigkeit der Entscheidung entschieden haben. Etwas anderes solle aber dann gelten, wenn der Richter es im Einzelfall für gerechtfertigt halte, ein Vorlageverfahren über die Gültigkeit der Kommissionsentscheidung einzuleiten.[1027] Die vom Generalanwalt *Cosmas*[1028] vorgeschlagene Unzulässigkeit eines Vorabentscheidungsverfahrens vor Abschluß der Nichtigkeitsklage wird vom EuGH also ausdrücklich abgelehnt. Der EuGH bevorzugt zwar das Aussetzen des nationalen Gerichtsverfahrens,[1029] letztlich stellt er es jedoch ins Ermessen des nationalen Gerichts,[1030] ob dieses nicht doch vor Entscheidung der Gemeinschaftsgerichte über die Nichtigkeitsklage ein Vorlageverfahren über die Gültigkeit der Entscheidung betreibt.[1031] Dieses Ergebnis wird auch in Art. 16 S. 4 DVO bestätigt, wonach die Rechte und Pflichten nach Art. 234 EG durch eine mögliche Verpflichtung zur Aussetzung des Verfahrens nicht geschmälert werden sollen.

Fraglich bleibt aber, ob im Zivilverfahren das nationale Gericht nicht schlicht die Entzugsentscheidung als gültig und verbindlich erachten kann, wenn es keine Zweifel an der Gültigkeit der Entzugsentscheidung hat. Nach dem EuGH besteht zwar eine Verpflichtung zur loyalen Zusammenarbeit, die Verfahrensaussetzung scheint angesichts der Formulierung „aussetzen sollte"[1032] aber im Ermessen des Gerichts zu stehen. Zweck der Aussetzung ist dem EuGH zufolge die Vermeidung des Erlasses einer der Entscheidung der Kommission zuwiderlaufenden Entscheidung.[1033] Will das Gericht die Kommissionsentscheidung

---

[1026] EuGH Slg. 2000 I-11412, Rz. 57-Masterfoods.

[1027] EuGH Slg. 2000 I-11412, Rz. 57-Masterfoods.

[1028] Schlußanträge des GA Cosmas, EuGH Slg. 2000 I-11371, Rz. 45.

[1029] Baudenbacher, European Law Reporter 2001, 12. Bei deklaratorischen Kommissionsentscheidungen wäre wegen deren Unverbindlichkeit eine Vorlagepflicht zu unmittelbar anwendbarem Recht (insb. Art. 81 Abs. 1 EG) näherliegend als die Verfahrensaussetzung; Weyer, WuW 2000, 850 und Baur/Weyer in FK, Art. 81 Zivilrechtsfolgen, Rz. 169, dagegen käme keine Vorlage bezüglich der Gültigkeit der Entscheidung in Betracht, da es auf diese wegen der Unverbindlichkeit im Zivilverfahren nicht entscheidend ankommt. Baur/Weyer in FK, Zivilrechtsfolgen, Rz. 199.

[1030] Preece, ECLR 2001, 281.

[1031] Für die Zulässigkeit eines Vorabentscheidungsverfahrens bei rechtsgestaltenden Entscheidungen vor deren Bestandskraft: Baur/Weyer in FK, Art. 81 Zivilrechtsfolgen, Rz. 183, 198, 199.

[1032] EuGH Slg. 2000 I-11412, Rz. 57-Masterfoods.

[1033] EuGH Slg. 2000 I-11412, Rz. 57-Masterfoods.

aber als gültig behandeln, läuft seine Entscheidung zumindest vorläufig nicht der Kommissionsentscheidung zuwider. Auch Art. 16 Abs. 1 S. 3 DVO ist recht vorsichtig formuliert: Das nationale Gericht „kann" prüfen, ob es notwendig ist, das Verfahren auszusetzen.[1034] Problematisch ist jedoch, daß die Gemeinschaftsgerichte schließlich die Kommissionsentscheidung ganz oder teilweise aufheben könnten. Dann würde die nationale Gerichtsentscheidung im Widerspruch zur Rechtslage und bei teilweiser Aufhebung auch zur abgeänderten Kommissionsentscheidung stehen.[1035] Dieses Ergebnis ist jedoch nicht mit dem Grundsatz der Rechtssicherheit vereinbar, welcher dem *Masterfoods*-Urteil zugrundeliegt.[1036] Das nationale Gericht würde außerdem seiner Pflicht zur Vermeidung widersprüchlicher Entscheidungen nach Art. 16 Abs. 1 S. 1 DVO nicht nachgekommen sein. Um die Rechtssicherheit zu wahren, muß das nationale Gericht daher bei noch nicht bestandskräftigen Entzugsentscheidungen entweder das Verfahren aussetzen oder ein Vorlageverfahren über die Gültigkeit der Entzugsentscheidung einleiten. Problematisch ist dann aber, daß der Entzugsentscheidung wegen der langen Gerichtsverfahrensdauer erst nach langer Zeit Wirkung zukäme. Um in dieser Schwebezeit die Interessen der Beteiligten zu schützen, kann das nationale Gericht vorläufige Maßnahmen erlassen.[1037]

f) Konstellation nationaler Zivilprozesse nach einer Entzugsentscheidung

Die Konstellationen, in denen sich eine Entzugsentscheidung in nationalen Prozessen auswirkt, sind bei *Brinker* dargestellt.[1038] Dabei ist auf Vorschriften des nationalen Rechts zurückzugreifen, soweit gemeinschaftsrechtliche Vorschriften über die Zivilrechtsfolgen des Kartellverbots fehlen.[1039] Zivilrechtliche Ansprüche richten sich mangels Ausgestaltung im Gemeinschaftsrecht nach dem jeweiligen nationalen Recht.[1040] Hier sollen verschiedene Ansprüche, die sich nach deutschem Zivilrecht ergeben können, untersucht werden.

In einer ersten denkbaren Konstellation macht ein außenstehender Dritter gegen die von der Entzugsentscheidung betroffenen Unternehmen Schadensersatz geltend.[1041] Nach deutschem Recht ist ein Anspruch aus § 823 Abs. 2 BGB iVm dem Kartellverbot als Schutzgesetz zu prüfen. Das Kartellverbot des Art. 81 EG

[1034] aA wohl Kamann/Horstkotte, WuW 2001, 465; vgl. aber EuGH Slg. 2000 I-11412, Rz. 60 (S. 2) und Rz. 59-Masterfoods.

[1035] Nach dem EuGH, Slg. 2000 I-11412, Rz. 57-Masterfoods, besteht die Gefahr, daß die Gerichtsentscheidung der Entscheidung der Kommission zuwiderlaufe; wenn die Entscheidung aber durch die Gemeinschaftsgerichte (vollständig) aufgehoben wird, besteht keine Entscheidung mehr, zu welcher die nationale Gerichtsentscheidung im Widerspruch stehen könnte.

[1036] EuGH Slg. 2000 I-11412, Rz. 50, 51-Masterfoods.

[1037] EuGH Slg. 2000 I-11412, Rz. 58-Masterfoods.

[1038] Brinker, Mißbrauchsaufsicht, S. 192ff.

[1039] Weyer, ZEuP 1999, 425; Weyer, EuR 2000, 146.

[1040] Baur, EuR 1988, 257.

[1041] Brinker, Mißbrauchsaufsicht, S. 192.

stellt zwischen Dritten und den Vertragsparteien zumindest dann ein Schutzgesetz dar, soweit die verbotene Schädigung der Wettbewerbsfreiheit gerade gegen das dritte Unternehmen gerichtet ist.[1042] Nicht auszuschließen ist dieses, wenn das dritte Unternehmen durch die Vereinbarungen am Eintritt in den Markt gehindert wird. *Brinker* führt zutreffend aus, daß eine praktizierte Vereinbarung erst mit dem Widerruf der Freistellungswirkung rechtswidrig wird.[1043] Dennoch habe der Umstand, daß der Widerruf mit Wirkung *ex nunc* ergeht, keinen Einfluß auf die Widerrechtlichkeit der Schutzgesetzverletzung. Denn das Gericht habe bei seiner Entscheidung die Rechtslage zugrundezulegen, die im Zeitpunkt der letzten mündlichen Verhandlung besteht. Daher sei auch das Verschulden „bis zur Entscheidung der Kommission" zu prüfen.[1044] Meines Erachtens kann ein Schadensersatzanspruch jedoch nur insoweit in Betracht kommen, als die von der Entzugsentscheidung betroffenen Unternehmen die in der Entscheidung bezeichnete Vereinbarung nach Inkrafttreten dieser Entscheidung praktizieren. Da die Vereinbarung zuvor nicht rechtswidrig ist, kommt man insoweit auch nicht zur Prüfung eines Verschuldens. Anders ausgedrückt hat das Gericht bezüglich der Schadenseratzansprüche eines Dritten die Klage abzuweisen, wenn die betroffenen Unternehmen der Entzugsentscheidung umgehend nachkommen und die bezeichnete Vereinbarung nicht mehr praktizieren. Nur wenn dieses nicht der Fall ist, kann ein drittes Unternehmen Schadensersatzansprüche wegen Ausübung der Vereinbarung nach der Entzugsentscheidung geltend machen. Dabei dürfte angesichts der an die betroffenen Unternehmen ergangenen Entzugsentscheidung ein möglicherweise darzulegendes Verschulden[1045] vergleichsweise einfach nachzuweisen sein.

In der zweiten Konstellation erhebt ein Dritter Unterlassungsklage gegen die von der Entzugsentscheidung betroffenen Unternehmen.[1046] Als Unterlassungsanspruch kommen §§ 823 Abs. 2, 1004 BGB in Betracht.[1047] Zutreffend führt *Brinker* aus, daß diese Klage regelmäßig Erfolg haben wird, da mit der *ex nunc* wirkenden Entzugsentscheidung das Kartellverbot des Art. 81 Abs. 1 EG wieder volle Geltung entfaltet. Hinsichtlich der Voraussetzungen des Art. 81 Abs. 3 EG ist das nationale Zivilgericht im oben beschriebenen Umfang an die Entscheidung der Kommission gebunden. Die sonstigen Voraussetzungen einer Unterlassungsklage müssen erfüllt sein.[1048]

[1042] BGH WuW/E BH 1643, 1645-BMW Importe; Wiedemann-Dieckmann, Hdb. d. KartR, § 40, Rz. 22.

[1043] Brinker, Mißbrauchsaufsicht, S. 193.

[1044] Brinker, Mißbrauchsaufsicht, S. 193.

[1045] Zur Frage von verschuldensunabhängigen Schadensersatzansprüchen bei Art. 81 EG: Weyer, ZEuP 199, 448f.

[1046] Brinker, Mißbrauchsaufsicht, S. 193f.

[1047] Baur/Weyer in FK, Art. 81 Zivilrechtsfolgen, Rz. 157.

[1048] Baur, EuR 1988, 257, 260f.

Umgekehrt ist eine Unterlassungsklage der Unternehmen, denen der Rechtsvorteil der GVO entzogen worden ist, gegen einen Außenseiter unbegründet, da sich dieser nach dem Entzug nicht rechtswidrig verhält, wenn er zB in ein selektives Vertriebssystem eintritt.[1049]
In einer weiteren denkbaren Konstellation verlangt eines der vom Entzug betroffenen Unternehmen von seinem Vertragspartner Erfüllung im Hinblick auf die ursprünglich gruppenfreigestellte Vereinbarung. Da die Vereinbarung nach dem Entzug gemäß Art. 81 Abs. 2 EG insoweit nichtig ist,[1050] hat dieses Erfüllungsbegehren keinen Erfolg.
Fraglich ist, ob nach dem Entzug auch ein an der Vereinbarung beteiligtes Unternehmen Schadensersatzansprüche wegen Verletzung des Kartellverbots gegen den Vertragspartner geltend machen kann, etwa wenn das Unternehmen dem Vertragspartner eindeutig unterlegen war. Ein Verstoß gegen das Kartellverbot liegt aber nur vor, wenn das Unternehmen auch nach Geltung der Entzugsentscheidung zum Praktiziern der verbotenen Vereinbarung gezwungen wird. Der EuGH hat entschieden, daß Art. 81 EG einem Grundsatz des innerstaatlichen Rechts entgegensteht, nach dem eine Vertragspartei nur deshalb keinen Schadensersatz fordern kann, weil sie Partei des Vertrages ist.[1051] Voraussetzung für einen Schadensersatzanspruch dürfte aber unter anderem sein, daß der Anspruchsteller der anderen Partei „eindeutig unterlegen war“ und ihn darüber hinaus keine erhebliche Verantwortung an der Wettbewerbsverzerrung trifft.[1052]
Nach deutschem Recht ist jedoch fraglich, ob das Kartellverbot auch zwischen den Vertragsparteien als Schutzgesetz iSd § 823 Abs. 2 BGB wirkt. Zweifel daran könnten sich daraus ergeben, daß der EuGH diese Rechtsprechung im wesentlichen auf die praktische Wirksamkeit des Art. 81 EG und nicht auf die Schutzwürdigkeit der Beteiligten stützt.[1053] Zwar wollte der EuGH mit dieser Rechtsprechung Schadensersatzansprüche zwischen den Vertragsparteien eher ermöglichen als verhindern. Da die Gewährung von Schadensersatzansprüchen jedoch überwiegend vom nationalen Recht abhängt, ist im deutschen Recht entscheidend, ob das Kartellverbot zwischen den Parteien als Schutzgesetz wirkt. Das alleinige Abstellen auf die praktische Wirksamkeit liefert jedenfalls keine zwingenden Argumente für das Vorliegen eines Schutzgesetzes. Grundsätzlich wird bei Nachteilen wegen der Durchführung einer verbotenen Vereinbarung ohnehin der Schutzgesetzcharakter des Art. 81 EG verneint. Es macht aber Sinn, gerade bei Vertikalvereinbarungen und bei unterschiedlich starker Machtpositi-

---

[1049] Brinker, Mißbrauchsaufsicht, S. 194.
[1050] Zum Umfang der Art. 81 Abs. 2 EG: Weyer, ZEuP 1999, 428ff.
[1051] EuGH Urt. v. 20. 9- 2001, GRUR Int. 2002, S. 54ff-Rs. C-453/99-Courage Ltd./Crehan, insb. 2. Leitsatz des Urteils: „allein deshalb“; mit Anmerkung von Weyer.
[1052] Vgl. schon Tz. 31 und 33 des Urteils des EuGH, GRUR Int. 2002, 57-Courage Ltd./Crehan.
[1053] Weyer, GRUR Int. 2002, 58.

on der Unternehmen den Schutzgesetzcharakter zu bejahen.[1054] Wird ein vom Entzug betroffenes Unternehmen vom Vertragspartner regelrecht gezwungen, die verbotene Vereinbarung durchzuführen, ist mitunter sogar ein Anspruch aus § 826 BGB gegeben.
Bereicherungsrechtliche Ansprüche nach den §§ 812 ff. BGB sind zwischen den Beteiligten bei Nichtigkeit einer Vereinbarung nach Art. 81 Abs. 2 EG zwar nicht grundsätzlich ausgeschlossen.[1055] Da eine Entzugsentscheidung aber nur Wirkung *ex nunc* hat, ist eine Rückabwicklung von Leistungen, die vor Wirkung des Entzugs ausgetauscht worden sind, nicht geboten. Solange die Vereinbarung nämlich unter die GVO fällt, ist sie auch nicht nach Art. 81 Abs. 2 EG nichtig. Daher besteht insoweit ein Rechtsgrund iSd 812 ff. BGB für Leistungen, die auf die Vereinbarung hin ausgetauscht wurden.
Ergeht eine Entzugsentscheidung erst im Laufe eines bereits anhängigen Prozesses, kommt gegebenenfalls eine einseitige Erledigungserklärung in Betracht.[1056] Den allgemeinen Regeln folgend, ist dazu Voraussetzung, daß die Klage bei Erhebung zunächst zulässig und begründet war, und erst durch die Entzugsentscheidung unbegründet wird.[1057] Denkbar ist dieses etwa bei einer Unterlassungsklage der Vertragsparteien gegen eine dritte Partei. Erst mit Erlaß der Entzugsentscheidung wird die Klage unbegründet, da dann der Dritte nicht mehr rechtswidrig in ein Vertriebssystem eindringt.[1058]

9. Zulässigkeit eines erneuten Zivilverfahrens nach einer Entzugsentscheidung?

Erläßt die Kommission eine Entzugsentscheidung, nachdem ein nationales Zivilgericht zum ansonsten gleichen Sachverhalt bereits eine Entscheidung erlassen hat, ist zu klären, ob die Parteien ein erneutes Zivilverfahren betreiben können. Fraglich ist dieses unter dem Gesichtspunkt der materiellen Rechtskraft der zivilgerichtlichen Entscheidung.[1059] Ist die Entzugsentscheidung der Kommission nicht von der materiellen Rechtskraft der Entscheidung des nationalen Zivilgerichts erfaßt, stünde einem erneuten Zivilverfahren nichts mehr entgegen. Während Entscheidungen der Kommission zu Art. 81 Abs. 3 EG nach der DVO grundsätzlich deklaratorisch sind und deshalb nicht außerhalb der Rechtskraft der vorherigen Zivilgerichtsentscheidung liegen,[1060] wird beim Entzug wiederum dessen Einordnung als konstitutiver Rechtsakt innerhalb von insoweit aus-

---

[1054] Baur/Weyer in FK, Art. 81 Zivilrechtsfolgen, Rz. 138.
[1055] Baur/Weyer in FK, Art. 81 Zivilrechtsfolgen, Rz. 140; aA Zäch, Wettbwerbsrecht der Europäischen Union, S. 82f.
[1056] Brinker, Mißbrauchsaufsicht, S. 195.
[1057] Brinker, Mißbrauchsaufsicht, S. 195f.
[1058] Brinker, Mißbrauchsaufsicht, S. 194.
[1059] Baur/Weyer in FK, Art. 81 Zivilrechtsfolgen, Rz. 192.
[1060] Allgemein zu deklaratorischen Entscheidungen: Baur/Weyer in FK, Art. 81 Zivilrechtsfolgen, Rz. 194.

nahmsweise nicht unmittelbar anwendbarem Recht relevant. Da sich die Rechtskraft zivilgerichtlicher Entscheidungen nach überzeugender Auffassung nicht auf konstitutive Kommissionsentscheidungen auf der Grundlage von nicht unmittelbarem Recht erstreckt, besteht kein Hindernis für ein erneutes Zivilverfahren nach Erlaß einer Entzugsentscheidung der Kommission.[1061] Dieses Ergebnis ist auch überzeugend, da ansonsten die für den nationalen Richter verbindliche Rechtsänderung durch die konstitutive Kommissionsentscheidung nicht berücksichtigt werden könnte. Zu beachten ist jedoch, daß der Entzug nur *ex nunc* wirkt. Rückwirkende Änderungen der Rechtslage dürfen durch die neue Entscheidung des nationalen Zivilgerichts nicht vorgenommen werden.

10. Verfahrensaussetzung oder Vorabentscheidungsverfahren des nationalen Gerichts vor Erlaß einer Entzugsentscheidung der Kommission, Art. 16 Abs. 1 S. 2 DVO

Liegt noch keine Entzugsentscheidung der Kommission vor, stellt sich für nationale Gerichte die Frage, wie sie der Konstellation begegnen sollen, in der einerseits die GVO anwendbar ist, andererseits ein Entzugsverfahren der Kommission eingeleitet ist oder aber die Entzugsvoraussetzungen erfüllt sind, so daß eine Verfahrenseinleitung zu erwarten ist. Zu prüfen ist, wie das nationale Gericht einer möglichen Gefahr einander widersprechender Entscheidungen begegnen kann.[1062]

a) Allgemeines zu Art. 16 Abs. 1 S. 2 DVO

Nach Art. 16 Abs. 1 S. 2 DVO müssen es Gerichte der Mitgliedstaaten vermeiden, Entscheidungen zu erlassen, die einer Entscheidung zuwiderlaufen, welche die Kommission in einem von ihr eingeleiteten Verfahren zu erlassen beabsichtigt.[1063] Auch hier gelten Art. 16 Abs. 1 S. 3 und 4 DVO, wonach nationale Gerichte vor Erlaß einer Kommissionsentscheidung das Zivilverfahren aussetzen oder ein Vorabentscheidungsverfahren nach Art. 234 EG einleiten können. Außerdem kommt nach Art. 15 Abs. 1 DVO eine Zusammenarbeit mit der Kommission im laufenden Zivilverfahren in Betracht. Damit stehen grundsätzlich drei verschiedene Verfahren zur Gewährleistung einer einheitlichen Anwendung des EG-Wettbewerbsrechts zur Verfügung.[1064] Eine Abstimmung könnte erforderlich sein, da die Vereinbarung einerseits freigestellt ist, so daß der nationale Richter an der Anwendung des Kartellverbots nach Art. 81 Abs. 1 EG gehindert ist, andererseits aber die Voraussetzungen zum Entzug des Rechtsvorteils der GVO vorliegen könnten. Der Entzug könnte dann die Anwendbarkeit des Kar-

---

[1061] Baur/Weyer in FK, Art. 81 Zivilrechtsfolgen, Rz. 192f.

[1062] Vgl. auch Brinker, Mißbrauchsaufsicht, S. 180ff.

[1063] Vgl. zuvor schon EuGH Slg. 1991 I-977, Rz. 47-Delimitis; EuGH Slg. 2000 I-11412, Tz. 51-Masterfoods.

[1064] Vgl. schon Baur/Weyer in FK, Art. 81 Zivilrechtsfolgen, Rz. 195ff; Begründung zu Art. 16 DVO-Entwurf letzter Absatz.

tellverbots wieder herstellen. Dennoch ist fraglich, ob bei drohendem Entzug ein Anwendungsfall von Art. 16 Abs. 1 S. 2 DVO vorliegt. Da die Entzugsentscheidung konstitutiv ist, führt sie zu einer Änderung der Sach- und Rechtslage.[1065] Vor Erlaß dieser Entscheidung ist die Rechtslage jedoch eindeutig: Die Vereinbarung fällt unter die GVO und damit nicht unter das Kartellverbot. Daher besteht auch kein Grund, warum das Gericht eine Entzugsentscheidung abwarten sollte, da schon vor dieser Entscheidung ein entscheidungsreifer Sachverhalt bei eindeutiger Rechtslage vorliegt.[1066] Da Entzugsentscheidungen Wirkung *ex nunc* haben, kann sich auch rückwirkend an der zu berücksichtigenden Sach- und Rechtslage nichts ändern. Daher gibt es bei bevorstehendem Entzug trotz Art. 16 Abs. 1 S. 2 DVO keine grundsätzliche Pflicht zur Aussetzung des Verfahrens,[1067] da ansonsten die Anwendung der GVOen als unmittelbar anwendbares Recht beschränkt wäre. Dieses läßt sich mit dem Wortlaut des Art. 16 Abs. 1 S. 2 DVO in Einklang bringen. Denn es ist nicht zu befürchten, daß die Entscheidung des mitgliedstaatlichen Gerichts der Entscheidung der Kommission „zuwiderläuft" iSd Art. 16 Abs. 1 S. 2 DVO, wenn durch die Kommissionsentscheidung mit Wirkung *ex nunc* die Sach- bzw. Rechtslage geändert wird. Regelmäßig ist daher eine Verfahrensaussetzung nicht geboten.[1068]

b) Aussetzung des Zivilverfahrens

Wenn es regelmäßig auch keine Pflicht zur Aussetzung des Verfahrens für nationale Gerichte gibt, so ist fraglich, ob aus europarechtlicher Sicht in Ausnahmefällen eine Aussetzung des Verfahrens zumindest zulässig ist. Der EuGH stellt für die Zulässigkeit von Verfahrensaussetzungen überwiegend auf die Gefahr „einander widersprechender Entscheidungen" ab,[1069] welche aus wegen der *ex-nunc*-Wirkung beim drohenden Entzug nicht besteht.[1070] Eine Verfahrensaussetzung kann aber im Einzelfall zur Verringerung eines Rückabwicklungsrisikos zulässig und möglicherweise sogar notwendig sein.[1071] Eine Verfahrensaussetzung im (Erst-)Prozeß vor einem bevorstehenden Entzug sollte daher nur dann zulässig sein, wenn dieses im Hinblick auf das Risiko der Rückabwicklung gegen Abwägung der Nachteile durch die Verfahrensverzögerung angebracht erscheint.[1072] Fraglich ist jedoch, inwieweit nach einer Entzugsentscheidung ein

---

[1065] Brinker, Mißbrauchsaufsicht, S. 188.
[1066] Brinker, Mißbrauchsaufsicht, S. 188.
[1067] Vgl. zur Rechtslage vor der DVO schon Baur/Weyer in FK, Art. 81 Zivilrechtsfolgen, Rz. 225; 235.
[1068] Vgl. schon Baur/Weyer in FK, Art. 81 Zivilrechtsfolgen, Rz. 235 ausdrücklich in bezug auf Entzugsentscheidungen; Brinker, Mißbrauchsaufsicht, S. 188.
[1069] EuGH Slg. 1991 I-977, Rz. 47, 52-Delimitis; darauf bezugnehmend: EuGH Slg. 2000 I-11429, Rz. 51-Masterfoods.
[1070] Baur/Weyer in FK, Art. 81 Zivilrechtsfolgen, Rz. 225ff.
[1071] Baur/Weyer in FK, Art. 81 Zivilrechtsfolgen, Rz. 226.
[1072] Baur/Weyer in FK, Art. 81 Zivilrechtsfolgen, Rz. 228, 227, 226.

solches Rückabwicklungsrisiko droht, da Entzugsentscheidungen anders als Einzelfreistellungen nach der VO 17[1073] *ex nunc* wirken. Insoweit ist das Rückabwicklungsrisiko äußerst begrenzt, da grundsätzlich keine Rückabwicklung geboten ist.[1074] Im Einzelfall kann jedoch trotz fehlender Rückwirkung nicht gänzlich ausgeschlossen werden, daß ein Risiko der Rückabwicklung auftritt.[1075] Soweit dieses Risiko ausnahmsweise besteht, kann nach der Entzugsentscheidung eine Vollstreckung der ersten Gerichtsentscheidung gegebenenfalls abgewehrt werden, in Deutschland mittels der Vollstreckungsabwehrklage nach § 767 ZPO.[1076] Da aber auch dieses nicht immer zur Verringerung des Rückabwicklungsrisikos ausreichend ist, sollte insoweit eine Aussetzung des Verfahrens zulässig sein. Eine Pflicht dazu kann aber nicht angenommen werden, weil jede Aussetzung gegen den mit ihr zwingend verbundenen Nachteil der Verfahrenverzögerung abzuwägen ist.[1077]
Abgesehen von diesen europarechtlichen Vorgaben, richtet sich nach dem EuGH die Aussetzung des Verfahrens nach nationalem Recht.[1078] In Deutschland steht die Verfahrensaussetzung nach § 148 ZPO im Ermessen des Gerichts. Zwar kann im Einzelfall das Ermessen auf Null reduziert sein.[1079] Beim Entzug wird jedoch selten die Vermeidung des Rückabwicklungsrisikos so eindeutig den Nachteil der Verfahrensverzögerung überwiegen.

c) Vorlage an den EuGH nach Art. 234 EG

Fraglich ist, ob ein nationales Zivilgericht vor Erlaß einer Entzugsentscheidung das Verfahren aussetzen kann, um dem EuGH Vorlagefragen zu Art. 81 Abs. 3 EG zu stellen. Dieses könnte das Gericht erwägen, wenn es zwar von der Anwendbarkeit der GVO ausgeht, aber erkennt, daß die Vereinbarung im Einzelfall Wirkungen haben könnte, die mit Art. 81 Abs. 3 EG unvereinbar sind.[1080] Nach altem Verfahrensrecht durfte das nationale Gericht wegen des weiten Beurteilungsspielraums innerhalb des Art. 81 Abs 3 EG bei ausschließlicher Zuständigkeit der Kommission zum Entzug keine Feststellung treffen, daß die Entzugsvoraussetzungen erfüllt sind, weil das nationale Gericht die Ermessensentscheidung der Kommission nicht vorwegnehmen durfte.[1081] Daher hätte insoweit auch ein Vorabentscheidungsverfahren nach Art. 234 EG wenig Sinn gemacht. Diesbezüglich sind auch hier die Auswirkungen der Reform fraglich. Gemäß Art. 16

[1073] Vgl. Art. 6 VO 17-Rückwirkung war sogar die Regel.
[1074] Brinker, Mißbrauchsaufsicht, S. 196f.
[1075] Baur/Weyer in FK, Art. 81 Zivilrechtsfolgen, Rz. 235, 236, 239.
[1076] Brinker, Mißbrauchsaufsicht, S. 188.
[1077] Baur/Weyer in FK, Art. 81 Zivilrechtsfolgen, Rz. 227, 241.
[1078] EuGH Slg. 1991 I-977, Rz. 52-Delimitis. Im Masterfoods-Urteil, EuGH Slg. 2000 I-11429, Rz. 57 fehlt allerdings der ausdrückliche Hinweis auf das nationale Verfahrensrecht.
[1079] Vgl. auch Baur/Weyer in FK, Art. 81 Zivilrechtsfolgen, Rz. 243.
[1080] Brinker, Mißbrauchsaufsicht, S. 185.
[1081] Brinker, Mißbrauchsaufsicht, S. 186.

Abs. 1 S. 4 DVO soll die Möglichkeit eines Vorabentscheidungsverfahrens jedenfalls nicht durch eine mögliche Aussetzungspflicht geschmälert werden. Ein Vorabentscheidungsverfahren könnte jedoch aus anderen Gründen unzulässig sein. Zwar ist die Kommission mit der Herstellung der unmittelbaren Anwendbarkeit des Art. 81 Abs. 3 EG grundsätzlich nicht mehr ausschließlich zuständig für die Anwendung von Art. 81 Abs. 3 EG. Damit sind nach neuem Verfahrensrecht nationale Gerichte regelmäßig auch befugt und mitunter sogar dazu verpflichtet, dem EuGH Fragen zur Auslegung von Art. 81 Abs. 3 EG vorzulegen, weil der EuGH die Aufgabe hat, die Einheitlichkeit der Rechtsanwendung sicherzustellen.[1082] Etwas anderes könnte aber gelten, wenn eine GVO anwendbar ist,[1083] da nach wie vor die Kommission und nicht die nationalen Gerichte ausschließlich zuständig sind zum Erlaß einer konstitutiven Entzugsentscheidung.[1084] Für die Zulässigkeit eines Vorabentscheidungsverfahrens zu Art. 81 Abs. 3 EG vor Erlaß einer Entzugsentscheidung spricht dagegen, daß die Kommission nunmehr kein weites Beurteilungsermessen für die Entzugsvoraussetzungen hat. Da der Kommission insoweit keine Einschätzungsprärogative mehr zusteht, bestünde insoweit kein Hindernis mehr für ein Vorabentscheidungsverfahren vor dem EuGH. Andererseits hat nach der hier vertretenen Auffassung der einzelne bei Vorliegen der Entzugsvoraussetzungen nach der DVO einen durchsetzbaren Anspruch gegen die Kommission auf Erlaß der Entzugsentscheidung. Die Durchsetzung des Anspruchs obliegt somit dem Beschwerdeführer, der selbst ein Verfahren vor dem EuG und letztinstanzlich dem EuGH durchführen lassen kann. Das Vorlageverfahren im Rahmen des nationalen Zivilprozesses wäre das weniger geeignete Verfahren. Deshalb ist die Zulässigkeit eines Vorabentscheidungsverfahrens vor Erlaß einer konstitutiven Entscheidung auch weiterhin zu verneinen.

d) Zusammenarbeit mit der Kommission im laufenden Zivilverfahren

Grundsätzlich haben die nationalen Gerichte die Möglichkeit, mit der Kommission im laufenden Zivilverfahren zusammenzuarbeiten, vgl. Art. 15 DVO. Nach Art. 15 Abs. 1 DVO kann das nationale Gericht von der Kommission Informationen und Stellungnahmen erbitten. Näheres soll in einer Bekanntmachung der Kommission geregelt werden.[1085] Fraglich ist jedoch die Bedeutung einer solchen Zusammenarbeit in einem bevorstehenden Entzugsverfahren. Nationale Gerichte können nach Art. 15 Abs. 1 DVO erfahren, ob die Kommission eine Entzugsentscheidung erlassen oder ein Entzugsverfahren einleiten wird. Diese

---

1082 Begründung zu Art. 10 DVO-Entwurf aE.

1083 Ob eine (unmittelbar anwendbare und gültige) GVO einschlägig ist, kann im Zweifel durch ein Vorabentscheidungsverfahren geklärt werden.

1084 Die Befugnis der nationalen Behörden beruht insoweit auf Delegation; Baur/Weyer in FK, Art. 81 Zivilrechtsfolgen, Rz. 22.

1085 Vgl. Begründung zu Art. 15 Abs. 1 DVO-Entwurf; bislang gilt die Bekanntmachung der Kommission, ABl.EG 1993 Nr. C 39/6.

Informationen benötigt das Gericht, um zu entscheiden, ob es ausnahmsweise ein Verfahren aussetzen soll. Für die Frage, ob das dazu erforderliche Rückabwicklungsrisiko im konkreten Fall besteht, wird das Gericht gegebenenfalls Informationen von der Kommission erfragen können. Ansonsten hat das Verfahren der Zusammenarbeit mit der Kommission keine selbständige Bedeutung für den Entzug, da das nationale Gericht vor Erlaß der Entzugsentscheidung die GVO unmittelbar anwenden muß. Nach Erlaß der Entzugsentscheidung ist diese für das nationale Gericht verbindlich. Abstrakte Stellungnahmen der Kommission über die Bewertung des Falls nach Art. 81 Abs. 3 EG spielen für das nationale Gericht insoweit keine Rolle.

11. Einstweilige Maßnahmen durch nationale Zivilgerichte

Sollte das nationale Zivilgericht ausnahmsweise wegen einer bevorstehenden Entzugsentscheidung das Verfahren aussetzen, ist fraglich, ob es vorläufigen Rechtsschutz gewähren kann. Unabhängig von der jeweiligen nationalen Ausgestaltung solcher Verfahren wird der vorläufige Rechtsschutz schon aus europarechtlichen Gründen wegen der *ex nunc* Wirkung der Entzugsentscheidung in aller Regel keinen Erfolg haben. Denn solange keine Entzugsentscheidung ergangen ist, dürfen nationale Gerichte auch im vorläufigen Rechtsschutz keine Maßnahmen ergreifen, welche die konstitutive Entzugsentscheidung vorwegnähmen.[1086] Dieses würde eine unzulässige Vorwegnahme der Hauptsacheentscheidung bedeuten. [1087] Zwar kann bei einem ausnahmsweise bestehenden Rückabwicklungsrisiko das nationale Gericht ein Zivilverfahren bis zur Kommissionsentscheidung aussetzen. Jedoch darf es nicht die GVOen unbeachtet lassen, da diese unmittelbar anwendbares Recht sind. Allenfalls könnten Anordnungen von Sicherheitsleistungen als zulässig erachtet werden.[1088]
Nach Erlaß einer Entzugsentscheidung dürfen die nationalen Gerichte einstweilige Maßnahmen anordnen, solange über eine fristgemäß erhobene Nichtigkeitsklage noch nicht entschieden worden ist.[1089] Auch hier gilt, daß sich die einstweiligen Maßnahmen auf eine vorläufige Regelung beschränken müssen. Das nationale Gericht wird hier aber (vorläufige) Bewertungen zu Art. 81 Abs. 3 EG selbst vornehmen dürfen bzw. sich die Argumentation der Kommission zu eigen machen. Sicherheitsleistungen sind auch hier zur Wahrung der Rechte der Beteiligten geeignet.

[1086] Brinker, Mißbrauchsaufsicht, S. 196; Baur/Weyer in FK, Art. 81 Zivilrechtsfolgen, Rz. 254; vgl. aber auch das Weißbuch der Kommission, ABl.EG 1999 Nr. C 132/1, Rz. 37.
[1087] Brinker, Mißbrauchsaufsicht, S. 196.
[1088] Baur/Weyer in FK, Art. 81 Zivilrechtsfolgen, Rz. 254.
[1089] EuGH Slg. 2000 I-11412, Rz. 58-Masterfoods.

III. Entzug durch nationale Behörden, Art. 7 VGVO iVm Art. 29 Abs. 2 DVO

1. Einführung

Das Entzugsverfahren durch eine nationale Behörde nach Art. 29 Abs. 2 DVO, Art. 7 VGVO erfordert zusätzliche Voraussetzungen und wirft auch hinsichtlich der Rechtsfolgen besondere Fragen auf.
Erstmals enthielt die VO 19/65 im Wege der Änderung durch die VO 1215/1999 die Entzugsmöglichkeit durch nationale Behörden, Art. 7 Abs. 2 VO 19/65. Zwar wird Art. 7 VO 19/65 gemäß Art. 40 DVO aufgehoben, jedoch hält die DVO in Art. 29 Abs. 2 an dieser Form der dezentralen Anwendung des EG-Wettbewerbsrechts fest. Gegenüber Art. 7 Abs. 2 VO 19/65 bestehen für Vertikalvereinbarungen nur leichte sprachliche Veränderungen. Allerdings erstreckt sich Art. 29 Abs. 2 DVO nicht nur auf Vertikalvereinbarungen, sondern grundsätzlich auf alle Bereiche der DVO. Anders als Art. 7 VGVO ist Art. 29 Abs. 2 DVO auch auf Beschlüsse von Unternehmensvereinigungen anwendbar. In Art. 7 VGVO sind diese nicht aufgeführt, da Beschlüsse von Unternehmensvereinigungen schon nicht von der VGVO freigestellt sind. Denn nach Art. 1 Abs. 3 iVm Abs. 1 VO 19/65 besteht insoweit keine Ermächtigung. Soweit ersichtlich gibt es bislang keine praktische Anwendung des Art. 7 VGVO und insofern auch keine Rechtsprechung hierzu.

2. Pflicht der Mitgliedstaaten zur Schaffung einer Rechtsgrundlage für ihre nationale Wettbewerbsbehörde

Auch wenn es im Einzelfall keine Pflicht der nationalen Behörde zum Entzug gibt, so hat doch der Mitgliedstaat die Verpflichtung, einer Behörde die generelle Zuständigkeit zum Entzug nach Art. 7 VGVO einzuräumen, wobei eine Generalzuweisung -wie beispielsweise § 50 Abs. 1 GWB- ausreichend ist.[1090] Lange Zeit hatten einige Mitgliedstaaten ihren Wettbewerbsbehörden die Kompetenz zur Anwendung von Gemeinschaftswettbewerbsrecht nicht ausdrücklich gewährt.[1091] Nach Art. 35 Abs. 1 DVO besteht nunmehr jedoch ausdrücklich eine Pflicht für die Mitgliedstaaten, zuständige Behörden für die Anwendung von Art. 81 und 82 EG zu benennen. Gemäß Art. 35 Abs. 1 S. 2 DVO müssen die Mitgliedstaaten bis zum 1. Mai 2004 diesen Behörden die Befugnis zur Anwendung des europäischen Kartellrechts erteilen. Behörden im Sinne dieser Vorschrift können gemäß Art. 35 Abs. 1 S. 3 DVO auch Gerichte sein.

3. Allgemeine Voraussetzungen

Art. 7 VGVO verweist für den Entzug durch die nationale Behörde auf Art. 6 VGVO. Daher haben Art. 7 VGVO (bzw. Art. 29 Abs. 2 DVO) und 6 VGVO

[1090] de Bronett, WuW 1999, 828.

[1091] Zinsmeister/Lienemeyer, WuW 2002, 331; in „Verzug“ waren Luxemburg, Finnland, Irland und Österreich; vgl. auch Zinsmeister/Rikkers/Jones, 1999 ECLR, 275 (280).

(bzw. Art. 29 Abs. 1 DVO) einige gemeinsame Voraussetzungen, die bereits erörtert wurden. Insbesondere muß auch hier im Einzelfall ein Verstoß gegen Art. 81 Abs. 3 EG vorliegen. Hervorzuheben ist auch, daß ein Entzug durch die nationale Behörde -unabhängig von der Ausgestaltung des nationalen Verfahrensrechts- nur *ex nunc* erfolgen kann. Es besteht nach der hier vertretenen Auffassung zwar keine Pflicht der nationalen Behörde zur Einleitung eines Entzugsverfahrens. Leitet die nationale Behörde jedoch ein Verfahren ein, steht ihr kein weiteres Beurteilungsermessen als der Kommission hinsichtlich der Voraussetzungen des Art. 81 Abs. 3 EG zu.

4. Besondere Voraussetzungen im Rahmen des Art. 7 VGVO

Darüber hinaus gibt es einige Abweichungen gegenüber Art. 6 VGVO und zusätzliche Voraussetzungen für ein Verfahren nach Art. 7 VGVO.

a) „gesonderter räumlicher Markt“

Anders als die Kommission darf die nationale Behörde nicht bei jedem im Einzelfall bestehenden Verstoß gegen Art. 81 Abs. 3 EG durch freigestellte Vereinbarungen einen Entzug aussprechen. Nach Art. 7 VGVO ist sie dazu nur ermächtigt, wenn eine freigestellte Vereinbarung „im Gebiet eines Mitgliedstaats oder in einem Teil desselben, der alle Merkmale eines gesonderten räumlichen Marktes aufweist, im Einzelfall Wirkungen hat, die mit den Voraussetzungen des Art. 81 Abs. 3 des Vertrages unvereinbar sind“.[1092] Wie sich aus dem Wortlaut ergibt, ist darauf abzustellen, ob die gegen Art. 81 Abs. 3 EG verstoßenden Wirkungen der Vereinbarung ein Gebiet betreffen, daß zumindest nicht größer ist als der betreffende Mitgliedstaat.

aa) Verhältnis zur Zwischenstaatlichkeitsklausel

Zunächst ist das Verhältnis zur Zwischenstaatlichkeitsklausel zu klären. Eine Vereinbarung fällt schon nicht unter Art. 81 Abs. 1 EG, wenn sie nicht geeignet ist, den Handel zwischen den Mitgliedstaaten (spürbar) zu beeinträchtigen.[1093] Problematisch könnte demgegenüber sein, daß Art. 7 VGVO voraussetzt, daß die gegen Art. 81 Abs. 3 EG verstoßenden Wirkungen der Vereinbarung nicht über das Gebiet des Mitgliedstaates, der alle Merkmale eines gesonderten räumlichen Marktes aufweist, hinausgehen dürfen. Der Zwischenstaatlichkeit kann zwar selbst dann genüge getan sein, wenn die Vereinbarung ausschließlich von

---

[1092] Interessant ist, daß sich der den gesonderten räumlichen Markt betreffende Nebensatz in Art. 7 Abs. 2 VO 19/65 und Art. 29 Abs. 2 DVOE auf das „Gebiet“ bzw. das „Teilgebiet“ bezieht, während dieser Nebensatz zumindest in der deutschen Fassung von Art. 7 VGVO sowie Art. 6 Abs. 2 KfZ-GVO 1400/2002 den „Mitgliedstaat“ bzw. „Teil“ desselben konkretisiert. Die englische Version von Art. 7 VGVO und Art 29 Abs. 2 DVOE macht keine solche Unterscheidung.

[1093] Brinker in Schwarze, EU-Kommentar, Art. 81 EG, Rz. 58.

Unternehmen aus einem einzigen Mitgliedstaat abgeschlossen wurden.[1094] Voraussetzung ist dann aber, daß die Vereinbarung grenzüberschreitendes Verhalten berührt.[1095] Möglicherweise kann es damit keinen Fall für einen Entzug nach Art. 7 VGVO geben, da Art. 81 Abs. 1 EG verlangt, daß grenzüberschreitende Wirkungen möglich sind, Art. 7 VGVO aber voraussetzt, daß die gegen Art. 81 Abs. 3 EG verstoßenden Wirkungen auf das Gebiet eines Mitgliedstaates beschränkt sind. Dabei würde jedoch verkannt, daß die Zwischenstaatlichkeitsklausel anders als Art. 7 VGVO lediglich eine Eignung zur zwischenstaatlichen Handelsbeeinträchtigung verlangt.[1096] So kann das Zwischenstaatlichkeitserfordernis selbst dann als erfüllt angesehen werden, wenn die Wirkungen der Vereinbarungen auf das Gebiet eines Mitgliedstaates beschränkt sind.[1097] Außerdem bezieht sich Art. 7 VGVO, anders als die Zwischenstaatlichkeitsklausel, auf Art. 81 Abs. 3 EG. Es ist nicht von vornherein ausgeschlossen, daß eine Vereinbarung geeignet ist, den Handel zwischen Mitgliedstaaten spürbar zu beschränken, aber tatsächlich nur auf dem Gebiet eines Mitgliedstaates Wirkungen auftreten, die mit Art. 81 Abs. 3 EG unvereinbar sind.
Dieses ergibt sich auch daraus, daß sich der Verstoß gegen Art. 81 Abs. 3 EG auf einen anderen als den für Art. 3 VGVO relevanten Markt beziehen kann. Daher hat Art. 7 VGVO trotz der engen räumlichen Beschränkung einen Anwendungsbereich im Hinblick auf die Zwischenstaatlichkeitsklausel.[1098]

bb) Vergleich zu Art. 9 FKVO

Das Merkmal des „gesonderten räumlichen Marktes“ wird auch in Art. 9 Abs. 2, Abs. 7 FKVO[1099] als Voraussetzung zur Verweisung eines Zusammenschlusses an eine nationale Behörde verwendet.[1100] Da Art. 7 VGVO den Begriff der FKVO aufgreift, sind Art. 9 Abs. 2 und Abs. 7 FKVO als Ausgangspunkt für die Auslegung von Art. 7 VGVO geeignet.[1101] Nach Art. 9 Abs. 7 FKVO besteht der -nationale oder regionale- räumliche Referenzmarkt aus einem Gebiet, „auf dem die betroffenen Unternehmen als Anbieter oder Nachfrager von Waren oder Dienstleistungen auftreten, in dem die Wettbewerbsbedingungen hinreichend homogen sind und das sich von den benachbarten Gebieten unterscheidet“. Als für diese Einschätzung erhebliche Kriterien nennt Art. 9 Abs. 7 FKVO die Art und Eigenschaften der Waren und Dienstleistungen, die Zugangsschranken, die

---

[1094] Vgl. zB die Bierlieferungsverträge in EuGH Slg. 1991 I-977ff.-Delimitis.
[1095] Roth/Ackermann in FK, Art. 81 Abs. 1 Grundfragen, Rz. 319.
[1096] Brinker in Schwarze, EU-Kommentar, Art. 81 EG, Rz. 58.
[1097] de Bronett, WuW 1999, 828.
[1098] Veelken in Immenga/Mestmäcker, EG-WettbewerbsR, Ergänzungsband, GFVO, Rz. 320 bringt das Beispiel der Parallelimporte zum Ausgleich mitgliedstaatlicher Preisniveauunterschiede.
[1099] VO 4064/89 über die Kontrolle von Unternehmenszusammenschlüssen (FKVO).
[1100] Sog. „deutsche Klausel“, vgl. Löffler in Langen/Bunte, KartR, Art. 9 FKVO, Rz. 2.
[1101] de Bronett, WuW 1999, 828.

Verbrauchergewohnheiten sowie das Bestehen erheblicher Unterschiede bei den Marktanteilen der Unternehmen oder nennenswerte Preisunterschiede zwischen den einzelnen Gebieten. Auf die FKVO und die allgemeine Durchsetzung des EG-Wettbewerbsrechts bezugnehmend hat die Kommission eine Bekanntmachung zur Definition des relevanten Marktes erlassen, in welcher die Kriterien zur Marktabgrenzung konkretisiert und teilweise mit Beispielen veranschaulicht werden.[1102]
Zu beachten ist auch das Grünbuch über die Revision der FKVO.[1103] In diesem werden zwar auch Änderungen des Art. 9 FKVO diskutiert. Jedoch betreffen die Vorschläge nicht die Definition des gesonderten räumlichen Marktes selbst.[1104] Vielmehr wird erwogen, das Erfordernis des Art. 9 Abs. 2 lit. b) FKVO, daß der gesonderte räumliche Markt keinen „wesentlichen Teil des Gemeinsamen Marktes darstellt", zu streichen oder zu ändern.[1105] Art. 7 VGVO verlangt die im Grünbuch in Frage gestellte Voraussetzung nicht. Voraussichtlich wird die Reform der FKVO daher für die Auslegung des Art. 7 VGVO keinen Einfluß haben.

cc) Vorgehensweise

Von *Veelken* ist die Vorgehensweise beim Merkmal „gesonderter räumlicher Markt" des Art. 7 VGVO und damit dessen dogmatische und praktische Handhabung zurecht als Problem aufgeworfen worden.[1106] Danach empfiehlt sich die Prüfung in mehreren Schritten.

(1) Erster Schritt: Märkte, Wettbewerbsbeschränkung

Wie von *Veelken* -eng an den Wortlaut anknüpfend- zutreffend herausgestellt wird, lautet die Rechtsfrage, unter welchen Bedingungen eine nach Art. 2 VGVO freigestellte Vereinbarung im Einzelfall in dem bestimmten Gebiet Wirkungen haben kann, die mit Art. 81 Abs. 3 EG unvereinbar sind.[1107] Zunächst stellt *Veelken* klar, daß dieses nur Gebiete sein können, die von einer spürbaren Wettbewerbsbeschränkung iSd Art. 81 Abs. 1 EG betroffen sind. Es reicht also nicht aus, daß überhaupt eine unter das Kartellverbot fallende Vereinbarung vorliegt,[1108] vielmehr muß sie sich zumindest auch auf das betreffende Gebiet be-

---

[1102] ABl.EG 1997 Nr. C 372/5 v. 9. 12. 97.
[1103] KOM (2001), 745/6 endgültig-Grünbuch über die Revision der VO 4064/89 vom 11. 12. 2001.
[1104] KOM (2001), 745/6, Rz. 69ff., insb. Rz. 74, 81.
[1105] KOM (2001), 745/6, Rz. 81 lit. a).
[1106] Veelken in Immenga/Mestmäcker, Ergänzungsband zum EG-Wettbewerbsrecht, GFVO, Rz. 321ff.
[1107] Veelken in Immenga/Mestmäcker, Ergänzungsband zum EG-Wettbewerbsrecht, GFVO, Rz. 321.
[1108] Das wäre ohnehin Voraussetzung für den Entzug, da ansonsten auch keine Freistellung nach Art. 2 VGVO erfolgen könnte.

ziehen. Daher ist im ersten Schritt bei der Prüfung des Merkmals „gesonderter räumlicher Markt" zunächst die Ermittlung sämtlicher sachlich und räumlich relevanter Märkte notwendig, in denen die Vereinbarungen „eine Wettbewerbsbeschränkung bewirken oder bezwecken".[1109]

(2) Zweiter Schritt: beschränkt auf Gebiet des Mitgliedstaates

Nach *Veelken* ist überzeugend erst im zweiten Schritt zu prüfen, ob zumindest ein räumlich relevanter Markt auf das Gebiet eines Mitgliedstaates beschränkt ist.[1110] Während bei der Gruppenfreistellung nach Art. 2, 3, 9 VGVO nur der Markt, auf dem sich Lieferant und Käufer gegenüberstehen, erheblich ist, sind beim Entzug auch weitere Märkte zu berücksichtigen.[1111] Daher kann es durchaus sein, daß für die gruppenfreigestellte Vereinbarung ein gemeinschaftsweiter Markt relevant ist, auf welchem es aber möglicherweise zu keinen gegen Art. 81 Abs. 3 EG verstoßenden Wirkungen kommt. Ein Entzug nach Art. 7 VGVO ist trotz des gemeinschaftsweiten Marktes für die Gruppenfreistellung dann möglich, wenn die Vereinbarung Auswirkungen auf einen anderen -zB auf einen nachgelagerten- Markt hat,[1112] sofern dieser nicht größer als das Gebiet des jeweiligen Mitgliedstaates ist. Nach *Veelken* ist die Prüfung des „gesonderten räumlichen Marktes" nichts anderes als die Prüfung, ob es zumindest einen relevanten Markt gibt, der auf das (Teil-)Gebiet eines Mitgliedstaates beschränkt ist.[1113] Zur Begründung wird ausgeführt, daß die Prüfung „gesonderter räumlicher Markt" und „räumlich relevanter Markt" jeweils nach denselben Kriterien erfolgt (einerseits Art. 9 FKVO, andererseits die Kommissionsbekanntmachung[1114] zum relevanten Markt). Dem ist grundsätzlich zuzustimmen. Es muß aber beachtet werden, daß beim Entzug anders als beim Zusammenschluß ein in der Vergangenheit liegendes Verhalten beurteilt wird, da zukünftige Vereinbarungen nicht verboten werden dürfen. Der unterschiedliche Zeithorizont von FKVO und VGVO kann im Einzelfall zu durchaus unterschiedlichen Ergebnissen für die Frage des räumlich relevanten Marktes führen.[1115] Wenn dieses bei der Auslegung des Begriffs „gesonderter räumlicher Markt" nach Art. 7 VGVO bzw. Art. 9 FKVO berücksichtigt wird, ist die Prüfung tatsächlich mit der Frage identisch, ob im Hinblick auf die Vereinbarung zumindest ein relevanter Markt auf das Gebiet eines Mitgliedstaates beschränkt ist.

[1109] Veelken in Immenga/Mestmäcker, Ergänzungsband zum EG-Wettbewerbsrecht, GFVO, Rz. 321.

[1110] Veelken in Immenga/Mestmäcker, Ergänzungsband zum EG-Wettbewerbsrecht, GFVO, Rz. 322.

[1111] Leitlinien zur VGVO, Tz. 22.

[1112] Leitlinien zur VGVO, Tz. 22.

[1113] Veelken in Immenga/Mestmäcker, Ergänzungsband zum EG-Wettbewerbsrecht, GFVO, Rz. 322.

[1114] ABl.EG 1997 Nr. C 372/5, insb. Tz. 8, 44ff.

[1115] ABl.EG 1997 Nr. C 372/5, Tz. 12.

Für räumliche Märkte, die größer sind als das Gebiet des Mitgliedstaates, ist ausschließlich die Kommission zum Entzug zuständig.[1116]

(3) Dritter Schritt: Unvereinbarkeit mit Art. 81 Abs. 3 EG auf diesem Markt

Im dritten Schritt ist allein auf den bzw. die im Hinblick auf die Vereinbarung relevanten Märkte abzustellen, die auf das Gebiet oder sogar das Teilgebiet eines Mitgliedstaates beschränkt sind. Der dritte Schritt der Prüfung besteht aus der Untersuchung, ob die gruppenfreigestellte Vereinbarung gerade im Hinblick auf diesen sachlich und räumlich relevanten Markt mit Art. 81 Abs. 3 EG unvereinbar ist.[1117] Für die Prüfung des Art. 81 Abs. 3 EG stellt sich mit *Veelken* die Frage, ob bei der Subsumtion unter die Freistellungskriterien nur die sich auf das betreffende Gebiet des Mitgliedstaates beziehende Umstände berücksichtigt werden dürfen.[1118] Anders ausgedrückt könnte man fragen, ob Umstände aus anderen relevanten Märkten (etwa dem für die Gruppenfreistellung nach Art. 3 VGVO erheblichen) zur Rechtfertigung der Wettbewerbsbeschränkung in dem gesonderten räumlichen Markt herangezogen werden dürfen. Dazu ist zu sagen, daß die Beurteilung nach Art. 81 Abs. 3 EG einheitlich zu erfolgen hat. Es dürfen sich grundsätzlich keine Unterschiede daraus ergeben, ob zB ein Verfahren nach Art. 6 VGVO oder Art. 7 VGVO eingeleitet wurde. Daraus folgt, daß nationale Behörden nicht über einen Sachverhalt nach Art. 7 VGVO entscheiden dürfen, der nur unter Berücksichtung von außerhalb des betreffenden Mitgliedstaates liegenden Umständen beurteilt werden kann.[1119] In diesen Fällen ist dann ausschließlich die Kommission nach Art. 6 VGVO zum Entzug zuständig. Anderseits kann zB die Entzugsvoraussetzung der Möglichkeit zur Ausschaltung des Wettbewerbs gemäß Art. 81 Abs. 3 lit. b) EG stets von der nationalen Behörde geprüft werden,[1120] da sich Art. 81 Abs. 3 lit. b) EG auf den räumlich relevanten Markt bezieht,[1121] der bei Art. 7 VGVO ohnehin auf das Gebiet des Mitgliedsstaates begrenzt ist.

Zusammenfassung: Im ersten Schritt sind nicht nur der relevante Markt iSd Art. 3 VGVO, sondern auch weitere für die Vereinbarung relevante Märkte auf ihre sachliche und räumliche Erstreckung hin zu untersuchen. Die Wettbewerbsbeschränkung muß gerade im Hinblick auf das vom Entzug betroffene Gebiet

---

[1116] Leitlinien zur VGVO, Tz. 77.

[1117] Vgl. Veelken in Immenga/Mestmäcker, Ergänzungsband zum EG-Wettbewerbsrecht, GFVO, Rz. 325.

[1118] Veelken in Immenga/Mestmäcker, Ergänzungsband zum EG-Wettbewerbsrecht, GFVO, Rz. 325.

[1119] Veelken in Immenga/Mestmäcker, Ergänzungsband zum EG-Wettbewerbsrecht, GFVO, Rz. 325.

[1120] Veelken in Immenga/Mestmäcker, Ergänzungsband zum EG-Wettbewerbsrecht, GFVO, Rz. 325.

[1121] Schröter in GTE, Hdb. d. Europäischen Rechts, Kommentar I-A-50, Art. 85 EGV, Rz. 319.

bezweckt oder bewirkt sein. Im zweiten Schritt wird geprüft, welche dieser Märkte auf das Gebiet eines Mitgliedstaates beschränkt sind. Nur diese Märkte werden im dritten Schritt auf ihre Vereinbarkeit mit Art. 81 Abs. 3 EG überprüft, wobei die nationalen Behörden nur dann eine Beurteilung vornehmen dürfen, wenn diese allein auf Grundlage der diesen Mitgliedstaat betreffenden Umstände möglich ist. Ist dieses nicht der Fall, ist die Kommission ebenso ausschließlich zum Entzug zuständig, wie für den Fall, daß der betreffende relevante Markt größer ist als das Gebiet des Mitgliedstaates.

b) Verfahren nach jeweiligem nationalen Recht

Das Entzugsverfahren nach Art. 7 VGVO richtet sich nach dem jeweiligen nationalen Verfahrensrecht der Mitgliedstaaten, [1122] wobei europarechtliche Grundsätze zu beachten sind.[1123]

c) Zusammenarbeit mit der Kommission

Nach Art. 11 Abs. 1 DVO arbeiten die nationalen Wettbewerbsbehörden und die Kommission eng zusammen. Dieses gilt nicht nur für die bereits erörterte Frage der Abstimmung, welche Behörde tätig werden soll, sondern auch, wenn eine mitgliedstaatliche Wettbewerbsbehörde ein Verfahren durchführt. Gemäß Art. 11 Abs. 3 DVO müssen die nationalen Behörden spätestens unverzüglich nach Einleitung der ersten förmlichen Ermittlungshandlung schriftlich die Kommission darüber informieren. Beabsichtigt eine nationale Behörde, eine Entzugsentscheidung zu erlassen, muß sie nach Art. 11 Abs. 4 S. 1 DVO spätestens 30 Tage vor Erlaß dieser Entscheidung die Kommission „unterrichten". Mit dieser Formulierung ist klargestellt, daß eine vorherige Zustimmung der Kommission nicht erforderlich ist. Noch nach Art. 11 Abs. 4 S. 1 DVO-Entwurf war dieses weniger eindeutig. Danach hatte sich die nationale Behörde mit der Kommission „ins Benehmen" zu setzen.[1124] Die nationalen Behörden sind nach Art. 11 Abs. 4 S. 2 DVO verpflichtet, der Kommission eine zusammenfassende Darstellung des Falls und den Entwurf der Entzugsentscheidung und auf Ersuchen der Kommission nach Art. 11 Abs. 4 S. 5 DVO jede sonstige den Fall betreffende Unterlage zu übermitteln.

Ist nach Auswertung dieser Unterlagen die Kommission der Auffassung, daß die nationale Behörde keine Entzugsentscheidung erlassen sollte, kann die Kommission dieses durch ein Ansichziehen der Kompetenz nach Unterrichtung der nationalen Behörde gemäß Art. 11 Abs. 6 DVO verhindern.[1125] Gemäß Art. 14 Abs. 7 UAbs. 2 DVO kann die betreffende nationale Wettbewerbsbehörde bean-

---

[1122] Leitlinien zur VGVO, Tz. 78.

[1123] de Bronett in Bauer/de Bronett, Die EU-VGVO, Rz. 227

[1124] Die englische und französische Fassung enthielten aber Begriffe wie „consult", so daß auch nach dem Entwurf keine Zustimmung erforderlich war. Vgl. auch Eilmansberger, JZ 2001, 371.

[1125] Eilmansberger, JZ 2001, 371.

tragen, die geplante Verfahrenseinleitung durch die Kommission mit den Wirkungen des Art. 11 Abs. 6 DVO auf die Tagesordnung des Beratenden Ausschusses zu setzen. Ansonsten gibt der Beratende Ausschuß keine Stellungnahme zu Fällen vor nationalen Wettbewerbsbehörden ab, Art. 14 Abs. 7 UAbs. 3 DVO.
Im übrigen richtet sich der Informationsaustausch zwischen Kommission und nationaler Behörde im Rahmen eines Entzugsverfahrens nach Art. 12 Abs. 1 DVO. Die Mitteilung von tatsächlichen oder rechtlichen Umständen ist auch im Hinblick auf vertrauliche Informationen zulässig und die Informationen dürfen als Beweis verwendet werden. Dieses gilt unabhängig von der Ausgestaltung nationaler Verfahrensrechte.[1126] Zu beachten sind allerdings die Grenzen des Art. 12 Abs. 2 DVO, wonach die Informationen nur insoweit als Beweismittel verwendet werden dürfen, als sie zu demselben Untersuchungsgegenstand von der übermittelnden Behörde erhoben worden sind.

d) Zusammenarbeit der mitgliedstaatlichen Behörden untereinander

Die einzelnen mitgliedstaatlichen Wettbewerbsbehörden dürfen auch untereinander zusammenarbeiten, da sie alle dem Netz von Behörden im Sinne von Art. 11 Abs. 1 DVO angehören. Daher können die Informationen, welche nach Art. 11 Abs. 4 DVO der Kommission mitzuteilen sind, gemäß Art. 11 Abs. 4 S. 3, S. 5 DVO auch den Wettbewerbsbehörden anderer Mitgliedstaaten zugänglich gemacht werden. Gemäß Art. 11 Abs. 4 S. 6 DVO dürfen einzelstaatliche Wettbewerbsbehörden sogar ausdrücklich untereinander Informationen austauschen, die zur Beurteilung eines von ihnen nach Art. 81 und 82 EG behandelten Falls erforderlich sind. Der Begriff „behandelten“ Fall schließt auch laufende Verfahren ein, wie sich schon aus der englischen und französischen Fassung ergibt.[1127] Eine Kooperation im Rahmen eines Entzugsverfahrens ist daher zulässig. Art. 12 Abs. 2 DVO dürfte dabei auch für diese Informationen gelten.

e) Verfahren nach deutschem Recht

In Deutschland sind insbesondere die §§ 48 ff. GWB und §§ 54 ff. GWB einschlägig.

aa) Zuständigkeit

Nach § 50 Abs. 1 GWB ist das Bundeskartellamt (BKartA) für den Entzug nach Art. 7 VGVO zuständig,[1128] da es sich bei der DVO ebenso wie bei der VO 19/65 um eine auf Art. 83 EG (=Art. 87 EGV) gestützte Verordnung handelt.

1126 16. Begründungserwägung zur DVO.

1127 „...a case that they are dealing with...“ bzw. „...une affaire qu'elles traitent...“, jeweils Art. 11 Abs. 4 S. 6 DVO.

1128 Veelken in Immenga/Mestmäcker, Ergänzungsband zum EG-WettwerbsR, GFVO, Rz. 327; de Bronett, WuW 1999, 828.

bb) Verfahrenseinleitung

Gemäß § 54 Abs. 1 S. 1 GWB leitet die Kartellbehörde ein Verfahren von Amts wegen oder auf Antrag ein. Steht einem Antragsteller kein subjektives Recht auf Tätigwerden der Behörde zu, handelt es sich nur um eine Anregung zur Einleitung eines Amtsverfahrens, so daß die Behörde nach ihrem Ermessen über die Verfahrenseinleitung entscheidet.[1129] Da nach der hier vertretenen Auffassung dritte Unternehmen selbst bei Vorliegen der Entzugsvoraussetzungen keinen Anspruch auf eine Verfahrenseinleitung gerade durch eine nationale Behörde haben, handelt es sich stets um ein Amtsverfahren.[1130] Die Verfahrenseinleitung nach § 54 GWB setzt keinen förmlichen Akt voraus, eine diesbezügliche Mitteilung an die Parteien ist jedoch möglich.[1131] Dritten Unternehmen, die ein Entzugsverfahren anregen, haben jedoch einen Anspruch darauf in angemessener Zeit zu erfahren, ob das BKartA gedenkt, selbst ein Verfahren einzuleiten,[1132] oder ob es dieses innerhalb des Netzes nach Art. 11 Abs. 1 DVO der Kommission überlassen will. Gerichtlich durchsetzbar ist diese Mitteilung im Wege der allgemeinen Leistungsbeschwerde.[1133]

cc) Zusammenarbeit mit der Kommission

Die Art. 11 und 12 DVO entsprechende Grundlage für die Zusammenarbeit mit der Kommission ist § 50 Abs. 3 GWB, wonach das BKartA die Kommission über das Verfahren unterrichtet und ihr Gelegenheit zur Stellungnahme einräumt.

dd) Notwendige Beteiligte, Beiladung

Nach § 54 Abs. 2 Nr. 2 GWB sind die Unternehmen, gegen die sich das Verfahren richtet, notwendige Beteiligte. Gemeint sind damit die Unternehmen, welche die vertikale Vereinbarung abgeschlossen haben. Notwendig beteiligt ist nach § 54 Abs. 2 Nr. 1 GWB auch, wer die „Einleitung des Verfahrens beantragt hat". Fraglich ist, ob dieses auf ein drittes Unternehmen zutrifft, welches die Einleitung eines Entzugsverfahrens begehrt. Problematisch ist, daß das Entzugsverfahren stets als ein Amtsverfahren iSd § 54 Abs. 1 S. 1 1. Alt GWB anzusehen ist, auch wenn natürliche oder juristische Personen das Verfahren begehren.[1134] Mangels eines Antragsrechts scheidet daher eine notwendige Beteiligung nach § 54 Abs. 2 Nr. 1 GWB aus. Jedoch kommt eine Beiladung nach § 54 Abs. 2 Nr.

[1129] Schultz in Langen/Bunte, KartR, § 54 GWB, Rz. 12.

[1130] Im Ergebnis ebenso: Veelken in Immenga/Mestmäcker, Ergänzungsband zum EG-WettbewerbsR, GFVO, Rz. 328.

[1131] Schultz in Langen/Bunte, KartR, § 54 GWB, Rz. 8.

[1132] Vgl. schon EuG Slg. 1997 II, 1739, Rz. 55-SCK und FNK; de Bronett in Bauer/de Bronett, Die EU-VGVO, Rz. 227.

[1133] Zu dieser Verfahrensart: Wiedemann-Werner, Hdb. d. KartR, § 54, Rz. 14.

[1134] Veelken in Immenga/Mestmäcker, Ergänzungsband zum EG-WettbewerbsR, GFVO, Rz. 328.

3 GWB in Betracht für diejenigen, die die Verfahrenseinleitung angeregt haben. Für die Beiladung ist Voraussetzung, daß ein Antrag auf Beiladung gestellt wurde, und daß der Antragsteller ein erhebliches wettbewerbsbezogenes wirtschaftliches Interessen an der Entzugsentscheidung hat.[1135]

ee) Ermittlungsbefugnisse

Nach § 50 Abs. 2 S. 1 GWB stehen dem BKartA zur Erfüllung aller sich aus § 50 Abs. 1 GWB ergebenden Aufgaben die im GWB geregelten Befugnisse zu. Hier sollen zumindest einige Grundzüge des Verfahrens dargestellt werden.[1136] Nach § 57 Abs. 1 GWB können die Kartellbehörden alle Ermittlungen führen und alle Beweise erheben, die erforderlich sind. Die Ermittlungsbefugnisse ergeben sich insbesondere aus § 59 GWB, der das Vorliegen eines schlüssigen Anfangsverdachts voraussetzt.[1137] Bei der Ausübung jeglicher Ermittlungsbefugnisse ist der Grundsatz der Verhältnismäßigkeit zu wahren,[1138] insbesondere sind die Verteidigungsrechte der Betroffenen zu beachten.

(1) Auskunftsrecht des BKartA

Dem BKartA steht es offen, informelle Auskunftsanfragen an Unternehmen zu richten. Diese begründen jedoch weder eine Auskunftspflicht, noch sind Bußgeldsanktionen möglich.[1139] Eine Auskunftspflicht kann nur durch ein förmliches Verfahren nach § 59 Abs. 1 S. 1 GWB ausgelöst werden. Gegenüber dem Auskunftsrecht der DVO ist § 59 GWB weniger umfassend, da die Kriterien wie Anfangsverdacht und Erforderlichkeit strenger gehandhabt werden.[1140] Adressaten sind ebenso wie nach der DVO die Unternehmen und Unternehmensvereinigungen.[1141] Anders als nach der DVO können Bußgelder aber nicht nur gegen die Unternehmen, sondern nach § 81 Nr. 8 GWB auch gegen die in § 59 Abs. 2 GWB genannten Auskunftspflichtigen und damit gegen natürliche Personen verhängt werden.[1142] Da es sich dabei um eine (Kartell-)Ordnungswidrigkeit handelt, kann diese nur von natürlichen, nicht aber von juristischen Personen begangen werden.[1143] Das Auskunftsverlangen hat sich nach § 59 Abs. 1 Nr. 1 GWB auf die wirtschaftlichen Verhältnisse der Unternehmen zu beziehen und kann auch die Herausgabe von Unterlagen umfassen.

1135 Schultz in Langen/Bunte, KartR, § 54, Rz. 26ff.

1136 Ausführliche Abhandlungen finden sich in den Kommentaren, insb. Franfurter Kommentar zum Kartellrecht, Langen/Bunte, KartR (9. Auflage); Wiedemann, Hdb. des KartR, 10. Kapitel.

1137 Schultz in Langen/Bunte, KartR, § 59 GWB; Rz. 11.

1138 Wiedemann-Werner, Hdb. d. KartR, §52, Rz. 16ff.

1139 Wiedemann-Werner, Hdb. d. KartR, §52, Rz. 1.

1140 Lieb, Anwendung der Art. 81 und 82 EGV durch das BKartA, S. 50.

1141 Schultz in Langen/Bunte, KartR, § 59 GWB, Rz. 17.

1142 Wiedemann-Klusmann, Hdb. d. KartR, § 55, Rz. 31; Schlutz in Langen/Bunte, KartR (9. Aufl.), § 59 GWB, Rz. 18.

1143 Kollmorgen in Langen/Bunte, KartR (9. Aufl.), § 81, Rz. 10.

Der Begriff der wirtschaftlichen Verhältnisse ist weit auszulegen.[1144] Maßnahmen nach § 59 GWB müssen zur Aufgabenerfüllung erforderlich, also verhältnismäßig sein.[1145] Die Anordnung des Auskunftsverlangens durch das BKartA nach § 59 Abs. 1 GWB stellt eine Verfügung dar und ist somit ein Verwaltungsakt.[1146]

(2) Einsicht, Prüfungen und Durchsuchungen, Beschlagnahme

Nach § 59 Abs. 1 Nr. 2 GWB kann das BKartA bei den Unternehmen die geschäftlichen Originalunterlagen einsehen; es hat damit ein Einsichts- und Prüfungsrecht. Auch die Anordnung dieser Prüfungen erfolgt durch eine Verfügung, wobei intern neben dem Beschluß der betreffenden Beschlußabteilung iSd § 51 Abs. 2 S. 1 GWB die Zustimmung des Präsidenten des BKartA nach § 59 Abs. 7 S. 1 GWB erforderlich ist. Zur Durchsetzung des Rechts kann notfalls Verwaltungszwang angewendet werden.[1147] Jedoch gibt der Verwaltungszwang den Bediensteten des BKartA (vgl. § 59 Abs. 3 GWB) nicht das Recht zur Durchsuchung der Geschäftsräume. Für Durchsuchungen ist nach § 59 Abs. 4 GWB grundsätzlich eine Anordnung des zuständigen Amtsrichters erforderlich. Die Beschlagnahme von Gegenständen, die bei Prüfungen oder Durchsuchungen angetroffen werden, richtet sich nach § 58 GWB. Kriterium für das Beschlagnahmerecht ist, ob die Gegenstände als Beweismittel für die Ermittlung erheblich sein können. Eine Beschlagnahme kann sogar mündlich ausgesprochen werden und bedarf keines Beschlusses iSd § 59 Abs. 6 GWB.
Abgesehen von der Beschlagnahme nach § 58 GWB gilt für die Verfügungen § 61 GWB, wonach diese zu begründen und mit einer Rechtsbehelfsbelehrung zu versehen sind.

(3) Zwangsmittel

Sind die verpflichteten Unternehmen juristische Personen, so kann gegen diese selbst Verwaltungszwang angewendet werden.[1148] In Betracht kommen insbesondere Zwangsgelder nach § 11 VwVfG.[1149] Wird ansonsten einer Auskunftspflicht nicht nachgekommen, so ist nach § 81 Nr. 8 GWB ein Bußgeld in der in § 81 Abs. 2 S. 1 aE GWB genannten Höhe gegen die in § 59 Abs. 2 GWB aufgeführten Personen möglich. Durchsuchungen sind in § 81 GWB dagegen nicht genannt, ihre Verweigerung ist daher nicht bußgeldfähig. Obwohl nach deutschem Recht nur natürliche Personen Ordnungswidrigkeiten begehen kön-

---

[1144] Wiedemann-Werner, Hdb. d. KartR, § 52, Rz. 11.
[1145] Schultz in Langen/Bunte, KartR (9. Aufl.), § 59 GWB, Rz. 13ff.
[1146] Trotz § 59 Abs. 6 S. 1 GWB „Beschluß"; Schultz in Langen/Bunte, KartR (9. Aufl.), § 59 GWB, Rz. 27; § 61 GWB, Rz. 2.
[1147] Schultz in Langen/Bunte, KartR (9. Aufl.), §59 GWB, Rz. 36, 39.
[1148] Schultz in Langen/Bunte, KartR (9. Aufl.), § 59 GWB, Rz. 18.
[1149] Wiedemann-Werner, Hdb. d. KartR, § 52, Rz. 42.

nen,[1150] sind grundsätzlich auch Bußgelder gegen die von diesen Personen vertretenen Unternehmen als Nebenbetroffene möglich (vgl. § 30 OWiG und § 82 GWB).[1151] Da vor einer Entzugsentscheidung Bußgelder in erster Linie wegen Auskunfts- oder Prüfungs- bzw. Betretungsverweigerung, nicht aber wegen Verstoßes gegen materielles Recht in Betracht kommen, ist fraglich, inwieweit diesbezüglich Bußgelder gegen die Unternehmen verhängt werden können. Kriterium dafür ist, ob der Handelnde Pflichten verletzt hat, die das Unternehmen treffen.[1152] Pflichten, die die Unternehmen treffen, entstehen gerade durch an diese gerichtete förmliche Auskunfts- und Einsichtsverlangen.

ff) Verteidigungsrechte

Im Einzelfall können den von der jeweiligen Verfügung betroffenen Unternehmen oder den in § 59 Abs. 2 GWB genannten Personen Verteidigungsrechte zustehen.

(1) Auskunftsverweigerungsrecht

Personen, die nach § 59 Abs. 2 GWB zur Auskunft verpflichtet sind, steht nach Maßgabe des § 59 Abs. 5 GWB ein Auskunftsverweigerungsrecht zu, sofern sie oder ihre Angehörige durch die Beantwortung der Frage der Gefahr eines Straf- oder Ordnungswidrigkeitsverfahrens ausgesetzt sind. Beim Entzug ist jedoch zu beachten, daß trotz des im Einzelfall bestehenden Verstoßes gegen Art. 81 Abs. 3 EG wegen der Freistellung durch die GVO insoweit kein ordnungswidriges Verhalten und diesbezüglich auch kein Auskunftsverweigerungsrecht zustehen kann. Ein Auskunftsverweigerungsrecht besteht daher nur, soweit durch die Beantwortung der Frage eine andere Straftat oder Ordnungswidrigkeit aufgedeckt werden könnte. Beim Entzug dürfte das aber vergleichsweise selten vorkommen.

(2) Kein Vorlageverweigerungsrecht

Es besteht kein Verweigerungsrecht hinsichtlich der Einsichts- und Prüfungsrechte der Geschäftsunterlagen nach § 59 Abs. 1 Nr. 2 GWB.[1153]

(3) Verfahrensabschluß

Das Entzugsverfahren des Bundeskartellamts kann auf mehrere Weisen enden. Zunächst ist eine Verfahrenseinstellung möglich, etwa für den Fall, daß nach eingehender Untersuchung kein Verstoß gegen Art. 81 Abs. 3 EG festgestellt werden konnte. Eine Verfahrenseinstellung stellt keine Verfügung und damit

---

[1150] Kollmorgen in Langen/Bunte, KartR (9. Aufl.) , § 81 GWB, Rz. 10, Wiedemann-Klusmann, Hdb. d. KartR, § 55, Rz. 31.

[1151] Wiedemann-Klusmann, Hdb. d. KartR, § 55, Rz. 43ff.; Kollmorgen in Langen/Bunte, KartR (9. Aufl.), § 81 GWB, Rz. 20, 74.

[1152] Kollmorgen in Langen/Bunte, KartR (9. Aufl.), § 81 GWB, Rz. 83.

[1153] Schulz in Langen Bunte, KartR (9. Aufl.), § 59 GWB, Rz. 19.

auch keinen Verwaltungsakt dar.[1154] Nach § 61 Abs. 2 GWB ist den Beteiligten die Verfahrensbeendigung schriftlich mitzuteilen. Auch dem Beschwerdeführer ist die geplante Verfahrenseinstellung bekanntzugeben, und ihm ist diesbezüglich Gelegenheit zur Stellungnahme zu geben.
Des weiteren kann die Zuständigkeit der nationalen Behörden durch die Kommission nach Art. 11 Abs. 6 DVO entzogen werden. Das Verfahren der nationalen Behörde endet damit gezwungenermaßen. Ebenfalls ist möglich, daß das BKartA freiwillig in Kooperation mit der Kommission das Verfahren an diese abgibt, etwa weil es festgestellt hat, daß der gesonderte räumliche Markt das Gebiet Deutschlands überschreitet. Letztlich kann das BKartA eine Entzugsentscheidung iSd Art. 7 VGVO erlassen, welche als Verfügung (Verwaltungsakt) einzuordnen ist.[1155]

(4) Rechtsmittel gegen die Verfügungen

Statthaftes Rechtsmittel gegen Verfügungen ist, soweit nichts anderes angeordnet ist, die Beschwerde nach § 63 GWB. Zuständiges Beschwerdegericht ist nach § 63 Abs. 4 GWB das für den Sitz der Kartellbehörde zuständige Oberlandesgericht. Da die ausschließliche Zuständigkeit für den Entzug gemäß § 50 Abs. 1 GWB beim BKartA liegt, ist das OLG Düsseldorf zuständiges Beschwerdegericht.[1156]
Abweichend von § 63 GWB richtet sich der Rechtsschutz gegen Durchsuchungsanordnungen über § 59 Abs. 4 S. 2 GWB nach den §§ 306-310, 311a StPO. Für die Beschlagnahme findet sich eine abweichende Regelung in § 58 Abs. 2 GWB.
Gegen eine Entzugsentscheidung nach Art. 29 Abs. 2 DVO, Art. 7 VGVO ist jedoch die Anfechtungsbeschwerde nach § 63 Abs. 1, Abs. 2 GWB statthaftes Rechtsmittel, welche mangels Auflistung in § 64 GWB keine aufschiebende Wirkung hat.[1157] In diesem Rahmen kann das Oberlandesgericht Düsseldorf ein Vorabentscheidungsverfahren nach Art. 234 EG über die Auslegung des Art. 81 Abs. 3 EG bzw. Art. 7 VGVO einleiten.[1158] Gegen die Entscheidung des Oberlandesgerichts Düsseldorf über die Entzugsentscheidung kann gegebenenfalls nach Maßgabe des § 74 GWB Rechtsbeschwerde beim BGH erhoben werden, da es sich um eine Entscheidung in der Hauptsache handelt, § 74 Abs. 1 GWB. Für den BGH besteht mitunter sogar eine Vorlagepflicht nach Art. 234 Abs. 3 EG, weil der BGH das letztinstanzliche Gericht ist. Gegen die BGH-

---

[1154] Veelken in Immenga/Mestmäcker, Ergänzungsband zum EG-Wettbewerbsrecht, GFVO, Rz. 330.
[1155] Veelken in Immenga/Mestmäcker, Ergänzungsband zum EG-Wettbewerbsrecht, GFVO, Rz. 330.
[1156] Bechtold, KartellG, § 63 GWB, Rz. 10; Kollmorgen in Langen/Bunte, KartR (9. Aufl.), § 63 GWB, Rz. 43; Wiedemann-Werner, Hdb. d. KartR, Rz. 3.
[1157] Vgl. auch Kollmorgen in Langen Bunte, KartR (9. Aufl.), § 64 GWB, Rz. 5.
[1158] de Bronett, WuW 1999, 831.

Entscheidung ist dann allerdings kein Rechtsbehelf statthaft, insbesondere nicht vor dem EuG. Art. 35 Abs. 3 S. 2 DVO stellt klar, daß die Zuständigkeit von Gerichten, die als Rechtsmittelinstanz tätig werden, nicht durch die Kommission nach Art. 11 Abs. 6 DVO beendet werden kann.
Eine rechtswidrig erlassene Entzugsentscheidung kann auch nicht von einem anderen Mitgliedstaat aufgehoben werden, da nach einem allgemeinen Rechtsgrundsatz im Gemeinschaftsrecht allein der Erlaßstaat seinen Verwaltungsakt aufheben kann, selbst wenn dieser gemeinschaftsweite Geltung haben sollte.[1159]
Die Verbindlichkeit der Entzugsentscheidung nach Art. 7 VGVO entfällt auch nicht schon deswegen, weil die Behörde fälschlich ihre Zuständigkeit angenommen hat.[1160] Dieses geschieht erst durch Aufhebung der Entscheidung durch ein Gericht des Erlaßstaates.[1161]

(5) Rechtsmittel Dritter im Falle der Einstellung des Verfahrens

Für den Fall, daß eine nationale Behörde zunächst ein Verfahren eingeleitet hat, dieses aber nicht ordnungsgemäß weitergeführt hat, so daß die Kommission nach Art. 11 Abs. 6 DVO die Zuständigkeit der nationalen Behörde beendet hat, ist eine grundsätzlich in Betracht kommende Fortsetzungsfeststellungsbeschwerde[1162] unstatthaft, da die Interessen des Beschwerdeführers ausreichend dadurch gewahrt werden, daß sich nunmehr die Kommission innerhalb des Netzes von Behörden des Falles annimmt. Solange die Zuständigkeit der nationalen Behörde aber nicht gemäß Art. 11 Abs. 6 DVO beendet wurde, hat der Beschwerdeführer nach der hier vertretenen Auffassung ein Wahlrecht, ob er die Entzugsentscheidung der Kommission oder eine Entzugsentscheidung der nationalen Behörde gerichtlich erzwingt. Der Anspruch gegen die nationale Behörde wäre im Wege der Verpflichtungsbeschwerde nach § 63 Abs. 3 GWB durchsetzbar, da es sich beim Entzug um eine Verfügung im Sinne dieser Vorschrift handelt.[1163] Da es im Rahmen von Art. 81 Abs. 3 EG kein weites Beurteilungsermessen für die zuständige Behörde gibt, behaupten Beschwerdeführer auch ein Recht auf Vornahme dieser Verfügung gemäß § 63 Abs. 3 GWB. Insoweit wäre eine Klagebefugnis von Beschwerdeführern zu bejahen.

gg) Santkionen bei Nichtbeachtung der Entzugsentscheidung

Sanktionen wegen Verstoßes gegen materielles Recht kommen für unter eine GVO fallende Vereinbarung genau wie bei Art. 6 VGVO allenfalls nach Wirk-

---

[1159] Linke, Europäisches Internationales Verwaltungsrecht, S. 251.
[1160] Veelken in Immenga/Mestmäcker, Ergänzungsband zum EG-Wettbewerbsrecht, GFVO, Rz. 334.
[1161] Linke, Europäisches Internationales Verwaltungsrecht, S. 251: auch die Aufhebung hat dann unmittelbar gemeinschaftsweite Geltung.
[1162] Dazu Wiedemann-Werner, Hdb. d. KartR, § 54, Rz. 11.
[1163] Veelken in Immenga/Mestmäcker, Ergänzungsband zum EG-Wettbewerbsrecht, GFVO, Rz. 335.

samwerden einer Entzugsentscheidung in Betracht, weil die Vereinbarung vor der Entzugsentscheidung nicht gegen materielles Recht verstößt, solange sie von der GVO erfaßt ist. Art. 5 4. Spstr. DVO ändert daran nichts, da er den nationalen Behörden nur die generelle Zuständigkeit zur Verhängung von Geldbußen und Zwangsgeldern erteilt.[1164] Jedoch kann das BKartA Sanktionen erlassen, wenn die mit der Entzugsentscheidung verbundene Untersagungsverfügung von den Unternehmen nicht beachtet wird. Gemäß § 81 Abs. 1 Nr. 6 GWB handelt ordnungswidrig, wer zumindest fahrlässig einer vollziehbaren Anordnung nach § 50 Abs. 2 S. 2 GWB zuwiderhandelt. § 50 Abs. 2 S. 2 GWB erfaßt zwar ausdrücklich nur Untersagungsverfügungen und nicht Entzugsentscheidungen, jedoch werden letztere regelmäßig mit einer Untersagungsverfügung verbunden werden, so daß eine Anordnung nach § 50 Abs. 2 S. 2 GWB vorliegt. Voraussetzung dazu ist, daß die Anordnung nach § 50 Abs. 2 S. 2 GWB vollziehbar ist. Da die Beschwerde wegen § 64 GWB keine aufschiebende Wirkung hat, ist sie auch vollziehbar; Unanfechtbarkeit ist keine Voraussetzung mehr.[1165]

5. Besondere Rechtsfolgen des Art. 7 VGVO

a) Rechtsnatur einer Entzugsentscheidung nach Art. 7 VGVO und Zivilrechtsfolgen

Genau wie die Kommissionsentscheidung nach Art. 6 VGVO ist auch die Entzugsentscheidung einer nationalen Behörde rechtsgestaltend mit Wirkung *ex nunc*.[1166] Rechtsfolge ist, daß der Rechtsvorteil der VGVO entzogen wird, so daß Art. 81 Abs. 1 und Abs. 2 EG wieder unmittelbare Wirkung entfalten. Für Zivilgerichte, die demselben Mitgliedstaat angehören wie die Kartellbehörde, ist die Entzugsentscheidung wegen ihrer konstitutiven Wirkung und wegen der fehlenden unmittelbaren Anwendbarkeit der Entzugstatbestände verbindlich.[1167]

b) „mit Wirkung für das Gebiet des Mitgliedstaates", Art. 7 VGVO

Nach Art. 7 VGVO kann die Behörde den Rechtsvorteil der VGVO „mit Wirkung für das betroffene Gebiet" entziehen. Im Gegensatz zu Art. 6 VGVO wird also eine räumliche Beschränkung des Entzugs angeordnet. Das „betroffene Gebiet" ist das Territorium des relevanten Marktes, in welchem die Vereinbarung im Einzelfall Wirkungen hat, die mit Art. 81 Abs. 3 EG unvereinbar sind. Dieser „gesonderte räumliche Markt" kann für eine Anwendung des Art. 7 VGVO nicht größer sein als das Gebiet eines Mitgliedstaates. Problematisch ist jedoch, daß beim „gesonderten räumlichen Markt" auch ein anderer Markt eine Rolle spielen

---

[1164] Nach altem Recht stand nach überwiegender Auffassung die Befugnis zur Verhängung von Geldbußen allein der Kommission zu, vgl. Bracher in FK, § 50 GWB 1999, Rz. 14, 22.

[1165] Achenbach in FK, § 81 GWB 1999, Rz. 206.

[1166] Veelken in Immenga/Mestmäcker, Ergänzungsband zum EG-WettbewerbsR, GFVO, Rz. 334; de Bronett, WuW 1999, 831.

[1167] Baur/Weyer, FK, Art. 81 Zivilrechtsfolgen, Rz. 183a; s.u. zur Verbindlichkeit für Zivilgerichte anderer Mitgliedstaaten.

kann als im Rahmen der Art. 3 VGVO.[1168] Es ist also durchaus möglich, daß nur der für Art. 7 VGVO relevante Markt räumlich auf das (Teil-)Gebiet eines Mitgliedstaates begrenzt ist, während der für Art. 3 VGVO relevante Markt möglicherweise sich auf das Gebiet der Gemeinschaft oder mehrerer Mitgliedstaaten erstreckt. Somit ist denkbar, daß zwar nur begrenzt auf das Gebiet eines Mitgliedstaates in einem Markt Wirkungen auftreten, die mit Art. 81 Abs. 3 EG unvereinbar sind, aber an der Vereinbarung Unternehmen aus verschiedenen Mitgliedstaaten beteiligt sind. Fraglich ist, ob sich die Kompetenz der nationalen Behörden nach Art. 7 VGVO auch auf solche Fälle erstreckt, in denen ein oder mehrere an der Vereinbarung beteiligte Unternehmen in einem anderen Mitgliedstaat ansässig sind. Der Wortlaut des Art. 7 VGVO „mit Wirkung für das betroffene Gebiet" scheint auf den ersten Blick nicht solche grenzüberschreitenden Vereinbarungen zu umfassen. Denn in solchen Fällen hätte die Entzugsentscheidung zumindest insofern über das „betroffene Gebiet" hinausgehende Wirkungen, als sie eine verbindliche Regelung trifft für ein nicht in dem „betroffenen Gebiet" gelegenen Adressaten. Andererseits enthält Art. 7 VGVO die Voraussetzung, daß die Vereinbarung „im Gebiet eines Mitgliedstaates(...), der alle Merkmale eines gesonderten Marktes aufweist, im Einzelfall Wirkungen hat, die mit Voraussetzungen von Art. 81 Abs. 3 EG unvereinbar sind". Daraus wird deutlich, daß Art. 7 VGVO auf das Auswirkungsprinzip abstellt.[1169] Insoweit kommt es nicht darauf an, ob die an der Vereinbarung beteiligten Unternehmen in ein oder mehreren Mitgliedstaaten ansässig sind, da allein entscheidend ist, ob die mit Art. 81 Abs. 3 EG unvereinbaren Wirkungen auf das Gebiet des betreffenden Mitgliedstaates beschränkt sind. Wegen des Art. 7 VGVO zugrundeliegenden Auswirkungsprinzips ist es überzeugend, die Entzugskompetenz der nationalen Behörden nach Art. 7 VGVO nicht schon daran scheitern zu lassen, daß Unternehmen aus anderen Mitgliedstaaten an der Vereinbarung beteiligt sind.[1170] Jedoch ist im Einzelfall denkbar, daß der Vorteil der VGVO nur dergestalt entzogen werden kann, daß der Entzug zwangsläufig weitere über den Mitgliedstaat hinausgehende Wirkungen hat, etwa weil sich die Vereinbarung nicht in räumlich abgrenzbare wettbewerbsbeschränkende Teile aufteilen läßt.[1171] Da in diesen Fällen ein Entzug notwendigerweise eine über das betroffene Gebiet hinausgehende Wirkung hat, sollte die Kommission die ausschließliche Zuständigkeit zum Entzug nach Art. 6 VGVO haben.

1168 Leitlinien zur VGVO, Tz. 22; Veelken in Immenga/Mestmäcker, Ergänzungsband zum EG-WettbewerbsR, GFVO, Rz. 321.

1169 Veelken in Immenga/Mestmäcker, Ergänzungsband zum EG-WettbwR, GFVO, Rz. 333.

1170 Veelken in Immenga/Mestmäcker, Ergänzungsband zum EG-WettbwR, GFVO, Rz. 333.

1171 Zum Teilentzug: Veelken in Immenga/Mestmäcker, Ergänzungsband zum EG-WettbewerbsR, GFVO, Rz. 333.

c) Gemeinschaftsweite Verbindlichkeit oder Anerkennungspflicht?

Nicht zu verwechseln mit dem Problem der räumlichen Eingrenzung der Entzugsentscheidung durch den Passus „mit Wirkung für das betroffene Gebiet" ist die Frage, für wen die Entzugsentscheidung neben den in ihr bezeichneten Adressaten verbindlich ist. Insbesondere ist die Verbindlichkeit der Entzugsentscheidung einer nationalen Behörde für Zivilgerichte anderer Mitgliedstaaten fraglich.[1172] Dieses Problem kann selbst dann auftreten, wenn beide an der Vereinbarung beteiligten Unternehmen im selben Mitgliedstaat wie die Entzugsbehörde angesiedelt sind, aber ein drittes Unternehmen aus dem Ausland klagt, falls der zivilprozeßrechtliche Gerichtsstand im Ausland ist.[1173] Eine ähnliche Konstellation ist denkbar, wenn für einen zwischen den Vertragsparteien geführten Rechtsstreit im Wege einer Gerichtsstandsvereinbarung ein Gericht zuständig ist, das in einem anderen Mitgliedstaat als die Entzugsbehörde seinen Sitz hat.

Die Verbindlichkeit für Behörden und Gerichte anderer Mitgliedstaaten ist deswegen nicht unproblematisch, weil es sich bei der Entzugsentscheidung um einen Verwaltungsakt handelt und dessen Verbindlichkeit für ein Gericht eines anderen Mitgliedstaates mit einer Einschränkung der Souveränität dieses Mitgliedstaates verbunden ist.[1174]

Zu klären ist somit, ob die Entzugsentscheidung einer nationalen Behörde entweder *erga omnes* Wirkung und damit automatisch gemeinschaftsweite Verbindlichkeit hat, oder ob eine Anerkennung des Verwaltungsakts durch den anderen Mitgliedstaat erforderlich ist. Im letzteren Fall wäre fraglich, ob es für andere Mitgliedstaaten eine Pflicht zur Anerkennung der Entzugsentscheidung gibt. Der Begriff „Anerkennung" bedeutet dabei, daß ein Staat die Erstreckung der Wirkungen von Hoheitsakten eines anderen Staates auf sein eigenes Staatsgebiet zuläßt.[1175]

aa) Keine ausdrückliche Anordnung in DVO oder VGVO

Weder in der DVO noch in der VGVO findet sich eine ausdrückliche Anordnung der Verbindlichkeit für Zivilgerichte anderer Mitgliedstaaten oder eine Anerkennungspflicht der Mitgliedstaaten. Insbesondere Art. 16 DVO ist tatbestandlich nicht einschlägig. Auch Art. 15 DVO sieht keine Verbindlichkeit von Entzugsentscheidungen für nationale Gerichte vor Es wäre wünschenswert gewesen, wenn die DVO bzw. die VGVO die gemeinschaftsweite Verbindlichkeit ausdrücklich angeordnet hätte.

[1172] de Bronett, WuW, 1999, 831f.; Baur/Weyer in FK, Art. 81 Zivilrechtsfolgen, Rz. 183a.

[1173] Vgl. zu Gerichtsstandsvereinbarungen Art. 27ff. VO 44/2001 (ABl.EG 2001, Nr. 12/1).

[1174] Vgl. de Bronett, WuW 1999, 832.

[1175] Gillessen, Lockerung des Freistellungsmonopols, S. 42; BGHZ 25, 134 (140).

bb) Völkerrecht: keine Verbindlichkeit von Verwaltungsakten in anderen Staaten

Nach allgemeinem Völkerrecht haben Verwaltungsakte keine über das Hoheitsgebiet des jeweiligen Staates hinausgehende Geltung.[1176] Auch besteht für einen Staat grundsätzlich keine Pflicht, die Verwaltungsakte eines anderen Staates anzuerkennen.[1177] Dieses wäre auch mit dem Territorialitätsprinzip nicht vereinbar, da eine automatische Geltung in anderen Staaten oder eine Anerkennungspflicht für diese Staaten mit einem Souveränitätsverlust verbunden wäre.[1178] Es ist daher eine Ermessensentscheidung, ob eine Anerkennung stattfindet oder nicht.

cc) Keine Anwendung der VO 44/2001 (zuvor: EuGVÜ) auf Verwaltungsakte

Eine automatische Anerkennung könnte sich aus Art. 33 der Verordnung (EG) 44/2001[1179] ergeben, welche das zuvor geltende EuGVÜ[1180] vergemeinschaftet.[1181] Gemäß Art. 33 Abs. 1 VO 44/2001 werden die in einem Mitgliedstaat ergangenen Entscheidungen in den anderen Mitgliedstaaten anerkannt, ohne daß es dafür eines besonderen Verfahrens bedarf.[1182] In Art. 32 VO 44/2001 wird der Begriff „Entscheidung" definiert. Demnach sind Entscheidungen nur Gerichtsentscheidungen, nicht dagegen Verwaltungsentscheidungen. Eine Gerichtsentscheidung im Sinne des Art. 32 VO 44/2001 dürfte selbst dann nicht vorliegen, wenn ein Mitgliedstaat gemäß Art. 35 Abs. 1 S. 3 DVO ein Gericht als Wettbewerbsbehörde eingesetzt hat. Denn aus Art. 35 Abs. 3 DVO ergibt sich, daß der Gemeinschaftsgesetzgeber hierbei differenziert, ob das Gericht rechtsprechende oder vollziehende Gewalt ausübt. Eine Entzugsentscheidung kann daher nicht nach Art. 33 VO 44/2001 anerkannt werden. Darüber hinaus ist die VO 44/2001 nach deren Art. 1 Abs. 1 nicht auf „verwaltungsrechtliche Angelegenheiten" anwendbar. Um eine solche handelt es sich, wenn ein Zusammenhang mit der Ausübung hoheitlicher Befugnisse besteht.[1183] Da die mitgliedstaatliche Wettbewerbsbehörde beim Entzug hoheitliche Befugnisse nach Art. 7 VGVO, Art.

[1176] Verdross/Simma, Universelles Völkerrecht, § 1021; Bleckmann, JZ 1985, 1073; Beyer, EWS 1999, 13.

[1177] Linke, Europäisches Internationales VerwaltungsR, S. 107ff.; Gillessen, Lockerung des Freistellungsmonopols, S. 41.

[1178] Bleckmann, JZ 1985, 1073, Linke, Europäisches Internationales VerwaltungsR, S. 107f.

[1179] Verordnung über die gerichtliche Zuständigkeit und die Anerkennung und Vollstreckung von Entscheidungen in Zivil- und Handelssachen, ABl.EG 2001 Nr. L 12 v. 16. 1. 2001.

[1180] Übereinkommen über die gerichtliche Zuständigkeit und die Vollstreckung gerichtlicher Entscheidungen in Zivil- und Handelssachen, konsolidierte Fassung ABl.EG 1998 Nr. C 27 v. 26. 1. 1998.

[1181] Micklitz/Rott, EuZW 2002, 15; EuZW 2001, 325.

[1182] Vgl. aber Art. 38 zur Verleihung der Vollstreckbarkeit. Diese erfolgt in der ersten Phase ohne Prüfung von Versagungsgründen; kritisch dazu: Kohler, Systemwechsel im europäischen Kollisionsrecht, S. 150f.

[1183] Kropholler, Europäisches Zivilprozeßrecht, Art. 1 VO 44/2001, Rz. 6.

29 Abs. 2 DVO ausübt, handelt es sich um eine verwaltungsrechtliche Angelegenheit iSd Art. 1 VO 44/2001. Daher ist der Anwendungsbereich dieser VO nicht eröffnet.

dd) keine Verbindlichkeit allein deswegen, weil Europarecht angewendet wird

Teilweise wird vertreten, daß eine Entscheidung einer nationalen Behörde stets gemeinschaftsweite Verbindlichkeit habe, wenn sie auf der Anwendung von Gemeinschaftsrecht beruht.[1184] Eine solche allgemeine gemeinschaftsweite Geltung „kraft Natur der Sache" ist jedoch abzulehnen, da die bloße Anwendung von Europarecht nicht in jedem Fall zwangsläufig voraussetzt, daß die Entscheidung auch in allen anderen Mitgliedstaaten gelten soll.[1185]

ee) Gemeinschaftsweite Verbindlichkeit aus Primärrecht, Art. 10 EG?

Zwar findet sich im europäischen Primärrecht weder eine ausdrückliche Anordnung der gemeinschaftsweiten Geltung von Verwaltungsakten der Mitgliedstaaten noch eine Anerkennungspflicht, jedoch können sich aus den Grundfreiheiten wie der Warenverkehrsfreiheit, Art. 30 ff. EG Anerkennungspflichten ergeben,[1186] insbesondere aus dem den Grundfreiheiten zugrundliegenden Diskriminierungsverbot.[1187] Allerdings hat die Entzugsentscheidung keinen Einfluß auf die Grundfreiheiten der Unternehmen, so daß sich insoweit weder eine Anerkennungspflicht noch eine gemeinschaftsweite Verbindlichkeit für eine nationale Entzugsentscheidung ergibt.[1188]
Eine Anerkennungspflicht könnte aus dem Grundsatz der Gemeinschaftstreue nach Art. 10 EG folgen. Der EuGH hat Art. 10 EG allenfalls ergänzend zu den Grundfreiheiten,[1189] aber nie isoliert zur Begründung einer Anerkennungspflicht herangezogen.[1190] Eine Anerkennungspflicht kann sich zumindest nicht aus Art. 10 Abs. 2 EG ergeben, da dieser schon vom Wortlaut her nur eine Unterlassungspflicht begründet.[1191] Nach Art. 10 Abs. 1 EG treffen die Mitgliedstaaten alle geeigneten Maßnahmen zur Erfüllung der Vertragspflichten oder der durch sonstige Gemeinschaftsakte begründeten Pflichten. Dabei kann Art. 10 Abs. 1 EG durchaus eigenständige Handlungspflichten der Mitgliedstaaten schaffen.[1192]

[1184] Wolf/Fink, WuW 1994, 292.

[1185] Ablehnend auch Lässig, Dezentrale Anwendung, S. 75 wegen „rechtspolitischer Bedenken".

[1186] Vgl. zB EuGH Slg. 1979 649, Rz. 14, 15-Cassis de Dijon, der im für die Maßnahme gleicher Wirkung im Rahmen der Warenverkehrsfreiheit darauf abstellt, ob die Ware „in einem anderen Mitgliedstaat *rechtmäßig*" hergestellt war. Linke, Europäisches Internationales VerwaltungsR, S. 178-212; Beyer, EWS 1999, 15f.

[1187] Weyer, Freier Warenverkehr, S. 216.

[1188] Lässig, Dezentrale Anwendung, S. 75.

[1189] EuGH Slg. 1987, 4097, Rz. 11-Heylens; EuGH Slg. 1991 I-2351, Rz. 14-Vlassopulo.

[1190] Linke, Europäisches, Internationales VerwaltungR, S. 213.

[1191] Hatje in Schwarze, EU-Kommentar, Art. 10 EGV, Rz. 47ff.

[1192] Hatje in Schwarze, EU-Kommentar, Art. 10 EGV, Rz. 14.

Eine Minderheit in der Literatur befürwortet daher eine allgemeine Anerkennungspflicht isoliert aus Art. 10 Abs. 1 EG für Verwaltungsakte, die auf der Grundlage von Gemeinschaftsrecht ergehen.[1193]
Demgegenüber werden Bedenken geäußert, da ein Mitgliedstaat grundsätzlich ein Ermessen hat, in welcher Weise er eine „geeignete Maßnahme" iSd Art. 10 Abs. 1 S. 1 EG trifft. Neben der Anerkennung besteht grundsätzlich auch die Möglichkeit, daß der Mitgliedstaat einen eigenen ähnlichen Verwaltungsakt erläßt.[1194] Eine Anerkennungspflicht käme somit allenfalls dann in Betracht, wenn dem Mitgliedstaat kein anderes „geeignetes" Mittel zur Verfügung steht.[1195] Beim Entzug nach Art. 7 VGVO scheidet der Erlaß eines eigenen gleichlautenden Verwaltungsakts wegen der Voraussetzung des „gesonderten räumlichen Marktes" begrifflich aus, so daß die Anerkennungspflicht insofern nicht abgelehnt werden kann. Allerdings sprechen andere Gründe gegen eine Anerkennungspflicht allein aus Art. 10 EG. Noch kann bei der Europäischen Gemeinschaft nicht von einer vollständigen Herstellung eines Bundesstaates ausgegangen werden, welche eine Anerkennungspflicht natürlich erscheinen ließe. Die Annahme einer weitreichenden Anerkennungspflicht aus Art. 10 Abs. 1 S. 1 EG überzeugt angesichts des derzeitigen Standes der Integration der Gemeinschaft nicht.[1196]

ff) Verbindlichkeit wegen gemeinschaftsrechtlich angeordneter rechtsgestaltender Wirkung im Zivilrecht

Teilweise wird mangels ausdrücklicher Rechtsgrundlage eine gemeinschaftsweite Geltung von mitgliedstaatlichen, auf Gemeinschaftsrecht beruhenden Verwaltungsakten abgelehnt.[1197] Jedoch könnte sich die gemeinschaftsweite Geltung aus der durch Gemeinschaftsrecht angeordneten zivilrechtsgestaltenden Wirkung von Entzugsentscheidungen ergeben. Zwar folgt die gemeinschaftsweite Verbindlichkeit möglicherweise noch nicht allein daraus, daß der mitgliedstaatliche Verwaltungsakt rechtsgestaltend ist.[1198] Jedoch haben Entzugsentscheidungen anders als viele andere Verwaltungsakte zivilrechtsgestaltende Wirkung, da mit ihnen die Anwendbarkeit des Verbots des Art. 81 Abs. 1 EG und der Nichtigkeitsfolge des Art. 81 Abs. 2 EG wiederhergestellt wird. Gerade im Zivilrecht gilt innerhalb der Gemeinschaft, daß eine Änderung der Rechtslage gegenüber

[1193] Bleckmann, Europarecht, Rz. 707; ders. kritisch aber noch in JZ 1985, 1077.
[1194] Gillessen, Lockerung des Freistellungsmonopols, S. 45.
[1195] Gillessen, Lockerung des Freistellungsmonopols, S. 45.
[1196] Beyer, EWS 1999, 14.
[1197] Gillessen, Lockerung des Freistellungsmonopols, S. 46 und 126-141, zumindest wenn Rechtspositionen Dritter betroffen sein könnten.
[1198] So aber Schütz, WuW 1994, 521. Veelken in Immenga/Mestmäcker, Ergänzungsband zum EG-Wettbewerbsrecht, GFVO, Rz. 334.

jedermann eintritt.[1199] Daher muß auch ein im Zivilrecht wirkender Verwaltungsakt grundsätzlich Wirkung *erga omnes* haben.[1200] Eine Ausnahme könnte allenfalls dann bestehen, wenn eine solche *erga omnes* Wirkung zu einem Eingriff in Rechte unbeteiligter Dritter führt.[1201] Da durch eine Entzugsentscheidung selbst nur die Freistellung durch eine GVO aufgehoben wird, ist -anders als früher bei Erteilung einer Einzelfreistellung-[1202] schwer vorstellbar, daß erhebliche Rechtspositionen dritter Unternehmen negativ betroffen sind. Daher gilt hier der Grundsatz, daß eine Entzugsentscheidung Wirkung *erga omnes* hat. Die zivilrechtsgestaltende Wirkung ist im Gemeinschaftsrecht in Art. 7 VGVO, Art. 29 Abs. 2 DVO angeordnet. Daher erstreckt sich die daraus resultierende *erga omnes* Wirkung der Entzugsentscheidung auch auf das Gemeinschaftsgebiet, so daß die Entzugsentscheidung auch für Zivilgerichte anderer Mitgliedstaaten verbindlich ist.

gg) Zwischenergebnis

Eine Entzugsentscheidung einer nationalen Behörde nach Art. 7 VGVO bzw. Art. 29 Abs. 2 DVO hat Wirkung *erga omnes* und damit gemeinschaftsweite Verbindlichkeit. Der auf das Gebiet des Mitgliedstaates angeordnete Entzug muß daher auch von Gerichten und Behörden anderer Mitgliedstaaten ohne weiteres beachtet werden. Es bedarf keiner Anerkennung.

C. Entzug durch Verordnung: Art. 8 VGVO

Mit Art. 1a VO 19/65 und Art. 8 VGVO steht der Kommission eine neue Verfahrensart zur Verfügung, um die Nichtanwendbarkeit der VGVO auf bestimmte Vereinbarungsarten herbeizuführen. Die Kommission kann nunmehr nicht nur im Einzelfall durch Entscheidung, sondern nach Art. 8 VGVO iVm Art. 1a VO 19/65 auch durch Verordnung für eine unbestimmte Vielzahl von Fällen den Freistellungstatbestand der VGVO für unanwendbar erklären (sog. Nichtanwendbarkeitsverordnung). Eine solche Verordnung hat zum Teil andere Voraussetzungen als ein Verfahren nach Art. 6 VGVO und auch andere, teils über Art. 6 VGVO hinausgehende Wirkungen. Dennoch bestehen ausreichende Ähnlichkeiten zum Entzug durch Einzelentscheidung, so daß auch bei Nichtanwendbarkeitsverordnungen von einem Entzugsverfahren gesprochen werden kann.[1203]

[1199] Gillessen, Lockerung des Freistellungsmonopols, S. 131f.; auch auf die engen Ausnahmen hinweisend.

[1200] Für eine erga omnes-Wirkung: Veelken in Immenga/Mestmäcker, Ergänzungsband zum EG-Wettbewerbsrecht, GFVO, Rz. 334.

[1201] Gillessen, Lockerung des Freistellungsmonopols, S. 133.

[1202] Gillessen, Lockerung des Freistellungsmonopols, S. 133f.

[1203] Ebenso: Roniger, Art. 8 VGVO, Rz. 3.

I. Besondere Voraussetzungen

Da die Kommission die Nichtanwendbarkeitsvoraussetzungen nicht allein auf Art. 1a VO 19/65 stützen kann, müssen die besonderen Voraussetzungen des Art. 8 VGVO erfüllt sein.

1. Abstrakt generelle Regelung

Anders als Art. 6 und 7 VGVO und Art. 29 Abs. 1 und Abs. 2 DVO sieht Art. 8 VGVO keine Behandlung eines „Einzelfalls" bzw. „bestimmten Falls" vor. Vielmehr kann die Kommission in abstrakt genereller Weise Vereinbarungen vom Anwendungsbereich der VGVO ausnehmen.

2. „betroffener Markt", Art. 8 VGVO

Die Anwendung von Art. 8 VGVO erfordert die Bestimmung des relevanten Marktes.[1204] Fraglich ist insoweit, ob -ähnlich wie im Falle des Art. 7 VGVO und Art. 6 VGVO- auch andere Märkte als der für Art. 3 VGVO relevante Lieferanten-Käufer-Markt in Betracht zu ziehen sind. Da es bei Art. 8 VGVO anders als bei den Verfahren nach Art. 6 und 7 VGVO nicht um eine Einzelfallbetrachtung geht, sondern ähnlich wie bei Art. 3 VGVO generalisiert wird, erscheint die Heranziehung anderer Märkte nicht in gleicher Weise geboten wie bei Art. 6 und 7 VGVO. Auch die Leitlinien sehen eine Berücksichtigung weiterer Märkte nur bei der individuellen Beurteilung von Vereinbarungen vor.[1205] Dennoch wird in der Literatur die Möglichkeit der Berücksichtigung anderer Märkte auch im Rahmen des Art. 8 VGVO vertreten.[1206] Dieses folge daraus, daß es keinen Hinweis dafür gebe, daß der „betroffene Markt" gemäß Art. 8 VGVO mit dem relevanten Markt des Art. 3 VGVO identisch sein müßte.[1207] Betrachtet man den Wortlaut des Art. 8 VGVO, läßt sich dieses Ergebnis darauf stützen, daß dieser darauf abstellt, ob die vertikale Vereinbarung „bestimmte Beschränkungen des Wettbewerbs auf dem betroffenen Markt" enthält. Entscheidend ist also, ob die vertikale Vereinbarung zwischen Lieferant und Käufer, welche sich auf dem Markt iSd Art. 3 VGVO gegenüberstehen, Auswirkungen auf den Markt hat, welcher durch Netze vertikaler Vereinbarungen erfaßt wird. Demnach wäre es allerdings nicht Voraussetzung des Art. 8 VGVO, daß auch der Markt iSd Art. 3 VGVO, auf dem sich Lieferant und Käufer gegenüberstehen, durch parallele Netze abgedeckt ist. Erheblich ist nur, ob die Vereinbarung sich auf einen durch Netze abgeschotteten Markt beschränkend auswirkt. Problematisch ist dieses im Hinblick auf die Bestimmtheit, denn als abstrakt generelle Regelung ergeht die

---

1204 Leitlinien zur VGVO, Tz. 85.

1205 Vgl. auch Leitlinien zur VGVO Tz. 96; aA aber Veelken in Immenga/Mestmäcker, Ergänzungsband zum EG-Wettbewerbsrecht, GFVO, Rz. 339 Fn. 1096.

1206 Leitlinien zur VGVO, Tz. 85, Tz. 22; ebenso ausdrücklich: Veelken in Immenga/Mestmäcker, Ergänzungsband zum EG-Wettbewerbsrecht, GFVO, Rz. 339.

1207 Veelken in Immenga/Mestmäcker, Ergänzungsband zum EG-Wettbewerbsrecht, GFVO, Rz. 339.

Nichtanwendbarkeitsverordnung nicht an bestimmte Unternehmen und es ist im Einzelfall mitunter schwer ersichtlich, die Auswirkungen einer Vereinbarung auf andere Märkte einzuschätzen. Daher sollte die Kommission in ihrer Verordnung so genau wie möglich Vereinbarungsarten auf vorgelagerten Märkten umschreiben, von denen sie ausgeht, daß sie sich auf den betroffenen Markt iSd Art. 8 VGVO auswirken. Falls dieses nicht möglich ist, kommt nur ein Entzug nach Art. 6 (oder 7) VGVO in Betracht, bei dem eine individuelle Prüfung aller relevanten Märkte vorzunehmen ist. Im Regelfall wird aber der betroffene Markt iSd Art. 8 VGVO ohnehin mit dem in Art. 3 VGVO übereinstimmen, da sich schon so effektiv der betroffene Markt entflechten lassen wird.

3. Mehr als 50% des Marktes erfaßt von Netzen vertikaler Beschränkungen

Mit Art. 8 VGVO hat die Kommission Art. 1a VO 19/65 dahingehend konkretisiert, daß mehr als 50% des „betroffenen Marktes" von den Netzen vertikaler Beschränkungen erfaßt sein müssen.[1208] Allerdings bleibt unklar, worauf sich die 50% beziehen. In Betracht kämen Umsatzwerte, die Anzahl der Verkaufsstätten oder die Absatzmenge. Da nach Art. 9 Abs. 1 VGVO auch im Rahmen des Art. 3 VGVO auf die Absatzwerte der verkauften Vertragswaren oder -dienstleistungen abgestellt wird, sollte dieses Kriterium auch im Rahmen von Art. 8 VGVO gelten. Der Umsatz der Waren und Dienstleistungen, welcher im Rahmen der Netze gleichartiger vertikaler Beschränkungen erzielt wird, muß daher mehr als 50% des Gesamtumsatzes auf dem betroffenen Markt erfassen.[1209]

Fraglich ist, ob bei der 50%-Quote nur solche Netze von Vereinbarungen zu berücksichtigen sind, die nach dem *Delimitis*-Test auch im Hinblick auf die Spürbarkeit gegen Art. 81 Abs. 1 EG verstoßen. Der Wortlaut scheint dieses nahezulegen, da von nebeneinander bestehenden Netzen „vertikaler Beschränkungen" die Rede ist. Nach Art. 2 UAbs. 2 VGVO wird „vertikale Beschränkung" als Vereinbarung umschrieben, die unter Art. 81 Abs. 1 EG fällt. Demgegenüber ist nach Kommission und Literatur für die 50%-Quote „jedes einzelne Netz aus vertikalen Vereinbarungen"[1210] zu berücksichtigen, also unabhängig davon, ob die Vereinbarungen gegen Art. 81 Abs. 1 EG verstoßen.[1211] Dieses gilt insbesondere für ganze Netze von Vereinbarungen, die keinen spürbaren Beitrag iSd

---

[1208] Dieses war zB auf dem Biermarkt der Fall, der den Entscheidungen *Whitbread* (ABl.EG 1999 Nr. L 88/26, Tz. 177; EuG Slg. 2002 II-2026ff.-Shaw u. Falla), *Bass* (ABl.EG 1999 Nr. L 186/1, Tz. 195, EuG Slg. 2002 II-2090ff.-Joynson) und *Scottish and Newcastle* (ABl.EG 1999 Nr. L 186/28, Tz. 164) zugrundelag, wobei deren Vereinbarungen noch durch eine Einzelfreistellung nach der VO 17 freigestellt wurden.

[1209] Veelken in Immenga/Mestmäcker, Ergänzungsband zum EG-Wettbewerbsrecht, GFVO, Rz. 341.

[1210] Leitlinien zur VGVO, Tz. 82.

[1211] So ausdrücklich: Veelken in Immenga/Mestmäcker, Ergänzungsband zum EG-Wettbewerbsrecht, GFVO, Rz. 346.

der zweiten *Delimitis*-Voraussetzung leisten.[1212] Im Hinblick auf den Wortlaut von Art. 8 VGVO iVm Art. 2 UAbs. 2 VGVO ist diese Auslegung zwar problematisch, allerdings wird sie dem Sinn und Zweck des Art. 8 VGVO gerecht. Denn durch eine Nichtanwendbarkeitsverordnung sollen bestimmte Vereinbarungen auf Märkten, welche durch Bündel von Vereinbarungen besonders abgeschottet sind, dem Anwendungsbereich der VGVO entzogen werden. Dafür ist es aber nicht erforderlich, den Beitrag jedes konkreten Unternehmens zu bestimmen. Sinnvoller ist es, jedes Bündel von Vereinbarungen zu berücksichtigen.

4. Nichtanwendbarkeitserklärung für vertikale Beschränkungen

Zwar sind bei der Markterfassungsquote alle Bündel von Vereinbarungen zu berücksichtigen, jedoch kann sich eine Nichtanwendbarkeitsverordnung nur auf vertikale Beschränkungen iSd Art. 2 Abs. 1 UAbs. 2 VGVO beziehen.[1213] Denn fallen die Vereinbarungen schon nicht unter Art. 81 Abs. 1 EG, findet die VGVO ohnehin keine Anwendung, so daß es auch keiner Nichtanwendbarkeitsverordnung bedarf.[1214]

Ob eine konkrete Vereinbarung bzw. ein Netz von Vereinbarungen Art. 81 Abs. 1 EG unterfällt, ist anhand der oben zur Bündeltheorie unter Art. 81 Abs. 1 EG dargestellten Kriterien zu prüfen, wobei insbesondere auf die Entscheidungen *Delimitis* (EuGH) und *Langnese-Iglo* (EuG) hingewiesen sei. Die von Art. 8 VGVO geforderte „Gleichartigkeit" der vertikalen Beschränkungen ist auch schon bei der Prüfung, ob überhaupt ein Verstoß gegen Art. 81 Abs. 1 EG vorliegt, erheblich.[1215] Im Rahmen des Art. 8 VGVO werden jedoch keine konkreten Vereinbarungen auf ihre Vereinbarkeit mit Art. 81 EG hin überprüft, vielmehr werden in abstrakt genereller Weise bestimmte Vereinbarungsarten von der VGVO-Freistellung ausgenommen. Bei der Formulierung dieser Vereinbarungsarten sind allerdings möglichst die Grundsätze der EuGH-Rechtsprechung zu Art. 81 Abs. 1 EG zu beachten.

[1212] Auf dem britischen Biermarkt wäre für die Frage der Bindungsquote beispielsweise das Netz der Brauerei *Greene King* mit einem Marktanteil von unter 2% miteinzubeziehen, vgl. EuG Slg. 2002 II-1881, Rz. 69ff-Roberts.

[1213] Auf dem britischen Biermarkt bliebe also das Vertriebsnetz der Brauerei *Greene King* von der Nichtanwendbarkeitsverordnung unberührt, da ihr Netz nicht gegen Art. 81 Abs. 1 EG verstößt, EuG Slg. 2002 II- 1881, Rz. 69ff.-Roberts.

[1214] Veelken in Immenga/Mestmäcker, Ergänzungsband zum EG-Wettbewerbsrecht, GFVO, Rz. 346.

[1215] Vgl. EuGH Slg. 1991 I-977, Rz. 28ff-Delimitis.

5. Bestimmtheitsgebot

Die Bestimmtheit bezieht sich nicht nur auf die bereits erörterte genaue Eingrenzung des betroffenen Markts.[1216] Die Nichtanwendbarkeitsverordnung muß ebenfalls klar und deutlich erkennen lassen, welche vertikale Vereinbarungen sich auf diesen Markt beschränkend auswirken und damit der Freistellung durch die VGVO entzogen werden sollen. Die vertikalen Beschränkungen sind daher möglichst scharf zu umreißen. Dieses gilt, obwohl eine unter die Nichtanwendbarkeitsverordnung fallende Vereinbarung nicht zwangsläufig verboten ist, weil schon die Nichtanwendbarkeit der VGVO auf die Vereinbarung den Verlust eines Rechtsvorteils bedeutet.

6. Keine Prüfung der Vereinbarungen anhand von Art. 81 Abs. 3 EG

Der Hauptunterschied zu den Verfahren nach Art. 6 und 7 VGVO besteht darin, daß eine Nichtanwendbarkeitsverordnung nicht voraussetzt, daß die betroffenen Vereinbarungen gegen Art. 81 Abs. 3 EG verstoßen. Es findet wegen der generalisierenden Fassung auch keine Einzelfallprüfung diesbezüglich statt. Zwar sollte bei der Formulierung der von der Verordnung umfaßten Vereinbarungen den Kriterien des Art. 81 Abs. 3 EG Rechnung getragen werden,[1217] da es bei eindeutigem Vorliegen der Freistellungsvoraussetzungen keinen Grund für die Rücknahme der Freistellung durch die VGVO gibt. Von der Nichtanwendbarkeitsverordnung werden aber in rechtmäßiger Weise auch Vereinbarungen erfaßt, die im Einzelfall nicht gegen Art. 81 Abs. 3 EG verstoßen. Die VO nach Art. 8 VGVO eignet sich daher besonders für Fälle, in denen das Vorliegen eines Verstoßes einzelner Unternehmen gegen Art. 81 Abs. 3 EG unter Anwendung der Bündeltheorie nicht klar oder schwer nachzuweisen ist.

II. Rechtsfolgen der Nichtanwendbarkeitsverordnung

Die Nichtanwendbarkeitsverordnung unterscheidet sich auch wesentlich hinsichtlich der Rechtsfolgen von den Entzugsverfahren nach Art. 6 und 7 VGVO.

1. Nichtanwendbarkeit der VGVO, aber kein Verbot der Vereinbarungen

Mit einer Nichtanwendbarkeitsverordnung wird erklärt, daß auf die betroffenen Vereinbarungen die Freistellungsnormen der VGVO keine Anwendung finden, so daß „die volle Anwendbarkeit von Art. 81 Abs. 1 und 3 EG wiederhergestellt wird".[1218] Daher ist es den Parteien, die solche Vereinbarungen geschlossen haben, lediglich verwehrt, sich auf die VGVO zu berufen. Dagegen steht es ihnen frei, Art. 81 Abs. 3 EG zur Rechtfertigung heranzuziehen, denn die Vereinbar-

---

[1216] Veelken in Immenga/Mestmäcker, Ergänzungsband zum EG-Wettbewerbsrecht, GFVO, Rz. 343.
[1217] Veelken in Immenga/Mestmäcker, Ergänzungsband zum EG-Wettbewerbsrecht, GFVO, Rz. 343.
[1218] Leitlinien zur VGVO, Tz. 81.

keit mit Art. 81 Abs. 3 EG wird in einer Nichtanwendbarkeitsverordnung nicht geprüft.

2. Beweislast für Rechtfertigung nach Art. 81 Abs. 3 EG

Berufen sich die Vertragsparteien einer unter die Nichtanwendbarkeitsverordnung fallenden Vereinbarung auf Art. 81 Abs. 3 EG, so gelten auch die allgemeinen Beweislastregeln. Nach Art. 2 S. 3 DVO obliegt die Beweislast dafür, daß die Voraussetzungen des Art. 81 Abs. 3 EG erfüllt sind, den Unternehmen oder Unternehmensvereinigungen, die sich auf diese Vorschrift berufen. Daher müssen die Unternehmen, welche die von einer Nichtanwendbarkeitsverordnung erfaßten Vereinbarungen getroffen haben, darlegen, daß alle vier Voraussetzungen des Art. 81 Abs. 3 EG erfüllt sind.

3. Keine zwingende Verbindung mit Abstellungsverfügung

Folge der bloßen Wiederherstellung der vollen Anwendbarkeit des Art. 81 Abs. 3 EG ist auch, daß die Nichtanwendbarkeitsverordnung, anders als die Verfahren nach Art. 6 und 7 VGVO, regelmäßig nicht mit Abstellungsentscheidungen nach Art. 7 (bzw. 5) DVO zu verbinden ist. Eine Abstellungsverfügung kommt auch nur in Betracht, wenn tatsächlich ein Verstoß gegen Art. 81 Abs. 3 EG vorliegt. Diese ist bei Vereinbarungen, die von einer Nichtanwendbarkeitsverordnung erfaßt werden, nicht zwingend der Fall. Besteht aber im Einzelfall ein Verstoß gegen Art. 81 Abs. 3 EG, können insbesondere dritte Unternehmen diesen nach Erlaß einer Nichtanwendbarkeitsverordnung nach Art. 8 VGVO selbst vor nationalen Gerichten geltend machen. Denn mit Geltung einer Nichtanwendbarkeitsverordnung ist die volle unmittelbare Anwendbarkeit des Art. 81 Abs. 1, Abs. 3 EG wiederhergestellt.[1219] Ob die Kommission in solchen Fällen nach Einzelfallprüfung eine Abstellungsverfügung erläßt, liegt in ihrem pflichtgemäßen Ermessen. In Art. 7 DVO ist zwar ein Beschwerderecht normiert, so daß insoweit zumindest eine beschränkte gerichtliche Durchsetzung möglich ist. Allerdings kann regelmäßig, anders als beim Entzug nach Art. 6 VGVO, keine Ermessensreduzierung auf Null angenommen werden, da die Abstellungsverfügung nur deklaratorisch ist und die Betroffenen insofern nicht auf sie angewiesen sind.[1220]

4. Auch zukünftige Vereinbarungen werden erfaßt

Eine Nichtanwendbarkeitsverordnung betrifft sowohl Vereinbarungen, die beim Erlaß (bzw. Wirksamwerden) der Verordnung schon bestanden, als auch solche,

---

[1219] Insbesondere wenn die VGVO Vereinbarungen erfaßte, die im Einzelfall von Art. 81 Abs. 3 EG abwichen.

[1220] Kritisch zur dezentralen Durchsetzung privater Rechte im Kartellrecht: Nowak, EuR 2000, 738.

die erst danach geschlossen werden.[1221] Demgegenüber können zukünftige Vereinbarungen grundsätzlich nicht durch Einzelentscheidung untersagt werden; ein Entzug des Rechtsvorteils der VGVO für zukünftige Vereinbarungen ist ebenfalls nicht durch Einzelentscheidungen möglich.[1222] Art. 6 VGVO und 7 VGVO enthalten keine dahingehende Ermächtigung, folglich kann aus Gründen der Normenhierarchie eine Entscheidung nicht die Rechtswirkungen der Freistellungsnormen der VGVO aufheben. Erstmals kann die Kommission daher auch für die Zukunft sicherstellen, daß die Unternehmen im betroffenen Markt sich im Hinblick auf bestimmte Vereinbarungsarten nicht auf die VGVO berufen können.

5. Keine Auswirkung auf Freistellungsentscheidungen nach der VO 17

Die Rechtswirkung der Nichtanwendbarkeitsverordnung beschränkt sich darauf, daß sich die betroffenen Unternehmen nicht mehr auf die VGVO berufen können. Jedoch hat eine Verordnung nach Art. 8 VGVO keine Auswirkungen auf die Wirksamkeit von nach der VO 17 erlassenen Einzelfreistellungsentscheidungen.[1223] Wie sich aus der in Art. 43 Abs. 1 DVO angeordneten Fortgeltung des Art. 8 Abs. 3 VO 17 ergibt, behalten Einzelfreistellungen nach der VO 17 auch nach Inkrafttreten der DVO ihre Gültigkeit.

6. Sechsmonatsfrist, Art. 1a VO 19/65, Art. 8 VGVO

Nach Art. 1a VO 19/65, Art. 8 Abs. 2 VGVO wird eine Nichtanwendbarkeitsverordnung frühestens sechs Monate nach ihrem Erlaß wirksam. Den von der Nichtanwendbarkeitsverordnung betroffenen Unternehmen ist daher eine gewisse Zeit eingeräumt, um ihre Vertriebssysteme anzupassen.[1224] Während dieser Zeit können sie sich gegebenenfalls auf die Freistellung durch die VGVO berufen. Fraglich ist, inwieweit die Kommission während dieser 6-Monatsfrist einstweilige Maßnahmen nach Art. 8 DVO treffen kann. Zwar ist dieses im Hinblick auf den Schutzcharakter der Schonfrist nach Art. 8 Abs. 2 VGVO problematisch. Da es sich bei einstweiligen Maßnahme nach Art. 8 DVO aber um vorläufig gültige Einzelfallentscheidungen in dringenden Fällen handelt, sind diese auch während der Frist des Art. 8 Abs. 2 VGVO zulässig.

[1221] Veelken in Immenga/Mestmäcker, Ergänzungsband zum EG-Wettbewerbsrecht, GFVO, Rz. 348.

[1222] EuG Slg. 1995 II-1533, Rz. 208-Langnese-Iglo zur Vorgänger-GVO 1984/83; eine Ausnahme besteht allenfalls, soweit ein Fortdauern desselben (verbotenen) Netzes verhindert werden soll durch das Verbot von zukünftigen Vereinbarungen.

[1223] Veelken in Immenga/Mestmäcker, Ergänzungsband zum EG-Wettbewerbsrecht, GFVO, Rz. 348.

[1224] de Bronett in Bauer/de Bronett, Die EU-VGVO, Rz. 238.

III. Rechtsnatur und Verfahren der Nichtanwendbarkeitsverordnung

Art. 8 VGVO schreibt schon vom Wortlaut her und in Abgrenzung zu den Verfahren nach Art. 6 und 7 VGVO zwingend die Verordnungsform vor. Dieses ergibt sich auch daraus, daß mit der Nichtanwendbarkeitsverordnung die Anwendung der VGVO auch für zukünftige Vereinbarungen ausgeschlossen wird. Zukünftige Vereinbarungen können dagegen nicht mit einer Einzelentscheidung oder mit einer Entscheidung in Form einer Allgemeinverfügung verboten werden.[1225] Die Verordnung ist unabhängig davon, ob sie deklaratorisch oder gestaltend ist, in allen ihren Teilen verbindlich.

Ob es sich aber bei der zu überprüfenden Maßnahme tatsächlich um eine Verordnung (nach Art. 8 VGVO) handelt, richtet sich, wie oben zu den Gruppenfreistellungsverordnungen bereits dargelegt, nicht nach der bloßen Bezeichnung, sondern nach der objektiven Sach- und Rechtslage. Es handelt sich tatsächlich um eine Verordnung iSd Art. 8 VGVO, wenn objektiv in abstrakt genereller Weise Vereinbarungsarten normiert werden, die von der Anwendung der VGVO generell ausgenommen werden sollen. Bezieht sich die Maßnahme dagegen ausdrücklich nur auf konkrete Vereinbarungen einzelner Unternehmen und findet eine Einzelfallprüfung anhand von Art. 81 Abs. 3 EG statt, ohne daß eine abstrakt generelle Regelung getroffen wird, fehlt es am Verordnungscharakter. Zu prüfen wäre dann, ob es sich um eine rechtmäßige Entscheidung gemäß Art. 6 VGVO handelt.

Das Verfahren für eine Nichtanwendbarkeitsverordnung richtet sich nach Art. 5 und Art. 6 VO 19/65. Gemäß Art. 5 VO 19/65 hat die Kommission einen Verordnungsentwurf zu veröffentlichen. Dabei ist allen Betroffenen eine mindestens einmonatige Frist zur Stellungnahme einzuräumen. Vor Veröffentlichung des Entwurfs ist der Beratende Ausschuß für Kartell- und Monopolfragen nach Art. 6 Abs. 1 lit. b) VO 19/65 anzuhören, allerdings nur, falls dieses von einem Mitgliedstaat beantragt wird. Zwingend ist die Anhörung des Beratenden Ausschusses vor Erlaß der Nichtanwendbarkeitsverordnung, Art. 6 Abs. 1 lit. b) VO 19/65. Interne Rechtsgrundlage des Beratenden Ausschusses im Rahmen des zweistufigen Rechtsetzungsverfahrens durch Rat und Kommission gemäß Art. 202 3. Spstr. EGV iVm Art. 211 Abs. 4 EG ist Art. 3 des 2. Komitologie-Beschlusses des Rates.[1226]

Art. 6 Abs. 2 VO 19/65 verweist auf die aufgehobenen Art. 10 Abs. 5 und Abs. 6 der VO 17 mit der Maßgabe, daß die gemeinsamen Sitzungen frühestens einen Monat nach Absendung der Einladung stattfinden. Nach Art. 43 Abs. 3 DVO gelten Bezugnahmen auf die aufgehobenen Verordnungen als Bezugnahme auf

---

[1225] Veelken in Immenga/Mestmäcker, Ergänzungsband zum EG-Wettbewerbsrecht, GFVO, Rz. 344, 348. Eine Ausnahme gilt allenfalls, wenn die zukünftigen Vereinbarungen faktisch als Fortdauern des bereits verbotenen Netzes anzusehen sind.

[1226] ABl.EG 1999 Nr. L 184/23 vom 17. 7. 1999; vgl. dazu Haibach, VerwArchiv 1999, 98; Mensching, EuZW 2000, 268.

die vorliegende Verordnung. Art. 6 Abs. 2 VO 19/65 verweist daher nunmehr auf Art. 14 DVO, insbesondere Art. 14 Abs. 3 S. 1 und Abs. 3 S. 5 DVO.

IV. Sektorenuntersuchung Art. 17 DVO

Nach Art. 17 DVO (und zuvor Art. 12 VO 17) kann die Kommission bestimmte Wirtschaftszweige oder sektorübergreifend bestimmte Vereinbarungsarten untersuchen. Voraussetzung ist nach Art. 17 Abs. 1 S. 1 DVO, daß die Vermutung besteht, daß der Wettbewerb im Gemeinsamen Markt möglicherweise eingeschränkt oder verfälscht ist. Umstände, welche dies vermuten lassen, sind unter anderem die Entwicklung des Handels zwischen den Mitgliedstaaten und Preisstarrheit. Gerade im Vorfeld einer Nichtanwendbarkeitsverordnung nach Art. 8 VGVO kann eine solche Untersuchung von Wirtschaftszweigen oder Vereinbarungsarten sinnvoll sein. Diese Untersuchung ermöglicht es der Kommission herauszufinden, ob tatsächlich Anlaß für den Erlaß einer Verordnung besteht. Außerdem kann sie die gewonnenen Informationen in eine Nichtanwendbarkeitsverordnung einfließen lassen. Sowohl der betroffene Markt als auch die erfaßten Vereinbarungsarten können präziser eingegrenzt werden.
Der Kommission steht mit Art. 17 DVO ein einschneidendes Handlungsinstrument zur Verfügung. Sie ist nicht nur befugt, von Unternehmen notwendige Auskünfte einzufordern und Nachprüfungen vorzunehmen, sondern kann nach Art. 17 Abs. 1 UAbs. 2 DVO auch verlangen, daß Unternehmen die Kommission von sämtlichen Vereinbarungen, Beschlüssen[1227] und aufeinander abgestimmten Verhaltensweisen unterrichten. Nach Art. 17 Abs. 2 DVO gelten die Art. 14 und 18 bis 20 und 22 bis 24 entsprechend, so daß auf die dazu dargelegten Ausführungen verwiesen wird.

V. Keine Erzwingbarkeit einer Nichtanwendbarkeitsverordnung durch Dritte

Beim Verfahren nach Art. 8 VGVO sind weder in der VGVO noch in der VO 19/65 ausdrücklich Beschwerderechte vorgesehen. Da eine Nichtanwendbarkeitsverordnung abstrakt generelle Regelungen enthält, würde eine Erzwingbarkeit einer VO nach Art. 8 VGVO auf einen Anspruch auf Erlaß von Rechtsnormen hinauslaufen. Nach Art. 232 Abs. 4 EG kann der Erlaß von Verordnungen jedoch nicht von einzelnen im Wege der Untätigkeitsklage erfolgreich geltend gemacht werden, da Verordnungen keine individuelle Geltung entfalten.[1228] Eine auf Erlaß einer Verordnung gerichtete Untätigkeitsklage wäre daher schon unzulässig.[1229]

[1227] Die für eine Verordnung nach Art. 8 VGVO allerdings keine Rolle spielen, da sie schon nicht von der VGVO erfaßt sind.

[1228] EuGH Slg. 1979, 1081, Rz. 14-Granaria/Rat, Schwarze, EU-Kommentar, Art. 232 EG, Rz. 16.

[1229] Cremer in Calliess/Ruffert, Art 232 EG, Rz. 6.

VI. Ermessen, Verhältnismäßigkeitsprinzip

Der Erlaß einer VGVO steht im pflichtgemäßem Ermessen der Kommission, selbst bei einer Bindungsquote von über 50% besteht keine Pflicht zum Erlaß einer Nichtanwendbarkeitsverordnung.[1230] Da mit einer solchen Verordnung noch keine Aussage über die Vereinbarkeit mit Art. 81 Abs. 3 EG getroffen wird und weil es sich bei Art. 8 VGVO um ein Normerlaßverfahren handelt, hat die Kommission einen größeren Ermessensspielraum als beim Entzug nach Art. 6 VGVO. Im Rahmen des Verhältnismäßigkeitsprinzips ist es der Kommission auch möglich nur ganz bestimmte Vertragsklauseln von Vereinbarungsarten vom Anwendungsbereich der VGVO herauszunehmen.[1231] Die Kommission geht davon aus, daß sie die Geltung einer Nichtanwendbarkeitsverordnung auf Unternehmen ab einem gewissen Marktanteil beschränken kann.[1232]

VII. Verhältnis zu Art. 6 und 7 VGVO

Art. 8 VGVO hat andere Voraussetzungen als Art. 6 und 7 VGVO. Daher ist das Verhältnis zwischen Nichtanwendbarkeitsverordnung und Entzug durch Einzelentscheidung nur problematisch, wenn die Voraussetzungen beider Verfahrensarten gegeben sind. Dieses erfordert, daß durch Netze gleichartiger vertikaler Vereinbarungen mehr als 50% des Marktes abgedeckt sind, und daß Vereinbarungen auf dem betroffenen Markt gegen Art. 81 Abs. 3 EG verstoßen. Im Verhältnis zu Art. 7 VGVO ist darüber hinaus zu verlangen, daß der gesonderte räumliche Markt nicht größer ist als das Gebiet eines Mitgliedstaates.

Nach den Leitlinien „wird die Kommission erwägen", ob nicht ein Entzug durch Einzelentscheidung die bessere Lösung sei, wobei sowohl die Anzahl der beteiligten Unternehmen als auch die Zahl der räumlichen Märkte erhebliche Faktoren wären.[1233] Allerdings darf dieses nicht dahingehend mißverstanden werden, daß eine Verordnung nach Art. 8 VGVO ermessensfehlerhaft wäre, wenn nur eine vergleichsweise geringe Anzahl von Unternehmen an den Netzen beteiligt ist. Denn nur mit einer Verordnung nach Art. 8 VGVO kann die Kommission gewährleisten, daß auch in Zukunft keine ähnlichen Vertriebsnetze mit anderen Einzelhändlern aufgebaut werden. Umgekehrt bedeutet eine größere Anzahl von beteiligten Unternehmen innerhalb der parallelen Netze gleichartiger Vereinbarungen nicht, daß die Kommission keine Entscheidungen nach Art. 6 VGVO erlassen sollte. Denn Art. 6 VGVO führt das Vorliegen nebeneinander bestehender Netze selbst als Beispielsfall auf, und bei derartigen Netzen werden häufig zahlreiche Unternehmen beteiligt sein.

[1230] Leitlinien zur VGVO, Tz. 83.
[1231] Leitlinien zur VGVO, Tz. 85; Veelken in Immenga/Mestmäcker, Ergänzungsband zum EG-Wettbewerbsrecht, GFVO, Rz. 345.
[1232] Leitlinien zur VGVO Tz. 85.
[1233] Leitlinien zur VGVO, Tz. 84.

Mit Wirkung der DVO wird aber ein anderer Umstand zu berücksichtigen sein: In den Fällen, in denen Art. 6, 7 VGVO und Art. 8 VGVO in Konkurrenz stehen, liegt immer ein Verstoß gegen Art. 81 Abs. 3 EG vor. Gegen diesen muß die Kommission oder die nationale Behörde in möglichst effektiver Weise vorgehen. Eine Nichtanwendbarkeitsverordnung sollte die Kommission in solchen Fällen daher nur erlassen, wenn dadurch der Verstoß gegen Art. 81 Abs. 3 EG in mindestens genauso wirkungsvoller Weise bekämpft werden kann wie durch Einzelentscheidungen. Dabei sollte auch berücksichtigt werden, daß eine Verordnung nach Art. 8 Abs. 2 VGVO frühestens nach 6 Monaten in Kraft treten kann, wobei im Einzelfall zuvor einstweilige Maßnahmen möglich sind. Zu bedenken ist ebenfalls, daß eine Nichtanwendbarkeitsverordnung anders als eine Entzugsentscheidung nicht notwendigerweise mit einer Abstellungsverfügung verbunden wird. Besteht daher ein öffentliches Interesse, gegen bestimmte Verhaltensweisen einiger Unternehmen vorzugehen, so wären im Falle der VO nach Art. 8 VGVO zusätzliche Entscheidungen erforderlich, so daß gezielte Entzugsverfahren möglicherweise effizienter und schonender sind. Die Verordnung nach Art. 8 VGVO wird dagegen sinnvoller sein, wenn eine größere Anzahl gleichstarker Unternehmen gegen Art. 81 Abs. 3 EG verstoßen, insbesondere wenn es schwierig ist festzustellen, wessen Vertragsnetze nicht mit Art. 81 Abs. 3 EG vereinbar sind.

Ein Ermessensmißbrauch wird allerdings kaum nachweisbar sein, wenn die Kommission anstelle punktueller Verfahren nach Art. 6 VGVO eine Nichtanwendbarkeitsverordnung erläßt. Zum einen steht es den betroffenen Unternehmen nach wie vor frei, sich auf Art. 81 Abs. 3 EG zu berufen. Zum anderen kann allein mit einer VO nach Art. 8 VGVO auch für die Zukunft verhindert werden, daß vergleichbare Vereinbarungen abgeschlossen werden. Wegen dieser unterschiedlichen Rechtsfolgen können Verfahren nach Art. 6 und 7 VGVO weder als stets mildere Mittel, noch als stets in gleicher Weise geeignete Verfahren zur Zerschlagung zugangsbeschränkender Netze gleichartiger Vereinbarungen angesehen werden. Die Kommission hat daher einen erheblichen Ermessensspielraum für die Frage, wie sie gegen Netze gleichartiger vertikaler Vereinbarungen vorgeht. Ein Ermessensfehler könnte allenfalls dann angenommen werden, wenn eine Nichtanwendbarkeitsverordnung ohne sachlichen Grund auch Vereinbarungen umfaßt, welche eindeutig nach Art. 81 Abs. 3 EG gerechtfertigt sind. Zwar können sich die betroffenen Unternehmen in solchen Fällen erfolgreich auf Art. 81 Abs. 3 EG berufen, jedoch würde ihnen ohne sachlichen Grund und damit ermessensfehlerhaft der Rechtsvorteil der VGVO entzogen. Ob diese fehlerhafte Ermessensausübung im Wege der Nichtigkeitsklage geltend gemacht werden kann, ist eine andere Frage.

VIII. Rechtsschutz

Handelt es sich nicht nur der bloßen Bezeichnung nach, sondern gemäß der objektiven Sach- und Rechtslage um eine Verordnung iSd Art. 8 VGVO, so besteht hinsichtlich des Rechtsschutzes -wie bei allen Verordnungen- das bereits

im ersten Teil erörterte Problem, ob diese von Betroffenen isoliert angefochten werden kann. Es handelt sich um eine Frage der individuellen Betroffenheit iSd Art. 230 Abs. 4 EG, welche bei Verordnungen nur in wenigen Ausnahmefällen gegeben ist. Da die Nichtanwendbarkeitsverordnung nur die durch die VGVO vorgenommene positive Voreinschätzung zurücknimmt und als Rechtsfolge lediglich die volle Anwendbarkeit des Art. 81 EG wiederherstellt, ist bereits fraglich, ob überhaupt die Notwendigkeit besteht, aus Rechtsschutzgründen ausnahmsweise auch bei einer Verordnung die individuelle Betroffenheit zu bejahen.[1234] Das Bedürfnis für eine ausnahmsweise zulässige isolierte Anfechtung einer solchen Verordnung ist mit Geltung der DVO noch geringer geworden, da die betroffenen Unternehmen sich direkt auf Art. 81 Abs. 3 EG berufen können und nicht erst eine Einzelfreistellung erlangen müssen. Selbst wenn die Nichtanwendbarkeitsverordnung aus Anlaß eines Einzelfalls erlassen wurde, ist eine individuelle Betroffenheit abzulehnen.
Teilweise wird vertreten, die individuelle Betroffenheit sei in den Fällen anzunehmen, in denen die Kommission die Nichtanwendbarkeitsverordnung erlassen hat, obwohl ein Einzelentzug durch Entscheidung „ausgereicht hätte", da dieses einen Ermessensmißbrauch darstelle.[1235] Nach der hier vertretenen Auffassung ist in solchen Fällen regelmäßig schon kein Ermessensmißbrauch gegeben. Darüber hinaus ist der bloße Umstand, daß auch eine Entscheidung hätte ergehen können oder sollen, nicht gleichbedeutend mit der Frage, ob Parteien einer von der Verordnung erfaßten Vereinbarung individuell betroffen sind. Da die Nichtanwendbarkeitsverordnung auch zukünftige Vereinbarungen potentieller anderer Unternehmen erfaßt, kann davon ausgegangen werden, daß hier keine individuelle, sondern generelle Betroffenheit gegeben ist. Mangels individueller Betroffenheit iSd Art. 230 Abs. 4 EG kommt eine isolierte Anfechtbarkeit einer Nichtanwendbarkeitsverordnung durch einzelne Unternehmen nicht in Betracht.
In jedem Fall aber kann dem EuGH im Rahmen eines Vorabentscheidungsverfahrens eines nationalen Zivilgerichts die Frage der Gültigkeit einer Nichtanwendbarkeitsverordnung vorgelegt werden, wenn diesbezüglich Zweifel bestehen. Erläßt die Kommission nach Inkrafttreten einer Nichtanwendbarkeitsverordnung eine Abstellungsverfügung nach Art. 7 DVO, so ist für die Frage ihrer Rechtmäßigkeit ebenfalls entscheidend, ob es dem Unternehmen wegen der Nichtanwendbarkeitsverordnung verwehrt ist, sich auf die VGVO zu berufen. Der Gerichtshof kann im Rahmen einer Nichtigkeitsklage gegen die Abstellungsverfügung auch die Gültigkeit der Nichtanwendbarkeitsverordnung überprüfen.

[1234] Die individuelle Betroffenheit „eher" verneinend: Veelken in Immenga/Mestmäcker, Ergänzungsband zum EG-Wettbewerbsrecht, GFVO, Rz. 351.
[1235] Roniger, Art. 8 VGVO, Rz. 9.

D. Ergebnis von Teil 3

Gruppenfreistellungsverordnungen sind für nationale Gerichte selbst dann verbindlich, wenn sie im Einzelfall Vereinbarungen freistellen, die mit Art. 81 Abs. 3 EG nicht übereinstimmen (abweichende Freistellungen). Die Entzugsverfahren nach Art. 6 und 7 VGVO dienen der Korrektur solcher konstitutiver abweichender Freistellungen. Die Nichtanwendbarkeitsverordnung nach Art. 8 VGVO setzt demgegenüber keinen Verstoß gegen Art. 81 Abs. 3 EG voraus, sondern erfordert, daß ein Markt zu über 50% durch nebeneinander bestehende Netze gleichartiger vertikaler Vereinbarungen abgeschottet wird. Der Erlaß einer Nichtanwendbarkeitsverordnung bietet sich daher in Fällen an, in denen schwer festzustellen ist, welche Unternehmen gegen Art. 81 Abs. 3 EG verstoßen. Zwar werden die Vereinbarungen durch eine Nichtanwendbarkeitsverordnung nicht verboten, die Unternehmen können sich aber nicht mehr auf das Eingreifen der GVO berufen und tragen die Beweislast für das Vorliegen der Voraussetzungen des Art. 81 Abs. 3 EG.

Allen Entzugsverfahren ist gemeinsam, daß sie gerade für nebeneinander bestehende Netze gleichartiger vertikaler Beschränkungen vorgesehen sind (sogenannte Bündeltheorie). Dabei ist zunächst zu klären, ob überhaupt ein Verstoß gegen Art. 81 Abs. 1 EG vorliegt. Dieses ist anhand der beiden *Delimitis*-Voraussetzungen des EuGH zu prüfen. Erste Voraussetzung ist die Schwerzugänglichkeit des Marktes. Zweite *Delimitis*-Voraussetzung ist der spürbare Beitrag des jeweiligen Lieferanten zu dieser Abschottungswirkung. Nach dem EuG ist das Bündel gleichartiger Verträge eines Lieferanten als Ganzes zu beurteilen, da eine Aufteilung zu willkürlichen Ergebnissen führen könnte.

Auch für die nach Art. 6 und 7 VGVO erforderliche Prüfung, ob die Vertragsbündel mit Art. 81 Abs. 3 EG vereinbar sind, darf ein Bündel gleichartiger Verträge eines Lieferanten nicht aufgeteilt werden. Demgegenüber ist für jeden Lieferanten gesondert festzustellen, ob sein Vertragsnetz gegen Art. 81 Abs. 3 EG verstößt, obwohl auch die parallelen Netze verschiedener Lieferanten gleichartig sein müssen. Es muß daher nicht zwingend gegen alle Lieferanten vorgegangen werden, deren Bündel unter Art. 81 Abs. 1 EG fällt.

Für alle Entzugsverfahren gilt, daß aus Gründen des Vertrauensschutzes ein rückwirkender Entzug unzulässig ist. Eine Nichtanwendbarkeitsverordnung nach Art. 8 VGVO tritt sogar erst nach 6 Monaten in Kraft.

Im übrigen ist hinsichtlich der Voraussetzungen und Rechtsfolgen zu unterscheiden zwischen dem Entzug durch Einzelentscheidung nach Art. 6 und 7 VGVO und dem Entzug durch Nichtanwendbarkeitsverordnung nach Art. 8 VGVO.

Art. 6 und 7 VGVO erfordern die Behandlung eines Einzelfalls. Der im Einzelfall bestehende Verstoß gegen Art. 81 Abs. 3 EG muß nicht zwingend auf dem Markt iSd Art. 3 VGVO, auf dem sich Lieferant und Käufer gegenüberstehen, stattfinden. Die Beweislast für den Verstoß gegen Art. 81 Abs. 3 EG trägt die jeweils tätige Entzugsbehörde. Mit Einzelentscheidungen nach Art. 6 und 7

VGVO können grundsätzlich keine zukünftigen Vereinbarungen dem Anwendungsbereich einer GVO entzogen werden, da es dafür keine Ermächtigungsgrundlage gibt. Entzugsentscheidungen sind regelmäßig mit einer Verbotsentscheidung zu verbinden.
Liegt im Einzelfall ein Verstoß gegen Art. 81 Abs. 3 EG vor, ist das Ermessen für den Erlaß einer Entzugsentscheidung nach Art. 6 oder gegebenenfalls Art. 7 VGVO regelmäßig auf Null reduziert. Für Einzelentscheidungen steht der Kommission innerhalb des Art. 81 Abs. 3 EG kein weites Beurteilungsermessen mehr zu. Sind neben den Voraussetzungen des Art. 6 VGVO auch die des Art. 7 VGVO erfüllt, müssen sich die Kommission und die jeweilige nationale Behörde innerhalb des Netzes von Behörden iSd Art. 11 DVO absprechen, welche Behörde das Verfahren durchführen soll. Die Kommission bleibt stets konkurrierend zuständig zum Entzug. Nach Art. 13 Abs. 1 S. 2 DVO darf die Kommission eine Beschwerde mit der Begründung zurückweisen, daß bereits eine andere Behörde tätig ist. Sie ist zur Zurückweisung aber nicht verpflichtet. Sie kann auch die Zuständigkeit der nationalen Behörde nach Art. 11 Abs. 6 DVO analog beenden, indem sie das Verfahren an sich zieht, auch wenn sich der Wortlaut des Art. 11 Abs. 6 DVO nur auf Entscheidungen nach Kapitel III (=Art. 7-10) der DVO bezieht. Die DVO ordnet keine Pflicht einer nationalen Behörde zur Einleitung eines Entzugsverfahrens an, vielmehr ist es Sache des Netzes in der Praxis dafür zu sorgen, daß die Fälle optimal verteilt werden. In Zweifelsfällen hat die nationale Behörde aber ein Ermessen, ob sie selbst ein Entzugsverfahren einleiten will, oder ob sie dieses der Kommission überläßt. Eine Ermessensreduzierung auf Null kommt wegen der Restzuständigkeit der Kommission und aus Effektivitätsgründen nicht in Betracht. Notfalls muß die Kommission selbst ein Entzugsverfahren einleiten. Leitet eine nationale Behörde aber ein Entzugsverfahren ein, so steht ihr kein Beurteilungsermessen hinsichtlich der Voraussetzungen des Art. 81 Abs. 3 EG zu. Bei einem Verstoß gegen Art. 81 Abs. 3 EG ist sie -genau wie die Kommission im Rahmen des Art. 6 VGVO- zum Erlaß einer Entzugsentscheidung verpflichtet. Das verringerte Beurteilungsermessen beim Erlaß von Einzelentscheidungen im Rahmen des Art. 81 Abs. 3 EG hat auch eine Erweiterung der Beschwerderechte von dritten Unternehmen zur Folge. Anders als noch unter der VO 17 hat der Beschwerdeführer nach neuem Verfahrensrecht mangels weiten Beurteilungsermessens einen Anspruch auf Erlaß der Entzugsentscheidung selbst, wenn ein Verstoß gegen Art. 81 Abs. 3 EG vorliegt. Prozessual durchsetzbar ist dieser Anspruch bei Untätigkeit der Kommission im Wege der Untätigkeitsklage nach Art. 232 EG. Stellt die Kommission das Verfahren ein, obwohl ein Verstoß gegen Art. 81 Abs. 3 EG vorliegt, ist die Nichtigkeitsklage nach Art. 230 EG statthaft zur Durchsetzung der Beschwerderechte. Im Rahmen des Art. 7 VGVO iVm Art. 29 Abs. 2 DVO hat der Beschwerdeführer zunächst keinen Anspruch auf Tätigwerden gerade einer nationalen Behörde. Er kann jedoch verlangen, daß ihm mitgeteilt wird, welche Behörde innerhalb des Netzes von Behörden iSd Art. 11 Abs. 1 DVO sich des Fal-

les annimmt. Leitet die nationale Behörde ein Entzugsverfahren ein, richtet sich das Verfahren zwar nach dem jeweiligen nationalen Recht, die Reichweite der Beschwerderechte gilt aber einheitlich für alle Mitgliedstaaten. Führt die nationale Behörde das Verfahren nicht ordnungsgemäß durch, muß die Kommission der nationalen Behörde die Zuständigkeit zum Entzug nach Art. 11 Abs. 6 DVO analog entziehen, um den im Einzelfall bestehenden Verstoß gegen Art. 81 Abs. 3 EG schnellstmöglich selbst zu beseitigen. In diesem Fall kann der Beschwerdeführer nur noch gegen die Kommission seine Rechte durchsetzen. Solange die Zuständigkeit der nationalen Behörde aber nicht beendet worden ist, steht dem Beschwerdeführer ein Wahlrecht zu, ob er Beschwerderechte gegen die nationale Behörde oder gegen die stets konkurrierend zuständige Kommission geltend macht. In diesen Fällen der mangelhaften Durchführung des Verfahrens durch eine nationale Behörde kann die Kommission die Beschwerde auch nicht mit Hinweis auf Art. 13 Abs. 1 S. 2 DVO zurückweisen.
Das Verfahren zum Erlaß einer Entzugsentscheidung durch die Kommission richtete sich früher über Art. 7 VO 19/65 nach der VO 17. Nunmehr ist das Verfahren in der DVO geregelt, wobei einige dem Wortlaut nach nur für andere Entscheidungen geltende Normen analog anzuwenden sind. Die Ermittlungsrechte der Kommission gemäß Art. 18 ff. DVO wurden im Verhältnis zur VO 17 nicht unerheblich erweitert. Nicht alle neu eingeräumten Ermittlungsbefugnisse sind jedoch auch für Entzugsverfahren anwendbar. So können nach Art. 21 DVO Wohnungen zB der Unternehmensleiter durchsucht werden, wenn ein schwerer Verstoß gegen Art. 81 oder 82 EG damit aufgedeckt werden kann. Ein solcher schwerer Verstoß liegt bei Entzugsfällen jedoch nicht vor, da die Vereinbarung unter die GVO fällt, welche sich innerhalb des Regelungsermessens des Art. 81 Abs. 3 EG befindet. Der Kommission steht das Auskunftsverlangen nach Art. 18 DVO zur Verfügung. Gegen ein förmliches Auskunftsverlangen nach Art. 18 Abs. 1 2. Alt. DVO steht den Unternehmen nur ein sehr begrenztes Auskunftsverweigerungsrecht zu. Die Nachprüfungsbefugnisse der Kommission wurden in Art. 20 DVO ebenfalls erweitert. Auch sind die vom EuGH in seinem *Hoechst*-Urteil gewährten Verfahrensgarantien nunmehr ausdrücklich normiert worden. Geldbußen können bei Verfahrensverstößen gegen die Unternehmen nach Art. 23 DVO verhängt werden. Wegen der Freistellungswirkung der GVO liegt vor Erlaß einer Entzugsentscheidung trotz des sich bei Einzelfallbetrachtung ergebenden Verstoßes gegen Art. 81 Abs. 3 EG kein Verstoß gegen materielles Recht vor, so daß insoweit auch keine Geldbußen zulässig sind. Zwangsgelder nach Art. 24 DVO können verhängt werden, wenn die betroffenen Unternehmen der Entzugsentscheidung nicht nachkommen. Den verfahrensbeteiligten Unternehmen ist rechtliches Gehör zu gewähren, Art. 27 Abs. 1 DVO analog iVm Art. 2 VO 2842/98. Nach Art. 27 Abs. 2 S. 2 DVO analog haben die Parteien Recht auf Akteneinsicht, jedoch ist dieses Recht nicht isoliert gerichtlich durchsetzbar. In den Grenzen des Art. 28 DVO ist das Berufsgeheimnis zu wah-

ren. Gegen Endentscheidungen, insbesondere gegen die Entzugsentscheidung selbst, ist die Nichtigkeitsklage nach Art. 230 EG statthaft.
Entzugsentscheidungen der Kommission sind wegen ihrer konstitutiven Wirkung für nationale Gerichte verbindlich. Die Verbindlichkeit wird in Art. 16 Abs. 1 S. 1 DVO angeordnet. Ein nationales Gericht darf bezüglich Art. 81 Abs. 3 EG kein einer Entzugsentscheidung widersprechendes Urteil erlassen, da die Entzugsentscheidung gerade im Hinblick auf Art. 81 Abs. 3 EG rechtsgestaltend ist. Denn eine gruppenfreigestellte, aber bei Einzelfallbetrachtung von Art. 81 Abs. 3 EG abweichende Vereinbarung ist nicht nur mit der GVO vereinbar, sondern vermittelt über die GVO auch mit Art. 81 Abs. 3 EG selbst. Diese über die GVO vermittelte Vereinbarkeit endet erst mit Wirkung der Entzugsentscheidung. Der Grund dafür ist, daß sich die GVO auch im Hinblick auf abweichende Freistellungen innerhalb des für Normen erweiterten Beurteilungsermessens bezüglich Art. 81 Abs. 3 EG aufhält.
Vor Überprüfung der Entzugsentscheidung durch den Gerichtshof hat das nationale Gericht wegen der Gefahr der Ungültigkeitserklärung der Entzugsentscheidung das Verfahren gegebenenfalls auszusetzen oder dem EuGH eine Vorlagefrage über die Gültigkeit der Entzugsentscheidung zu stellen, Art. 16 Abs. 1, S. 3, S. 4 DVO. Für den Einfluß einer Entzugsentscheidung auf nationale Zivilprozesse ist entscheidend, daß sie konstitutiv ist und keine Rückwirkung hat. Daher kommen grundsätzlich auch keine Schadensersatzansprüche für Verhaltensweisen, die vor Wirkung der Entscheidung liegen, in Betracht. Ähnliches gilt für Unterlassungsansprüche eines dritten Unternehmens gegen die Vertragsparteien und für bereicherungsrechtliche Ansprüche. Dagegen wird eine Unterlassungsklage der Unternehmen, denen während des Prozesses der Rechtsvorteil der GVO entzogen wird, gegen einen Außenseiter unbegründet. Gegebenenfalls kommt eine einseitige Erledigungserklärung in Betracht.
Wird die Entzugsentscheidung der Kommission erlassen, nachdem ein nationales Gericht zum ansonsten gleichen Sachverhalt bereits entschieden hat, steht einem erneuten Zivilverfahren nicht die materielle Rechtskraft der ersten Gerichtsentscheidung entgegen, da diese nicht die Entzugsentscheidung der Kommission erfaßt.
Ein nationales Zivilverfahren ist trotz Art. 16 Abs. 1 S. 2 DVO nicht deswegen auszusetzen, weil eine Entzugsentscheidung der Kommission möglicherweise bevorsteht. Da die Sache wegen der *ex-nunc*-Wirkung des Entzugs entscheidungsreif ist, läuft die Gerichtsentscheidung nicht der bevorstehenden Kommissionsentscheidung zuwider iSd Art. 16 Abs. 1 S. 2 DVO. Jedoch steht es im Ermessen des Gerichts, in Ausnahmefällen das Verfahren auszusetzen, falls im konkreten Fall ein Rückabwicklungsrisiko besteht. Demgegenüber darf das nationale Gericht die Entzugsentscheidung der Kommission nicht vorwegnehmen, indem es dem EuGH im Hinblick auf eine gruppenfreigestellte Vereinbarung Fragen zu Art. 81 Abs. 3 EG vorlegt. Setzt das nationale Gericht ausnahmsweise das Verfahren aus, muß es gegebenenfalls einstweilige Maßnahmen erlassen.

Der Entzug durch nationale Behörden nach Art. 7 VGVO erfordert einen gesonderten räumlichen Markt als besondere Voraussetzung. Ein solcher liegt vor, wenn die Wettbewerbsbeschränkung zumindest einen von mehreren relevanten Märkten betrifft, dessen räumliche Ausdehnung sich auf das (Teil-)Gebiet eines Mitgliedstaates beschränkt. Nur im Hinblick auf diese Märkte wird ein Verstoß der Vereinbarung gegen Art. 81 Abs. 3 EG geprüft.
Das Verfahren zum Entzug nach Art. 7 VGVO richtet sich nach nationalem Recht, in Deutschland sind die § 50 ff. GWB einschlägig. Im Verfahren darf die nationale Behörde mit der Kommission und mit den Wettbewerbsbehörden anderer Mitgliedstaaten zusammenarbeiten. In Deutschland ist das BKartA zuständig für den Entzug. Die Ermittlungsbefugnisse und Zwangsmittel richten sich insbesondere nach § 59 GWB und § 81 GWB. Den Betroffenen steht nach § 59 Abs. 5 GWB ein begrenztes Auskunftsverweigerungsrecht zu, das beim Entzug aber selten geben sein dürfte. Gegen die als Verfügung erlassene Entzugsentscheidung ist die Beschwerde nach § 63 GWB statthaft, für welche das OLG Düsseldorf ausschließlich zuständig ist. Gegen die Entscheidung des OLG ist nach § 74 GWB eine Rechtsbeschwerde beim BGH statthaft.
Eine Entzugsentscheidung gemäß Art. 7 VGVO ist ebenfalls konstitutiv. Nach Art. 7 VGVO hat sie nur Wirkung für das Gebiet des Mitgliedstaates. Jedoch ist es zulässig, daß die nationale Behörde ihre Entzugsentscheidung an einen Adressaten richtet, welcher seinen Sitz in einem anderen Mitgliedstaat hat. Eine Entzugsentscheidung mit Wirkung für das betroffene Gebiet ist trotz ihrer Eigenschaft als Verwaltungsentscheidung gemeinschaftsweit für nationale Zivilgerichte verbindlich. Dieses ergibt sich aus der im Gemeinschaftsrecht angeordneten zivilrechtsgestaltenden Wirkung der Entzugsentscheidung.
Eine Nichtanwendbarkeitsverordnung nach Art. 8 VGVO hat lediglich das Nichteingreifen der VGVO zur Folge. Die Kommission muß möglichst bestimmt die Arten von Vereinbarungen abstrakt generell formulieren, die sie dem Anwendungsbereich der VGVO entziehen möchte. Dafür ist auch eine genaue Beschreibung des betroffenen Marktes erforderlich, welcher durch die Netze vertikaler Vereinbarungen abgeschottet ist. Zur Ermittlung der Abschottungsquote sind auch Vertragsnetze zur berücksichtigen, welche mangels spürbaren Beitrags nicht unter Art. 81 Abs. 1 EG fallen. Die Nichtanwendbarkeitsverordnung hat jedoch Rechtswirkungen nur für Vertikalvereinbarungen, die vom Kartellverbot erfaßt sind. Wegen der Rechtsnormqualität einer Nichtanwendbarkeitsverordnung kann sie auch zukünftige Vereinbarungen vom Rechtsvorteil der VGVO ausschließen. Das Verfahren zum Erlaß einer Nichtanwendbarkeitsverordnung richtet sich im wesentlichen nach den Art. 5 und 6 VO 19/65. Im Vorfeld dieses Verfahrens kann die Kommission nach Art. 17 DVO eine Sektorenuntersuchung vornehmen. Sie hat ebenfalls nach Art. 17 DVO die Befugnis, sektorübergreifend bestimmte Vereinbarungsarten zu untersuchen. Dritte Unternehmen können den Erlaß einer Nichtanwendbarkeitsverordnung nicht erzwingen, da es grundsätzlich keinen Anspruch auf den Erlaß von Rechtsnormen gibt.

Da Art. 8 VGVO andere Rechtsfolgen als Art. 6 und 7 VGVO hat und auch nicht zum Verbot der Vereinbarungen führt, ist eine Nichtanwendbarkeitsverordnung nicht schon allein deshalb ermessensfehlerhaft, weil an ihrer Stelle auch eine Entzugsentscheidung nach Art. 6 VGVO hätte erlassen werden können. Wenn aber von der VGVO freigestellte Vereinbarungen gegen Art. 81 Abs. 3 EG verstoßen, muß dieser Verstoß vollständig beseitigt werden. Dies kann auch durch eine Nichtanwendbarkeitsverordnung geschehen. Dritte Unternehmen könnten dann mit Geltung der Nichtanwendbarkeitsverordnung vor nationalen Zivilgerichten den Verstoß gegen Art. 81 Abs. 3 EG selbst verfolgen. Eine Nichtanwendbarkeitsverordnung ist für Unternehmen nicht isoliert anfechtbar, da die Unternehmen nicht individuell betroffen sind. Jedoch kann ihre Rechtmäßigkeit im Rahmen eines Vorabentscheidungsverfahrens oder einer Nichtigkeitsklage gegen eine Verbotsentscheidung vom Gerichtshof überprüft werden.

SCHLUSSBETRACHTUNGEN

Eine ausführliche Zusammenfassung findet sich jeweils am Ende von Teil 2 und Teil 3. Den Gruppenfreistellungsverordnungen kommt weiterhin entscheidende Bedeutung zur Herstellung der einheitlichen Anwendung des europäischen Wettbewerbsrechts zu. Da sie für nationale Gerichte auch im Hinblick auf vereinzelte von Art. 81 Abs. 3 EG abweichende Freistellungen verbindlich sind, bieten sie den Unternehmen Rechtssicherheit. Dieses ist unter Geltung der DVO um so wichtiger, da die Unternehmen keine Einzelfreistellung mehr erlangen können. Den Entzugsverfahren der VGVO könnte insbesondere wegen des weiten Freistellungstatbestandes nach Art. 2 VGVO bei einer vergleichsweise hohen Marktanteilsschwelle von 30% gemäß Art. 3 VGVO größere Bedeutung zukommen. Darüber hinaus verringert sich mit der Herstellung der unmittelbaren Anwendbarkeit des Art. 81 Abs. 3 EG durch die DVO das Beurteilungsermessen der Kommission für die Behandlung von Einzelfällen im Rahmen des Art. 81 Abs. 3 EG erheblich. Für dritte Unternehmen besteht nunmehr ein gerichtlich durchsetzbarer Rechtsanspruch auf Erlaß einer Entzugsentscheidung, wenn ein Verstoß gegen Art. 81 Abs. 3 EG vorliegt. Die mit dem Wegfall des Beurteilungsermessens bei Einzelentscheidungen einhergehende Verstärkung der Rechte von Beschwerdeführern könnte die Anwendung der Entzugsverfahren daher noch wahrscheinlicher machen.

Literaturverzeichnis

Ackermann, Thomas
Die Zukunft vertikaler Vertriebsvereinbarungen im EG-Kartellrecht
EuZW 1997, 271

Ackermann, Thomas
Die neuen EG-Wettbewerbsregeln für vertikale Beschränkungen
EuZW 1999, 741

Adam, Heike
Die Mitteilungen der Kommission: Verwaltungsvorschriften des Europäischen Gemeinschaftsrechts?
Schriftenreihe des Zentrums für Europäische Rechtspolitik an der Universität Bremen (ZERP)
Band 32, Baden-Baden 1999
zit.: Adam, Die Mitteilungen der Kommission, S.

Adam, Winfried Anselm
Die Kontrolldichte-Konzeption des EuGH und deutscher Gerichte
Baden-Baden 1993
zit.: Adam, Kontrolldichte, S.

Augi, Simona/Baratella, Fabrizio
Neue Entwicklungen in der Rechtsprechung des Europäischen Gerichtshofs zur direkten Anwendbarkeit von Gemeinschaftsrichtlinien
The European Legal Forum 2000/01, 83

Axster, Oliver
Das „Alles-oder-Nichts-Prinzip" der EG-Gruppenfreistellungsverordnungen
WuW 1994, 615

Bach, Albrecht
Direkte Wirkungen von EG-Richtlinien
JZ 1990, 1108

Bael, Ivo van
Insufficient Judicial Control of EC Competition Law Enforcement
Fordham Corporate Law Institute 1992, 733
Hrsg. Barry Hawk
19. Konferenz vom 22 und 23. Okt. 1992

Baron, Michael
Rechtssicherheit in einem System der Parallelkompetenzen
Konferenz in Freiburg vom 9. und 10. November 2000
http://europa.eu.int/comm/competition/antitrust/others/speech_baron.pdf
zit.: Baron, Rechtssicherheit in einem System der Parallelkompetenzen, S.

Bartosch, Andreas
Von der Freistellung zur Legalausnahme - was geschieht mit der Rechtssicherheit?
WuW 2000, 462

Bartosch, Andreas
Von der Freistellung zur Legalausnahme: Der Vorschlag der EG-Kommission für eine "neue Verordnung Nr. 17"
EuZW 2001, 101

Bartosch, Andreas
Die neuen Gruppenfreistellungsverordnungen im EG-Beihilfenrecht
NJW 2001, 921

Baudenbacher, Carl
Modernisierung der Europäischen Wettbewerbspolitik-
Zweiter Akt. Vorschlag der Kommission für eine neue Ratsverordnung zur Durchführung der in den Artt. 81 und 82 EG niedergelegten Wettbewerbsregeln
European Law Reporter 2000, 326

Baudenbacher, Carl/Novak, Meinhard
Einheitliche Anwendung des gemeinschaftlichen Wettbewerbsrechts durch nationale bzw. europäische Gerichte und die Kommission
European Law Reporter 2001, 7

Bauer, Michael/ de Bronett, Georg-Klaus
Die EU-Gruppenfreistellungsverordnung für vertikale Vertriebsbeschränkungen
Köln 2001
zit.: Bearbeiter in Bauer/de Bronett; Die EU-VGVO, Rz.

Baur, Jürgen F.
Schadensersatz- und Unterlassungsansprüche bei Verstößen gegen die Kartellrechtsvorschriften des EWG-Vertrags
EuR 1988, 257

Baur, Jürgen F.
Kartellrecht und Politik
Schwerpunkte des Kartellrechts 1996
FIW-Schriftenreihe Heft 171
Köln, Berlin, Bonn, München 1997
zit.: Baur, Kartellrecht und Politik, FIW-Schriftenreihe Heft 171, S.

Baur, Jürgen F.
Mitarbeiter Festschrift für Professor, Dr. Jürgen F. Baur zum 60. Geburtstag
Köln 1997
zit.: Bearbeiter in Mitarbeiter-FS-Baur 1997, S.

Bayreuther, Frank
Die Reform der EG-Wettbewerbspolitik gegenüber vertikalen Wettbewerbsbeschränkungen
EWS 2000, 106

Bechtold, Rainer
Modernisierung des EG-Wettbewerbsrechts: Der Verordnungs-Entwurf der Kommission zur Umsetzung des Weißbuchs
BB 2000, 2425

Bechtold, Rainer
EG-Gruppenfreistellungsverordnungen – eine Zwischenbilanz
EWS 2001, 49

Bechtold, Rainer
Kartellgesetz
Gesetz gegen Wettbewerbsbeschränkungen, Kommentar
München, 3. Auflage 2002
zit.: Bechtold, Kartellgesetz, § GWB, Rz.

Beyer, Thomas C. W.
Anerkennung nationaler Rechtsakte zwischen den Staaten der Europäischen Gemeinschaft
EWS 1999, 12

Bieber, Roland/ Salomé, Isabelle
Hierarchy of Norms in European Law
CMLR 33 (1996), 907

Bien, Florian
Systemwechsel im Europäischen Kartellrecht
DB 2000, 2309

Bleckmann, Albert
Zur Anerkennung ausländischer Verwaltungsakte im Europäischen Gemeinschaftsrecht
JZ 1985, 1072

Bleckmann, Albert
Europarecht
Köln, 6. Auflage 1997
zit.: Bleckmann, Europarecht, Rz.

Börner, Bodo
Kann ein Dritter die Kommission zwingen, einen Verstoß gegen Art.85 oder Art. 86EWGV zu verfolgen?
EuR 1984, 181

Braakman, August, J.
The application of the modernised rules implementing Articles 81 and 82 EC Treaty
Fordham Corporate Law Institute 1999, 161
26. Konferenz vom 14. und 15. Okt 1999

Bräutigam, Peter
Mögliche Entwicklungen im EG-Kartellrecht für das Franchising
RIW 1997, 470

Braunmühl, Michael v.
Inländische Alleinbezugsverträge für Bier und Art. 85 EWGV
WuW 1991, 888

Brinker, Ingo
Mißbrauchsaufsicht auf der Grundlage der Gruppenfreistellungsverordnungen
München 1994
zit.: Brinker, Mißbrauchsaufsicht, S.

Brinker, Ingo
EG-Gruppenfreistellungsverordnung für den KfZ-Vertrieb:
Entzug oder automatischer Wegfall der Freistellungswirkung?
EWS 1998, 313

Brinker, Ingo
Vertikale Wettbewerbsbeschränkungen - Anmerkungen zum neuen Regelungsansatz der Kommission
In: Neuere Entwicklungen auf dem Gebiet des europäischen Wettbewerbsrechts, Hrsg. Jürgen Schwarze, S.59 ff.
Baden-Baden, 1. Auflage 1999
zit.: Brinker in Jürgen Schwarze, Neuere Entwicklungen, S.

Bunte, Hermann-Josef
Rechtsanwendungskonkurrenzen bei der Anwendung des EG-Kartellrechts durch die nationalen Kartellbehörden
DB 1994, 921

Bunte, Hermann-Josef
Die Entscheidung der EG-Kommission „VW-Bußgeld"
ZIP 1998, 853

Bunte, Hermann-Josef/ Sauter, Herbert
EG-Gruppenfreistellungsverordnungen - Kommentar
München 1988
zit.: Bunte/Sauter, EG-GVOen, (Teil), S.

Buschle, Dirk
Bierlieferungsverträge vor dem EuG
European Law Reporter 2002, 223

Busse, Christian
Art. 241 EG in der Rechtsprechung des EuGH
EuZW 2002, 715

Calliess, Christian/ Ruffert, Matthias
Kommentar zu EU-Vertrag und EG-Vertrag
Neuwied, 2. Auflage 2002
zit.: Bearbeiter in Calliess/Ruffert, Art. EG, Rz.

Charbonier, Volker
Vertikale Absprachen im europäischen und internationalen Kartellrecht
DZWir 1996, 265

Constantinesco, Léontin-Jean
Die unmittelbare Anwendbarkeit von Gemeinschaftsrechtsnormen und der Rechtsschutz von Einzelpersonen im Recht der EWG
1969
zit.: Constantinesco, Unmittelbare Anwendbarkeit, S.

Dauses, Manfred A.
Handbuch des EU-Wirtschaftsrechts
Loseblattsammlung in 2 Bänden
München, Stand 2002
zit.: Bearbeiter in Dauses, Hdb. des EU-WirtschaftsR, Gliederungspunkt, Rz.

de Bronett, Georg-Klaus.
Eröffnung und Abschluß von Wettbewerbsverfahren im Anwendungsbereich der VO Nr. 17 des Rates
WuW 1989, 459

de Bronett, G.-K.
Akteneinsicht in Wettbewerbsverfahren der europäischen Kommission
WuW 1997, 383

de Bronett, G.-K.
Das Beschwerderecht von Personen und Personenvereinigungen bezüglich der Anwendung der Art. 85 und 86 EG-Vertrag durch die europäische Kommission
WuW 1997, 865

de Bronett, G. K.
Der Entzug des Vorteils der Anwendung einer Gruppenfreistellungsverordnung durch nationale Behörden
WuW 1999, 825

Deringer, Arved
Stellungnahme zum Weißbuch der Europäischen Kommission über die Modernisierung der Vorschriften zur Anwendung der Art. 85 und 86 EG-Vertrag (Art. 81 und 82 EG)
EuZW 2000, 5

Deringer, Arved
Reform der Durchführungsverordnung u den Art. 81 und 82 des EG-Vertrages
EuR 2001, 306

Deselaers, Wolfgang/ Obst, Silke
Weißbuch zum Europäischen Kartellrecht-Rechtssicherheit ade?
EWS 2000, 41

Duijm, Bernhard
Die Wettbewerbspolitik der EG gegenüber vertikalen Vertriebsvereinbarungen
Baden-Baden 1997
zit.: Duijm, Vertikale Vertriebsvereinbarungen, S.

Ebenroth, Carsten Thomas/Rapp, Angela
Alleinbezugsverträge und EG-Kartellrecht
JZ 1991, 962

Ehlermann, Claus Dieter
Ist die Verordnung Nr. 17 noch zeitgemäß?
WuW 1993, 997

Ehlermann, Claus Dieter
Ein Plädoyer für die dezentrale Kontrolle der Anwendung des Gemeinschaftsrechts durch die Mitgliedstaaten
in: Liber Amicorum Pierre Pescatore, Du droit international au droit de l'integration, S. 205ff.
Hrsg. : Capatorti, F./ Ehlermann, C. D. u.a.
Baden-Baden, 1987
zit.: Ehlermann in Liber Amicorum für Pierre Pescatore, 1987, S.

Ehlermann, Claus Dieter
The Modernization of EC Antitrust Policy: A Legal and Cultural Revolution
CMLR 37 (2000), 537-590
=La modernisation de la politique antitrust de la CE: une révolution juridique et culturelle
Revue du Droit de l'Union Européenne, 2000, 13-74

Ehlermann, Claus-Dieter/ Atanasiu, Isabela,
The Modernisation of E.C. Antitrust Law:
Consequences for the Future Role and Function of E.C. Courts
ECLR 2002, 72

Ehricke, Ulrich/ Holger Blask
Dynamischer Verweis auf Gruppenfreistellungsverordnungen im neuen GWB?
JZ 2003, 722

Eilmansberger, Thomas
Zum Vorschlag der Kommission für eine Reform des Kartellvollzugs
JZ 2001, 365

Emmerich, Volker
Anmerkungen zu der „neuen" Wettbewerbspolitik der Europäischen Kommission
WRP 2000, 858

Emmerich, Volker
Kartellrecht
München, 9. Auflage 2001, 8. Auflage 1999
zit.: Emmerich, KartellR (Aufl.), §

Ensthaler, Jürgen/Funk, Michael
Zukunft des selektiven Kfz-Vertriebs-Vertikal-GVO und Leitlinien der Kommission
BB 2000, 1685

Ensthaler, Jürgen/Stopper, Martin
Geldbuße gegen VW wegen Verstoßes gegen europäische Wettbewerbsregeln-Kritik und Rechtsfolgen
RIW 2000, 729

Everling, Ulrich
Zur richterlichen Kontrolle der Tatsachenfeststellungen und der Beweiswürdigung durch die Kommission in Wettbewerbssachen
WuW 1989, 877

Forrester, Ian S.
Modernisation of EC competition law
Fordham Corporate Law Institute 1999, 181
26. Konferenz vom 14. und 15 Oktober 1999

Forrester, Ian S.
The Reform and the Implementation of Articles 81 and 82 Following Publication of the Draft Regulation
European Issues of Legal Integration 2001, 173

Frankfurter Kommentar zum Kartellrecht
Hrsg.: Glassen, Helmut/ Hahn, Helmuth von/ Kersten, Hans-Christian/ Rieger, Harald
mit Kommentierung des GWB, des EG-Kartellrechts und einer Darstellung ausländischer Kartellrechtsordnungen
Loseblattsammlung, verschiedene Bände
Köln 1982/2000
zit.: Bearbeiter in FK, Art. EG/ § GWB, Rz.

Fritzsche, Jörg
Anmerkung zum Urteil des EuG Vom 8. 6. 1995-Rs. T-7/93 (Langnese-Iglo)
WiB (Wirtschaftsrechtliche Beratung) 1995, 1013f.

Gastinel, Eric
Plaidoyer pour la reconnaissance de l'effet direct à l'article 85, paragraphe 3, du Traité de Rome
Recueil Dalloz Sirey 1996, 53

Gaudin, Hélène
Amsterdam: l'échec de la hiérarchie des normes?
RTD eur. 35 (1), janv.-mars 1999

Geiger, Rudolf
EUV/EGV
München, 3. Auflage 2000
zit: Geiger, Art. EG, Rz.

Geiger, Andreas
Das Weißbuch der EG-Kommission zu Art. 81, 82 EG-eine Reform, besser als ihr Ruf
EuZW 2000, 165

Gemeinschaftskommentar
Gesetz gegen Wettbewerbsbeschränkungen und Europäisches Kartellrecht
Begründet von Hans Müller-Henneberg und Gustav Schwartz
Fortgeführt von Werner Benisch
Köln, Berlin, Bonn, München, 5. Auflage 1999ff., 7. Lieferung 2002
EG-Gruppenfreistellungen, Branchen-Regelungen, KfZ-Vertrieb (VO(EG)1400/2002)
zit.: Bearbeiter in Gemeinschaftskommentar, Lieferung, (Art.), Rz.

Gerber, David. J.
Modernising European Competition Law: A Developmental Perspective
ECLR 4 (2001), 122

Gillessen, Benedikt
Lockerung des Freistellungsmonopols zugunsten der EU-Staaten: ein Beitrag zur Fortentwicklung des Europäischen Kartellrechts
Berlin 1998
zit.: Gillessen, Lockerung des Freistellungsmonopols, S.

Gleiss, Alfred
Anmerkung zum Urteil des EuGH Brasserie de Haecht I
WuW 1968, 206

Gleiss, Alfred/ Hirsch, Martin
Kommentar zum EG-Kartellrecht; Band 1: Art. 85 und Gruppenfreistellungsverordnungen
Heidelberg, 4. Auflage 1993
zit.: Gleiss/Hirsch, EG-KartR, Rz.

Gleiss, Alfred/Kleinmann, Werner
Gestaltungsrecht des Europäischen Gerichtshofs bei Nichtigerklärung einer Verordnung
NJW 1966, 1591.

Groeben, Hans von der/Thiesing, Jochen, Ehlermann, Claus Dieter
Kommentar zum EU-/EG-Vertrag
Baden-Baden, 5. Auflage 1997
zit.: Bearbeiter in GTE, Art. EGV, Rz.

Groeben, Hans von der/ Thiesing, Jochen/ Ehlermann, Claus Dieter
Handbuch des Europäischen Rechts, I A 50-Kommentar: Art. 81-89 EG-Vertrag
Loseblattsammlung Stand: Oktober 1999, 391. Lieferung
zit: Bearbeiter in GTE, Hdb. d. Europäischen Rechts, I A 50 Kommentar, Art. EGV, Rz.

Gröning, Jochem
Zur Gefahr divergierender Entscheidungen bei dezentraler Anwendung des EG-Kartellrechts
WRP 2000, 882

Gröning, Jochem
Die dezentrale Anwendung des EG-Kartellrechts gemäß dem Vorschlag der Kommission zur Ersetzung der VO 17/62
WRP 2001, 83

Günther, Carsten A.
Das gemeinschaftsrechtliche Rückwirkungsverbot vor dem Hintergrund der Entsorgung von Altautos
EuZW 2000, 329

Haguenau, Catherine
L'application effective du droit communautaire en droit interne
Brüssel 1995
zit.: Haguenau, L'application effective, S.

Haibach, Georg
Komitologie nach Amsterdam – Die Übertragung von Rechtsetzungsbefugnissen im Rechtsvergleich
VerwArchiv 1999, 98

Heintzen, Markus
Hierarchisierungsprozesse innerhalb des Primärrechts der Europäischen Gemeinschaft
EuR 1994, 35

Herdegen, Matthias
Beurteilungsspielraum und Ermessen im strukturellen Vergleich
JZ 1991, 747

Herdegen, Matthias/Richter, Stefan
Die Rechtslage in den Europäischen Gemeinschaften
in: Jochen Frowein: Die Kontrolldichte bei der gerichtlichen Überprüfung von Handlungen der Verwaltung (Beiträge zum ausländischen und öff. Recht und Völkerrecht, Band 106)
Heidelberg 1993
zit.: Herdegen/Richter in Frowein, Kontrolldichte, S.

Hirsch, Günter
Anwendung der Kartellverfahrensordnung (EG) Nr. 1/2003 durch nationale Gerichte
ZWeR 2003, 233

Hofstötter, Michael
Aktuelles zu den Wirkungen von Richtlinien: Horizontale unmittelbare Wirkung als Schnee von gestern?
European Law Reporter 2000, 416

Hossenfelder, Silke/Lutz, Martin
Die neue Durchführungsverordnung zu den Artikeln 81 und 82 EG-Vertrag
WuW 2003, 118

Idot, Laurence/ Van de Walle de Ghelcke, Bernard
Le Besoin de Securité Juridique: Notifications et Exemptions
Cahiers de Droit Européen 2001 (Trente-septième année), No. 1-2, S. 160ff.

Immenga, Ulrich/ Mestmäcker, Ernst-Joachim
EG-Wettbewerbsrecht, Kommentar
Band 1 und Band 2: München 1997, Ergänzungsband: Loseblattsammlung Stand 2001
zit.: Bearbeiter in Immenga/Mestmäcker, EG-WettbewerbsR, Band, Teil, Art., Rz.

Ipsen, Hans Peter
Europäisches Gemeinschaftsrecht
Tübingen 1972
zit.: Ipsen, Europäisches Gemeinschaftsrecht, S.

Jaeger, Wolfgang
Die möglichen Auswirkungen einer Reform des EG-Wettbewerbsrechts für die nationalen Gerichte
WuW 2000, 1062

Jaensch, Michael
Die unmittelbare Drittwirkung der Grundfreiheiten
Baden-Baden, 1. Auflage 1997
zit: Jaensch, Unmittelbare Drittwirkung, S.

Jarass, Hans D.
Voraussetzungen der innerstaatlichen Wirkung des EG-Rechts
NJW 1990, 2420

Kallmayer, Axel/ Haupt, Heiko
Die Urteile des EuG zum Fernwärmerohrkartell
EuZW 2002, 677

Kamann, Hans-Georg/ Bergmann, Ellen
Die neue EG-Kartellverfahrensverordnung-Auswirkungen auf die unternehmerische Vertragspraxis
BB 2003, 1743

Kamann, Hans-Georg/ Horstkotte, Christian
Kommission versus nationale Gerichte - Kooperation oder Konfrontation im Kartellverfahren
WuW 2001, 465

Kappel, Antonio Pérez van
Auf dem Weg zur Anwendung von Art. 81 Abs. 3 EG durch nationale Gerichte
EWS 2001, 228

Kellaway, Rosalind
Vertical Restraints: Which Option?
ECLR 1997, 387

Kerse, C. S.
EC Antitrust Procedure, ,
London, 4th edition 1998
zit.: Kerse, EC Antitrust Procedure, §

Kingston, Suzanne
A „new division of responsibilities“ in the proposed regulation to modernise the rules implementing Articles 81 and 82 E.C.? A warning call
ECLR 2001, 340

Kirschner, Heinrich
Die Kontrolldichte bei der Überprüfung der Entscheidungen der Kommission durch das Gericht erster Instanz der Europäischen Gemeinschaften
Bonn 1996
zit.: Kirschner, Kontrolldichte, S.

Klein, Eckart
Unmittelbare Geltung, Anwendbarkeit und Wirkung von Europäischem Gemeinschaftsrecht
Vorträge, Reden und Berichte aus dem Europa-Institut, Nr. 119, Saarbrücken 1988
zit.: Klein, Unmittelbare Geltung, S.

Köppen, Martina
Gruppenfreistellungsverordnungen: Wirksamkeit und Rechtsschutz
Frankfurt, Berlin, Bern, Bruxelles, New York, Wien 2000
zit.: Köppen, Gruppenfreistellungsverordnungen, S.

Kohler, Christian
Systemwechsel im europäischen Anerkennungsrecht: Von der EuGGVO zur Abschaffung des Exequaturs
in: Systemwechsel im europäischen Kollisionsrecht, S. 147ff.
Hrsg.: Jürgen F. Baur und Heinz-Peter Mansel
München 2002
zit.: Kohler, Systemwechsel im europäischen Anerkennungsrechts, S.

Kon, Stephen
Article 85, Para.3: A Case for Application by National Courts
CMLR Vol. 19, No. 4, 1982, p. 541-561

Kon, Stephen
The Commission's White Paper on modernisation: the need for procedural harmonisation
Fordham Corporate Law Institute 1999, 233
26. Konferenz, 14. und 15. Okt 1999

Kovar, Robert
L'intégrité de l'effet direct du droit communautaire selon la jurisprudence de la Cour de Justice de la Communauté
in: Gedächtnisschrift für Christoph Sasse, S. 151
Das Europa der zweiten Generation
Baden-Baden 1981
zit.: Kovar in GS-Sassen, S.

Kreis, Helmut W.
Ermittlungsverfahren der EG-Kommission in Kartellsachen
RiW 1981, 281

Kropholler, Jan
Europäisches Zivilprozeßrecht: Kommentar zu EuGVO und Lugano-Übereinkommen
Heidelberg, 7. Auflage 2002
zit.: Kropholler, Europäisches Zivilprozeßrecht, Art. VO 44/2001, Rz.

Kühlhorn, Thomas
Ermittlungen der EG-Kommission nach Art. 11 und 14 der VO17/62
WuW 1986, 7

Lässig, Peter
Dezentrale Anwendung des europäischen Kartellrechts
FIW-Schriftenreihe, Heft 170
Köln, Berlin, Bonn, München 1997
zit.: Lässig, Dezentrale Anwendung, S.

Langen, Eugen/Bunte, Hermann-Josef
fortgeführt von Ernst Niederleithinger und Lennart Ritter
Kommentar zum deutschen und europäischen Kartellrecht
Neuwied, Kriftel, Berlin, 9. Auflage 2001
zit.: Bearbeiter in Langen/Bunte, KartR (9. Aufl.), Teil/Art., Rz.

Lenz, Carl Otto
Entwicklung und unmittelbare Geltung des Gemeinschaftsrechts
DVBl. 1990, 903

Lenz, Carl Otto/Mölls, Walter
„Due Process“ im Wettbewerbsrecht der EWG
WuW 1991, 771

Lenz, Carl Otto
EG-Vertrag
Kommentar zu dem Vertrag zur Gründung der Europäischen Gemeinschaften
2. Auflage 1999
zit.: Lenz, Art. EG, Rz.

Lieb, Christopher
Die Anwendung der Art. 81 und 82 EGV durch das BKartA
Würzburg 2001
zit.: Lieb, Anwendung der Art. 81 und 82 EGV durch das BKartA, S.

Liebmann, Hanno
Vertriebsverträge in der EU - Wettbewerbsrechtliche Grundlagen
Wien 1998
zit.: Liebmann, Vertriebsverträge in der EU, S.

Linke, Christine E.
Europäisches Internationales Verwaltungsrecht
Frankfurt a.M. 2001
zit.: Linke, Europäisches Internationales Verwaltungsrecht, S.

Magiera, Siegfried
Zur Reform der Normenhierarchie im Recht der Europäischen Union
Integration 1995, 197

Marenco, Giuliano
Does a legal exception system require an amendment of the Treaty?
Manuskript für den EU Competition Workshop in Florenz am 2. und 3. Juni 2000
31. Juli 2000
zit.: Marenco, Legal Exception System, Tz.

Martinek, Michael/Habermeier, Stefan
Das Chaos der EU-Gruppenfreistellungsverordnungen
ZHR 158 (1994) 107-148

Mersing, Erik Mohr
The modernisation of EC competition law-the need for a common competition culture
Fordham Corporate Law Institute 1999, 259
26. Konferenz vom 14. und 15. Okt 1999

Mensching, Christian
Der neue Komitologie-Beschluß des Rates
EuZW 2000, 268

Mestmäcker, Ernst-Joachim
Versuch einer kartellpolitischen Wende in der EU
EuZW 1999, 523.

Mestmäcker, Ernst-Joachim
The EC Commission's Modernization of Competition Policy: a Challenge to the Community's Constitutional order
EBOR 1 (2000), 401

Metzlaff, Karsten
Franchisesysteme und EG-Kartellrecht-neueste Entwicklungen
BB 2000, 1201

Micklitz, Hans-W./ Rott, Peter
Vergemeinschaftung des EuGVÜ in der Verordnung (EG) Nr. 44/2001
EuZW 2001, 325

Micklitz, Hans-W./ Rott, Peter
Vergemeinschaftung des EuGVÜ in der Verordnung (EG) Nr. 44/2001
EuZW 2002, 15

Monopolkommission
Kartellpolitische Wende in der Europäischen Union?
Sondergutachten Nr. 28 nach § 44 GWB über das Weißbuch der Kommission
1999
zit.: Monopolkommission, Sondergutachten 28, S.

Montag, Frank/ Rosenfeld, Andreas
A Solution to the Problems? Regulation 1/2003 and the modernization of competition procedure
ZWeR 2003, 107

Möschel, Wernhard
Systemwechsel im Europäischen Wettbewerbsrecht?
JZ 2000, 61

Möschel, Wernhard
Reform der europäischen Kartellpolitik
Gutachten des wissenschaftlichen Beirats beim Bundesministerium für Wirtschaft und Technologie vom 1. 7. 2000
WuW 2000, 1096

Möschel, Wernhard
Guest Editorial: Change of Policy in European Competition Law?
CMLR 37 (2000), 495-499

Müller-Graff, Peter-Christian
Die Freistellung vom Kartellverbot
EuR 1992, 1

Müller-Tautphaeus, Ken
Das Weissbuch der Kommission zur Modernisierung der Anwendungsregeln zu Art. 81, 82 EGV-der gegenwärtige Diskussionsstand
SZW/RSDA 4/2000, 149

Naômé, Caroline
La notion de sécurité juridique dans la jurisprudence de la cour de justice et du tribunal de première instance des Communautés Européennes
Rivista di Diritto europeo 1993, 223

Nazerali, Julie/Cowan, David
Reforming E.U. Distribution Rules-Has the Commission Found Vertical Reality?
ECLR 1999, 159

Nicolaysen, Gert
Richtlinienwirkung und Gleichbehandlung von Männern und Frauen beim Zugang zum Beruf
EuR 1984, 380

Nicolaysen, Gert
Keine horizontale Wirkung von Richtlinien Bestimmungen
Anmerkung zum EuGH-Urteil Rs. 152/84 vom 26. 2. 1986 (Marshall/Southampton Health Authority)
EuR 1986, 370f.

Nolte, Norbert
Beurteilungsspielräume im Kartellrecht der Europäischen Gemeinschaft
und in der Bundesrepublik Deutschland
Frankfurt a.M. 1997
zit.: Nolte, Beurteilungsspielräume, S.

Nolte, Steffen
Reform des EG-Kartellrechts für Vertriebs- und Zulieferverträge
BB 1998, 2429

Nowak, Carsten
Das Verhältnis zwischen zentralem und dezentralem Individualrechtsschutz im Europäischen Gemeinschaftsrecht
EuR 2000, 724ff.

Pache, Eckhard
Die Kontrolldichte in der Rechtsprechung des Gerichtshofs der Europäischen Gemeinschaften
DVBl. 1998, 380

Pappalardo, Aurelio
Les nouvelles règles de concurrence applicables aux accords „verticaux“
Revue du Droit de l'Union Européenne 1/2000, 151

Pappalardo, Aurelio
Modernisation of EC Competition Law: Some Doubts and Questions on the Forthcoming Reform
Fordham Corporate Law Institute 2000 (27. Konferenz vom 19. und 20. Oktober 2000), 365

Paulweber, Michael
The End of a Success Story? The European Commission's White Paper on the Modernisation of the European Competition Law
Journal of World Competition, 23 (3): 3-48, 2000

Paulweber, Michael/Kögel, Rainer
Das europäische Wettbewerbsrecht am Scheideweg
AG 1999, 500

Pescatore, Pierre
The Doctrine of "Direct Effect": An infant Disease of Community Law
E.L.R. 1983, 155

Piontek, Eugeniusz
A coherent application of EC Competition Law
Konferenz in Freiburg vom 9. und 10. November 2000
http://europa.eu.int/comm/competition/antitrust/others/speech_piontek.pdf
zit.: Piontek, Coherent Application, S.

Pirie, Mia Forbes
The Complainant in EC Competition Law
World Competition 23 (1): 108-240, 2000

Pluta, Jörg
Deutsche Bierlieferungsverträge und Europäisches Wettbewerbsrecht
WRP 1990, 392

Polley, Romina/ Seeliger, Daniela
Die neue Gruppenfreistellungsverordnung Nr. 2790/1999 - Ihre praktische Anwendung-
WRP 2000, 1203

Prechal, Sacha
Does Direct Effect Still Matter?
CMLR 37 (2000), 1047-1069

Preece, Steven
Masterfoods Ltd. v. HB Ice Cream Ltd.
2001 E.C.L.R, S. 281

Pukall, Kirstin
Neue Politik der Europäischen Kommission hinsichtlich der wettbewerbsrechtlichen Behandlung von Vertriebsvereinbarungen
DB 1998, 2553

Pukall, Kirstin
Neue EU-Gruppenfreistellungsverordnung für Vertriebsbindungen
NJW 2000, 1375

Rakovsky, Claude
Sea Transport under EEC Competition Law
Fordham Corporate Law Institute 1992, 845
19. Konferenz vom 22. u. 23. Oktober 1992

Rittner, Fritz
Zurück zum Mißbrauchsprinzip im EG-Kartellrecht?
DB 1999, 1485

Rittner, Fritz
Kartellpolitik und Gewaltenteilung in der EG
EuZW 2000, 129.

Rohardt, Klaus P.
Grünbuch über vertikale Beschränkungen des Wettbewerbs - Diskussion frei?
WuW 1997, 437

Rohardt, Klaus.P
Vertikale Beschränkungen des Wettbewerbs in Europa:Follow-up zum Grünbuch 1996
WuW 1998, 1050

Roniger, Rainer
Das neue Vertriebskartellrecht
Kurzkommentar zur vertikalen EG-Gruppenfreistellungsverordnung
Wien, München 2000
zit.: Roniger, VGVO, Art., Rz.

Rütters, Silke
Die neue Schirm-Gruppenfreistellungsverordnung (EG 2790/1999) der Kommission
Köln 2002
zit.: Rütters, Schirm-GVO, S.

Salord, A.O.
Concurrent Application, the April 1999 White Paper and the Future of National Laws
ECLR 2000, 128

Schaefer, Detlef
Die unmittelbare Wirkung des Verbots der nichttarifären Handelshemmnisse (Art. 30 EWGV) in den Rechtsbeziehungen zwischen Privaten
Frankfurt a.M. 1987
zit.: Schaefer, unmittelbare Wirkung, S.

Schaub, Alexander
Modernization of EC competition law: reform of Regulation No. 17
Fordham International Law Journal, Vol. 23, 2000, S. 752
(=Fordham Corporate Law Institute 1999, S. 143, 26. Konferenz v. 14. u.15. Okt. 1999)

Schaub, Alexander/Dohms, Rüdiger
Das Weißbuch der Europäischen Kommission über die Modernisierung der Vorschriften zur Anwendung der Artikel 81 und 82 EG-Vertrag
(Die Reform der VO Nr. 17)
WuW 1999, 1055

Schilling, Theodor
Rang und Geltung von Normen in gestuften Rechtsordnungen,
Berlin/Baden-Baden, 1994
zit.: Schilling, Rang und Geltung von Normen, S.

Schmidt, Karsten
Klagebefugnis und Beschwerdebefugnis verfahrensbeteiligter Dritter im europäischen und im nationalen Kartellrecht
In: Festschrift für Ernst Steindorff zum 70. Geburtstag am 13. März 1990, S. 1085
Berlin, New York 1990
zit.: K. Schmidt in FS-Steindorff zum 70. Geburtstag, S.

Schmidt, Karsten
Umdenken im Kartellverfahrensrecht!
BB 2003, 1237

Schnabel, Thomas
Das Grünbuch der Kommission zur EG-Wettbewerbspolitik gegenüber vertikalen Wettbewerbsbeschränkungen
In: Mitarbeiter-Festschrift für Prof. Dr. Jürgen F. Baur zum 60. Geburtstag
Köln 1997

Schnorbus, York
Die Zulässigkeit von langfristigen Bierlieferungsverträgen nach europäischem und deutschem Recht
DZWir 1998, 472

Schriefers, Marcus
Die Ermittlungsbefugnisse der EG-Kommission in Kartellverfahren
WuW 1993, 98

Schroeder, Dirk
The Green Paper on Vertical Restraints:
Beware of Market Share Thresholds
ECLR 1997, 430

Schröter, Helmuth
Aktuelle Probleme der Anwendung von Artikel 81 EG
Vortrag im Rahmen des Siebenten St. Galler Internationalen Kartellrechtsforums, 27. u. 28. April 2000
Neueste Entwicklungen im europäischen und internationalen Kartellrecht
http://europa.eu.int/comm/competition/speeches/text/sp2000_010_de.pdf
zit.: Schröter, Aktuelle Probleme, Vortragsseite

Schröter, Helmuth/ Jakob, Thinam/ Mederer, Wolfgang
Kommentar zum Europäischen Wettbewerbsrecht
Baden-Baden, 1. Auflage 2003
zit.: Bearbeiter in Schröter/Jakob/Mederer, Kommentar zum Europäischen WettbewerbsR, Art. Rz.

Schütz, Jörg
Von Gerede und Wirklichkeit - Aufweichung des Freistellungsmonopols der EG-Kommission?
WuW 1994, 520

Schütz, Jörg
Zur Änderung des Kartellverfahrens gemäß Art. 81 EGV
WuW 2000, 686

Schwarze, Jürgen
Die Befugnis zur Abstraktion im europäischen Gemeinschaftsrecht
Baden-Baden 1996
zit.: Schwarze, Die Befugnis zur Abstraktion, S.

Schwarze, Jürgen
Der Rechtsschutz für Unternehmen nach Europäischem Gemeinschaftsrecht
RIW 1996, 893

Schwarze, Jürgen (Hrsg.)
Neuere Entwicklungen auf dem Gebiet des europäischen Wettbewerbsrechts
Baden-Baden, 1. Auflage 1999
zit.: Bearbeiter in Schwarze, Neuere Entwicklungen, S.

Schwarze, Jürgen
Der Staat als Adressat des europäischen Wettbewerbsrechts
EuZW 2000, 613

Schwarze, Jürgen
EU-Kommentar
Baden-Baden, 1. Auflage 2000
zit.: Bearbeiter in Schwarze, EU-Kommentar, Art., Rz.

Schweitzer, Michael
Europäisches Verwaltungsrecht
Wien 1991
zit.: Bearbeiter in Schweitzer, Europäisches Verwaltungsrecht, S.

Schwenn, Dirk
Die Dezentralisierung der Wettbewerbskontrolle nach dem „Weißbuch"
RIW 2000, 179

Semler, Franz-Jörg/Bauer, Michael
Die neue EU-Gruppenfreistellungsverordnung für vertikale Wettbewerbsbeschränkungen - Folgen für die Rechtspraxis
DB 2000, 193

Siragusa, Mario
A critical review of the white paper on the reform of the EC competition law enforcement rules
Fordham Corporate Law Institute 1999, 273
26. Konferenz vom 14. und 15 Oktober 1999

Sinnaeve, Adinda
Die ersten Gruppenfreistellungen: Dezentralisierung der Beihilfenkontrolle?
EuZW 2001, 69

Sölter, A.
Die Ausnahmevorschrift des Art. 85 Abs. 3 EWG-Vertrag
WuW 1961, 665

Soltész, Ulrich
Kein Freifahrschein für nationale Subventionspolitik - die neuen Gruppenfreistellungsverordnungen im Europäischen Beihilferecht
ZIP 2001, 278

Springer, Ulrich
Die „Volkswagen"-Entscheidung der Kommission-Das Ende des selektiver Vertriebs durch VW und Audi?
WRP 1998, 1058

Steindorff, Ernst
Article 85, Para. 3: No Case for Application by National Courts
CMLR 20 (1983), 125-130

Steindorff, Ernst
Ansprüche gegen die E-Kommission auf Einschreiten gegen Kartellrechtsverstöße
ZHR 150 (1986), 222-253

Stillfried, Georg/Stockenhuber, Peter
Der Entwurf einer neuen Verfahrensverordnung zum EG-Kartellrecht
wbl 2001, 145

Stockenhuber, Peter
Europäisches Kartellrecht
Wien 1999
zit.: Stockenhuber, Europäisches KartellR, S.

Streinz, Rudolf/ Leible, Stefan
Die unmittelbare Drittwirkung der Grundfreiheiten
EuZW 2000, 468

Streinz, Rudolf/Leible, Stefan
Die Zukunft des Gerichtssystems der Europäischen Gemeinschaft - Reflexionen über Reflexionspapiere
EWS 2001, 1

Streinz, Rudolf
Europarecht
Heidelberg, 5. Auflage 2001
zit.: Streinz, Europarecht, Rz.

Topel, Julia
Vortrag anläßlich der Jahrestagung der Deutschen Vereinigung für gewerblichen Rechtsschutz und Urheberrecht am 23. 6. 2000 in Bonn zur dezentralen Anwendung des Europäischen Kartellrechts
GRUR 2000, 985

Topel, Julia
Kohärenz der dezentralen Anwendung
Konferenz in Freiburg vom 9. und 10. November 2000
http://europa.eu.int/comm/competition/antitrust/others/speec h_topel.pdf
zit.: Topel, Kohärenz der dezentralen Anwendung, S.

Traugott, Rainer
Zur Abgrenzung von Märkten
WuW 1998, 928

Ullrich, Hanns
Das Recht der Wettbewerbsbeschränkungen des Gemeinsamen Marktes und die einzelstaatliche Zivilgerichtsbarkeit
1971
zit.: Ullrich, Wettbewerbsbeschränkungen, S.

Varadinek, Brigitta
Ermessen und gerichtliche Nachprüfbarkeit im französischen und deutschen Verwaltungsrecht und im Recht der europäischen Gemeinschaft
Berlin 1994
zit.: Varadinek, Ermessen, S.

Veelken, Winfried
Anmerkungen zum Grünbuch der Kommission zur EG-Wettbewerbspolitik gegenüber vertikalen Wettbewerbsbeschränkungen
ZvglRWiss 97 (1998) 241-285

Verdross, Alfred/ Simma, Bruno
Universelles Völkerrecht
Berlin, 3. Auflage 1984
zit.: Verdross/Simma, Universelles Völkerrecht, §

Vesterdorf, Bo
Complaints concerning infringements of competition law within the context of European Community Law
31 CMLR 1994, S. 77-104

Wagner, Achim
Der Systemwechsel im EG-Kartellrecht - Gruppenfreistellungen und Übergangsproblematik
wrp 2003, 1369

Wahl, Frithjof
Der Bierlieferungsvertrag nach EG-Kartellrecht in der deutschen Rechtsprechung
NJW 1988, 1431

Weitbrecht, Andreas
Das neue EG-Kartellverfahrensrecht
EuZW 2003, 69

Weyer, Hartmut
Freier Warenverkehr und nationale Regelungsgewalt in der Europäischen Union,
Köln 1997
zit.: Weyer, Freier Warenverkehr, S.

Weyer, Hartmut
Gemeinschaftsrechtliches Verbot und nationale Zivilrechtsfolgen
Eine Untersuchung am Beispiel der Art. 81, 82 EG-Vertrag
ZEuP 1999, 424

Weyer, Hartmut
Gemeinschaftsrechtliche Vorgaben für das nationale Zivilverfahren
EuR 2000, 145 ff.

Weyer, Hartmut
Konkurrierende Anwendung des Art. 81 EGV durch Kommission und nationale Gerichte
WuW 2000, 842

Weyer, Hartmut
Nach der Reform: Gestaltung der Wettbewerbspolitik durch die Kommission?
ZHR 164 (2000) 611-637

Weyer, Hartmut
Anmerkung zum Urteil *Courage/Crehan* des EuGH, GRUR Int. 2002, 54ff.
GRUR Int. 2002, 57

Wiedemann, Gerhard
Kommentar zu den Gruppenfreistellungsverordnungen des EWG-Kartellrechts
Band I: Allgemeiner Teil
Band II: Besonderer Teil
Köln 1989
zit.: Wiedemann, GVO-AT (bzw. BT, GVO, Art.), Rz.

Wiedemann, Gerhard
Handbuch des Kartellrechts
München 1999
zit.: Wiedemann-Bearbeiter, Hdb. KartellR, §, Rz.

Wils, Wouter P.J.
Notification, Clearance and Exemption in E.C. Competition Law: An Economic Analysis
E.L.Rev.1999, 139

Wils, Wouter, P.J.
The Modernisation of the Enforcement of the Articles 81 and 82 EC: A Legal and Economic Analysis of the Commission's Proposal for a new Council Regulation replacing Regulation No. 17.
Fordham Corporate Law Institute 2000 (27. Konferenz v. 19. u. 20. Okt. 2000), S. 313

Winter, J.A.
Direct Application and Direct Effect
Two Distinct and Different Concepts in Community Law
CMLR 1972, 425

Winterfeld, Achim von
Ermittlungsbefugnissen der EG-Kommission gegenüber Unternehmen am Beispiel des Kartellrechts
RIW 1992, 527

Whish, Richard
Regulation 2790/99: The Commission's „New Style" Block Exemption for Vertical Agreements
CMLR 37: 887-924, 2000

Wißmann, Tim
Decentralised Enforcement of ES Competition Law and the New Policy on Cartels
Journal of World Competition 23(2): 123-154, 2000

Wolf, Dieter
Comment on the White Paper on the reform of EC competition law
Fordham Corporate Law Institute 1999, 307
26. Konferenz vom 14. und 15. Oktober 1999

Wolf, Dieter/ Fink, Reinhard
Mit der Verordnung Nr. 17 ins nächste Jahrtausend?
WuW 1994, 289

Zinsmeister, Ute/Rikkers, Evelyne/Jones, Tim
The Application of Articles 85 and 86 of the E.C. Treaty by National Competition Authorities
ECLR 1999, 275

Zinsmeister, Ute/ Lienenmeyer, Max
Die verfahrensrechtlichen Probleme bei der dezentralen Anwendung des europäischen Kartellrechts
WuW 2002, 331

Zuleger, Volker
Die neue Gruppenfreistellungsverordnung für Beschäftigungsbeihilfen
EuZW 2003, 270

Deutsches und Europäisches Wirtschaftsrecht

Herausgegeben von Jürgen F. Baur

Band 1 Matthias Wolter: Das Tatbestandsmerkmal der Lückenlosigkeit qualitativer Selektivvertriebssysteme im Spannungsverhältnis zwischen Wettbewerbs- und Kartellrecht. 2001.

Band 2 Nicole Hagemann: Rechtsschutz gegen Kennzeichenmissbrauch unter Berücksichtigung der Internet-Domain-Name-Problematik. 2001.

Band 3 Bernd Nelißen: Die Abgrenzung "horizontaler" und "vertikaler" Wettbewerbsbeschränkungen nach der 6. GWB-Novelle. 2001.

Band 4 Silke Rütters: Die neue *Schirm-* Gruppenfreistellungsverordnung (EG) Nr. 2790/1999 der Kommission. Zu den Ursachen der weitreichenden Reform der EG-Wettbewerbspolitik gegenüber vertikalen Wettbewerbsbeschränkungen und deren materiellrechtlichen Grenzen. 2002.

Band 5 Dirk Strohe: Demarkationen und Bezugsbindungen in gewerblichen Energielieferverträgen. 2003.

Band 6 Cyrille de Crozals: Die Anwendung der Artikel 81 und 82 EGV durch die französischen Behörden und Gerichte. 2003.

Band 7 Daniela Seeliger: Geltungsbereich der Zusammenschlusskontrolle und Grundsätze für die Beurteilung von Zusammenschlüssen nach der 6. Novelle des Gesetzes gegen Wettbewerbsbeschränkungen. Ausgewählte Anwendungsprobleme aus der Praxis zu §§ 35 und 36 GWB. 2003.

Band 8 Till Schreiber: Das argentinische Gesetz 25.156 zum Schutz des Wettbewerbs. Eine rechtsvergleichende Darstellung unter besonderer Berücksichtigung des Protokolls zum Schutz des Wettbewerbs im MERCOSUR und der Rechtsprechung der Comisión Nacional de Defensa de la Competencia. 2003.

Band 9 Mathias Mantler: Der GMP-Vertrag aus bauvergaberechtlicher Sicht. 2004.

Band 10 Christoph Renard: Das französische Fusionskontrollrecht. 2004.

Band 11 Anika Gerken: Rechtsschutzmöglichkeiten europäischer Wirtschaftsteilnehmer gegen GATT-widrige Wirtschaftshemmnisse. 2004.

Band 12 Markus Röhrig: Schadensersatzansprüche im deutschen Kartellrecht nach der 6. GWB-Novelle. Eine ökonomische Betrachtung privater Wettbewerbsaufsicht am Beispiel des neuen Mißbrauchsverbots gemäß § 19 GWB. 2004.

Band 13 Christopher Quandt: Squeeze-out in Deutschland. Eine Diskussion der §§ 327a-f AktG unter besonderer Berücksichtigung der Barabfindung ausgeschlossener Minderheitsaktionäre. 2004.

Band 14 Thomas Brunn: Die EG-Kartellverfahrensverordnung 1/2003 und ihre Auswirkungen auf die Gruppenfreistellungsverordnungen und die Entzugsverfahren der Vertikal-GVO. 2004.

www.peterlang.de

FSC
www.fsc.org
MIX
Papier | Fördert
gute Waldnutzung
FSC® C083411

Kolibri 360 GmbH
Ferdinand-Jühlke-Straße 7
99095 Erfurt, Deutschland
produktsicherheit@kolibri360.de

Druck:
CPI Druckdienstleistungen GmbH
im Auftrag der
Kolibri 360 GmbH
Ferdinand-Jühlke-Str. 7
99095 Erfurt